T0343829

PÓRTICO
DE LAS REENCARNACIONES

RABÍ JAÍM VITAL

PÓRTICO
DE LAS REENCARNACIONES

EDICIONES OBELISCO

Si este libro le ha interesado y desea que le mantengamos informado
de nuestras publicaciones, escríbanos indicándonos qué temas son de su interés
(Astrología, Autoayuda, Ciencias Ocultas, Artes Marciales, Naturismo,
Espiritualidad, Tradición…) y gustosamente le complaceremos.

Puede consultar nuestro catálogo en www.edicionesobelisco.com

Colección Cábala y Judaísmo
PÓRTICO DE LAS REENCARNACIONES
Rabí Jaím Vital

1.ª edición: noviembre de 2024

Título original: *Shaar haGuilgulim*

Traducción: *Israel Diament*
Revisión del texto: *Rabí Moshe Segal*

© 2024, Ediciones Obelisco, S. L.
(Reservados los derechos para la presente edición)

Edita: Ediciones Obelisco, S. L.
Collita, 23-25. Pol. Ind. Molí de la Bastida
08191 Rubí - Barcelona - España
Tel. 93 309 85 25
E-mail: info@edicionesobelisco.com

ISBN: 978-84-1172-200-1
DL B 12991-2024

Printed in India

INTRODUCCIÓN 1

Los cinco niveles del alma

Comencemos refiriéndonos a lo que dijeran nuestros sabios, de bendita memoria, respecto de que el alma posee cinco denominaciones, siendo éste su orden de abajo hacia arriba: Nefesh, Ruaj, Neshamá, Jaiá, Yejidá. No cabe duda de que la adjudicación de estos nombres no es fortuita.

Empero debes saber que el ser humano en sí es la espiritualidad que se encuentra dentro del cuerpo, y este último es el ropaje del hombre, mas no es el hombre mismo. Tal como está escrito «*no ha de derramarse sobre la carne del hombre*» (Éxodo 30:32) y tal como este pasaje es mencionado en el libro del Zohar en la porción de *Bereshit* en la página 20b.

Es sabido que el ser humano conecta los cuatro mundos de 'A.b.y.a.' -Atzilut, Briá, Yetzirá y Asiá- por lo que resulta necesario que en su interior se encuentren partes de todos estos, y cada una de estas partes recibe uno de los cinco nombres mencionados, que forman la sigla 'Na.Ra.N.Ja.Y.' –Nefesh, Ruaj, Neshamá, Jaiá y Yejidá– tal como se explicará más adelante.

Obtención gradual

El individuo no logra obtener todas estas partes de una sola vez, sino únicamente según los méritos realizados. En un principio, adquirirá la parte más baja de todas que es la llamada Nefesh. Luego, si se depura más, obtendrá también el Ruaj. Esto es explicado en diferentes pasajes del libro del Zohar, entre ellos en las porciones de *Vaiejí*, *Terumá* y especialmente en la de *Mishpatim* (94b), cito: «ven y mira, cuando una persona nace le es entregado un Nefesh...».

Habiendo explicado esto, es necesario ahora que te hagamos conocer algunas introducciones sobre el tema mencionado.

Las cuestiones de 'Na.Ra.N' -Nefesh, Ruaj y Neshamá- etc. y 'Jaluka Derabanán' (lit. 'el ropaje rabínico') fueron explicadas extensamente en el pórtico 4 del libro *Sha'ar HaPesukim* (lit. 'Pórtico de los Versículos') al analizar el versículo que reza *«además, su madre le hacía un pequeño manto»* (I Samuel 2:19), y también fue explicado en el pórtico 5 del *Sha'ar HaMitzvot* (lit. 'Pórtico de los Preceptos') en la porción de *Vaiejí* en las leyes referentes al duelo, verlas allí. Además, hemos de agregar cosas nuevas.

Debes saber, que todas las Nefashot se originan únicamente en el mundo de Asiá, todas las Rujot en el mundo de Yetzirá y todas las Neshamot en el mundo de Briá. La mayoría de los seres humanos carecen de las cinco partes llamadas Nefesh, Ruaj, Neshamá etc., poseyendo solamente una, la de Nefesh, la cual proviene del mundo de Asiá.

Sin embargo, también en ello existen numerosos niveles, pues el propio mundo de Asiá se divide en cinco Partzufim (lit. 'rostros', se trata de estructuras de 'sefirot', *N. del T.*) llamados Arij Anpín, Aba, Ima, Za'ir Anpín y Nukva. He aquí que antes que un ser humano adquiera su Ruaj proveniente del mundo de Yetzirá, deberá estar completo en los cinco Partzufim de Nefesh del mundo de Asiá.

Reparación individual

Aun así, como es sabido, hay individuos cuyo Nefesh proviene de Maljut de Asiá, y aquellos cuyo Nefesh proviene de Yesod de Asiá, etc. De todas maneras, cada individuo necesita reparar la generalidad del mundo de Asiá para recién después poder recibir su Ruaj proveniente del mundo de Yetzirá, ya que este último mundo es mayor que la totalidad del de Asiá.

Asimismo, a efectos de obtener su Neshamá proveniente del mundo de Briá, el individuo precisará reparar todas las partes de su Ruaj en todo el mundo de Yetzirá. Recién después podrá recibir su Neshamá proveniente del mundo de Briá. Por ello, no resulta suficiente la reparación del sitio particular al cual se aferra la raíz de su alma, sino que es preciso que repare todos los niveles antemencionados hasta ser merecedor de recibir todo el mundo de Asiá, y recién entonces podrá alcanzar el Ruaj de Yetzirá. Y lo mismo aplica para el resto de los mundos.

Esto significa que la persona deberá dedicarse a la Torá y a los preceptos ya que ésta comprende o abarca todo el mundo de Asiá, y no resultará suficiente que lo haga sobre el sitio particular donde se aferra la raíz de su Nefesh. Éste es el nivel del cumplimiento de la Torá y los preceptos.

Asimismo, si un individuo pecare afectando algún sitio de Asiá, aunque no se trate del lugar donde se aferra la raíz de su Nefesh, deberá repararlo. Sin embargo, si a otro Nefesh le faltare cumplir algún precepto que correspondiere al mundo de Asiá, o si hubiere incurrido en alguna transgresión que afectare (al Nefesh), no resultará necesario para el primer individuo reparar la omisión en el cumplimiento o la afectación ocasionada por la transgresión del segundo, a menos que ambos provengan de un mismo origen, tal como se explicará posteriormente con la ayuda de Dios.

Puede ocurrir, que se aplique el vocablo *'tikún'* únicamente para denotar la reparación de la afectación ocasionada por una transgresión y no para la realización de los 248 preceptos positivos. Puede también ser, y es lo correcto, que, a modo de ejemplo, quien perteneciere a Maljut de Nukva de Asiá que es llamada Nefesh de Asiá deba reparar todas las Maljuiot (plural de Maljut) del Ruaj, Neshamá, Jaiá y Yejidá de Asiá.

Y hete aquí que quien reparare únicamente Maljut de Asiá no poseerá sino Nefesh de Nefesh de Asiá. Quien reparare también Ze'ir Anpín de Asiá poseerá Nefesh y Ruaj de Asiá. Quien reparare también Ima de Asiá tendrá Nefesh, Ruaj y Neshamá -Na.Ra.N. por su sigla- de Asiá.

Y así, de este modo, si alguien reparare los cinco Partzufim o 'rostros' de Asiá poseerá Nefesh, Ruaj, Neshamá, Jaiá y Yejidá de Asiá - Na.Ra.N.Ja.Y. por su sigla. Si cada uno de estos cinco aspectos o niveles estuviere completo al poseer sus tres partes que son Ibur (lit. 'gestación'), Yeniká (lit. 'amamantamiento') y Mojín (lit. 'cerebro') tal como se menciona en el versículo «además, su madre le hacía un pequeño manto» (I Samuel 2:19) etc., a esto lo denominaremos «un Nefesh completo de Asiá», por lo que el individuo será entonces merecedor de recibir Ruaj de Yetzirá. Y también en esta parte llamada Ruaj encontramos estos cinco niveles mencionados, y todos juntos son denominados «un Ruaj completo de Yetzirá». Otro tanto ocurre con la Neshamá de Briá. Y lo mismo con Jaiá y con Yejidá. Y no hemos de extendernos ahora en esta cuestión.

La singularidad del Nefesh

Ahora resulta necesario explicar una diferencia existente entre el Nefesh de Asiá y las demás partes de Yetzirá, Briá y Atzilut. Así, podremos aclarar algo que resulta sorprendente, ¿cómo es posible que un individuo cuya raíz se encuentra en Maljut de Asiá pueda elevarse hasta el Keter de Asiá, tal como lo mencionamos? Pues de ser así, dado que todos los hijos de Israel precisan reencarnarse hasta completar su 'Na.Ra.N.Ja.Y.' resulta que todos precisarían elevarse a Keter de Asiá, a Keter de Yetzirá y a Keter de Briá, con lo cual, todos los demás aspectos o niveles cesarían de existir.

No obstante, ello resulta impensable, pues es aceptado y sabido entre nosotros que entre los hijos de Israel hay quienes pertenecen al nivel de Maljut, y hay quienes pertenecen al de Yesod etc., tal como se menciona en *Sefer HaTikunim* (lit. 'El Libro de las Reparaciones'): «existen líderes de millares de hijos de Israel del lado del Keter, sabios del lado de la Jojmá y entendedores del lado de la Biná».

La explicación de esta cuestión depende de lo que explicaremos en cuanto a que existe una división entre el mundo de Asiá y los otros tres conjuntamente. La diferencia radica en lo siguiente: has de saber que únicamente en Asiá ocurre que aquel cuya raíz se origina en Maljut de ese mundo, obviamente su Nefesh estará justamente en Maljut de Asiá. De todas maneras, por medio de la reparación de las acciones, su Nefesh puede refinarse grado tras grado hasta ascender al mismísimo Keter de Asiá, incorporándose o incluyéndose en éste y elevándose efectivamente a ese sitio. Pero a pesar de haber ascendido a Keter de Asiá, seguirá estando aún en Maljut del Keter de Asiá, pues su raíz no es sino del nivel de Maljut.

Si bien es necesario que el individuo se refine y ascienda hasta Keter de Asiá, aun entonces no alcanza sino el nivel de Maljut de Keter de Asiá. Algo similar sucede con el resto de los niveles de Asiá, en los que será denominado únicamente como poseedor del nivel de Maljut de ese grado.

En Yetzirá, Briá y Atzilut

Sin embargo, en Yetzirá, Briá y Atzilut esto no es así. Por ejemplo, aquel cuyo Ruaj tiene raíz en Maljut de Yetzirá, reparando y completando este nivel, cuando se refine y repare también el Yesod de Yetzirá, recibirá entonces también un Ruaj del mismísimo Yesod de Yetzirá, y su primer Ruaj proveniente de Maljut del mundo de Yetzirá permanecerá abajo en Maljut de Yetzirá pues ese es su lugar.

Asimismo, cuando complete también el nivel de Hod de Yetzirá, dejará también el segundo Ruaj proveniente del Yesod en Yesod de Yetzirá y recibirá uno de Hod de Yetzirá, y así sucesivamente hasta alcanzar Keter de Yetzirá.

Esto es así en virtud de que habiendo reparado ya su Nefesh en todos los niveles del mundo de Asiá, tiene la capacidad de recibir Ruaj de todas las partes del mundo de Yetzirá, y lo mismo ocurre con el nivel de la Neshamá, que es proveniente del mundo de Briá.

El peligro que acecha al Nefesh

Es preciso que expliquemos el motivo de lo antedicho. Asiá es el inferior de todos los mundos, y por ello está inmerso en las klipot (lit. 'cáscaras') que lo rodean. Por lo tanto, aunque un individuo ya hubiere reparado su Nefesh, según el nivel de la ubicación de su raíz en Asiá, de todas maneras, si deja allí su Nefesh se teme que las klipot que allí se encuentran puedan aferrarse a él, por lo que precisa depurar sus acciones más y más hasta ascender todo lo que pueda, hasta el sitio de Keter de Asiá.

Sin embargo, en el mundo de Yetzirá y ni que hablar en todos los demás mundos superiores, no cabe temer de las klipot, tal como ocurre en el caso del mundo de Asiá. Por lo tanto, quien hubiere reparado su Ruaj en su raíz que se encuentra en el mundo de Yetzirá, en caso de reparar más, el primer Ruaj permanecerá en su origen y el individuo adquirirá un segundo Ruaj más elevado de procedencia superior sin que sea necesario hacer ascender a su primer Ruaj, pues no cabe temer que sea afectado.

Ésta es la explicación profunda o esotérica (*sod*) del versículo (II Samuel 14:14) «*...así como Dios no elevará el alma y piensa cómo hacer para que nadie quede apartado de Él*». Ya que todos sus pensamientos son únicamente del nivel de Nefesh porque se encuentra en Asiá, y se teme que algo pudiera apartarse de él por causa de las klipot que allí se encuentran.

Sin embargo, la reparación que Él realiza en aras del Nefesh, en virtud del temor ya mencionado consiste en que «*no elevará el alma*». La explicación es la siguiente: HaShem, Bendito Sea, no eleva a una persona para concederle un grado de Nefesh más excelso que su raíz, porque de así hacerlo debería dejar su primer Nefesh abajo en su sitio y este quedaría allí rodeado y a merced de las klipot. Por lo tanto, HaShem no le concede al individuo un Nefesh suplementario más elevado y encumbrado y le deja únicamente su primer Nefesh, el cual habrá de elevarse en conformidad con sus acciones hasta Keter de Asiá, y no contará con otro salvo éste.

No ocurre lo mismo ni en Yetzirá ni en los demás mundos, pues el Ruaj o la Neshamá del individuo permanecen en el sitio de su raíz y éste adquiere un Ruaj de un grado superior como resultado de la reparación de sus acciones. Éste es el sentido de la famosa introducción que dice que todo ser humano puede ser como nuestro maestro Moshé, de bendita memoria, si desea refinar sus acciones podrá adquirir otro Ruaj más elevado de la cúspide del mundo de Yetzirá, y también podrá adquirir una Neshamá de la cúspide del mundo de Briá, etc.

Ibur (gestación)

También en esta cuestión habrás de comprender una cita muy conocida de nuestros maestros, de bendita memoria, en cuanto a que las Rujot (plural de Ruaj) y las Neshamot (plural de Neshamá) de los justos vienen y se 'gestan' (*mit'abrot*) o alojan en el individuo, en lo que llamamos Ibur (lit. 'gestación'), para ayudarle en su labor espiritual o servicio Divino (*avodat HaShem*), y tal como figura en el manuscrito del *Midrash HaNe'elam* (lit. 'El midrash oculto') sobre el pasaje del Talmud (Tratado de Yomá 38b) que dice: «Quien se dispone a purificar(se) es ayudado (desde el Cielo)» - Rabí Natán dice que las almas de los justos acuden a él y le ayudan. Y tal como está escrito en la introducción a la porción de *Bereshit* en el Zohar: «el anciano Rabí Hamnuna vino ante Rabí El'azar y ante Rabí Aba bajo la forma de un burro de carga» etc.

No cabe duda de que las Rujot y las Neshamot de los justos están ocultas y engarzadas en «*la cadena de la vida*» (I Samuel 25:29), cada cual según la raíz que le corresponde ante HaShem su Dios, y no descienden de su sitio en absoluto. Pero las primeras Rujot que quedaron abajo, en cada aspecto y nivel del mundo de Yetzirá y no ascendieron hasta arriba tal como se mencionó, descienden y se gestan en el individuo, para ayudarle en su labor espiritual, tal como ya lo expusimos, y el Ruaj principal, el superior de estos, el que fuera adquirido por el mérito de las buenas acciones, quedará engarzado eternamente en la cadena de la vida y no se moverá de allí. Asimismo, otro tanto ocurre con la Neshamá, la Jaiá y la Yejidá.

Una sola sefirá en Asiá

Existe un segundo motivo que explica la diferencia existente entre el funcionamiento de Asiá y el de los demás mundos, y es que todos los mundos poseen genéricamente diez sefirot, y hete aquí que la totalidad del mundo de Asiá consiste en una sola sefirá que es la de Maljut. Por ello, el Nefesh que de allí proviene puede ascender hasta Keter de Asiá por tratarse todo de una misma sefirá.

Sin embargo, el mundo de Yetzirá es el nivel de seis sefirot Ja.Ga.T. Ne.H.Y. -Jesed, Guevurá, Tiferet, Netzaj, Hod y Yesod- tal como es sabido, cada una posee un grado diferenciado respecto de las demás, por lo que quien tiene su raíz en Maljut de Yetzirá, aunque hubiere concluido su reparación, no podrá ascender e incluirse en Yesod de Yetzirá, debiendo permanecer abajo, donde adquirirá un nuevo Ruaj proveniente de Yesod de Yetzirá, si es que desea ascender allí por intermedio de sus buenas acciones. Y lo mismo ocurre con los restantes seis extremos del mundo de Yetzirá, tal como ya se mencionó.

El origen de los distintos niveles del alma

Has de saber que tal como aquí se explicó, que en cada mundo existen los partzufim de Arij Anpín, Aba, Ima, Za'ir Anpín y Nukva, que se corresponden con estos cinco aspectos o niveles en las almas del hombre y son, ordenados de abajo hacia arriba Na.Ra.N.Ja.Y., esto es Nefesh, Ruaj, Neshamá, Jaiá y Yejidá.

El Nefesh proviene de Nukva de Za'ir Anpín, el Ruaj de Za'ir Anpín, la Neshamá de Ima, la Jaiá de Aba que es la Jojmá, pues allí es el lugar de la vida según lo que reza el versículo en cuanto a que *«la sabiduría (Jojmá) vivifica a quien la detenta»* (Eclesiastés 7:12).

La Yejidá proviene de Arij Anpín que es llamado Keter (lit. 'corona') por ser único, especial y diferente de las demás sefirot al carecer de Nekevá (complemento o contraparte femenino), tal como lo aprendemos del versículo (Deuteronomio 32:39) «*ved pues que Soy Yo, solamente Yo*», el cual fuera interpretado en la porción de Bereshit del libro del Zohar.

Niveles sustitutos del alma

Y has de saber, que si el ser humano tuviera el mérito de obtener Na.Ra.N. -Nefesh, Ruaj, Neshamá- y luego los dañare en virtud de haber incurrido en una transgresión, precisará reencarnarse para reparar lo que estropeó. Al regresar en su nueva encarnación llegará con el Nefesh, y a pesar de ya haberlo reparado, el Ruaj no entrará en él por estar dañado, ya que, ¿cómo podría reposar (un Ruaj afectado) sobre un Nefesh ya reparado? Por lo tanto, ese Ruaj deberá venir al mundo encarnado en otra persona, esto es, acoplado sobre el Nefesh de un converso.

Otro tanto ocurre con la Neshamá. Y en el caso de un Nefesh que fuera completamente reparado - recibirá otro Ruaj reparado proveniente de algún justo al que se hubiere logrado asemejar en el carácter virtuoso de sus buenas acciones, y éste suplantará al suyo propio. De igual manera, si el individuo hubiere reparado su Ruaj por completo, vendrá a él la Neshamá de algún justo, tal como se mencionó, y suplantará a la suya propia y original.

Ésta es la explicación de lo que dijeran nuestros sabios, de bendita memoria, en el Talmud (Tratado de Julín 7b) en cuanto a que «las personas justas son más grandes después de fallecidas de lo que lo fueron en vida» etc. Entonces, cuando este individuo se retire del mundo (fallezca) su Nefesh irá junto a ese Ruaj (el del justo) y por su intermedio recibirá la abundancia de luz Divina (*shefa*) que merece. Y cuando su propio Ruaj se reencarne en otra persona, venga acoplado sobre el Nefesh del converso, tal como ya se mencionó, y se repare por completo, entonces el primer Nefesh dirá: *«me iré y volveré a mi primer marido»* (Oseas 2:7), pues ya se ha reparado.

Otro tanto ocurre con la Neshamá respecto del Ruaj, tras el fallecimiento del individuo, vuelven reencarnados para repararse conjuntamente.

INTRODUCCIÓN 2

Las reencarnaciones y la reparación

En este pasaje nos referiremos al orden de ingreso de Nefesh, Ruaj y Neshamá (Na.Ra.N.) en el individuo, en el inicio de sus reencarnaciones, la primera y novel vez, tal como explicaremos con la ayuda de D's.

Cuando nace el cuerpo del ser humano y sale al aire del mundo, ingresa en su interior su Nefesh, y si sus acciones son aptas tendrá el mérito de que entre en su interior el Ruaj al completar los trece años, que es cuando es denominado un hombre completo, tal como es sabido. Y si sus acciones son aún más aptas, desde entonces y en adelante ingresa en su interior la Neshamá al completar la edad de veinte, tal como se menciona en el pasaje del Zohar conocido como *Saba de Mishpatim (lit. El anciano de la porción de Mishpatim – Rav Yeivo el anciano (Saba) N. del T.).*

Sin embargo, si no reparó completamente el Ruaj, no entrará la Neshamá por lo que poseerá únicamente Nefesh y Ruaj. Asimismo, en caso de no haber reparado por completo el Nefesh no poseerá sino este nivel y carecerá de Ruaj y de Neshamá, los cuales permanecerán en un sitio conocido por el Santo Bendito Sea, donde se prepara un lugar para cada uno de ellos.

Sin embargo, si un individuo no reparó completamente el Nefesh en la primera vez, y fallece, es preciso que ese Nefesh retorne encarnado otras veces hasta que se refine todo lo necesario. Y entonces, a pesar de haberse reparado por completo, su Ruaj no entrará en su interior, debido a que el Nefesh no fue reparado sino por medio de la reencarnación, si las circunstancias no resultan acuciantes, tal como se explicará posteriormente con la ayuda de Dios.

Por lo tanto, es necesario que el individuo fallezca y el Nefesh vuelva a reencarnarse y entonces sí habrá de recibir su Ruaj. Y si repara también su Ruaj, precisará fallecer para volver a reencarnarse y entonces se incorporará también su Neshamá, de modo semejante a como ya se explicase respecto del Ruaj.

En caso de que el Ruaj no sea reparado, el Nefesh junto con el Ruaj precisarán reencarnarse varias veces hasta que este último sea corregido. Entonces, el individuo fallecerá y volverán a reencarnarse el Nefesh y el Ruaj junto a la Neshamá hasta que los tres queden completamente reparados. Entonces ya no será necesario volver a reencarnarse, ya que la Neshamá también fue reparada, por lo que estaremos ante un individuo completo, tal como es sabido.

Luego de la reparación

Pero es necesario que sepas que una vez que el Nefesh es reparado y regresa en otra reencarnación para tomar a su Ruaj, tal como se ha mencionado, para repararlo a éste también, si en esa encarnación el individuo incurriese en algún pecado, éste no afectará al Nefesh como para decir que deba volver a reencarnarse una vez más para ser corregido del modo previamente mencionado. Esto resulta así ya que, dado que el Ruaj está en su interior, el daño de la transgresión sólo afecta al Ruaj hasta que este es reparado.

Por lo tanto, en caso de que sean necesarias más reencarnaciones para reparar el Ruaj, el Ruaj junto al Nefesh vienen al mundo y se reencarnan conjuntamente hasta completar la rectificación del Ruaj. Entonces, el individuo habrá de fallecer y volverán a reencarnarse el Nefesh, el Ruaj y la Neshamá juntos hasta completar la reparación de esta última. Entonces, si durante esas reencarnaciones el individuo pecare, el daño afectará únicamente a la Neshamá, tal como ya lo hemos explicado en lo referente al Ruaj.

A veces ocurre, que durante el tiempo de su reparación el Nefesh se refina y eleva de gran manera. Entonces, no precisa volver a reencarnarse junto al Ruaj cuando a este último le toque repararse. Más bien el Nefesh quedará en un lugar elevado como le corresponde, engarzado en la cadena de la vida, y solamente el Ruaj desciende para reencarnarse y repararse.

He aquí que no puede descender solo, sino investido dentro de un Nefesh, y por ello se inviste en el Nefesh de un converso, tal como se menciona en *Saba de Mishpatim* y se reencarnan juntos hasta que el Ruaj es reparado. Luego, el individuo fallece y vuelve a encarnarse. Entonces, vuelve a conectarse con su Nefesh original y se encarnan juntos para recibir su Neshamá hasta que también esta sea reparada.

A veces, el Ruaj también ha de reencarnarse junto a la Neshamá hasta que esta última sea reparada, y entonces, el individuo en cuestión ya no precisa reencarnación alguna, y las tres partes se engarzan juntas en la cadena de la vida, tal como merecen.

Y has de saber que, a pesar de todo este proceso, el Nefesh del converso, por haberse conectado en este mundo con el Ruaj que hemos mencionado y haberle ayudado a mejorar sus acciones, actuó como su carroza o su sostén en este mundo y por su intermedio el Ruaj pudo repararse, por lo que el Nefesh de este converso ascenderá junto al Nefesh principal de aquel Ruaj y ambos dos estarán en un mismo nivel en el Mundo Venidero, reposarán juntos y no se separarán.

También debes saber, que a veces, cuando el Nefesh se encarna sólo a los efectos de repararse, sus acciones resultan tan excelsas al grado de que merece recibir su Ruaj, pero éste no puede venir éste, tal como ya vimos, puesto que la regla general indica que dos o tres partes no pueden unirse en una misma reencarnación, salvo en casos muy especiales o acuciantes, a los que nos referiremos más adelante en otra disertación, sino que cada parte debe encarnarse por separado, tal como ya se explicó. Pues, en primer término, es preciso reparar el Nefesh, y aunque se haya reparado, el Ruaj no puede entrar, sino que resulta necesario que el individuo fallezca para que posteriormente el Nefesh vuelva a reencarnar recibiendo entonces un Ruaj. Asimismo, después de que se hayan unido Nefesh y Ruaj, y ambas partes se hayan reparado, no pueden recibir su Neshamá sino hasta una próxima reencarnación.

El Ibur

Es necesario que sepas, qué es lo que le ocurre al Nefesh desde el momento en que fue reparado y permaneció sin Ruaj tal como lo mencionamos. El motivo verdadero de esto es que según el grado de depuración y el nivel de reparación del Nefesh en cuestión, se habrá de reencarnar en ese individuo -mientras está con vida- el Nefesh de un justo que ya culminó su ciclo de reparación y reencarnación y ya no precisa reencarnar. El Nefesh de este justo habrá de fungir a modo de o en lugar de el Ruaj de este individuo. A veces, es posible que se encarnen Nefashot de los antiguos (*rishonim*, lit. primeros) hasta nuestro patriarca Abraham, la paz sea sobre él, y similares, en concordancia con el grado de refinamiento del Nefesh de este individuo.

Esta cuestión de la encarnación en vida del individuo es llamada entre los sabios como el Sod Ha'ibur (lit. 'el secreto de la gestación') y ésta es la diferencia existente entre una reencarnación (*guilgul*) y una gestación (*ibur*). A veces es posible que se encarne (geste) en un individuo vivo el mero Ruaj de un justo, incluso un Ruaj de uno de los primeros justos, pudiendo llegar hasta los de nuestros patriarcas, que en el Edén descansen, incluso en nuestros tiempos. Todo depende del valor de los preceptos o las buenas acciones que realice este individuo, pues hay preceptos que poseen la singular capacidad de atraer el Nefesh de un justo mediante el mecanismo de ibur y hay preceptos cuya realización puede atraer el Ruaj de un justo, tal como ya mencionamos.

A veces, es también posible que por medio del ibur se encarne en el individuo el Nefesh de un justo y luego tenga el mérito de que ocurra lo mismo con el Nefesh de otro justo más encumbrado que el primero y resulta que entonces tiene Nefesh propio, el Nefesh del primer justo que le vino en lugar de Ruaj y el segundo Nefesh del justo más encumbrado que llegó posteriormente y a modo de Neshamá.

Y a veces, el Nefesh del individuo se refina de tal manera, al grado de conseguir el Nefesh de algún justo, luego consigue el aspecto o nivel de Ruaj de otro justo especial que es más encumbrado que todos hasta que resulte posible que consiga el Ruaj de nuestro patriarca Abraham, la paz sea sobre él. Y a esto es a lo que se refieren los midrashim, especialmente el *Midrash Shmuel*, respecto de que no hay generación en la que no viva alguien semejante a nuestro patriarca Abraham, la paz sea sobre él, semejante a Ytzjak, semejante a Ya'akov, semejante a Moshé y semejante a Shmuel etc. Y hete aquí que en la labor de detallar estas cuestiones sucumbió la pluma y su fuerza no fue suficiente como para escribirlos todos en el libro, y el conocedor entenderá y deducirá por sí mismo las demás divisiones y detalles de esta cuestión.

De todas maneras, la regla general indica que conforme el valor de la reparación efectuada y el refinamiento operado por el individuo en el Nefesh podrá alcanzar una Neshamá de los justos primeros, hasta el más encumbrado de estos. E incluso en esta generación esto puede ocurrir. De acuerdo con esto puedes deducir también que cuando el Nefesh y el Ruaj de un individuo se reencarnan juntos y ambos se repararon no pueden alcanzar su propia Neshamá sino hasta la próxima reencarnación, tal como ya señalamos, y estando aún con vida les puede ocurrir lo que hemos expuesto, esto es, que sean objeto de un ibur, y entonces, les entre un Nefesh, un Ruaj o una Neshamá de algún justo que funja como su Neshamá. Y todos los detalles que fueron ya explicados respecto a cuando solamente el Nefesh está reparado aplican aquí y no corresponde extendernos.

A veces también ha de ocurrir que tras reencarnarse juntas las tres partes del Na.Ra.N. (Nefesh, Ruaj y Neshamá) de un individuo y las tres están reparadas, entonces puede llegar mediante ibur otro Nefesh o Ruaj de algún justo, tal como ya mencionamos, y al fallecer el individuo podrá elevarse conforme el grado del justo que entrara en él, y allí, en el Mundo Venidero ambos compartirán un mismo nivel. Ésta es la explicación de lo que está escrito en el primer prólogo al inicio del libro del Zohar (7b), donde se menciona que Rabí Shim'ón Bar Yojai, la paz sea sobre él, se inclinó sobre su rostro y divisó a Rabí Hamnuna Saba (Rabí Hamnuna el anciano), de bendita memoria, y le dijo que en aquel mundo yaccrán juntos, él y Rabí Hamnuna, y con esto es suficiente.

Los motivos del ibur

He aquí que esta cuestión del ibur obedece a dos motivos. El primero a que por intermedio del ibur del Nefesh de un justo en este individuo se reparará su propio Nefesh y se refinará, en un nivel semejante al Nefesh del justo en cuestión y por medio de ello podrá elevarse en el Mundo Venidero hasta el nivel del justo que entró en él bajo el formato de ibur. Y como ya mencionamos, el justo le ayudará y apoyará para que sume en su haber preceptos y santidades suplementarias. Este motivo alude al beneficio del individuo en cuestión.

Existe otro motivo y es el de beneficiar al justo que ingresa en el individuo bajo el formato de ibur. Esto es así ya que al ayudar el justo al individuo y apoyarlo en la obtención de buenas acciones suplementarias participa de ellas. Ésta es la explicación de lo que dijeron nuestros sabios, de bendita memoria, en cuanto a que «grandes son los justos que incluso tras haber fallecido tienen el mérito de tener hijos» etc. (Tratado de Sanhedrín 47a). A través de la acción de guiar y elevar al individuo en cuestión, le hace de padre que guía y asiste, y en virtud de ello, por su intermedio se hace merecedor, tal como ya mencionamos.

Y has de saber que este justo, al entrar en el individuo por medio del ibur para ayudarle en su vida y no venir al mundo por medio de la reencarnación está cercano a la recompensa y distante de la pérdida. Pues si el individuo que aloja al ibur realiza actos de bien, el justo alojado lleva recompensa. Ésta es la explicación de lo que dijeron nuestros sabios, de bendita memoria, en cuanto a que «el justo recibe su parte y la de su compañero en el Jardín del Edén» (Tratado de Jaguigá 15a). Entiende este profundo secreto, mas no es éste el momento de extendernos en él. Sin embargo, si el individuo en cuestión realiza actos malévolos, el justo no es castigado ni sufre pérdida alguna, ya que vino por medio del ibur únicamente para beneficiarlo y no para perjudicarlo. Por el contrario, si el individuo retrocede de lo ya reparado, entonces el justo se separa de él y se va. Esto es así porque según lo ya explicado, que el ibur acontece durante la vida del individuo y no se apega al cuerpo de éste tal como lo está su propio Nefesh, que llegó con él por medio de la reencarnación y entró en el momento de su nacimiento, apegándose y uniéndose a él por completo sin poder salir de éste hasta el día de su muerte. No así es el caso del Nefesh del justo que llegó por medio del ibur, el cual entra y sale por propia voluntad. En caso de que el individuo persista en sus buenas acciones el justo continuará residiendo en su interior para poder participar de éstas, permaneciendo hasta el fallecimiento, que es cuando ambos ascenderán a un mismo nivel como ya mencionáramos. Empero, en caso de que el individuo cometa actos malévolos el justo rechazará su cercanía y se irá, por cuanto que no se encuentra allí de modo fijo sino únicamente en préstamo, semejante a un huésped o invitado que se aloja en lo de su anfitrión todo el tiempo que le parece oportuno, y en caso de no sentirse a gusto se va. Por este motivo también, cuando el individuo experimenta algún tipo de sufrimiento, el justo no lo siente en absoluto, ni sufre junto a él, ya que no está apegado a él, sino que se encuentra únicamente en préstamo.

La regla general resultante es que a veces un individuo realiza un gran acto de bien (*mitzvá*) por medio del cual es merecedor de recibir el ibur del Nefesh de alguno de los justos primeros. Entonces, puede que se repare y refine a tal grado que regrese el Nefesh del individuo en el grado del Nefesh del justo. Entonces, resulta necesario que complete el refinamiento de su Ruaj y de su Neshamá hasta que sean merecedores de investirse en ese Nefesh ya refinado. Después de este proceso, el individuo será equiparado al nivel del justo, y se elevará hacia el sitio del cual la raíz de su Neshamá fue excavada. Y todo eso es gracias a la ayuda y al apoyo de ese justo.

Los orígenes de los cuales provienen diferentes almas

Y has de saber que a veces el Nefesh del individuo puede elevarse hasta que su Nefesh sea del mundo de Atzilut. La regla general es que el Nefesh pertenece al mundo de Asiá, el Ruaj al mundo de Yetzirá, la Neshamá al mundo de Briá. No obstante, si entramos en detalles, resulta que en cada uno de estos mundos existen los aspectos de Na.Ra.N. (Nefesh, Ruaj y Neshamá). Por lo tanto, a veces el Nefesh, Ruaj y Neshamá de un individuo son de Asiá Yetzirá y Briá, otras, serán de Maljut, Za'ir Anpín e Ima de Asiá. A veces, las tres partes serán de Yetzirá, o las tres serán de Briá, a veces, todas serán de Atzilut: el Nefesh será de Nukva de Za'ir Anpín, el Ruaj será de Za'ir Anpín, la Neshamá será de Ima y la Jaiá de Aba. Y a veces, el Nefesh será de Asiá y tanto el Ruaj como la Neshamá serán de Yetzirá. A veces, el Nefesh será de Yetzirá y tanto el Ruaj como la Neshamá serán de Briá. Y a veces, el Nefesh será de Briá y tanto el Ruaj como la Neshamá de Atzilut. Así, igualmente ocurrirá respecto a cada detalle de cada uno de los cuatro mundos Atzilut, Briá, Yetzirá y Asiá (A.B.Y.A.), tal como es sabido. Pues cada uno de estos cuatro mundos está compuesto de los cuatro mundos A.B.Y.A. y de diez sefirot, y éstas igualmente están incorporadas diez de diez hasta infinito, y la pluma carece de fuerza como para extenderse en todos estos detalles pues de por sí es finita, y el entendido comprenderá y deducirá por sí mismo.

No obstante, resulta necesario que sepas que lo que dijimos en cuanto a que a veces el individuo poseerá Nefesh, Ruaj y Neshamá del mundo de Yetzirá o de Briá etc., no es nuestra intención decir que carece en absoluto de Nefesh de Asiá, pues es sabido que incluso la Divina Presencia (*Shejiná*) que es llamada Maljut, anida en Asiá y por ende también en el Nefesh del individuo. Más bien, es nuestra intención decir que el Nefesh del individuo que proviene de Asiá puede tornarse tan refinado al grado de que no sea percibido como perteneciente a la luz del Nefesh de Yetzirá que posee. Entonces, en ese punto, es llamado Nefesh de Yetzirá. Y así de igual manera ocurre en las demás divisiones, pues incluso cuando decimos que un individuo tiene Nefesh,

Ruaj y Neshamá del mundo de Atzilut, ello ocurre al investirse estos en el Nefesh, Ruaj y Nesahmá de Asiá, Yetzirá y Briá. Empero en ese caso, no reciben una denominación distinta ya que resultan secundarios y por lo tanto son considerados como de Atzilut, y de esto habrás de deducir el resto de los detalles mencionados.

El formato de ibum o levirato

Existe otra distinción respecto de la reencarnación, entre aquella que se lleva a cabo en un cuerpo que haya sido asignado o a través de su hermano, acción que recibe el nombre de ibum (levirato). Cuando un individuo viene al mundo y se reencarna, no lo hacen conjuntamente su Nefesh, su Ruaj y su Neshamá ni dos de estas partes juntas, sino que lo hace solamente el Nefesh hasta que es reparado. Luego, en otra reencarnación lo hacen solamente el Nefesh y el Ruaj hasta que el Ruaj es reparado. Luego, en otra reencarnación, se reencarnan el Nefesh, el Ruaj y la Neshamá hasta que esta última es reparada y de esa manera llegan a su culminación sus reencarnaciones, tal como ya mencionamos. A veces, cada una de las partes se reencarna por separado, tal como ya lo mencionamos. Pero cuando se reencarna por medio de su hermano y vienen al mundo a través del ibum o levirato, pueden reencarnarse conjuntamente las tres partes, Nefesh, Ruaj y Neshamá. El autor, Jaim, dice: De *Saba DeMishpatim* resulta que incluso por medio del ibum no viene las partes juntas, sino que solamente el Nefesh y el Ruaj mas no la Neshamá. Y esto requiere un ulterior estudio.

INTRODUCCIÓN 3

El ibum y el ibur

En lo referente a la cuestión de la reencarnación, el ibum (lit. gestación) y el ibur (lit. levirato) en esta disertación encuentro oportuno extenderme en estos tres conceptos. He aquí que el ibur ocurre en vida del individuo, o sea, a veces se le presenta al individuo la posibilidad de realizar un acto de bien o cumplir un precepto determinado que lo repara, y entonces, recibe un Nefesh de algún justo pretérito que cumplió ese mismo precepto correctamente, y dado que tanto el individuo como el justo se asemejaron en la cuestión de esa acción, el Nefesh del justo entra en el individuo por medio del ibur. Esto y más, también es posible que al estar el justo junto a él durante su vida, su Nefesh le entre al individuo bajo el formato de ibur por el motivo ya mencionado, pues cuando el individuo realice uno o varios preceptos determinados que se refieren al justo en cuestión, dado que este último los cumplió también correctamente, entonces el Nefesh de ese justo entrará en el individuo por medio del ibur estando ambos dos con vida. Ésta es la explicación del versículo «*Y el Nefesh de David se apegó al de Yonatán*» (I Samuel 18:1), pues al hallarse juntos durante la vida, el Nefesh de David entró a Yonatán por medio del ibur. Sin embargo, en lo referente a la reencarnación debemos extendernos más, y para eso comenzaremos remontándonos al primer Adam, para que las cuestiones se comprendan con facilidad. (הגהה. A modo de agregado o corrección – dijo el escritor: considero que por medio del cumplimiento de un precepto como corresponde alcanza para comenzar a atraer un ibur y no resulta necesario completarse en todos los preceptos).

Las almas que se encuentran sumidas en las klipot

Has de saber que cuando el primer Adam pecó se vieron afectadas todas las chispas de su Nefesh, Ruaj y Neshamá. Tal como es sabido, así como el cuerpo del individuo está conformado o compuesto de varias chispas, en sus 248 órganos y sus 365 tendones o articulaciones, y hay algunas chispas en su cabeza, y también en sus ojos, y de igual manera en cada órgano, lo mismo ocurre con el Nefesh. Y tal como se enseña en el Midrash Tanjuma (*Ki Tisá* 12) a la porción de *Nasó* sobre el versículo que reza «*¿Dónde estabas cuando establecí la Tierra?*» (Job 38:4) 'que el primer Adam yacía inerte... y esto pendía de su cabeza etc.', de igual manera se dividió el Ruaj que estaba en su interior. Y lo mismo ocurrió con su Neshamá. Y cuando pecó, se vieron afectadas la mayoría de las chispas de su Nefesh, de su Ruaj y de su Neshamá e entraron entre las klipot. Ésta es la explicación profunda de lo que está escrito en *Sefer HaTikunim* (El libro de las reparaciones), en el prólogo que se refiere al versículo que reza: «*Cual ave que abandona su nido*» (Proverbios 27:8), pues, así como la Presencia Divina se exilió entre las klipot, de igual manera los justos se exiliaron con ella, y deambulan tras ella de lugar en lugar. Y lo mismo ocurrió con las chispas, se exiliaron al sitio que tenían asignado dentro de las klipot, cabeza a cabeza y ojo a ojo etc. Ésta es la explicación profunda (*sod*) de la cuestión del exilio de las almas allí mencionado. Y he aquí que también sus hijos Caín y Abel incurrieron en otro pecado, diferente del de su padre Adam, y después ellos también se hundieron en la profundidad de las klipot.

Las chispas que logran repararse y las que no

Sin embargo, en cada generación algunas de esas chispas salen y vienen a este mundo por medio de la reencarnación, dependiendo del origen del cual fueron excavadas las almas de esa generación, de las chispas de la cabeza, o de las chispas del ojo etc., y se reparan en este mundo. Y hay quienes -si bien se reencarnaron para reparar- no se cuidan de abstenerse de pecar y vuelven a hundirse nuevamente en la klipot como la primera vez, el individuo junto a todas las chispas que de él se derivan y de él penden, siendo éste un aspecto medio, que incluye reencarnación e ibur. Pues todas las chispas del Nefesh, incluso aquellas que han sido reparadas- se reencarnan por completo desde el momento del nacimiento junto a la chispa particular estropeada, y no se separan hasta el día de su muerte.

Empero, la reencarnación de las chispas reparadas se denomina ibur ya que no participa de los pecados del cuerpo, solamente de los méritos. Tal como se explicó para el caso de los justos ya fallecidos y llegan bajo el formato de ibur a alguien vivo mas no desde el día en que este nace. De esto resulta que aquella chispa que no ha sido reparada en absoluto por medio de la observancia de preceptos o que cometió una de las transgresiones que impiden la resurrección se reencarnará en un segundo cuerpo que será llamado por su nombre. Las chispas ya reparadas por medio de la observancia de preceptos, pero dañadas por causa de una transgresión liviana vendrán bajo el formato de ibur -como se ha mencionado- a pesar de que se trata también de una reencarnación. No obstante, aquellas chispas que no han resultado dañadas, tras completarse por medio del cumplimiento de preceptos, ya no vienen salvo bajo el formato de ibur en un individuo vivo, y ello no ocurre salvo que tenga el mérito de hacerlo.

De esto se desprende que cuando el Nefesh se reencarna en este mundo, no lo hace sino principalmente en aras de la parte específica que está afectada y que se refiere a aquel cuerpo, y el resto de las partes del Nefesh que ya vinieron en cuerpos diferentes y allí se repararon no vienen sino bajo la forma de ibur. Por ello, cuando la parte relativa a aquel cuerpo en cuestión cumple algún precepto específico en este mundo, el resto de las partes del Nefesh que están allí bajo la forma de ibur reciben su parte del precepto realizado pues ayudaron a llevarlo a cabo, del modo que se mencionara anteriormente respecto del ibur de un justo. Sin embargo, cuando el individuo peca, el pecado se refiere a la parte especial del Nefesh pues el resto de las partes no participan del castigo ya que ayudan a hacer el bien y no el mal.

Resulta entonces, que cuando un individuo se reencarna y nace, la generalidad del Nefesh con todas sus partes se reencarnan allí, pero lo principal de la reencarnación es esa parte particular que se refiere al presente cuerpo y que viene a corregirse en virtud de que resultara estropeada en el cuerpo anterior, y de lo que ocurra con esa parte específica dependerán la recompensa o el castigo posteriores. Pero el resto de las partes del Nefesh participan de la recompensa mas no del castigo, tal como se mencionó. Entonces, dado que la generalidad de ese Nefesh padece ahora de los sufrimientos y de los castigos que le sobrevienen a ese cuerpo en vida, amén de lo que ya sufriera en cuerpos anteriores de sus otras chispas, y padece también del sufrimiento de esta muerte, y del sufrimiento posterior a la muerte, a través de todo esto se expían sus pecados pretéritos. Sin embargo, por los preceptos realizados en las reencarnaciones anteriores, así como también por los preceptos realizados ahora por la chispa en cuestión recibe recompensa, tal como ya se mencionó, y así avanza en su reparación y en su compleción. Sin embargo, si participase también de las transgresiones que realiza ahora esta chispa, el Nefesh no podría repararse jamás ni en todas las reencarnaciones del mundo porque el ser humano siempre peca y agrega iniquidades a sus pecados anteriores que le antecedieron en reencarnaciones anteriores y estos no tienen fin. Pero dado que el resto de las partes del Nefesh no participan de la maldad de la chispa en cuestión sino únicamente de sus méritos, resulta que las transgresiones se terminan de expiar y no se suman. Y los méritos nuevos se agregan en cada reencarnación de cada chispa y de esta manera las reencarnaciones y las reparaciones del Nefesh llegan a un final, y entiende esto muy bien. Resulta que de esta manera se completa el Nefesh en todas sus chispas, por medio de las reencarnaciones, hasta que se terminen de reencarnar y de reparar todas las chispas desde la cabeza y hasta los pies del Nefesh. Una vez que los pies son completados, el Mashíaj vendrá, tal como lo menciona el Zohar en la porción de *Pikudei* (258a) y en el final de la porción de *Vayakhel*.

El ibum

Sin embargo, el ibum no es así, y el motivo de ello es porque la reencarnación obedece a otros motivos. Todas las transgresiones que figuran en la Torá tienen reparación a través de los sufrimientos que se padecen en este mundo o en el Guehinom y por ello la totalidad de las chispas del Nefesh no requieren de la reencarnación, sino de ibur, tal como se explicara, y por ello se reencarna únicamente la chispa particular. Empero quien viene al mundo por medio del ibum es por haber fallecido sin haber tenido hijos y es considerado como si no hubiese tenido éxito alguno, como si no hubiese pasado por el mundo, y su primer cuerpo es como si no hubiese existido, tal como se menciona en la porción de *Vayeshev*. Y por ello es necesario que el Nefesh que se encontraba en el primer cuerpo con todas sus partes regrese para reencarnarse por completo en aras de sí mismo, y el segundo cuerpo (nacido por medio del ibum) será su cuerpo principal, y al terminar de corregirse y fallecer, en la resurrección de los muertos el Nefesh no regresará al primer cuerpo, «solamente el espíritu que dejó en su mujer», tal como se menciona en *Saba DeMishpatim*. Y así explicamos la diferencia existente entre quien falleció sin haber tenido hijos y vino por medio del ibum y quien falleció por causa de las demás transgresiones de la Torá y se reencarna tal como fue dispuesto, y no por medio de ibum. Hete aquí que todos los detalles mencionados aplican para el Ruaj y para la Neshamá, tal como lo explicamos en la cuestión de las chispas del Nefesh.

Existe otra diferencia entre el ibum y la reencarnación y es lo que se explicó aquí al inicio de esta disertación. He aquí que quien se reencarna por medio del ibum, dado que su primer cuerpo es considerado como si no hubiese existido, como mencionáramos, motivo por el cual el Nefesh debe reencarnarse con la totalidad de sus partes, tal como mencionáramos, y resulta que se considera una creación (construcción) completamente nueva. Por ello se reencarnarán junto a este también el Ruaj y la Neshamá, los tres juntos. Sin embargo, esto no ocurrirá de una sola vez, solamente cuando lo merezca a través de la realización de preceptos adecuados para el Ruaj, éste entrará. Lo mismo en el caso de la Neshamá. Tal como lo explicáramos al inicio de toda esta disertación respecto del inicio de la llegada del individuo a este mundo, al ser completamente nuevo, el *Saba DeMishpatim* dice sobre éste que «Si merece más se le da un Ruaj, si merece más se le da una Neshamá» etc. No así en el caso de la reencarnación, tal como habremos de explicar. Por ello, quien llega por medio del ibum, que se asemeja a una nueva creación (construcción), puede obtener Nefesh, Ruaj y Neshamá juntos en esa vez en concordancia con sus acciones, tal como lo hemos mencionado.

Ésta es la explicación profunda del versículo que dice: *«Si Él fijase Su atención en el hombre, si recogiese para Sí su espíritu (Rujó) y su aliento (Nishamató)»* (Job 34:14), que se analiza en *Saba DeMishpatim* respecto de la cuestión de quien viene al mundo por medio del ibum. Y tal como ya dijimos, la explicación es que, así como quien realiza el ibum (el hermano del marido fallecido) tiene el poder de hacer regresar parte del Nefesh de su padre a este mundo, de igual manera el ibum tiene la capacidad de hacer regresar y reunir consigo la totalidad de ese Nefesh y también su Ruaj y su Neshamá conjuntamente. Sin embargo, esto será por medio de buenas acciones, tal como está escrito, *«Si Él fijase Su atención»*.

Sin embargo, en el caso de la reencarnación que no se efectúa por medio del ibum - no resulta posible hacer descender a las tres partes juntas, sino que solamente una a una tal como se mencionó anteriormente. En un inicio se reencarna solamente el Nefesh, hasta que se repare por completo y el individuo fallezca. Luego ha de reencarnarse solamente el Ruaj en otro cuerpo hasta que se repare, y si bien también el Nefesh se reencarna con él, únicamente se encuentra bajo la forma de ibur dado que ya está reparado y no viene sino a ayudar y a beneficiar al individuo, y no a perjudicarlo. Por ello participa de las buenas acciones del Ruaj y no de las realmente malas, semejante a lo que estudiamos sobre el Nefesh mismo, que se reencarna por completo junto a una de sus partes y permanece a su lado bajo la forma de ibur etc. Esto explicará, cómo es que hay un final para las reencarnaciones del Nefesh y este puede repararse, dado que no participa de las transgresiones del Ruaj, tal como ya vimos. Luego, el individuo fallece y entonces se reencarnará la Neshamá para repararse, y entonces el Nefesh y el Ruaj vienen junto a ella bajo la forma de ibur, hasta que ésta se depure. Entonces, ese individuo ya no tiene más la necesidad de reencarnarse en este mundo para sí mismo, sin embargo, es posible que venga bajo la forma de ibur, en otro individuo que está con vida, para ayudarle, depurarle (o generarle mérito) y recibir recompensa junto a él, tal como ya explicamos extensamente.

El sueño como forma de reencarnación

Y ahora hemos de explicar aquello de lo que hablamos al comienzo de esta disertación y es que, si bien resulta muy difícil, es posible que se reparen las tres partes, el Nefesh el Ruaj y la Neshamá de una sola vez, en un solo cuerpo, sin que sean necesarias numerosas reencarnaciones, y se complete la reparación de las tres partes en una sola vida. La cuestión es que cuando en un principio se encarna solamente el Nefesh, si alcanza a repararse en absoluta depuración, resulta que el Ruaj no puede venir con él tal como se explicara por cuanto que el Nefesh está reparado y el Ruaj aún no. Sin embargo, existe una opción. Cuando el Nefesh resulta reparado por completo, entonces, cuando el individuo duerme por la noche y deposita su Nefesh en la mano del Eterno, bendito sea, como es sabido, el Nefesh puede quedarse arriba apegado al aljibe superior (*beer elión*) bajo la forma de Maim Nukvin, tal como lo explicamos en *Sha'ar HaTefilá* (lit. El pórtico del rezo) en la cuestión de ir a dormir, véase allí. Y cuando el individuo se despierta por la mañana entrará en él únicamente el Ruaj, y entonces es como si se hubiese reencarnado otra vez en otro cuerpo. Así, el Ruaj se repara hasta su compleción total, y entonces el Nefesh puede retornar al cuerpo como al inicio, por cuanto que ambos están reparados, y el Ruaj se inviste en el Nefesh y el Nefesh fungirá como carroza (*merkavá*) o asiento del Ruaj. Luego, si el Ruaj se repara por completo es posible que tanto el Nefesh como el Ruaj asciendan por la noche durante el sueño, depositándose en la mano del Eterno tal como se mencionó, y permanezcan arriba y entonces por la mañana, al despertarse el individuo, le entrará la Neshamá y esta se habrá de reparar en él. Una vez concluida la reparación de la Neshamá regresarán el Nefesh y el Ruaj ya reparados y se conectarán los tres juntos al cuerpo y uno será carroza o asiento del otro tal como es sabido y no serán necesarias más reencarnaciones.

He aquí que la cuestión de esta reparación está insinuada en el versículo: «*Con mi alma (mi Nefesh) te he anhelado por la noche, sí, con mi espíritu (mi Ruaj) dentro de mí Te he buscado (Ashajareja)*» (Isaías 26:9). Explicación: cuando mi Nefesh se depura por completo al grado de poder apegarse a Ti, bajo la forma de «*y apegarse a Él*» (Deuteronomio 11:22), entonces te he de anhelar y he de anhelar intensamente apegarme a Ti. Esta pasión y este deseo tienen lugar por la noche, durante el depósito de las almas en la mano del Eterno, que ascienden bajo la forma de Maim Nukvim para despertar la unión superior. Y por efecto de este deseo intenso, dado que está depurado y puede apegarse por completo, el Nefesh permanece allí y no desciende. Al llegar la mañana, momento del descenso de las almas, el Nefesh no desciende, sino que mi espíritu (*Rují*) desciende a mi interior entonces, por la mañana (*bashajar*). Por ello no «Te he 'buscado'» (podría leerse 'mañaneado') con mi Nefesh sino con mi Ruaj, que ingresa a mi interior para ser reparado, como ya se mencionó. Por ello la sigla de «**Balaila Af R**ují» (בלילה אף רוחי «por la noche, sí, con mi espíritu») forma el vocablo '*beer*' (- באר aljibe), lo cual alude a lo mencionado anteriormente. Pues mi Nefesh Te ha anhelado para ascender al aljibe superior, como ya se mencionó.

Por lo tanto, un individuo que sabe que completó la reparación de su Nefesh es bueno que al acostarse en su lecho recite este versículo «*Con mi alma (mi Nefesh) te he anhelado por la noche...*» con la intención meditativa (*kavaná*) de lo mencionado, y por su intermedio alcanzará el Ruaj, y también la Neshamá y no precisará de más reencarnaciones, y entiende este secreto oculto y sé cuidadoso con él. Empero, el versículo que recitamos «*En Tu mano depositaré (afkid) mi espíritu (Rují)...»* (Salmos 31:6) no ayuda para esto pues al recitarlo tenemos la intención de que por su intermedio nuestras almas asciendan solamente bajo la forma de depósito, y que vuelvan a descender por la mañana. Pero el versículo *«Con mi alma Te he anhelado por la noche»* sirve para que el Nefesh permanezca arriba y desciendan el Ruaj o la Neshamá, tal como se explicase.

(הגהה Hagahá (corrección): Dijo Shemuel, esta cuestión, del versículo *«Con mi alma Te he anhelado»* se explica en el libro *Sha'ar HaKavanot* ('Pórtico de las concentraciones intencionales'), más adelante en la introducción 6).

INTRODUCCIÓN 4

Respecto de la reencarnación doble

En lo relativo a la reencarnación, este capítulo se referirá a la cuestión de la 'reencarnación doble'. Así dijo: Existen dos aspectos más que aplican a la cuestión de las reencarnaciones. El primero es quien al descender a este mundo por primera vez alcanza a obtener Nefesh, Ruaj y Neshamá conjuntamente, y luego peca y los afecta, al reencarnarse el individuo para reparar no podrá obtener Nefesh, Ruaj y Neshamá conjuntamente en una sola encarnación sino por medio del mecanismo que se explicó anteriormente, esto es, que al acostarse a dormir recite el versículo «*Con mi alma Te he anhelado por la noche*» (Isaías 26:9) etc.

El segundo, cuando alguien en su primera encarnación no logra alcanzar más que el Nefesh únicamente, pecó y afectó al Nefesh en cuestión, al reencarnarse podrá alcanzar Nefesh, Ruaj y Neshamá en esa encarnación ya que en la primera vuelta el Ruaj y la Neshamá no se vieron afectados por el pecado y ahora pueden acudir al Nefesh que fue corregido como si se tratase de una primera vez, tal como fue dicho: «si resulta merecedor se le otorga más» y fuera mencionado anteriormente. Esto no ocurrió, cuando en un inicio vinieron al mundo todas las partes juntas y se vieron todas afectadas, pues, ¿cómo puede el Nefesh corregido fungir como carroza o asiento para el Ruaj afectado? Y lo mismo aplica para la Neshamá. Sin embargo, cuando en la primera vuelta no se afectó sino al Nefesh únicamente, es posible que la tres partes vengan y se encarnen conjuntamente, tal como se mencionó.

Y humildemente considero que en lo que respecta a todo aspecto o nivel de reparación que es el cumplimiento de los preceptos vinculados a los órganos corporales, y a todo aspecto o nivel de afectación que es la trasgresión de los preceptos restrictivos, como es sabido, la compleción del ingreso del Nefesh en el cuerpo que recibe el nombre de «reparación del Nefesh» (*Tikún HaNefesh*) no se lleva a cabo sino mediante el cumplimiento de los preceptos. Las transgresiones afectan al Nefesh pero no evitan que sus chispas entren.

La reparación y la resurrección

Sin embargo, existen otros dos aspectos en esta cuestión. Si en una primera encarnación el individuo no obtuvo más que Nefesh, y en caso de no haber tenido el mérito de terminar de repararlo y haber fallecido, dado que ese cuerpo no terminó de completar la reparación del nivel de Nefesh, durante la resurrección de los muertos no tendrá el primer cuerpo sino únicamente la parte específica que reparó en vida. Por eso, cuando ese Nefesh se reencarne en otro cuerpo para completar su reparación podrá obtener Nefesh, Ruaj y Neshamá. Entonces las partes del Nefesh que se repararon en el segundo cuerpo junto a la generalidad del Ruaj y la Neshamá, acudirán a este segundo cuerpo en el momento de la resurrección de los muertos, de modo tal que el primer cuerpo no recibirá nada del Ruaj o de la Neshamá pero compartirá con el segundo parte del Nefesh, de acuerdo con las partes de este que haya alcanzado a reparar, pasando el resto de las partes al segundo cuerpo. Esto sucede del modo que ya fuera mencionado en *Saba DeMishpatim*, respecto del ibum, pues el primer cuerpo que no tuvo éxito en la procreación no recibe sino la chispa particular de aquel Nefesh, que es la misma que quedó en su mujer en las primeras relaciones. Las restantes partes del Nefesh, junto con el Ruaj y la Neshamá son para el segundo cuerpo. Ésta es la explicación profunda (*sod*) de lo que está escrito en el Zohar en la porción de *Jaiei Sará* (131a): «Los cuerpos que no tuvieron éxito (en procrear, *N. del T.*) es como si no hubieran existido». Y esto resulta sorprendente ya que no hay miembro del pueblo de Israel que no esté lleno de preceptos como semillas tiene la granada, y entonces, ¿por qué habría de ser completamente anulado en el tiempo de la resurrección? Sin embargo, una insinuación de lo antedicho la encontramos en el hecho de que el mayor deleite en el futuro por venir es en los niveles de Ruaj y Neshamá, y el primer cuerpo que carece incluso de un Nefesh completo y sólo posee una chispa particular, la que había dejado en su esposa etc. - no tendrá deleite. En términos relativos, es como si nunca hubiese existido.

La reencarnación doble

Sin embargo, si el primer cuerpo tuvo el mérito de reparar la totalidad del Nefesh pero luego lo afectó, cuando el Nefesh vuelve a reencarnarse junto al Ruaj y a la Neshamá en el segundo cuerpo, tal como ya lo mencionamos, lo harán conectándose con la chispa de otro Nefesh para que esta los ayude con los preceptos. Esto es llamado «reencarnación doble» y recuerda esta cuestión. Luego, en el tiempo de la resurrección de los muertos el Nefesh, el Ruaj y la Neshamá regresarán en el primer cuerpo y el segundo no recibirá sino la chispa del Nefesh adicional que se sumó, pues esa chispa es lo principal del segundo cuerpo, ya que el primer Nefesh ya fue reparado por completo en el primer cuerpo. Entonces resulta que se habrá esforzado en aras de los demás, tal como lo explicó Rav Sheshet, quien dijera: «Regocíjate Nefesh mío, regocíjate Nefesh mío, por ti he leído, por ti he estudiado» (Tratado de Pesajim 68b).

La reparación de almas afectadas

Es necesario que sepamos que cuando un individuo tuvo el mérito de recibir Nefesh, Ruaj y Neshamá y luego los afecta, resulta que cuando regresa reencarnado las tres partes no vienen juntas, sino que cada una en una reencarnación separada. Es necesario que sepas cuál habrá de ser la sentencia de ese Nefesh, Ruaj y Neshamá. Has de saber, que cuando el Nefesh se reencarna en otro cuerpo para ser reparado, y logra serlo, entonces el Ruaj no puede entrar, tal como ya lo hablamos mencionado, pues, ¿cómo puede investirse un Ruaj afectado en un Nefesh que aún no ha sido reparado? Y si dijéramos que el Ruaj afectado se invista sobre el Nefesh antes de que haya sido reparado esto tampoco resulta posible ya que el Ruaj no entra hasta que se complete la reparación del Nefesh que está por debajo de su nivel. Entonces, resulta necesario que ese Ruaj venga por separado en otra reencarnación montado sobre el Nefesh de un converso a cambio de su Nefesh y allí sea reparado. Y así de esa manera la Neshamá llega sola en un cuerpo separado, montada sobre el Nefesh de un converso. Ésta es la explicación secreta de lo que se dice en *Saba DeMishpatim* (98b) respecto de que «sus almas vienen sobre las almas de los conversos… y tienen el mérito…». Esto se debe a que el Ruaj o la Neshamá por separado no pueden investirse en un cuerpo sin un Nefesh. Por lo tanto, lo reemplazan con el Nefesh de un converso y por su intermedio logran alcanzar su reparación.

Así lograrás aclarar un gran interrogante que surge de nuestras palabras y genera perplejidad. La mayoría de los individuos no reciben más que su Nefesh y en nuestras generaciones pocos son los que alcanzarán a obtener Ruaj o Neshamá, y por otra parte el hijo de David (el Mashíaj, *N. del T.*) no habrá de llegar sino hasta que todas las Rujot y Neshamot sean reparadas. Sin embargo, esto puede ser comprendido de lo que habíamos dicho de que el Ruaj o la Neshamá pueden reencarnarse en otros cuerpos con el Nefesh de un converso, y de ese modo, también pueden ser reparados. Una vez que el Nefesh principal es reparado puede recibir al Ruaj de un justo que es similar a él en su conducta y literalmente sustituir su propio Ruaj. De igual forma, de este modo alcanzará a repararse a un grado tal que podrá recibir también la Neshamá de algún justo. Cuando este Nefesh abandona este mundo, si su Ruaj principal aún no ha alcanzado la reparación completa, en el interín, el Nefesh y el Ruaj del justo van juntos al Mundo Venidero y por su intermedio recibirá el flujo de Divinidad (*shefa*) que le corresponde. Cuando el Ruaj culmina su reparación por medio de la reencarnación en otro cuerpo, tal como lo habíamos mencionado, entonces el Nefesh dice «*Me iré y volveré a mi primer marido*» (Oseas 2:9), y se conecta a su Ruaj, y lo mismo sucede cuando la Neshamá culmina su reparación, el Nefesh y el Ruaj regresan con ella para estar juntos en todo, tal como lo mencionamos anteriormente.

La diferencia entre un justo y un malvado a la hora de reencarnarse

Explicaremos ahora la diferencia existente entre el justo y el malvado en la cuestión de la reencarnación. De este modo, se comprenderán diferencias existentes entre las afirmaciones de nuestros rabinos, de bendita memoria. A veces, hemos visto que la reencarnación se da hasta tres veces, de acuerdo con el principio de «*tres veces con un hombre*» (Job 33:29), el de «*Por tres pecados de Israel y por el cuarto no revocaré su castigo*» (Amós 2:6). Y el de «*hago recordar la iniquidad de los padres sobre los hijos, sobre la tercera y la cuarta generación*» (Éxodo 20:4, Números 14:18, Deuteronomio 5:9). Y vemos en el *Sefer HaTikunim* (Tikún 69) que un justo se reencarna hasta mil generaciones y similares. Empero, el mismo versículo responde la aparente contradicción, pues las cuatro generaciones son para el malvado, tal como reza: «*hago recordar la iniquidad de los padres sobre los hijos, sobre la tercera y la cuarta generación*, para aquellos que Me aborrecen». Sin embargo, es benevolente por mil generaciones «*con aquellos que Me aman y observan Mis preceptos*» (Éxodo 20:5).

Ésta es la explicación: has de saber que el Nefesh de un·individuo, al venir por primera vez al mundo, nuevo, si pecó y se vio afectado, luego se reencarna en un cuerpo para poder repararse, y esto se llama la primera reencarnación. Si no se reparó entonces, vuelve en una segunda reencarnación, y si tampoco entonces se reparó - vuelve en una tercera. De ahí en adelante, ya no tiene reparación posible por medio de la reencarnación, y sobre éste fue dicho, «*ese Nefesh será cortado de entre su pue-*

blo» (Levítico 7:27) por completo. Sin embargo, esto es así únicamente cuando no se repara nada en ninguna de las reencarnaciones. Pero si en alguna de las tres veces se comenzó a reparar un poco, el Nefesh no es cortado pudiendo regresar y rectificarse, incluso hasta mil generaciones si esto es necesario. Por ello, el primer caso, el de aquel que no reparó nada, es llamado «malvado», el último, que reparó un poco es llamado «justo». Y este último, en todas las reencarnaciones subsiguientes irá completando su reparación. Me parece, humildemente, que escuché de mi maestro, de bendita memoria, que esto no aplica sino al Nefesh por cuanto que procede del mundo de Asiá que se encuentra sumido en las profundidades de las klipot. Es por ello por lo que el *caret*,[1] el corte del alma del resto del pueblo se aplica solamente al Nefesh, pues éste es cortado de su vínculo a la santidad y se hunde en las klipot. Pero en el caso del Ruaj y de la Neshamá que proceden de Yetzirá y Briá donde las klipot no se aferran tan fuertemente, con certeza que se repararán todos solo que algunos lo harán rápidamente y a otros les llevará más tiempo durante algunas reencarnaciones.

El caso de Elisha Ben Abuia, denominado como «Ajer» (lit. 'el otro')

Explicaremos otra diferencia existente entre el justo y el malvado y se entenderá aquello que escribieron nuestros sabios, de bendita memoria, respecto de Elisha Ajer en cuanto a que «no puede ser castigado ya que estudió Torá» (Talmud Babilonio Tratado de Jaguigá 15b).

Un justo que estudia Torá, especialmente si es de los antiguos, no es juzgado con Guehinom (gehena). Empero es indispensable que sus pecados sean expiados para que pueda entrar al Gan Eden (jardín del Edén), por lo que no tiene otra alternativa que la de reencarnarse pues

---

1. El *caret* es un castigo bíblico de gravedad respecto de cuyo tenor existen diferentes interpretaciones, entre ellas, muerte a manos del Cielo antes de tiempo, desconexión de la Divinidad o de las demás almas de Israel *(N. del T.)*

cada transgresión que tiene en su haber y que no fue expiada por medio de sufrimiento en vida y que tampoco fue expiada por medio de su entrada en el Guehinom para ser castigado por ella, requiere de otra reencarnación. Por este motivo se reencarna numerosas veces, para expiar y reparar sus transgresiones. Esto no es así en el caso del malvado, el cual entrar en el Guehinom y expía allí sus transgresiones de una vez por lo que no precisa regresar en reencarnaciones.

Cabe entonces preguntar, pues tal como parece, aparentemente, es mejor entrar al Guehinom y expiar así de una vez por las transgresiones y no regresar en numerosas reencarnaciones. En mi humilde opinión, yo, Jaím, creo que es posible responder a esta pregunta. El Santo Bendito Sea ve el futuro y sabe que si una persona malvada va a regresar en numerosas reencarnaciones sumará más pecados y transgresiones y estos superarán a sus méritos. Por lo tanto, al ver que ya alcanzó a completar el cumplimiento de algunos preceptos que son fundamentales para él en virtud de la raíz de su Nefesh, Él lo retira del mundo y lo coloca en el Guehinom para limpiar sus pecados dejando sus méritos intactos «pues desea la benevolencia» (Miqueas 7:18). Empero en el caso del justo, cuyas transgresiones son menores que sus méritos, éstas se expían por medio de los sufrimientos que experimenta en las diferentes reencarnaciones, quedando en su haber muchos méritos suplementarios que se acumulan en cada reencarnación, sin fin, por lo que su recompensa es maravillosa, tal como dijeron nuestros sabios, de bendita memoria, «El Santo Bendito Sea quiso dar méritos a Israel y por ellos les incrementó el estudio de la Torá y el cumplimiento de los preceptos» (Talmud Babilonio Tratado de Macot 23b).

La reencarnación de Rav Sheshet

La reencarnación de Rav Sheshet fue explicada en anteriores disertaciones respecto de la cuestión de la reencarnación doble. Esto también es lo que relata la Guemará (Tratado de Pesajim 68b) sobre Rav Sheshet, en cuanto a que era ciego y cuando estudiaba Torá estaba contento y decía «Regocíjate Nefesh mío, regocíjate Nefesh mío, por ti he leído, por ti he estudiado». Aparentemente esto no resulta comprensible, pues él se beneficiaba a sí mismo no a su prójimo, tal como está escrito «Si fueres sabio, para ti mismo serás sabio» (Proverbios 9:12). Además, deberíamos precisar que él dijo «Nefesh mío», ¿y en qué se diferencia Rav Sheshet de sus semejantes?

Y para entenderlo, nos hemos de referir en primer término a Rav Sheshet y de quién era reencarnación. Has de saber, que Baba Ben Buta 'HaJasid' (lit. 'el piadoso') era uno de los alumnos del anciano Shamai, y todos los días ofrendaba un sacrificio culposo (asham) por las dudas, y regresó reencarnado en Rav Sheshet para completar una reparación que tenía aun pendiente. Y dado que en su momento Herodes le quitó los ojos, al regresar en su reencarnación fue ciego. He aquí que las letras del nombre Baba (בב"א) son las mismas que las del nombre Sheshet (ששת) mediante el mecanismo de «A.T.Ba.SH.».[2]. Esto nos introduce de lleno a la explicación. Has de saber que quien no completó su reparación en la primera encarnación debe reencarnarse una segunda vez para así completarse, siempre y cuando su carencia sea escasa. Pero si en la primera encarnación completó su Nefesh y no le queda sino algo escaso por reparar, al reencarnarse y venir al mundo por segunda vez, toda la recompensa por toda la Torá estudiada y todos los preceptos observados en la segunda vez son para su Nefesh que llegó al mundo en el segundo cuerpo para completarse. Y en el tiempo de la resurrección, cuando los muertos se levanten, el Nefesh regresará al primer cuerpo en el cual se dedicó a la Torá, a los preceptos y cumplió la mayor parte de su cometido. Al segundo cuerpo viene a modo de préstamo. Por ello, Rav Sheshet sabía que su Nefesh había estado en la primera vuelta en el cuerpo de Baba Ben Buta que era una persona grande en la Torá y un piadoso reconocido, por lo que no volvió a reencarnarse ahora en el segundo cuerpo sino por algo mínimo que le faltaba, y por ello, su cuerpo estaba triste pues todo su esfuerzo se

---

2. La idea de la carne como vestidura aparecerá también en el *Zohar de Ruth y Lamentaciones* (82d). Véase pág. 163 de nuestra edición, Ediciones Obelisco, Rubí, 2021.

lo llevaba aquel Nefesh que en el futuro regresaría a su primer cuerpo en el tiempo de la resurrección de los muertos. De este modo, toda su dedicación al estudio de la Torá y al cumplimiento de los preceptos redundaban en beneficio de su Nefesh, y no en el de su cuerpo, por ello correspondía que el Nefesh se alegrara y no el cuerpo. Por eso decía «Regocíjate Nefesh mío, regocíjate Nefesh mío» etc. No «yo», sino «Nefesh mío», porque «para ti es que leo», para tu beneficio y no para el mío.

INTRODUCCIÓN 5

Las diferencias entre guilgul e ibur

Nos referiremos a las diferencias existentes entre la reencarnación o guilgul y el ibur. Existen dos tipos de reencarnación y dos tipos de ibur. El primer tipo de reencarnación es cuando a un Nefesh entra en el cuerpo del individuo en la primera vuelta, en el día en que nace y sale al mundo. El segundo tipo se caracteriza porque a veces pueden reencarnarse juntos dos Nefashot distintas y esto también ocurre desde el momento del nacimiento del individuo y recibe el nombre de 'reencarnación doble' (guilgul kaful), tal como lo explicáramos en la disertación anterior y en otros sitios. Las dos Nefashot se encarnan juntos y vienen al mundo en el momento en que nace el cuerpo del individuo y no se separan en absoluto hasta el día de su fallecimiento. Ambas son llamadas o consideradas como un solo Nefesh y se tornan un solo Nefesh, padecen juntos el dolor y los sufrimientos que sobrevienen a este cuerpo durante todos los días de su vida, y las penurias que conlleva el fallecimiento. Por su parte, el ibur no se suma al cuerpo del individuo en el día de su nacimiento, tal como ya lo explicáramos arriba. Pero tiene dos modalidades, la primera cuando viene para el beneficio de un justo, entonces, el Nefesh se encarna para terminar de completarse en algún aspecto que aun tiene pendiente, como se habrá de explicar oportunamente. La segunda, cuando el ibur viene en aras del individuo que lo recibe, para ayudarle y apoyarle en el estudio de la Torá y el cumplimiento de los preceptos. Hete aquí que cuando el ibur viene al servicio del justo no entra hasta que el individuo haya cumplido trece años y un día, que es cuando pasa a estar preceptuado de estudiar Torá y cumplir sus mandatos, por lo que puede repararse por medio de las buenas acciones realizadas por el individuo, y por este motivo no entra antes. Solamente una vez que el individuo pasa a estar preceptuado, el Nefesh entra y se expande dentro de su cuerpo como cuando el Nefesh original de la persona se expandió en su interior al nacer. A partir de ese momento, ambas Nefashot padecen por igual los sufrimientos que sobrevienen al cuerpo en cuestión. El Nefesh que entró por medio de Ibur en la mayoría de edad, permanece en el interior del individuo todo el tiempo que le resulte necesario para completar su propia reparación, y entonces, sale y regresa a su morada superior en el Jardín del Edén. Pero cuando el Nefesh del justo viene en beneficio del individuo que lo recibe y no en aras de la compleción del justo ya fallecido, llega por elección propia y no por necesidad u obligación, por lo que no está sujeto al padecer del sufrimiento del cuerpo del individuo, no siente sus dolores ni sus pesares. Si le resulta satisfactorio reposar en el individuo permanece allí, y en caso contrario sale de él y se va, y dice: «Apartaos ahora de la cercanía de las tiendas de estos hombres malvados» (Números 16:26).

Múltiples Nefashot

Ahora explicaremos lo que habíamos comenzado a mencionar. Hete aquí que el versículo reza: «hago recordar la iniquidad de los padres sobre los hijos» (Éxodo 20:5). La explicación es que pueden reencarnarse hasta tres Nefashot viejas y ya previamente encarnadas junto a un Nefesh nuevo en un mismo cuerpo, desde el día del nacimiento, de modo tal que coexistan cuatro Nefashot conjuntamente. Ésta es la explicación de lo que reza el versículo (hago recordar la iniquidad de los padres sobre los hijos, sobre la tercera y) «sobre la cuarta generación» (ídem), y también la del que reza «tres veces con un hombre» (Job 33:29). Pues tres Nefashot que se reencarnan pueden hacerlo en un mismo individuo que posee un Nefesh nuevo. Pero más que esto no pueden reencarnarse conjuntamente. No obstante, pueden reencarnarse juntos en menor número, porque puede hacerlo un solo Nefesh en un cuerpo o un Nefesh reencarnado junto a un Nefesh nuevo en un mismo cuerpo, o dos Nefashot reencarnadas juntas en un mismo cuerpo, o dos Nefashot reencarnadas junto a uno nuevo en un mismo cuerpo, o tres Nefashot reencarnadas en un mismo cuerpo, o tres reencarnados junto a uno nuevo en un mismo cuerpo. Pero no es posible hacer entrar más que esta cantidad a un mismo cuerpo, tal como ya dijéramos.

Has de saber que los que se reencarnan juntos en un mismo cuerpo lo hacen por provenir todos de una misma raíz, de acuerdo con el principio de «y habrá de redimir la venta de su hermano» (Levítico 25:25). Y a pesar de que el Nefesh que se encarna por primera vez no incurrió en los pecados de los demás reencarnados, de todas maneras, si es el más interior de todos, por ejemplo, si proviene de los tendones de aquel órgano del primer Adam y los demás provienen de su carne que es inferior en nivel respecto de los tendones, el Nefesh nuevo debe limpiar la afección y la rancidez ocasionadas por las transgresiones pretéritas, para poder así atraer vitalidad a la totalidad de la raíz antes mencionada.

He aquí que también el ibur funciona de esta manera, pues hasta tres Nefashot pueden reencarnar en un individuo para ayudar a su Nefesh, las cuales, en total, junto a él suman cuatro, no pudiendo ser más, no obstante pueden ser menos. Sin embargo, aquellas Nefashot que vienen al mundo bajo la modalidad de reencarnación lo hacen en su propio beneficio, para corregir lo que hubieran afectado previamente o completar algún precepto faltante.

El orden del Ibur

He de transmitirte la cuestión del orden del ibur más extensamente, y para ello, emplearemos una analogía. Tú mismo verás que el Nefesh que reencarna ahora en este cuerpo para corregirse a sí mismo posee otras diez Nefashot más elevadas que él en su propia raíz. Si este individuo tiene el mérito, recibirá a modo de ibur al décimo Nefesh de su raíz que es el más bajo de los diez y superior a él mismo, por lo que le apoyará y le ayudará a reparar. Si es más merecedor, recibirá a modo de ibur el noveno Nefesh. Si es aun más merecedor recibirá el octavo. En ese caso habrá recibido recibió tres Nefashot a modo de ibur y el suyo propio que es el cuarto, y no es posible recibir más Nefashot bajo el formato de ibur. Pero si es aún más merecedor, recibirá el séptimo Nefesh, en ese caso para ese individuo se anulará el resplandor del décimo Nefesh en el de los tres iburim superiores a él. Y así prosigue esto, hasta que resulta posible que lleguen por la modalidad de ibur las tres Nefashot más elevadas de la raíz, que son el primero, el segundo y el tercero. La luz de estos tres beneficiará al individuo y le será de ayuda y la luminosidad de los otros siete quedará anulada en la de estas tres Nefashot superiores y se considerará como si no estuviesen. Vemos entonces que no pueden revelarse bajo la forma de Ibur más de tres Nefashot, sumado al Nefesh propio del individuo, llegando así a cuatro, pero más que esto no se puede, tal como ya lo mencionáramos.

El versículo reza: «Todas esas cosas hace Dios, dos veces, sí, tres veces con un hombre» (Job 33:29), esto significa, que en las tres primeras reencarnaciones se reencarna únicamente el Nefesh del individuo sin que se sume otro Nefesh dentro del cuerpo. Sin embargo, si no se reparó después de éstas tres veces, debe venir una segunda tanda de tres veces, pero en estas ya no viene solo porque carece de la capacidad de repararse. Por lo tanto, vienen en sociedad con un justo que ingresa en él bajo la modalidad de ibur para ayudarle y guiarlo por su bien (del receptor). Por ello, el versículo no dice «tres veces», lo cual podría parecer referirse a las primeras tres veces sino «dos veces, sí, tres veces» para señalar que la segunda vez incluye un segundo set de tres reencarnaciones. Entonces, vendrá junto a un justo que se asocia al individuo, tal como ya se mencionó.

Las distintas partes de un alma

Hay una cuestión que se menciona en Saba DeMishpatim y genera interrogantes, y versa sobre una reencarnación que se produce reiteradas veces, ¿en cuál de todos los cuerpos habrá de levantarse el alma durante la resurrección de los muertos? Has de saber, que tal como lo enseñáramos anteriormente en el prólogo a los Tikunim al explicar el versículo «cual ave que abandona su nido» (Proverbios 27:8) y tal como lo menciona el libro del Zohar en la porción de Pikudei respecto de la Divina Presencia (Shejiná) y cómo ésta se exilió entre las klipot hasta que sus piernas tocan a las de éstas, etc. Entonces, habíamos dicho que las almas de los justos se habían exiliado entre las klipot junto a la Divina Presencia. Sin embargo, en tiempos pretéritos, las almas de los justos que se habían exiliado junto a la Divina Presencia estaban en el nivel de las chispas y de las partes de la Divina Presencia exiliadas en ese tiempo, y así también fue en la siguiente generación. Pero en las últimas generaciones, la Divina Presencia ya ha descendido hasta el nivel de las piernas y de igual manera lo han hecho las almas de esta generación que son del nivel de piernas. Y dado que anteriormente todas las almas se habían exiliado junto a la Divina Presencia, ahora, aquellas primeras almas superiores que ya habían ascendido y fueron reparadas descienden para guiar y ayudar a las almas más bajas para que se reparen. Resulta entonces que en cada alma hay diferentes partes y chispas y a todas ellas se las denomina bajo el nombre de un alma, y lo mismo ocurre con cada una de las almas, y cuando llegue el momento de la resurrección de los muertos cada cuerpo tomará su parte de su alma en correspondencia con el tiempo que pasó en un nivel determinado.

Cambios de almas

A veces puede ocurrir que a pesar de que un individuo posea un Nefesh puro y superior, puede llegar a enojarse y en consecuencia este Nefesh saldrá de su seno, y en su lugar entrará otro defectuoso. Puede también ocurrir que un individuo padezca de una aguda enfermedad y a consecuencia de ello su Nefesh se cambie por otro, o que padezca de epilepsia y a consecuencia de ello su Nefesh vaya a otro individuo y sea reemplazado por otro, Y ésta es la explicación de por qué a veces «alguien es justo durante toda su vida y al final de sus días se comporta con maldad» (Tratado de Berajot 29 A), o al revés. En virtud de este mecanismo, puede ocurrir también que, si hasta un determinado momento un hombre tenía destinado como su pareja a una determinada mujer, al cambiar su Nefesh y pasar a otro hombre, éste sea aquel que la habrá de desposar.

La recolección de las chispas de las profundidades de las klipot

Has de saber que el Nefesh, el Ruaj y la Neshamá del individuo tienen la capacidad de recoger sus chispas que se encuentran hundidas en las profundidades de las klipot, elevarlas de allí y repararlas, en semejanza con lo que ya explicáramos respecto del motivo de la ejecución de los diez sabios de Israel a manos de los romanos (Aseret Haruguei Maljut, en el siglo II durante las persecuciones del Emperador Adriano, *N. del T.*) y fíjate allí.

Has de saber que existe una diferencia entre quien se reencarna a causa de las transgresiones cometidas y aquel que lo hace por no haber tenido hijos, y por lo tanto, no haber cumplido con el precepto de procrear. Quien se reencarna por no haber procreado, aunque sea como Shim'ón Ben Azai quien no tuvo que reencarnarse por no haber tenido hijos, de todas maneras, a la hora de hacerlo en algún cuerpo desde el momento del nacimiento, en su propio beneficio o para reparar algún otro tema que penda corregir, o si lo hace para ayudar a otros, o si viene bajo el formato de ibur en alguien vivo como ya vimos, no puede entrar solo sino junto a otro. Ya que por ser un medio cuerpo no puede venir solo. Es posible que esto se denomine también «reencarnación doble», tal como ya lo mencionáramos en las explicaciones anteriores. Y creo que esta reencarnación no se produce bajo el formato de ibum, así lo considero humildemente, yo Jaím.

INTRODUCCIÓN 6

Almas nuevas y almas viejas

Nos referiremos a la cuestión de las almas nuevas y las viejas. Ya explicamos un poco respecto de esta cuestión en Sha'ar HaMitzvot en la explicación del precepto del nido del pájaro (shiluaj haken)[3]. Explicaremos también el inicio de la raíz de las almas y de dónde comienzan.

Has de saber, que cuando fueron creados todos los mundos, incluido el de Atzilut, inicialmente se conformaron a raíz de una conexión o cópula de espalda con espalda (zivug ajor beajor), y luego volvieron a conformarse bajo la forma de rostro con rostro (panim bepanim). Lo mismo ocurre con las almas de los seres humanos, en un inicio se conformaron bajo la forma de espalda con espalda y después de creado el primer Adam y en adelante, hasta la llegada del Mashíaj, la reparación tiene lugar desde entonces, y es para aquellas almas que previamente se habían conformado bajo la modalidad de espalda con espalda, pasando a ser almas nuevas que surgen de la conexión o cópula de rostro con rostro (zivug panim bepanim). Esto es así ya que luego de que se conformaron inicialmente por la conexión de espalda con espalda descendieron junto al exilio de la Divina Presencia al ámbito de las klipot y cada vez que un justo tiene una intención meditativa (kavaná)

---

3. «Si apareciere un nido de pájaros ante ti, en el camino, en cualquier árbol, o sobre la tierra: polluelos o huevos, y la madre yace sobre los polluelos o sobre los huevos, no habrás de tomar la madre junto con las crías. Liberar habrás de liberar a la madre ya las crías podrás tomar para ti; ya que va a ser bien para ti y prolongarás días» (Deuteronomio 22:6-7).

completamente buena, puede por medio de esta atraer sobre sí un alma nueva, esto es, un alma que se encuentra en el interior de una klipá, por lo que asciende desde allí tal como reza el versículo «Nuevas son cada mañana (las misericordias Divinas); grande es Tu fidelidad» (Lamentaciones 3:23), y allí se renueva, y luego descenderá desde allí a este mundo bajo el formato de rostro con rostro, y se considera que ese es el momento inicial de su creación, y son llamadas nuevas. Y estas almas están dispuestas o preparadas para no pecar, a diferencia de las demás.

Pero has de saber, que en estos tiempos no tenemos la fuerza suficiente sino para atraer a almas nuevas provenientes de Briá, Yetzirá y Asiá que tienen un nivel de Neshamá, Ruaj y Nefesh tal como es sabido. Pero en el futuro por venir, con posterioridad a la resurrección de los muertos, vendrán almas nuevas más elevadas provenientes del mundo de Atzilut con un nivel de la Neshamá de Atzilut que poseía el primer Adam y recibe el nombre de Zihara Ylaá (lit. resplandor superior) tal como se aclarará en las explicaciones siguientes. Y éste es el secreto o la explicación profunda de lo que está escrito en el libro del Zohar en la porción de Pikudei (253a) en cuanto a que desde el día en que se destruyó el Sagrado Templo de Jerusalém no entraron almas en el recinto del amor. Pues estas almas nuevas de rostro con rostro provenientes del mundo de Atzilut no entraron allí. Pero las almas nuevas de Briá, Yetzirá y Asiá pueden entrar incluso después de la destrucción del Santuario. Pero todas las demás almas que vienen al mundo son de aquellas que estaban incluidas en la del primer Adam, que después de haber sido creadas bajo la modalidad de espalda con espalda, fueron cortadas nuevamente bajo el formato de rostro con rostro y fueron devueltas rostro con rostro. Y resulta que todas las almas nuevas provienen de él.

El primer Adam se divide en 248 órganos

Y has de saber, que el primer Adam se divide en 248 órganos y posee también infinitos cabellos que de él penden. Y hete aquí que todas las chispas particulares de todas las almas de este mundo son del tipo que posee el primer Adam, tal como ya se dijo. Empero, estos aspectos particulares mencionados fueron luego atraídos a los cuerpos de los individuos que nacieron del primer Adam. A estos aspectos particulares los llamamos las raíces de las almas (shorshei haneshamot) pues todas se desprenden de allí de los diferentes aspectos del primer Adam tal como ya se mencionó. Y ahora, a los efectos de que cada individuo sepa cuál es la raíz de su alma debe saber y conocer en quiénes se dividieron todas las chispas particulares de los órganos y los cabellos del primer Adam, y a esto se le llamará 'las raíces de las almas que de él provienen', y lo mismo ocurre con cada uno de los órganos, tal como enseñaran nuestros sabios, de bendita memoria, sobre el versículo que reza «¿Dónde estabas cuando establecí la Tierra?» (Job 38:4).

Raíces de las almas

Ya te explicamos que la mayoría de las almas son del tipo de Caín o de Abel, los hijos del primer Adam, y de allí se dividirán posteriormente hacia todas las personas que nacieron posteriormente. Y si bien ahora no hemos de explicar esta cuestión con absoluta exactitud ya que no hay ahora espacio para ello, de todas maneras, habremos de hacerlo por medio de un ejemplo. Se dice que Abel es la cabeza de todas las almas, por lo que resulta que la suya es la raíz de todas las chispas particulares de las almas de los seres humanos, que provienen de la cabeza. Entonces, si nuestro patriarca Abraham, de bendita memoria, es del aspecto o nivel del brazo derecho del primer Adam, diremos que todas las chispas particulares de las almas humanas provenientes del brazo derecho de Adam están incluidas en Abraham y él es su raíz. Y de este modo ocurre con el resto de los órganos y cabellos del alma del primer Adam, y no es este el sitio para esta explicación.

La *teshuvá* o retorno en arrepentimiento

No obstante, explicaremos ahora la cuestión de las diferentes partes de la teshuvá o retorno en arrepentimiento que deben realizar los individuos y a raíz de ello se entenderá parcialmente esta lección. He aquí que las partes de la teshuvá son ocho. Una, quien posee un Nefesh del mundo de Asiá, cuando el individuo peca hace que se separen los mundos de Asiá y Yetzirá en el sitio particular que depende de la raíz de su Nefesh, por lo que su teshuvá implica que corrija lo hecho hasta que vuelvan a conectarse Asiá con Yetzirá en el sitio particular de la raíz de su Nefesh. Asimismo, quien posee Ruaj del mundo de Yetzirá y pecó, debe conectar Yetzirá con Briá en el sitio particular correspondiente en su raíz como fue mencionado. Y quien posee una Neshamá de Briá debe conectar Briá con Atzilut tal como se mencionó. Resulta entonces que éstas son las tres partes inferiores de la teshuvá, pues están en los mundos de Briá, Yetzirá y Asiá.

Existen otras cinco partes más superiores de la teshuvá que se encuentran en el mundo de Atzilut. La primera, devolver Maljut de Atzilut a su sitio que se encuentra debajo del Yesod en el aspecto particular de la raíz de su Neshamá tal como se mencionó. La segunda, devolver Maljut más arriba hasta Netzaj, Hod y Yesod pues allí es el sitio de su emanación, como ya se mencionó. La tercera, es devolverla aun más arriba hasta Jesed, Guevurá y Tiferet. La cuarta devolverla aún más arriba hasta Jojmá, Biná y Da'at que son los tres aspectos o niveles mentales (mojín) de Zair Anpín. Resulta que estas cuatro ascensiones tienen un nivel de Zair Anpín. Existe una quinta teshuvá que es más importante y elevada que todas las demás y es elevar Maljut hasta el sitio de Aba e Ima. Y esta parte está insinuada en el libro del Zohar y en los Tikunim, y es llamada 'teshuvá del octavo nivel', pues es sabido que Ima es la octava de abajo hacia arriba.

Y es necesario que sepas que la gravedad e intensidad del pecado depende del nivel del sitio del alma del individuo, pues en el caso quien posee un Nefesh de Maljut de Atzilut, su afección llegará hasta ahí y dañará en la parte de su raíz y lo mismo ocurre con todos los demás niveles. Es también necesario que sepas que si uno de los primeros que antecedieron al individuo y fueron poseedores de su alma, tuvo Nefesh o Ruaj de Asiá y Yetzirá y pecó y afectó su Ruaj y precisó reencarnarse en ese segundo individuo que nace ahora, aunque a este último le entre solamente Nefesh, cuando peca afecta hasta arriba en Yetzirá como si le hubiese ingresado también un Ruaj. Y cuando desee retornar en arrepentimiento (hacer teshuvá), deberá reparar como si tuviese Ruaj y Nefesh y se hubiesen afectado los dos, y de igual manera en el resto de los casos.

La cuestión de la reparación del individuo por medio de su teshuvá requiere de otra forma de reencarnación que pasaremos a explicar brevemente, si bien ya lo explicamos también en otra parte. Si, a modo de ejemplo, en el orden de reencarnaciones de su alma antecedieron al individuo veinte o treinta reencarnados, es necesario saber si el primero de todos estos poseía, por ejemplo, Nefesh, Ruaj y Neshamá de Briá, Yetzirá y Asiá y los afectó. Entonces, todos los treinta que le suceden, aunque no hayan recibido más que Nefesh, deben corregir lo que aquel afectó en Briá, Yetzirá y Asiá. Esto es así ya que en un inicio, el primero que antecedió a todos, su Nefesh recibía luz de la Neshamá de Briá y ahora precisa devolverle aquella luz que poseía en un principio y de ese modo se completará la reparación de su teshuvá. Ésta es la explicación del versículo que reza «pues ya ha recibido de mano de HaShem el doble por todos sus pecados» (Isaías 40:2). Pues a veces, la persona puede incurrir en un pecado sumamente leve, y son puntillosos con él y se desquitan con él como si hubiese cometido una transgresión grave, el doble de lo que hizo. Por ello, no se debe poner en duda la rectitud de Su conducta, Bendito Sea, si se ve un caso de una persona que resulta muy castigada y ello contradice toda lógica, (debes saber que) que todo proviene de Él con justicia y rectitud. Sin embargo, si desde el primero en encarnarse hasta el noveno de los treinta no recibieron más que Nefesh y Ruaj y el décimo recibió también Neshamá y luego pecó y la afectó, los pecados de los primeros, sus afecciones y sus reparaciones se llevan a cabo en el nivel de Ruaj, y por supuesto en el Nefesh. Pero a partir del décimo y todos los que le suceden hasta finalizar los treinta, su afección y su reparación ocurren también en el nivel de Neshamá. Y de esto infiere para el resto de los detalles. Y resulta que el individuo no puede retornar en arrepentimiento completo y reparar todo hasta que sepa la raíz del sitio donde se aferra su Neshamá y la de los que se reencarnaron antes suyo, y por eso en el Zohar Shir HaShirim fueron muy estrictos respecto del versículo «Dime, tú, a quien ama mi alma» (Cantar de los Cantares 1:7) y explicaron que un individuo debe saber quién es su alma, por qué vino a este mundo y qué precisa reparar, tal como se explica allí extensamente.

INTRODUCCIÓN 7

Más sobre las almas nuevas y las viejas

Esto es lo que dice: ahora nos explayaremos en este estudio o disertación en el tema de cuáles son las almas nuevas y cuáles las viejas. Ya
ha sido aclarado que hay algunas almas que no vinieron incluidas en
la del primer Adam cuando éste fuera creado, y a éstas las llamamos
almas completamente nuevas. Pero todas las almas que ya vinieron
incluidas en el primer Adam son denominadas almas viejas, en com-
paración con las verdaderamente nuevas ya mencionadas. Sin embargo, estas almas viejas se dividen en dos niveles. Ahora explicaremos
sobre estas almas, porque en ellas hay tres niveles. 1) El primero es el
de aquellas que no fueron incluidas en la del primer Adam y a éstas se
las denomina 'completamente nuevas'. 2) El segundo nivel se refiere
a aquellas almas que en el momento en que el primer Adam pecó, es
sabido que se le cayeron los órganos y se vio reducido al grado de no
llegar a sobrepasar los cien codos, según el versículo que reza «*Y pusiste
sobre mí Tu mano*» (Salmos 139:5). Tal como ocurrió con el nivel de
su cuerpo, lo mismo ocurrió con el de su alma (Tratado de Jaguigá
12a). Las chispas de su alma que permanecieron en su interior con
posterioridad al pecado, que son esencialmente aquello que le quedó
al primer Adam, cuando tras su pecado procrease a Caín y a Abel, tal
como lo entienden nuestros maestros de bendita memoria y el libro
del Zohar, de las chispas mencionadas salieron Caín y Abel y a estos
se los denomina segundo nivel.) El tercer nivel, son las chispas de su
alma que lo abandonaron al pecar y cayeron en la profundidad de las
klipot, y es a lo que nuestros sabios aluden llamándolo 'la caída de los

órganos'. Y has de saber que a este tercer nivel pertenecía el alma de Set, el hijo del primer Adam.

El primer nivel, es denominado alma completamente nueva. Por eso, cuando desciende a este mundo y se encarna en un cuerpo de alguien que ha nacido, lo cual fue insinuado por nuestros maestros de bendita memoria al comienzo de la porción de *Mishpatim* (94b) donde dicen: «Ven y mira, cuando un individuo nace se le da un Nefesh… si tiene el mérito de recibir más…». Ya que en esa primera vez que viene al mundo puede alcanzar desde un Nefesh de Asiá hasta una Neshamá de Neshamá de Atzilut, grado tras grado, como está escrito: «Si tiene el mérito de recibir más» etc. Todo esto con una gran facilidad y sin que medie un gran esfuerzo, y ya se explicó arriba en la cuestión de este primer nivel.

Sin embargo, si en esa oportunidad pecó, afectó y murió, precisará regresar al mundo, y entonces el alma será denominada 'reencarnada' y 'vieja', y ya se explicó arriba que el Nefesh viene al individuo en el momento del nacimiento, y el Ruaj no puede llegar sino hasta cumplidos los trece años y un día, y la Neshamá recién a partir de los veinte años. De esa manera el individuo se va elevando en conformidad con sus acciones pudiendo obtener Nefesh 'Ruaj y Nesahmá de Atzilut en concordancia con su edad.

Primera ventaja de las chispas del primer nivel respecto de las del segundo

El segundo nivel son las chispas del alma que permanecieron en el primer Adam tras el pecado y de las que posteriormente habría de legar a sus hijos Caín y Abel al nacer. Éstas son consideradas almas nuevas, en cierto modo, mas no del todo. Y cuando sean reparadas, su nivel será superior al de todas las demás almas que se cayeron del primer Adam, como se mencionó, ya que tuvieron la fuerza para seguir existiendo en el Adam y no cayeron en el ámbito de las klipot. Estas almas poseen una virtud particular, y es que, al ser legadas por Adam a Caín y Abel, no se considera que se haya tratado de una reencarnación real semejante a las demás, en la que muere un primer cuerpo y entonces su alma se reencarna en un segundo. En este caso, la herencia se da en la vida del primer Adam al entregarles las chispas al momento de nacer. Por ello, todas las chispas incluidas en Caín y en Abel son consideradas como si aún estuviesen incluidas en el primer Adam propiamente y no lo hubiesen abandonado. Resulta entonces, que cuando estas chispas llegaron incluidas en el alma de Adam, no lo hicieron en aras de su propia reparación porque no le pertenecían a él. Únicamente se incluyeron en él, pero es como si no hubiesen venido. Asimismo, cuando posteriormente vinieron incluidas en las almas de Caín y Abel durante la vida de Adam, tampoco a eso se lo considera en absoluto como venir al mundo, porque no lo hicieron en aras de su propia reparación y aun no se habían separado en chispas independientes en sus propios cuerpos individuales, sino que solamente estaban incluidas en los cuerpos de Caín y Abel, por lo que no se considera en absoluto como si hubiesen venido al mundo. Por eso, cuando alguna de esas chispas se divida y luego venga en el cuerpo de un individuo se la considerará como su primera venida al mundo y se la denominará 'nueva', porque no se denomina 'venida' cuando estuvieron en Adam, en Caín y en Abel, tal como se explicará. Si en esa oportunidad el individuo pecase y afectase al alma, posteriormente muriese y regresase en un segundo cuerpo, entonces se la llamará 'reencarnación vieja'.

La primera vez que el alma viene al mundo se la llama 'alma nueva' por lo que mencionáramos, y en su primera venida puede alcanzar, dependiendo de sus méritos, Nefesh de Asiá, Ruaj de Yetzirá, Neshamá de Briá y Nefesh de Atzilut, y no más, a diferencia de un alma realmente nueva que puede alcanzar hasta el grado de Neshamá de Neshamá de Atzilut, como ya se mencionó. Y ésta es una de las diferencias existentes entre el primer y el segundo nivel. Esto se debe a que como es sabido, cuando el primer Adam pecó, lo abandonó el resplandor superior o *Zihara Ylaá*, tal como se menciona en el Zohar en *Sitrei Torá* en la porción de *Kedoshim* (83a), y este resplandor tiene el grado de Nefesh, Ruaj, Neshamá, Jaiá y Yejidá del mundo de Atzilut, todo lo cual es denominado Zihara Ylaá, y el cual no descendió al ámbito de las klipot, D's no lo permita. Pues como es sabido, las klipot tienen existencia solamente en los tres mundos de Briá, Yetzirá y Asiá. Empero, se retiraron y ascendieron a su lugar. Y de todas las partes de Atzilut que se denominan *Zihara Ylaá* no quedó con él sino únicamente el Nefesh de Atzilut. Por eso, también ahora, al venir al mundo por primera vez las chispas que estaban incluidas en Caín y en Abel, por medio de sus acciones éstas pueden obtener hasta Nefesh de Atzilut y no más que eso, y no lo que tenían al principio. Pero las almas completamente nuevas del primer nivel, en su primera vez, pueden obtener desde el final de Asiá hasta la la cúspide de Atzilut, que recibe el nombre de *Zihara Ylaá*. Ésta es una ventaja de las chispas de primer nivel respecto de las del segundo.

La segunda ventaja

Tienen además otra ventaja, es que aquel que posee un alma completamente nueva, a la que llamamos de primer nivel, al llegar al mundo por primera vez, por medio de sus acciones estando en el mismo cuerpo puede obtener fácilmente desde Nefesh de Asiá hasta completar la Neshamá de Atzlilut, tal como ya se mencionó. De esta manera, el Nefesh hace de asiento del Ruaj, y otro tanto el Ruaj respecto de la Neshamá etc. Sin embargo, esto no es así en el segundo nivel, en el caso de las chispas incluidas en Caín y Abel. Si bien ya dijimos que en su primera vuelta pueden alcanzar a obtener Nefesh de Atzilut, es hasta allí incluido, y esto no resulta sencillo como en el primer nivel, sino que se requieren ingentes esfuerzos, tal como ya se explicase en las lecciones anteriores, donde recibe el nombre de ibum, por la noche, de acuerdo con el versículo que reza: «*Con mi alma Te he anhelado por la noche*» (Isaías 26:9). Pues una vez que el Nefesh es reparado por completo, mientras el individuo duerme, sale de este por la noche y luego por la mañana ingresa a éste el Nefesh de un converso y el Ruaj propio del individuo, el cual se inviste en este Nefesh hasta que el Ruaj es reparado por completo. Entonces, el Nefesh original regresa al cuerpo y están juntos el Nefesh propio, que hace de asiento al Ruaj propio. Luego, si el individuo hace más méritos, por la noche saldrán el Nefesh y el Ruaj y por la mañana entrará su Neshamá, la cual permanecerá allí hasta ser reparada por completo. Luego volverán a entrar su Nefesh y su Ruaj y así estarán las tres partes juntas nuevamente en el individuo, y todo ello por medio de un gran esfuerzo y sacrificio, y una gran intención meditativa (*kavaná*), de acuerdo con el versículo que reza: «*Si Él pusiese Su atención sobre el hombre y recogiese a Sí su espíritu (Ruaj) y su aliento (Neshamá)*» (Job 34:14). Esto significa, que si el individuo es un sabio y un conocedor de la intención meditativa ya mencionada, esto es, del secreto del ibum por la noche, podrá recogerlos para sí en su propio cuerpo y no precisará de ulteriores reencarnaciones.

Justos que mueren jóvenes

A veces, si el individuo en cuestión completa absolutamente la reparación de su Nefesh pero no sabe realizar esta intención meditativa mencionada que le permita atraer a su Ruaj hacia sí (para repararlo) mediante la salida nocturna de su Nefesh, según el versículo que reza: «*Con mi alma Te he anhelado por la noche*» (Isaías 26:9), tal como se explicó anteriormente en las disertaciones anteriores, habrá entonces de fallecer para permitir que su Ruaj vuelva en un segundo cuerpo. Cuando éste resulte reparado, vendrá con él su Nefesh, tal como ya se mencionó. Y en caso de que tampoco entonces sepa realizar la intención meditativa por efecto de la cual pueda enviar a su Ruaj por la noche para traer así a su Neshamá y repararla tal como ya se mencionó, precisará volver a fallecer y su Neshamá vendrá al mundo para ser reparada en un tercer cuerpo, y tras la reparación entrarán el Nefesh y el Ruaj junto a ésta, tal como ya se mencionó.

Éste es el maravilloso motivo por el cual hay individuos completamente justos que fallecen jóvenes, pues al reparar por completo su Nefesh en escasos años, y dado que no saben cómo atraer a sí su Ruaj y enviar su Nefesh por medio de la intención meditativa menciona-da, entonces, necesitan fallecer tempranamente porque su Nefesh no precisa demorarse más en este mundo. Más aún, fallece para que su Ruaj pueda venir al mundo en otro cuerpo y también ser reparado. Lo mismo ocurre con los justos que lograron reparar por completo su Ne-fesh y su Ruaj, y no supieron enviarlos para recibir su Neshamá. Ésta es la explicación del versículo que reza: *«Mueren sin haber adquirido sabiduría»* (Job 4:21), porque a veces los seres humanos fallecen por carecer de sabiduría, por no haber sabido atraer su Ruaj o su Neshamá tal como ya se mencionó.

Sin embargo, has de saber que este procedimiento solamente se aplica a quien ya ha corregido su Nefesh, al tiempo que su Ruaj y su Neshamá están afectados por su primera venida al mundo. Pero en el caso de quien ya ha corregido su Ruaj y su Neshamá, al completar la reparación de su Nefesh, tanto su Ruaj como su Nesahmá pueden entrar e investirse en él por estar ya reparados como éste. De este mo-do hemos explicado dos ventajas que tiene el primer nivel sobre el segundo.

Ventaja del segundo nivel

Ahora mencionaremos otra ventaja, pero esta vez es del segundo nivel respecto del primero. Las almas del primer nivel no pueden alcanzar su Nefesh, su Ruaj y su Neshamá de una sola vez, a pesar de que los merezcan por el número de años. O sea, al nacer reciben Nefesh. Al cumplir trece años y un día, si sus acciones lo merecen, entrará tam-bién el Ruaj. En caso de ser aún más merecedores, al cumplir los veinte años entrará también la Neshamá. Y así de este modo hasta completar todas las partes. Sin embargo, en el segundo nivel se puede obtener hasta Nefesh de Atzilut antes de cumplir trece años y un día. Esto es así ya que al estar estas chispas incluidas en Caín y Abel y juntas me-recían poder alcanzar todas las partes mencionadas conjuntamente, pueden ahora obtener todas las partes de las que son merecedoras de una sola vez, sin depender de la edad sino de las acciones, y esto también por medio de una intención meditativa tal como ya se mencionó. De esta manera armonizamos dos textos que se contradicen, pues el artículo mencionado que está al comienzo de la porción de *Mishpatim* (94b) reza: «Ven y mira, cuando un individuo nace se le da un Nefesh… si tiene el mérito de recibir más…» de lo que se desprende que todo depende de las acciones y no de la edad, se refiere a las almas del segundo nivel, que estaban incluidas en Caín y Abel, y son denominadas "nuevas. Y del otro artículo sito en *Saba DeMishpatim* (98a) se desprende que depende de la edad, tal como está escrito: «Si alcanzó los trece años se dice sobre él *'En este día te he engendrado'* (Salmos 2:7) y le otorgan un Ruaj. Y así al alcanzar la edad de veinte le otorgan Neshamá, tal como está escrito: *«Yo fui hijo (preferido) de mi padre»* (Proverbios 4:3) etc. En este caso se refiere al primer nivel, que son las almas completamente nuevas, que jamás estuvieron incluidas en el primer Adam.

Las almas del tercer nivel

El tercer nivel está formado por las almas que cayeron en las klipot tras el pecado del primer Adam. Y es allí de donde surge el alma de Set, el hijo de Adam y sus semejantes, y éstas son denominadas 'almas viejas' en todos sus aspectos, y son las peores de todas, ya que al haber salido de Adam se separaron en numerosas chispas y partes por causa del pecado de Adam. Por eso, cuando estuvieron en él fueron denominadas 'viejas' y solamente 'de otra reencarnación'. De ahí en adelante, cuando cualquiera de esas almas viene por primera vez a un individuo que fallece, la siguiente vez es considerada como segunda reencarnación. Por eso, cuando un alma de ese nivel viene al cuerpo de algún individuo por primera vez, no puede ser completamente reparada, sólo se reparará una porción en cada reencarnación. En primera instancia, sólo una parte del Nefesh podrá ser reparada. ¿Cómo? Por ejemplo, si se trata de un Nefesh de Maljut de Asiá deberá repararse hasta completar Keter de Asiá. Al completarse la reparación, el individuo fallecerá y su Ruaj vendrá en un segundo cuerpo. Al completarse la reparación, el individuo volverá a fallecer y la Neshamá vendrá en un tercer cuerpo. Tras completar su reparación, este tercer individuo también fallecerá. Anteriormente explicamos que cuando el Ruaj viene para ser reparado lo hace juntamente con el Nefesh de un converso, y lo mismo ocurre con la Neshamá. Sin embargo, si en su primera venida el Nefesh no completa su reparación deberá reencarnarse numerosas veces hasta alcanzar la reparación por sí mismo. Luego, el Ruaj vendrá en otro cuerpo diferente, juntamente con el Nefesh de un converso y se reencarnará varias veces hasta completar su reparación. Tras esto, la Neshamá vendrá en otro cuerpo y se reencarnará, y de ser necesario lo hará numerosas veces hasta completar su reparación, tal como ya se mencionó anteriormente.

Es también preciso que sepas que, si una persona repara su Nefesh, su Ruaj y su Neshamá y luego peca y los afecta, precisará reencarnarse, y esto ocurrirá del modo como fue descrito. En cada reencarnación podrá reparar únicamente el Nefesh, el Ruaj o la Neshamá, tal como ya se mencionó anteriormente. No obstante, si alguien repara su Nefesh, Ruaj o Neshamá etc., hasta la cúspide del mundo de Atzilut o similar, y precisa reencarnarse a causa de otro individuo y no para sí mismo, dado que no pecó y no afectó sus partes, podrá obtener en esa reencarnación todo lo que había obtenido previamente de una sola vez, incluso durante su infancia. Ésta es la explicación de lo que mencionaba el hijo de Rabí Hamnuna Saba en la porción de *Balak*, y los demás niños que se mencionan en el Zohar y eran de unas acciones y una sabiduría maravillosas. Esto se debe a que estaban ya completos en todas las partes de su Nefesh, Ruaj y Neshamá etc., según lo que habían obtenido con anterioridad a su presente encarnación. Y yo Jaim, el autor, estoy en la duda de cuál será la sentencia de quien se reencarna para sí, no a los efectos de reparar un pecado sino para completar el cumplimiento de un precepto faltante.

Diferencias entre el segundo y el tercer nivel

Ahora explicaremos las distinciones existentes entre el segundo y el tercer nivel, el cual consiste en que, en el segundo nivel de las chispas de Caín y Abel, el Ruaj no puede salir de las profundidades de las klipot hasta que sus Nefashot sean reparadas, y solamente después de ello saldrá. Dado que esto es así, resulta que la reparación de su Ruaj no puede ser realizada a través de otro y solo por sí mismo. Por ello, o que este individuo fallece y tanto su Ruaj como su Nefesh vendrán luego en un solo cuerpo, tal como ya se mencionó anteriormente, o es posible que él mismo, por medio de las intenciones meditativas (*kavanot*) previamente señaladas, de acuerdo con el formato de «*Con mi alma Te he anhelado por la noche*» (Isaías 26:9), y tras la reparación y compleción del Nefesh, saldrá, y vendrá a él solamente el Ruaj para ser reparado, tal como ya se mencionó anteriormente. Y otro tanto ocurre con la Neshamá. Empero las chispas del tercer nivel tienen una ventaja diferente, y radica en que si bien no pueden obtener todas sus partes de una vez, tienen reparación posible por medio de una intención meditativa durante la inclinación sobre el rostro (*nefilat apaim*) que tiene lugar en el rezo, extrayendo al Ruaj de las profundidades de las klipot aunque no haya culminado aun la reparación de su Nefesh, de acuerdo con el secreto de las 'aguas femeninas' (*main nukvin*), que se menciona en el versículo que reza «*A ti, oh HaShem, elevo mi alma*» (Salmos 25:1). Entonces, su Ruaj vendrá mientras el individuo esté con vida, en el cuerpo de alguien que nace, montado sobre el Nefesh de un converso. Si el individuo se depura más (o hace más méritos) podrá atraer el Ruaj a su propio hijo que de él nazca. Y es preciso que sepas que esta reparación no corresponde sino únicamente al Ruaj, pues éste puede salir de las klipot por medio de la intención meditativa durante la inclinación sobre el rostro que tiene lugar en el rezo, antes de que se complete la reparación del Nefesh. Sin embargo, la Neshamá no sale de ningún modo de las profundidades de las klipot hasta que se complete la reparación del Nefesh y del Ruaj, y fallezcan los individuos que los detentaban, y recién después de ello la Neshamá saldrá de las klipot y se reencarnará para repararse.

Competencia en la reparación

Volvamos a explicar la cuestión del Nefesh y el Ruaj anteriormente mencionada. He aquí que, si bien ambos pueden venir al mundo en dos cuerpos separados, por medio de la intención meditativa durante la inclinación sobre el rostro, y ser los dos reparados, de todas maneras, ambos individuos están sobre los platos de una balanza compitiendo para ver quién habrá de derrotar al otro. Si el individuo que recibió la parte mayor completa su reparación antes de que el otro repare al Nefesh, entonces el que detenta el Ruaj es el principal y por ello, durante la resurrección de los muertos, tanto el Ruaj como el Nefesh entrarán al cuerpo de aquel que detentaba el Ruaj. No recuerdo qué escuché respecto del caso de si quien detentaba el Nefesh culmina primero la reparación. Considero, en mi humilde opinión, haber oído que durante la resurrección de los muertos tanto el Ruaj como el Nefesh entrarán al cuerpo de quien detentaba el Nefesh por ser éste el principal.

Intercambiando los elementos

Existe otra gran diferenciación, una importante consideración a hacer respecto del individuo que recibió el Ruaj a raíz de una intención meditativa durante la inclinación sobre el rostro en el rezo previo a la compleción de la reparación del Nefesh, tal como ya se mencionó. Esta radica en que si el individuo en cuestión habrá de hacer méritos por medio de sus acciones podrá atraer sobre sí todo el bien de ese Ruaj y dejar al otro completamente malo. Esto se explica mediante el versículo que reza: «*Caiga el mal abundantemente sobre el malvado y sea el justo firmemente establecido*» (Salmos 7:10). Pues quien cometió malas acciones, al final se llevará consigo todo el mal, por eso el versículo dice «*Caiga el mal abundantemente sobre el malvado*» y todo el bien se lo lleva el justo que depuró sus acciones. Y de ese modo queda completo y completamente establecido. A esto se refiere el versículo al decir «*sea el justo firmemente establecido*», pues como es sabido, todo individuo es una combinación de bien y de mal, pureza al interior de la klipá. A veces la minoría es buena y la mayoría mala etc., por ello, debe depurar el mal que anida en él hasta quedar completamente bueno.

Dice el escritor: así es como escuché estas palabras de boca de mi maestro, de bendita memoria, y no recuerdo bien su significado, pero me parece que su explicación es que resulta posible que las partes malas del Nefesh y del Ruaj entren juntas al cuerpo del individuo que incurrió en malas acciones, y las partes buenas del Nefesh y del Ruaj vayan al cuerpo del individuo que purificó sus acciones, tal como ya se mencionó anteriormente.

El temor del rey David

De este modo entenderás el temor que acuciaba al rey David, la paz sea con él, cuando decía que «*Muchos dicen que mi alma no tiene salvación para* ella (lo) *en Dios, Sela*» (Salmos 3:3). Ya que resulta sorprendente que se diga algo así en desmérito de una persona tan grande como el rey David. Para comprender esto es necesario ser precisos en la expresión «no tiene salvación *para* ella ('lo' en hebreo, en masculino)» cuando debería decir 'la' en femenino, refiriéndose a la expresión 'mi Nefesh' (que en hebreo es una palabra femenina). Basándonos en lo que hemos mencionado, esto resulta comprensible. Has de saber que el rey David, la paz sea sobre él, era poseedor de un Nefesh sumamente elevado. Sin embargo, a raíz del pecado del primer Adam que le antecedió, éste descendió a las profundidades de las klipot del lado de la Nukva de las klipot. Cuando David nació, fue la primera vez que esta alma dejó las klipot y por lo tanto, su reparación comenzó en el nivel de Asiá llamado Nefesh, por cuanto que se trataba de una reencarnación de tercer nivel, tal como ya se mencionó anteriormente. Éste es el secreto mencionado en *Saba DeMishpatim* (103a) y también en algunos artículos más que aluden a que David provenía del lado femenino (*nukva*) y no del masculino (*djura*), del lado de la muerte que es llamado Nukva. Y entiende esto.

Ello explica por qué (David) fue llamado Oved: él excavó (y reparó la parte principal de la raíz del) árbol y la reparó. Esto es, por cuanto que había estado inmerso en las profundidades de las klipot de lo femenino, a David le era imposible obtener nada, con la única excepción de su Nefesh, y su Ruaj vendría en otro cuerpo que habría de nacer. Dado que David pecó con Bat Sheva y afectó su Nefesh, estaba preocupado de que quien poseyese su Ruaj podría tener el mérito de completar su reparación antes que él alcanzase a hacer lo mismo con su Nefesh. Por lo tanto, durante la resurrección de los muertos no habría salvación para David ya que el cuerpo de la otra persona que poseía su Ruaj podría quedarse con el Nefesh y con el Ruaj. No obstante, en un caso así no le habrá de ocurrir daño alguno al Nefesh, sino únicamente al cuerpo. Por eso fue dicho: *«no tiene salvación para 'lo'»* en vez de *«no tiene salvación para 'la'»*. Ésta es la continuación de lo que dice el versículo: «Muchos dicen», ya que yo solamente poseo el Nefesh que anida en mi interior. Leyendo el versículo de esta manera, no hay salvación para el cuerpo de David durante la resurrección de los muertos.

Bien para el bien y mal para el mal

Existe otra explicación para el versículo arriba mencionado que reza *«Caiga el mal abundantemente sobre el malvado»*, pues a veces puede ocurrir que el Nefesh no entre al individuo completo y terminado, siendo solamente una mayoría de éste buena y una minoría mala, al tiempo que la minoría de su bien y la mayoría de su mal entrarán al cuerpo de otro individuo. Entonces, ambos individuos resultan ser amigos, y aquel que detenta la mayoría del bien tendrá la capacidad de atraer hacia sí la totalidad de la porción del bien y empujar toda la porción del mal en el otro, cuya mayoría es mal. Respecto de este segundo individuo se dice «*Caiga el mal abundantemente sobre el malvado*» y respecto del primero se dice «*y sea el justo firmemente establecido*» tal como se aclaró en la primera explicación.

Resulta también posible que ambos individuos estén equilibrados mitad y mitad hasta que uno de ellos incurra en una transgresión, y más aún, hasta que uno de ellos cumpla un precepto, y entonces estará superando a su amigo. Luego, podrá comenzar a atraer el bien hacia sí poco a poco hasta que uno se complete de bien y el otro de mal, tal como mencionásemos. De este modo entenderás lo dicho por nuestros sabios, de bendita memoria, en cuanto a que Ajav (el rey de Israel) era una persona equilibrada (*shakul*). Tal como reza el versículo: «*Y todas las Huestes Celestiales están de pie a su derecha y a su izquierda*» (Reyes I 22:19), lo cual fue dicho sobre el rey Ajav. Esto resulta sorprendente ya que el versículo dice que el pecado más leve de Ajav era más grave que el peor de Yerovoam, entonces, ¿cómo es posible que los sabios hayan dicho de él que era una persona equilibrada? Empero, la cuestión es que en sus acciones no estaba equilibrado sino inclinado hacia el lado del debe, pero sí lo estaba desde el punto de vista de su Nefesh, una mitad era buena y la otra mitad mala. Por eso, HaShem, Bendito Sea, no lo rechazó por completo, pues deseaba que retornase en arrepentimiento y quizás así se habría de volver bueno. Por ello, el profeta Eliahu lo perseguía constantemente para hacerle retornar, hasta que incurrió en el pecado de Navot el izreelita (Reyes I 21:2).

INTRODUCCIÓN 8

¿Por qué reencarnamos?

Pasemos ahora a una breve introducción respecto de la cuestión de la reencarnación de las almas. ¿Por qué reencarnamos? Has de saber que las almas se reencarnan por diferentes motivos. El primero, debido a que transgredió alguno de los preceptos de la Torá y entonces, viene para reparar. Un segundo motivo es para cumplir un precepto que le faltaba. El tercero es que puede venir no para sí sino para ayudar a otros, para guiarlos y repararlos. He aquí que el primer motivo guarda cercanía con el pecado ya que el móvil de su venida al mundo es una transgresión realizada. El segundo motivo dista del pecado, y en el caso del tercero, con certeza que esta alma no habrá de pecar. Existen también otros motivos, por ejemplo, un alma puede reencarnarse para desposar a su pareja ya que en su primera venida no alcanzó a hacerlo. Otras veces, si bien ya la desposó, resulta que incurrió en una transgresión por lo que debió reencarnarse para repararla, como mencionáramos, y entonces no viene sola, de acuerdo con lo que se explica en *Saba DeMishpatim* respecto del versículo que reza: «*Si viniere solo, solo habrá de salir, (mas si él es esposo de una mujer, habrá de salir su esposa con él)*» (Éxodo 21:3) etc. A veces, ocurre que el individuo es merecedor, y por ello, a pesar de que no precisa reencarnarse se devuelve a su mujer para que se reencarne junto a él, de acuerdo con el principio de que «habrá de salir su esposa con él». Y a veces ocurre que no tuvo el mérito de desposar a su pareja en la oportunidad anterior, empero le fue otorgada una mujer según sus acciones, y de entre todas las almas de mujeres del mundo ninguna le resulta tan cercana como esa, a pesar de no tratarse de su verdadera pareja. Y en caso de haber pecado y precisar reencarnarse, se hace reencarnar también a esta mujer junto a él, a pesar de que ella no precisa reencarnarse y a pesar de que no es la verdadera pareja del individuo.

Las almas de las mujeres caídas en las klipot

Debes saber, además, que hay algunas raíces de las almas que cayeron en las klipot, cayendo las almas de los individuos y las de sus mujeres que son sus parejas, y los varones pueden ahora salir de las klipot ingresando a este mundo, pero sus mujeres no, hasta la llegada del Mashíaj, y por lo tanto están inmersas y entregadas a las klipot de la Nekevá, cuyo nombre olvidé, y no recuerdo con precisión si éste es Agrat bat Majalat (otro de los nombres dados a la diablesa *Lilit, N. del T.*) o Na'amá, la madre de todos los demonios (*shedim*). Resulta entonces que, de toda la raíz de Jur el hijo de Miriam, no salieron las mujeres ni lo harán hasta la venida del Mashíaj. Y humildemente creo haber escuchado de mi maestro, de bendita memoria, que tampoco Aharón HaCohen desposó a su verdadera pareja, pues es cercano a la raíz de Jur el hijo de su hermana Miriam, tal como se explicó aquí.

INTRODUCCIÓN 9

¿A quién aplica la reencarnación?

Ésta es una de las cuatrocientas preguntas de Doeg y Ajitofel respecto de la torre que flota en el aire. Has de saber que el atributo de la reencarnación aplica a los hombres y no a las mujeres. Ésta es la explicación del versículo que reza «*Una generación se va y una generación viene y la tierra permanece por siempre*» (Eclesiastés 1:4). Según ésta, «una generación se va y una generación viene» se refiere a los hombres que se reencarnan, pero «la tierra», que son las mujeres -ya que éstas son denominadas «tierra», como es sabido- «permanece por siempre» y no regresan en una reencarnación. Existe otro motivo para esto y es que como los hombres cumplen el precepto de estudiar Torá, no pueden entrar al Guehinom ya que su fuego no los afecta. Tal como se dice de Elisha Ben Abuia, que no fue castigado por haber estudiado Torá, empero no fue al Mundo Venidero por haber pecado (Tratado de Jaguigá 15b). Por lo tanto, los hombres deben reencarnarse para expiar sus pecados en lugar de ir al Guehinom. Pero en el caso de las mujeres, al no dedicarse al estudio de la Torá, pueden entrar al Guehinom para expiar por sus pecados sin que les resulte necesario reencarnarse. Sin embargo, si bien ellas no se reencarnan, pueden a veces volver a este mundo bajo el formato de ibur, junto a las chispas de almas nuevas y femenina, en mujeres. Debes también saber que resulta posible que tras haber venido bajo el formato de ibur en una mujer, si ésta queda embarazada y da a luz una hija, la que viene bajo el formato de ibur puede ahora reencarnarse por completo en esa hija que ahora le nace.

Un alma masculina en un cuerpo femenino

Has de saber también saber que a veces puede reencarnarse un hombre en el cuerpo de una mujer a causa de algún pecado como el haber mantenido relaciones homosexuales y similares. Y he aquí que esta mujer, que es la reencarnación del alma de un hombre no puede quedar embarazada por carecer el grado de Main Nukvin para ascender y recibir gotas de Main Dujrin. Esta mujer precisa realizar grandes méritos para ser capaz de quedar embarazada y dar a luz y no le queda más alternativa que otra mujer entre bajo el formato de ibur, y junto al vigor de su socia podrá elevar Main Nukvin, concebir y dar a luz. Sin embargo, esta mujer no podrá dar a luz hijos varones por dos motivos. El primero, porque el versículo reza: «*Una mujer cuando engendrare y diere a luz a un varón*» (Levítico 12:2), pero en este caso la mujer es varón como su marido, por lo que no puede dar a luz varones, solamente mujeres. El segundo motivo es que el alma femenina que entró en la mujer por medio del formato del ibur lo hizo únicamente en aras de ayudarla a que pueda concebir y dar a luz. Por lo tanto, una vez que la mujer da a luz el alma del ibur no precisa ya permanecer con ella sin razón, y entonces al momento de dar a luz entra esta alma que había venido bajo el formato de ibur entra en ella y el bebé sale mujer y no varón, y así esta alma entra bajo el formato de reencarnación y no de ibur como en un principio. Y entonces resulta que toda mujer que posee un alma masculina, como ya se mencionó, no puede dar a luz un varón sino solamente una mujer, y la niña que naciere, es el alma que ingresase inicialmente en ella para ayudarla por medio del ibur, como ya se mencionó.

No obstante, a veces, por medio de un mérito grande y maravilloso, es posible que al momento de nacer el bebé se retire el alma femenina que allí se encontraba bajo el formato de ibur y entre en el niño un alma masculina y entonces nazca un varón. De ser así, luego la mujer en cuestión no podrá volver a dar a luz, a menos que regrese a ella el alma femenina que había llegado previamente bajo el formato de ibur. Por lo tanto, si el primer bebé fue una niña, entonces esta hija deberá morir y entonces quizás el alma regrese a la mujer bajo el formato de ibur como antes. Entonces, podrá concebir y dar a luz una niña, una mujer, cuya alma será la que había llegado antes bajo el formato de ibur, como ya se mencionó. De esta forma el ibur y la reencarnación pueden darse numerosas veces, y éste siempre habrá de ser el procedimiento. Pero en caso de que haya nacido un varón, el bebé no precisará morir pues aquella alma femenina que entró bajo el formato de ibur en un principio y se retiró al momento de dar a luz, precisa regresar una segunda vez bajo el formato de ibur, concebir una mujer y dar a luz una niña. Ello también requiere de contar con un gran mérito.

A veces, es también posible que a pesar de que inicialmente se dio a luz una niña, ésta no precise fallecer ya que puede venir el alma de otra mujer bajo la forma de ibur y permitirle concebir, dando a luz una niña en la cual se reencarnará el alma femenina de un modo real, tal como ya se mencionó. De esta manera, en cada embarazo que tenga esta mujer, será posible cambiar en su interior todos los niveles mencionados. Sin embargo, para que se dé este último caso es necesario contar con un enorme mérito, así como también que se produzca un milagro maravilloso, porque tenemos una introducción en la cuestión del ibur según la cual durante el período de vida de un hombre o de una mujer no entran almas bajo el formato de ibur a menos que exista una enorme cercanía entre ambas (el receptor y el huésped, *N. del T.*). Por lo tanto, para esta mujer, cuya alma es de raíz masculina y precisa del ibur de un alma femenina, para encontrar un alma femenina que cumpla con todos los requerimientos, que precise venir al mundo bajo el formato de ibur para sí misma, y además sea cercana o similar a ella, se requiere de un gran mérito. Cuánto más si precisa venir bajo el formato de ibur una o varias veces, como ya se mencionó. Y más aún para encontrar varias almas femeninas que cumplan con los requerimientos mencionados. Además, es necesario que cada una que llegue bajo el formato de ibur lo haga al mismo tiempo, se necesita de un gran mérito y de muchos milagros.

INTRODUCCIÓN 10

Padres e hijos, rabinos y discípulos

Ahora nos referiremos a los hijos que un individuo trae al mundo y a la relación entre los alumnos y su rabino. Ahora hablaremos de los hijos que un individuo trae al mundo. Has de saber que tome el individuo por esposa a quien es su verdadera pareja o despose a otra que no lo es, ello no implica diferencia alguna para esta cuestión, ya que puede engendrar hijos de las chispas de las almas que pertenecen a su propia raíz o engendrar a partir de chispas de otras raíces. Además, has de saber que el padre aporta una parte de su alma a sus hijos y ésta hace de ropaje o vestidura al alma del hijo, ayudándolo y guiándolo por el buen camino.

Por este motivo, el hijo le debe respeto a su padre. No obstante, si la separación entre las almas del padre y del hijo es de menos de quinientos grados, entonces una parte del alma del padre se queda junto a la de su hijo hasta los días del arribo del Mashíaj. Pero durante la resurrección de los muertos o en el Mundo Venidero todo regresa a su raíz por lo que se separan por completo.

Empero, si la distancia entre ambas almas es igual o mayor a los quinientos grados, entonces el alma inferior se incorpora o anula en la superior y ambas se unen completamente para siempre, por lo que no se habrán de separar jamás y estarán conectadas a una misma raíz.

El rabino y su discípulo

Hemos explicado la relación del padre con el hijo, pero la del rabino y su alumno se explicará a continuación, pues el rabino introduce su espíritu en el interior de su discípulo, tal como en el caso del padre y el hijo, pero la conexión es más estrecha pues el espíritu permanece para siempre en el interior del discípulo y jamás se habrá de desprender, según el principio de «*Y el alma de David se apegó a la de Yehonatán*» (I Samuel 18:1). Y éste es el motivo por el cual el respeto debido al maestro antecede al que se rinde al padre. Y en caso de que el rabino del discípulo sea su mismo padre habrá entre ellos dos apegos, uno por ser su rabino y uno por ser su hijo. Por ello, si entre ambos hay más de quinientos grados, entonces se apegan uno al otro, el padre con el hijo, porque es su rabino, y el hijo con su padre por cuanto que es su progenitor. Y ambos se apegan el uno al otro doblemente por los dos aspectos mencionados.

La influencia de la intención de los padres al momento de la cópula sobre el carácter de sus hijos

Hemos de hablar también sobre los hijos que nacen a partir del padre. Has de saber que cuando el individuo se une a su mujer para engendrar descendencia, por efecto del padre desciende luz envolvente (*or makif*) sobre el hijo y por el de la madre luz interior (*or pnimí*). Hete aquí que durante la copulación ambos pueden purificarse por medio de intenciones meditativas de cumplir con un precepto y de santidad, o en su defecto, su intención puede no ser preceptiva sino con la intención de deleitarse, esto es, con una intención nociva. Puede también ocurrir que la intención del padre sea para bien y de la madre para mal o viceversa. Sin embargo, si ambos tuvieron la intención de cumplir con un precepto el niño resultante será completamente justo tanto en su luz envolvente como en su luz interior. Y si ambos tuvieron una mala intención, el hijo resultante será completamente malvado tanto en su luz envolvente como en su luz interior. Si el padre tuvo una intención buena y la madre una mala, la luz envolvente del hijo será la de un justo y su luz interior la de un malvado. Con el correr del tiempo, la luz envolvente doblegará a la interior y el hijo se tornará completamente justo ya que la luz envolvente incluye en sí a la interior y la transforma en merecedora. En caso de que el padre haya tenido una mala intención y la madre una buena, la luz envolvente será la de un malvado y la interior la de un justo, y con el correr del tiempo la luz envolvente doblegará a la interior que es de un justo y el hijo también se volverá en malvado.

Y si deseas saber quién predomina en el hijo, la fuerza del padre o la de la madre, podrás distinguirlo según la liviandad o la pesadez del hijo, pues la luz interior es limitada y no puede moverse, pero la luz envolvente exterior se mueve e impulsa al individuo hacia el lugar al que desea llegar. Entonces, resulta que, si ves un individuo liviano cual águila y ágil cual antílope en todas sus acciones, rápido en su labor, resulta que la luz envolvente originaria de su padre doblegó a la interior. En cambio, si éste es perezoso y lento para moverse, ello indica que ha prevalecido la luz interior de parte de la madre. Y todo se basa en sus acciones. En otras palabras, si el padre tuvo intención preceptiva mientras mantuvo relaciones, el hijo será diligente en hacer la labor del Cielo y será un grande en la Torá. Si el padre tuvo la intención de deleitarse, el hijo resultante será diligente en la labor de este mundo. Otro tanto ocurre en el sentido opuesto, si el hijo resultó lento para moverse y la madre tuvo intención preceptiva durante la cópula, entonces el hijo será perezoso respecto de la labor en este mundo. Si ella no tuvo intención preceptiva, entonces el hijo será perezoso en cuanto a la labor del Cielo.

Así entenderás por qué hay niños muy inteligentes que no pueden mantenerse quietos, y otros perezosos y de movimiento sumamente lento.

Ésta es la explicación profunda del hecho que Asael, el hermano de Yoav era de piernas infinitamente ágiles, tal como era sabido por nuestros maestros de bendita memoria (II Samuel cap. 2) que corría sobre las puntas de las espigas y éstas no se torcían. Y por supuesto que ningún midrash de nuestros sabios, de bendita memoria, deja de tener algo de sentido estrictamente literal, y la cuestión resulta comprensible de lo dicho, ya que todo su ser era el resultado de la predominancia general de la potencia paterna, y carecía por completo de potencia materna, por lo que la luz envolvente creció en él por completo y le hacía volar por los aires.

Dijo Shmuel: encontré otra nueva disertación sobre la reencarnación. Me parece que se trata de una breve versión de todo cuanto ha sido dicho, por lo que he dicho que sea incluida aquí, tras las discusiones anteriores. Y resulta comparable a la harina refinada respecto a todo lo que ha sido dicho.

INTRODUCCIÓN 11

Cómo debe proceder un individuo a los efectos de repararse

Nos referiremos con suma brevedad a la cuestión de la reencarnación. Esto es lo que dijo: en cuanto a la cuestión de la reencarnación, muy brevemente, esto es lo que todo individuo precisa saber a los efectos de saber cómo comportarse y cómo lograr su reparación. Es sabido que en los cuatro mundos de Atzilut, Briá, Yetzirá y Asiá así como en cada uno de estos por separado existen cinco partzufim (rostros) que reciben los nombres de Arij Anpín, Aba Ve Ima, Zair Anpín y Nukva. Empero la situación no es idéntica para cada uno de estos mundos. Los tres mundos Briá Yetzirá y Asiá guardan una cierta similitud con Ima, Zair Anpín y Nukva de Atzilut. Por su parte, en el caso de Arij Anpín y Aba de Atzilut, no existen dos mundos por encima de Briá Yetzirá y Asiá que se asemejen o correspondan en elevación a estos partzufim por cuanto que están completamente ocultos. Es también sabido, que de todos los aspectos incluidos en los cuatro mundos Atzilut, Briá, Yetzirá y Asiá provienen las almas humanas, de acuerdo con el versículo que reza: «*Hijos sois vosotros para HaShem vuestro Dios*» (Deuteronomio 14:1). Resulta entonces, que los diferentes aspectos de las almas se asemejarán a los mundos tanto en lo general como en lo particular. ¿Cómo es esto así? Las almas del mundo de Atzilut se dividen a su vez en cinco niveles que se corresponden con los cinco partzufim de Atzilut, pues las almas que provienen del Arij Anpín son llamadas Yejidá, las que provienen de Aba son llamadas Jaiá, y las que provienen de Ima son llamadas Neshamá. Las que provienen del Zair

An'pín son llamadas Ruaj, y las que provienen de la Nukva son llamadas Nefesh. Y todas éstas son parte de Atzilut. Luego vienen las almas más inferiores, pues aquellas que provienen del mundo de Briá son todas llamadas Neshamá de Briá, y las que provienen del mundo de Yetzirá son todas llamadas Ruaj de Yetzirá, y las que provienen de Asiá son todas llamadas Nefesh de Asiá. Y así es en general. En lo particular, resulta que las almas que provienen de Arij de Atzilut se dividen en cinco niveles, ya que las del Keter de Arij reciben el nombre Yejidá de Yejidá, las de Jojmá reciben el nombre Jaiá de Yejidá, las provenientes de Biná son llamadas Neshamá de Yejidá, las provenientes de los seis extremos son llamadas Ruaj de Yejidá y las provenientes de Maljut son llamadas Nefesh de Yejidá. Estas cinco partes reciben el nombre genérico de Yejidá. De igual manera se habrán de dividir los cinco niveles de Jaiá, que provienen de Aba de Atzilut, y a todas las partes se las denominará Jaiá. Otro tanto ocurre con los cinco niveles de la Neshamá de Ima - a todas se las denominará Neshamá, y asimismo con los cinco niveles del Ruaj de Zair Anpín - todos serán denominados Ruaj. Y de igual manera con los cinco niveles del Nefesh de Nukva, todos serán denominados Nefesh de Atzilut.

De esta misma manera ocurrirá con los tres mundos Briá' Yetzirá y Asiá, cada uno de estos con sus cinco partes, solamente se asemeja a un partzuf de Atzilut, tal como ya lo mencionamos. ¿Cómo es que se asemejan? Las almas provenientes de Arij de Briá son llamadas Yejidá de Briá. Las que provienen de Aba son llamadas Jaiá, las provenientes de Ima son llamadas Neshamá, las provenientes de Zair anpín son llamadas Ruaj, y las provenientes de Nukva de Briá son llamadas Nefesh de Neshamá de Briá y reciben el nombre de Neshamá de Briá. Lo mismo ocurre con las almas provenientes de los cinco partzufim de Yetzirá, Yejidá, Jaiá, Neshamá, Ruaj y Nefesh; todas ellas son llamadas Ruaj de Yetzirá, y otro tanto ocurre con las almas de los cinco partzufim de Asiá, Yejidá, Jaiá, Neshamá, Ruaj y Nefesh, todas las cuales son denominadas Nefesh de Asiá. Por lo tanto, la cuestión de las almas ha sido explicada en general y en particular.

Las divisiones del alma

Todos los niveles de almas mencionados fueron incluidos en el primer Adam, el cual desde el punto de vista de su alma estaba también compuesto de 248 órganos y 365 tendones, de modo tal que cada sección mencionada se dividía conforme al orden mencionado. ¿Cómo ocurría esto? La parte de Yejidá de Atzilut se dividía en 613 órganos y tendones y cada órgano y cada tendón era considerado una raíz. Lo mismo ocurría con Jaiá, Neshamá, Ruaj o Nefesh de Atzilut: cada nivel estaba dividido en 613 raíces. Lo mismo ocurría para todos los niveles de los cinco partzufim de Briá, los cuales se dividían en 613 raíces, todas las cuales eran llamadas Neshamá de Briá. Y otro tanto con los cinco partzufim de Yetzirá y los cinco partzufim de Asiá tal como se ha mencionado. Además, cada una de estas secciones puede dividirse en partes más particulares, y ello ocurrió en virtud del pecado del primer Adam y las demás criaturas.

A los efectos de comprender esta cuestión explicaremos una parte de éstas y de ella lograrás inferir el resto. Comenzaremos por Nukva de Asiá. La Nukva de Asiá incluye 613 órganos y tendones que son denominados las 613 raíces mayores, esto es, que resulta imposible una unidad menor, y cada una de estas raíces posee no menos de 613 chispas, y cada una de estas chispas es denominada «un alma entera», y estas 613 chispas se las denomina «chispas mayores». Y hete aquí que, en virtud del defecto o la afección operada, las chispas se dividieron en unidades más pequeñas aún, por lo que cada una de las 613 raíces mayores se dividieron en hasta 600.000 raíces menores y no más, pero puede que en un número menor. Además, no necesariamente todas las raíces mayores se dividieron en la misma cantidad de raíces menores pues todo depende de la afección o el daño operado (*pgam*). Puede haber una raíz mayor que se haya dividido en mil raíces menores, otra en cien etc.

De todas maneras, la totalidad de las 613 raíces mayores juntas no pueden dividirse en más de 600.000 raíces menores. Lo mismo ocurre con las 613 chispas de cada una de las 613 raíces mayores, pues cada chispa de éstas se puede dividir en varias chispas. De todas maneras, alguna chispa mayor puede dividirse en mil chispas menores, otra en cien etc. Sin embargo, la totalidad de las 613 chispas mayores no se dividen en más de 600.000 chispas menores.

Otras divisiones

Es también preciso que sepas que, así como se subdividen la generalidad de las 613 raíces mayores de Nukva de Asiá, puesto que en un inicio hay una sola alma que es origen de todo, que es la del primer Adam que las incluía a todas, y luego todas se incluyeron en los tres patriarcas, Abraham, Ytzjak y Ya'akov. Posteriormente, se incluyeron todas en las doce tribus y luego en las setenta almas (Nefesh – que descendieron a Egipto en el inicio del libro de Éxodo, *N. del T.*). Más adelante, estas setenta almas se dividieron en seiscientas mil chispas mayores. Y así ocurrió con cada una de las raíces de las 613 mayores, que se transformó en un partzuf que incluye 613 y se subdivide tal como ya se mencionó, hasta en 600.000 chispas menores. ¿Cómo ocurrió esto? El primer Adam incluía las 613 raíces mayores que se encuentran en un partzuf entero de Nukva de Asiá. El hombro izquierdo del primer Adam es una raíz mayor, y es un partzuf completo que se divide en setenta raíces menores y no más. Estas setenta raíces incluyen todos los 613 órganos y tendones de ese partzuf, y todas esas setenta raíces menores se subdividen en 600.000 chispas menores. Sin embargo, Caín incluye toda esta gran raíz que contiene setenta raíces menores y 600.000 chispas menores, tal como el primer Adam. En esta gran raíz están incluidos los tres patriarcas, y luego las doce tribus, y luego las setenta almas que posteriormente se subdividen en 600.000 chispas menores.

Las setenta raíces menores

Ahora pasaremos a explicar las setenta raíces menores. Ya explicamos que todas éstas se subdividen en 600.000 chispas menores, pero cada una de las raíces no tiene por qué poseer el mismo número de chispas que su semejante, empero tienen en común que habrán de subdividirse en 613 chispas interiores principales que son los estudiosos de la Torá de esa raíz. De ellos se expanden a su alrededor ramificaciones que son los «dueños de casas», los *ba'alei habatim*, (judíos observantes con formación religiosa que se dedican a trabajar y no a estudiar, *N. del T.*), y los simplotes o *amei haaretz*, (que son quienes carecen de formación religiosa o son legos en cuestiones religiosas, *N. del T.*), y estos carecen de un número fijo tal como ya se mencionó. Ésta es la explicación. Una de las setenta raíces menores en el órgano del hombre izquierdo, que es llamado «Caín», todas las cuales conforman una sola raíz mayor o principal en el primer Adam, cada una de estas setenta raíces es el talón izquierdo del partzuf general de toda la raíz de Caín. Y en esta raíz menor hay 613 chispas, todas las cuales son estudiosos de la Torá, y a su alrededor se expanden todas las demás almas de los seres humanos, los observantes de los preceptos (*ba'alei mitzvá*), los comerciantes, los *amei haaretz*, todos los cuales carecen de número fijo, tal como ya se mencionó. Lo único que resulta imperativo es que todas las chispas menores de las setenta raíces menores en una misma raíz mayor no sean más de 600.000.

Debes también saber que cada órgano está conformado por carne, pequeños tendones y huesos, empero no de tendones que son parte de los 365 tendones principales. Resulta entonces que las 613 chispas del talón mencionado, que son las chispas de los estudiosos de la Torá, se subdividen en las tres partes ya mencionadas, esto es, en carne, tendones y huesos. Y otro tanto ocurre con las demás chispas de los observantes etc. ya mencionados, se dividen en las tres partes mencionadas, y en orden de importancia van primeramente la carne, por encima suyo los tendones y por encima de éstos los huesos, cuando en realidad nos referimos a su médula y no al hueso en sí. Así fue explicada la cuestión del partzuf de Nukva de Asiá, pues todo él estaba incluido en el primer Adam, y de esto inferirás el resto de las partes hasta llegar a Arij de Atzilut.

¿Dónde alcanza a conectarse el alma?

Ahora pasaremos a explicar la cuestión de la conexión del alma del individuo en todos los mundos. Tal como nuestros maestros entendieron el versículo que reza «¿*Dónde estabas cuando establecí el mundo?*» (Job 38): aquel que posee en su alma una chispa de las chispas particulares del órgano del talón izquierdo que es una raíz menor de las setenta existentes en la raíz principal, que es el órgano del hombro izquierdo del partzuf del primer Adam del nivel de Nukva de Asiá, se conectará con ese sitio específico en el partzuf de Zair Anpín de Asiá y en el partzuf de Ima de Asiá hasta la cúspide, que es el talón izquierdo, que es la raíz menor de las setenta raíces menores de la raíz mayor que es el órgano del hombro izquierdo de Arij Anpín de Atzilut. Todas estas partes son denominadas una sola alma. Este individuo asciende y toma todas sus partes desde abajo hasta arriba tal como ya se mencionó. Primeramente, toma su parte en la Nukva de Asiá, el talón ya mencionado que es denominado Nefesh de Nefesh. Asimismo, asciende y toma su parte en Arij de Nefesh en el nivel de talón arriba mencionado, y de esa manera completa todas sus partes de su Nefesh del mundo de Asiá, y de igual forma lo hará con su Ruaj de Yetzirá etc. hasta que asciende a tomar su parte de Arij Anpín de Atzilut en el nivel del talón, que ya fue mencionado, y de esa manera completa su Yejidá del mundo de Atzilut, y su alma queda completa en todas sus partes. He aquí que éste es el objetivo de la conexión específica de la parte de su alma en detalle.

Sin embargo, en términos generales hay otra cuestión. Si bien anteriormente se mencionó que una chispa del alma del individuo es considerada como su alma esencial y específicamente, he aquí que todas las chispas de las almas particulares resultantes de la subdivisión del talón, que como ya se mencionó, es el talón de la generalidad del partzuf que se encuentra en la raíz mayor que es llamada Caín, que es el órgano del hombro izquierdo del primer Adam, todas juntas son denominadas un alma mayor completa. Tal como ya se mencionó, existen 613 almas mayores en cada raíz mayor, pues todo el talón mencionado es una de las 613 almas mayores que existen en la raíz del órgano del hombro izquierdo que es llamado raíz mayor, y más adelante se explicará el propósito de esta cuestión.

La compleción personal

Una vez que fueron bien explicados los niveles de las almas y sus sitios de conexión explicaremos ahora sus sentencias. Has de saber, que un ser humano no es llamado completo hasta que se repare en vida, y se depure hasta tomar Yejidá de Arij Anpín de Atzilut, tal como ya se mencionó. Sin embargo, alguien que no tuvo el mérito de alcanzar todos esos niveles sino solamente todos los niveles de Asiá, habrá obtenido un Nefesh completo que incluye a la totalidad del mundo de Asiá. Lo mismo ocurrirá con las demás partes, hasta que la persona esté completa, tal como ya se mencionó. Hete aquí que la reparación del individuo depende de muchas cosas, como la realización de todos los preceptos positivos, el estudio de la Torá etc., tal como se explicará. Y cuanto más lo haga más se habrá de reparar y tendrá el mérito de obtener o tomar todas las partes de las almas. Y en caso de que, Dios lo quiera, el individuo pecase, y transgrediese los 365 preceptos restrictivos, las partes de su alma se verán afectadas negativamente, aunque hubiese observado numerosos preceptos positivos.

Y has de saber, que la cuestión de la reparación o su opuesto que es afectar negativamente al alma (*pgam*) tiene lugar únicamente allí donde el alma se conecta (*mekom ajizá*) y no en los demás sitios. Y también ello es tal como ya se mencionó arriba. Porque lo principal de la reparación o del daño infligido es allí donde su alma se conecta, que es la chispa particular. No obstante, el individuo repara o inflige daño a todas las chispas que le son cercanas. ¿Cómo ocurre esto? Alguien que es del talón izquierdo del partzuf del órgano del hombro izquierdo es denominado perteneciente o proveniente de la raíz de Caín. En caso de reparar, repara en todas las chispas del talón mencionado. Si inflige daño, daña a todas, aunque éstas ya se hayan reparado por completo. En lo que respecta a las chispas particulares de cada una de estos, no son llamados completos o reparados completamente hasta que no quede ninguna chispa menor o mayor de todas las del talón totalmente completas, pues ellas son todo el talón, y éste es denominado la chispa de una sola alma grande, tal como fue mencionado. Por ello, todas esas chispas, aunque una de ellas fuese el mismísimo profeta Shmuel, de bendita memoria, no se consideran completas, hasta que todas las chispas de ese talón terminen de repararse, hasta la peor de estas. Por ello, todas vienen para ayudar a la chispa afectada en este mundo a repararse.

No obstante, todas las demás chispas pertenecientes del órgano del hombro izquierdo ni son reparadas ni se ven dañadas o afectadas en absoluto por causa de las chispas del talón.

De esto surge una regla, y es que toda raíz de entre las raíces menores de cada órgano, que es llamada principal de las 613 raíces mayores del partzuf del primer Adam, toda esa raíz es considerada una gran alma, y todas ellas se ayudan unas a otras tal como ya se mencionó. Sin embargo, ninguna afección (*pgam*) puede afectar a todas las partes que se encuentran en todos los mundos, tal como ya se mencionó. Empero existe un pecado que afecta a su Nefesh de Asiá, y otro pecado puede afectar a su Ruaj de Yetzirá etc., tal como es sabido. Cuando una chispa particular afecta o daña en Asiá, todas las chispas del talón mencionado de Asiá sufrirán idéntico daño, y lo mismo ocurrirá en los demás mundos.

De todas maneras, el castigo o la recompensa principal no recaen sino sobre la chispa particular, pero la luz (*shefa*) proveniente de ese talón se ve disminuida en todas sus chispas a raíz del daño o la afección de esa chispa particular.

La reparación y el daño en detalle

Ahora pasemos a explicar en detalle la cuestión de la reparación y el daño. Comenzaremos por la reparación del Nefesh del mundo de Asiá, por ser el nivel inferior de todos, ya que entra en el individuo al nacer. Ya sabes, que no entra una parte superior hasta que se complete la reparación de la inferior. Pues en primera instancia es preciso que se complete la reparación del ingreso de todas las partes del Nefesh de Asiá, y luego comiencen a entrar las partes del Ruaj de Yetzirá, y una vez que esto se complete entrará la Neshamá de Briá, etc. hasta la compleción total. Las condiciones y las divisiones referentes a esta cuestión serán explicadas en este pórtico, en esta octava sección que es el pórtico de la reencarnación (*Sha'ar Haguilgul(im)*). Has de saber, que toda la reparación que realiza un individuo para lograr obtener Nefesh de Asiá es por medio de la observancia de los preceptos positivos que son 248. Y todo el daño en ese nivel proviene o de la omisión en la observancia o de la transgresión de uno de los 365 preceptos restrictivos. Pues el estudio de la Torá está destinado a obtener el Ruaj de Yetzirá, tal como se explicará.

Los 248 preceptos positivos y la reparación

Has de saber que un individuo debe cumplir la totalidad de los 613 preceptos. En caso de que falte cumplir con uno, su Nefesh aun estará carente en la medida de los preceptos faltantes. De todas maneras, los 248 preceptos positivos se dividen en cinco secciones. La primera, son los preceptos que el individuo se ve imposibilitado de cumplir como lo son los relativos al tiempo en el cual el Templo de Jerusalén estaba en pie, por ejemplo, los referidos a ofrendas, sacrificios y similares. Por estos preceptos el individuo no precisa volver a encarnarse para cumplirlos, pues, ¿qué beneficio le reportaría la reencarnación? Empero cuando se reconstruya el Templo los cumplirá. La segunda, son los preceptos que el individuo puede cumplir como el talit, y el tefilín y similares, y en caso de no observarlos debe necesariamente volver a encarnarse varias veces hasta que los complete todos. De modo tal que quien ya se haya reencarnado y haya cumplido algunos preceptos, en la presente encarnación le alcanzará con observar los faltantes, aquellos que nunca cumplió con anterioridad. Has de saber que cuando uno se reencarna por este motivo, es posible que peque e incurra en numerosas transgresiones.

La tercera sección son los preceptos que una persona no está obligada a cumplir a menos que se le presente la situación, tales como el de la separación de las ofrendas y los diezmos o el de alejar a la madre del nido (*shiluaj haken*). En estos casos, el individuo no debe perseguirlos. Estos preceptos también requieren que un individuo se vuelva a encarnar para terminar de cumplirlos. Sin embargo, por cuanto que se reencarna para cumplir este tipo de mandamientos, tiene asegurado que no habrá de pecar en esta segunda venida. La cuarta sección son los preceptos que el individuo no puede cumplir a menos que HaShem se los presente, tal como el rescate del primogénito (*pidión haben*), el levirato, la *jalitzá* (procedimiento que deja sin efecto el levirato, *N. del T.*) o el divorcio, ya que el individuo no está obligado a divorciarse a menos que su mujer le disguste, ya que «el divorcio es tan duro... que hace llorar al altar del Templo» (Tratado de Guitín 90 a). Respecto a estos y otros preceptos cabe hacer una diferenciación, ya que si los preceptos no se le presentan, la persona no vuelve a reencarnarse, pero vendrá al mundo bajo la modalidad de ibur por un breve lapso, hasta que alcance a cumplirlos, e inmediatamente después de ello se irá de este mundo. Empero si se le ha de presentar la oportunidad de cumplir uno de estos preceptos y no lo hace, entonces precisará reencarnarse, pero no recibí de mi maestro, de bendita memoria, si se le asegura que no habrá de pecar como en el caso de la tercera sección de los preceptos.

Estoy también en la duda respecto del resto de los preceptos y especialmente en el caso de aquellos que la persona no precisa perseguir, como por ejemplo el alejamiento de la madre del nido o la colocación de una baranda en una azotea y similares. En caso de que el individuo hubiera deseado cumplirlos, pero no se le hubiera presentado la oportunidad de hacerlo, por ejemplo, si fue pobre y nunca pudo comprar una casa y ponerle baranda a la azotea, no sé si se lo considera como exento de cumplirlos por verse forzado a no hacerlo, si le alcanzará con venir bajo la modalidad de ibur o si habrá de precisar una reencarnación completa. En otro lugar escribimos que aparentemente estaría exento de reencarnarse y le alcanzaría con venir al mundo bajo la modalidad de *ibur*. Esto parece dudoso ya que resultaría posible decir que probablemente se reencarne y entonces HaShem, Bendito Sea, ciertamente habrá de arreglar que el precepto se le presente y le dará la posibilidad de cumplirlo. La quinta sección corresponde a un precepto particular, el deber de procrear, y es éste un precepto que el ser humano debe hacer todo lo que esté a su alcance para cumplirlo, y también tiene la posibilidad de cumplirlo. Se trata del más grave de todos los preceptos, pues quien fallece sin haber tenido hijos no lo cumplió, y en ese caso no le alcanza con reencarnarse. Respecto del resto de las reencarnaciones por preceptos faltantes, tal como ya se mencionó arriba, cada cuerpo de cada reencarnación resucitará y volverá a vivir en el tiempo de la resurrección de los muertos, y en cada uno de estos entrarán chispas de su alma sobre la base de los preceptos cumplidos en cada cuerpo particular. Pero aquel que falleció sin haber tenido hijos, todas las chispas de su alma entrarán al segundo cuerpo, aquel al cual entró bajo la modalidad de *ibum* y entonces cumplirá el precepto de procrear. Pero en el caso del primer cuerpo que lo no cumplió, lo único que entrará a su interior será el espíritu que le entregó a su mujer tras el casamiento durante sus primeras relaciones maritales. La sexta sección es un precepto particular, el estudio de la Torá, y equivale en importancia al resto de los preceptos, pues el estudio y la enseñanza de la Torá (*Talmud Torá*) «es equivalente a todos juntos» (Tratado de Shabat 127a). Y la Torá admite cuatro explicaciones, cuyas iniciales forman el vocablo «Pardes»: *Pshat, Remez, Drash y Sod*. Es preciso esforzarse y ocuparse de todos estos niveles del estudio, hasta donde el entendimiento de cada uno alcance, y se debe procurar un rabino que le enseñe, y si se omite uno de los cuatro niveles de estudio según su capacidad, deberá reencarnarse por ello (para completarlo).

Es también preciso que sepas que el individuo debe cumplir todos los 613 preceptos tanto en la práctica, como oralmente, siguiendo aquello que dijeron nuestros maestros, de bendita memoria, en cuanto a que «Todo aquel que estudia la porción de la ofrenda del holocausto perpetuo (*olá*) es como si lo hubiese sacrificado» (Tratado de Menajot 110a). Y debe también cumplir los preceptos a través de sus pensamientos, y quien no haya cumplido todos los preceptos en estos tres planos o aspectos, deberá reencarnarse hasta que logre hacerlo.

Debes saber, además, que los 613 preceptos se dividen en los 613 órganos y tendones del primer Adam, que son llamados las 613 raíces mayores, y en cada uno de los órganos hay preceptos particulares tal como ya se mencionó, pues en cada órgano del hombro izquierdo hay once preceptos positivos y quince preceptos restrictivos. Y todo aquel que proviene de este hombro debe completar estos preceptos en mayor medida que el resto de los 613. Y esta cuestión no me fue suficientemente aclarada, ya que la pregunta que me surge es que si cada individuo fue preceptuado a completar los 613 preceptos, tal como ya se mencionó, ¿qué es esta extraña obligación que se refiere a los preceptos particulares de cada órgano y en qué se diferencia del resto de los 613?

Escuché también de mi maestro, de bendita memoria, que no es igual el caso de alguien en que el resto de las chispas de la raíz de su alma que lo precedieron en este mundo cumplieron con los preceptos, al de aquel cuyas chispas que lo precedieron no los cumplieron, y el individuo en cuestión tampoco. No supe cuál es la diferencia entre uno y otro. He aquí que hemos explicado la cuestión del cumplimiento de los preceptos positivos.

Los preceptos restrictivos y la reparación

Explicaremos ahora la cuestión de los preceptos restrictivos. Has de saber que hay preceptos restrictivos cuyo incumplimiento es expiable por medio del retorno en arrepentimiento y el día de Yom Kipur. Hay otros preceptos restrictivos cuya transgresión requiere de sufrimientos para poder ser expiados. Pero hay algunas transgresiones graves, como en los casos de los preceptos cuyo castigo en la Torá es la muerte por *caret* (muerte a manos del Cielo) y aquellos que son penados con una condena a muerte en tribunales y similares que no se expían hasta que el transgresor fallezca. Y entre estos hay una división: si no se trata de una transgresión por la cual el cuerpo es destruido y no revive en la resurrección de los muertos, tal como dijeran nuestros sabios, de bendita memoria: «Estos son quienes carecen de porción en el Mundo Venidero, los apóstatas, los herejes etc.» (Tratado de Sanhedrín 90a), entonces, este Nefesh deberá reencarnarse para reparar lo que pecó, y su primer cuerpo será consumido y se perderá, tal como dijimos. Pero si la transgresión no es de este tipo, entonces el primer cuerpo no se pierde, empero el Nefesh reencarna en un segundo cuerpo junto a una chispa de su propia raíz que entra allí y es la dueña de ese cuerpo, y allí se reparará el encarnado a modo de huésped y no como dueño de casa.

Has de saber también que un individuo que hace incurrir a su semejante en una transgresión cuya reparación conlleva reencarnación, pero él en sí no pecó, vendrá junto al reencarnado bajo el formato de ibur hasta reparar al pecador, y entonces, aquel que lo hizo pecar se retirará. Y debes saber que no alcanza con que el individuo repare solamente el sitio particular donde su Nefesh está enraizado arriba, sino que es necesario que repare todas las partes de Asiá y Yetzirá etc. Ello respalda lo que había escrito aquí, de que a pesar de que hay preceptos particulares en cada órgano, es preciso completar los 613 preceptos. No obstante, considero humildemente que debe ser explicado de otra manera: si por ejemplo, el Nefesh del individuo es de Nukva de Asiá cuando repare ese nivel específico no le alcanzará para que le entre entonces su nivel de Ruaj que es de Nukva de Yetzirá, sino que será preciso que repare todas las partes del Nefesh que son de su parte de Asiá. Por ejemplo: Nefesh de Maljut de Zair Anpín de Asiá y de Maljut de Ima, Aba y Arij Anpín de Asiá, pues todas estas partes pertenecen a la completitud de su Nefesh, que es el Nefesh, Ruaj, Neshamá, Jaiá y

Yejidá que hay en Asiá, y todos juntos son llamados un Nefesh completo de Asiá. Entonces comenzará a adquirir el Nefesh del Ruaj de Yetzirá de su porción. De no ser así, si en vez de ello debiera adquirir la totalidad de Asiá y todo lo que esto incluye, no habría en el mundo más que un Nefesh. Y esto también demuestra que no es preciso que el individuo repare solamente la raíz menor de la cual fue excavado.

La reparación del Ruaj y la Neshamá

Ahora pasaremos a explicar la cuestión del Ruaj y la Neshamá, a pesar de que ya fue aclarado anteriormente. La reparación del Ruaj de Yetzirá se realiza a través del estudio de la Torá como corresponde, esto es, en aras del Cielo (kehiljatá lishmá – según la Halajá: estudiar para cumplir, *N. del T.*) y el estudio de la Torá Oral que incluye la Mishná y el Talmud etc. La reparación de la Neshamá de Briá depende del conocimiento de los secretos interiores de la Torá que se encuentran en la sabiduría del libro del Zohar. En otro sitio escribimos que aquel que cumple preceptos positivos sin la intención meditativa adecuada (kavaná) repara el mundo de Asiá que es el Nefesh. Aquel que se dedica al estudio de la Torá sin la intención meditativa adecuada repara el mundo de Yetzirá que es el Ruaj. Aquel que cumple un precepto o estudia la Torá con la intención meditativa adecuada repara Briá que es la Neshamá. Y en otro sitio escribí que el pensamiento y el apego al Tetragrámaton con la compleción de «Sag» (ס״ג), el Nombre E»HIE Y»HU (א-ה-י-ה י-ה-ו) y al Nombre E»HIE ASHER E»HIE (א-ה א-ר-ש-א ה-י-א-ה-י-ה»Seré el que Seré») sirven para la Neshamá que proviene del mundo de Briá. El estudio de la Torá empleando el habla sirve para el Ruaj que es del mundo de Yetizrá, y el cumplimiento de los preceptos prácticos especialmente aquellos vinculados al andar a pie como la visita de personas enfermas, el acompañar a los invitados en parte de su viaje de regreso y la asistencia a funerales - es beneficioso para el Nefesh que proviene del mundo de Asiá.

Las condiciones necesarias para la reparación

Dijo Jaim el autor, en mi modesta opinión, en esta reencarnación, para que el Nefesh esté completo y pueda ascender a su sitio, deben cumplirse dos condiciones: la primera se denomina 'la completitud del Nefesh e implica el cumplimiento de los 248 preceptos positivos. La segunda, es la reparación de la afectación sufrida por el Nefesh en caso de que se hubiere transgredido alguno de los 365 preceptos restrictivos. Y es sabido que el Ruaj no entra en el cuerpo hasta que el Nefesh se complete en los dos aspectos mencionados. Si el Nefesh en cuestión, que es una chispa particular que no puede subdividirse más ya que de ser menor ya no se la podría denominar Nefesh entera, si cumplió con las dos condiciones mencionadas, es denominada 'Nefesh completa' y está lista para recibir al Ruaj. Luego, en caso de que el individuo peque, ello ya no afectará al Nefesh sino al Ruaj.

El segundo caso es cuando a pesar de haberse completado los 248 preceptos positivos, si se incurriese en alguna de las transgresiones que impiden que posteriormente ese cuerpo se levantase durante la resurrección de los muertos, ese Nefesh deberá reencarnarse solo en un segundo cuerpo, y allí se reparará el daño del pecado cometido. Esto es así ya que los preceptos ya fueron cumplidos, y luego durante la resurrección de los muertos, estos irán al segundo cuerpo que se levantará, mientras que el primero se extinguirá del mundo. Y cuánto más ha de ser así en caso de que en el primer cuerpo no se hayan completado los 248 preceptos positivos.

El tercer caso: si no se completaron los 248 preceptos positivos en el primer cuerpo, pero no hubo daño producto de haber incurrido en alguna transgresión, o si se incurrió en alguna pero no de aquellas que hacen que el cuerpo no se levante en la resurrección de los muertos, entonces la totalidad del Nefesh se habrá de reencarnar efectivamente en un segundo cuerpo, y al llegar el momento de la resurrección este Nefesh se habrá de dividir en partes. Cada una de las partes no será considerada como un 'Nefesh completo' tal como se ha mencionado anteriormente, y las partes que hubieren observado los preceptos positivos en el primer cuerpo regresarán allí durante la resurrección pues allí fue donde los preceptos fueron cumplidos. Y a pesar de esto, las partes han tenido que reencarnarse en un segundo cuerpo porque no son un Nefesh completo y precisan residir en este segundo cuerpo para cumplir en él los preceptos faltantes. En caso de que se hubiere incurrido en alguna transgresión en el primer cuerpo, se reparará en el segundo, y el reencarnado padecerá los sufrimientos del fallecimiento en este segundo cuerpo. Las partes del Nefesh que hubieren cumplido los preceptos faltantes estando en el segundo cuerpo se levantarán con éste durante la resurrección pues allí es donde se fueron efectuados. En caso de que alguna transgresión hubiese afectado a este segundo cuerpo, su castigo no involucrará en absoluto a estas primeras partes. Y en caso de que el segundo cuerpo hubiere completado el cumplimiento de los 248 preceptos positivos, y no se viera afectado por ninguna transgresión, entrará en él la totalidad del Ruaj estando con vida, y en efecto, tras la resurrección de los muertos, entrará al segundo cuerpo todo el Ruaj junto a algunas partes del Nefesh.

El cuarto caso es que el Nefesh hubiera completado los 248 preceptos positivos en el primer cuerpo, pero se hubiere visto afectado por una leve transgresión, tal como ya se mencionó. En un caso así, se reencarnará en un segundo cuerpo con otro Nefesh que es nuevo, y a esto se lo denomina 'reencarnación doble'. En un caso así, si se padeciere sufrimientos y muerte, ello será por su propio pecado y no como castigo por pecados cometidos en el segundo cuerpo. Sin embargo, será recompensado por los preceptos cumplidos en el segundo cuerpo, y durante la resurrección regresará al primer cuerpo y el segundo tomará al Nefesh nuevo, pues para este es el principal. Y has de saber que este nuevo Nefesh si no ha de ser realmente de la misma raíz que el primero, no se reencarnará con él, a menos que haya dos chispas de Nefesh que pertenezcan realmente a la misma raíz.

Has de saber también, que la reencarnación del primer Nefesh en un segundo cuerpo es considerada en cierto aspecto como un ibur, por cuanto que no padece de castigos por los pecados cometidos en el segundo cuerpo, y porque al final de cuentas se levantará junto al primer cuerpo durante la resurrección de los muertos. Esto pertenece al tercer caso, que es la reencarnación de algunas partes del Nefesh que ya han sido reparadas junto al resto de las partes en el segundo cuerpo. Pues a la reencarnación de las partes ya reparadas, se la denominará ibur, por los motivos ya mencionados.

Considero, en mi humilde opinión, que en esta cuarta categoría o caso no estamos ante una completa reencarnación del primer Nefesh, y se queda en el segundo cuerpo hasta que complete la reparación del daño infligido en el primero, porque de no ser así debería padecer el sufrimiento correspondiente al segundo cuerpo. Una vez finalizada la reparación, abandonará al segundo cuerpo estando éste aún con vida y ascenderá. En caso de que el castigo no pueda ser completado salvo por medio de la muerte, el primer Nefesh permanecerá en el segundo cuerpo hasta padecer el sufrimiento de su fallecimiento, y por ello, a un caso así se lo denomina *ibur*, el cual resulta semejante a reencarnación.

Otro tanto ocurre en la tercera categoría, porque las primeras partes permanecen allí bajo el formato de reencarnación completa, hasta que los preceptos faltantes sean cumplidos, y una vez completados saldrán aun estando el segundo cuerpo con vida. En caso de no haberse completado estas partes, permanecerán en el segundo cuerpo hasta que este fallezca.

Por otra parte, me parece que hay una tercera división que se agrega a las dos mencionadas. Cuando los preceptos faltantes del Nefesh (en el tercer caso) no fueron cumplidos por ninguna de las chispas que lo precedieron, y éstas pertenecen a la misma raíz de su Nefesh, es necesario que el Nefesh regrese bajo la forma de reencarnación completa hasta el fallecimiento del segundo cuerpo, y en caso de que las chispas que lo precedieron hayan cumplido los preceptos, alcanza con el tipo de reencarnación que recibe el nombre de ibur. En otro sitio se explicó que el ibur resulta también suficiente para el cumplimiento de un precepto.

(Dijo Shmuel: todo esto lo recogí de una recopilación tras otra, de las pilas que mi padre y maestro, de bendita memoria, apiló. Y es harina de gran calidad y tamizada de todas las disertaciones sobre la reencarnación de las almas, y está bien explicada).

INTRODUCCIÓN 12

Respecto a las almas nuevas y las antiguas

Primer y segundo nivel

Ya fue explicado anteriormente, que en un inicio todas las almas estaban incluidas en el primer Adam, y cuando este pecó sus órganos se cayeron y su estatura se vio disminuida. Ya explicamos esta cuestión, y dijimos que a raíz de este evento las almas cayeron en la profundidad de las klipot, y no quedaron en el primer Adam más que unas pocas, que es el principio (*sod*) de los cien codos (*mea amot*) al que se referían nuestros sabios, de bendita memoria, en referencia al versículo que reza: «*Tú has puesto sobre mí Tu mano*» (Salmos 139:5). En el primer Adam estaban incluidas algunas almas nuevas que aún no habían venido al mundo, y éstas son denominadas almas verdadera o realmente nuevas. Debajo de éstas existía otro nivel, y es el de aquellas almas que habían quedado incluidas en el primer Adam y no se cayeron, y son también denominadas nuevas, pero no están al mismo nivel que las primeras. Entonces, cuando estas almas de segundo nivel vienen al mundo reencarnadas en un cuerpo, tras el fallecimiento del primer Adam y tras haberse separado de él, aun entonces serán denominadas nuevas. Esto se debe a que la formación del primer Adam tuvo lugar en un nivel de cópula superior (*zivug elión*) espalda con espalda (*ajor beajor*), y por ello, hasta que esta llegue a una cópula del nivel de rostro con rostro (*panim bepanim*), se considera que el alma está por primera vez en el mundo y por ello se la denomina nueva. Y si con posterioridad al fallecimiento del primer Adam el alma en cuestión no tuvo el mérito de venir nuevamente al mundo, salvo cuando lo hizo a consecuencia de la cópula de espalda con espalda, de todas maneras, se la considera como que está en el mundo por primera vez, aunque no lo haya hecho a consecuencia de una cópula de rostro con rostro, ya que llega al mundo tras el fallecimiento del primer Adam.

Tercer nivel

Tras este nivel, hay un tercero que está por debajo suyo y es el de las almas que permanecieron en el primer Adam, de las cuales les heredó a sus hijos Caín y Abel cuando estos nacieron. Este nivel se asemeja o equivale al segundo, pues al estar en Caín y en Abel no se las considera en el nivel de haber venido al mundo por primera vez, ya que no lo hicieron con posterioridad al fallecimiento del primer Adam, sino que estando este con vida las otorgó en heredad a sus hijos. Por lo tanto, su inclusión en Caín y en Abel no se cuenta como la primera vez, sino que más bien como si aun estuviesen incluidas en Adam. Una vez fallecidos Caín y Abel, si estas almas regresan al mundo, aunque sea bajo la modalidad de cópula espalda con espalda, se considerará que es esa su primera vez y se las denominará nuevas. De ahí en adelante, si tras fallecer regresan al mundo, se considerará que se han reencarnado. Sin embargo, aunque su estatus se asemeja a la de las almas de segundo nivel, de todas maneras, en otro aspecto, estas almas que estuvieron incluidas en Caín y Abel son inferiores a las que permanecieron en el Adam mismo, y no se las considera tan nuevas como éstas.

Cuarto y quinto nivel

Luego, existe un cuarto nivel que es inferior a los anteriores y son las almas que cayeron del primer Adam a las profundidades de las klipot y se las considera o denomina almas antiguas. En este caso, incluso la primera vez que vienen al mundo tras haber caído en las klipot son consideradas almas antiguas que se reencarnaron. Tras éste, tenemos el quinto nivel, el último de todos, y son las almas que entran en los cuerpos de prosélitos. Sin embargo, todas las almas arriba menciona-das salvo las del primer nivel que son almas realmente nuevas, cayeron en la profundidad de las klipot, y éste es el común denominador entre ellas. No obstante, aún se diferencian entre sí, y no son iguales en el grado de su caída, pues las que permanecieron en el primer Adam son denominadas de segundo nivel, y su único defecto es que fueron afec-tadas por el pecado de Adam. Aquellas que Adam otorgó en herencia sus hijos Caín y Abel son de tercer nivel y poseen tres defectos, el producido por el pecado de Adam y el propio defecto de Caín y Abel, pues también ellos pecaron, tal como se menciona en el Libro de los *Tikunim* en el tikún 69.

Las almas que abandonan las klipot

Y has de saber, que cuando llegó el momento de la salida del alma de las klipot para llegar a este mundo, deben primeramente hacerlo bajo el formato de ibur en las entrañas de Maljut de la Nekevá (mujer) su-perior para allí purificarse y limpiarse de la inmundicia de la impureza de la suciedad de las klipot en las que se detuvieron cuando se encon-traban en su interior.

No obstante, el tiempo de permanencia allí no es idéntico, pues de acuerdo con el tipo de alma, ésta tendrá la fuerza y el mérito de detenerse en el vientre lleno hasta depurarse renovarse por completo.

El orden de los cinco niveles

Explicaremos entonces el orden de los cinco niveles existentes. El **pri-mero**, es el de aquellas almas que son denominadas «realmente nue-vas», y pueden permanecer bajo el formato de ibur en el vientre de Maljut durante doce meses y luego descienden a este mundo en un cuerpo. Un ejemplo de ello lo encontramos en el caso de una mujer que tuvo un embarazo que duró doce meses, tal como lo menciona el Talmud (Tratado de Yevamot 80b), y Raba Tosfaa declaró al bebé apto (para entrar a la congregación, o sea, no bastardo, *N. del T.*). El **segundo** nivel, son las almas que permanecieron en Adam y son denominadas «nuevas mas no del todo». Éstas poseen la fuerza suficiente para permanecer en las entrañas de Maljut sólo durante nueve meses, y depués vienen a este mundo. El **tercero** son las almas de Caín y Abel, consideradas como nuevas en cierto aspecto, aunque no lo son en la misma medida que las de primer o segundo nivel ya que poseen dos tipos de defectos, por lo que pueden permanecer en las entrañas de Maljut solamente durante siete meses. El **cuarto** nivel, son el resto de las almas que cayeron del primer Adam y descendieron a las klipot, y si bien salieron de allí descendiendo y viniendo a este mundo por primera vez, son como las almas de los demás niveles anteriores que vienen al mundo por segunda vez y todas éstas son consideradas almas antiguas que se han reencarnado, tal como se mencionó. Por lo tanto, tanto las almas de cuarto nivel que vienen al mundo por primera vez y las de los niveles anteriores que vienen por segunda vez y más, ninguna permanece en las entrañas de Maljut más de cuarenta días, que son los que se corresponden con el lapso necesario para la gestación del feto. Tras ello, descienden de inmediato al mundo. El **quinto** nivel, son las almas de los prosélitos, y son incapaces de permanecer en las entrañas de Maljut durante más de tres días, que es el tiempo necesario para que el esperma sea captado, y vienen al mundo. Y has de saber que la intensidad del brillo de su luz y el refinamiento de la inmundicia de las klipot será de acuerdo con el tiempo que hayan permanecido bajo el formato de ibur en el interior de Maljut.

INTRODUCCIÓN 13

Métodos de salida de las klipot

Ésta está también conectada con lo que se ha dicho, y esto es lo que dijo: debes conocer también otra introducción, y es que todas estas almas cuando salen de las klipot para ascender a la santidad bajo el formato de ibur, tal como se ha mencionado, no lo hacen sino por medio de: **1)** Las plegarias de Israel, pues entonces se elevan bajo la forma de maim nukvin (*man*), tal como es sabido. **2)** O también por medio de algún yjud (meditación sobre los Nombres Sagrados *N. del T.*) que efectúa algún justo en este mundo, tal como fuera aquí explicado en el *Sha'ar Ruaj HaKodesh* ('Pórtico del espíritu de santidad') donde nos ocupamos de todo lo referido a los yjudim. **3)** Por medio de algún precepto que realiza algún individuo en este mundo. Y has de saber que hay almas las cuales a causa de algún defecto existente en los niveles inferiores, o a raíz de que estas mismas adolecen de un defecto por algún pecado cometido durante su estancia en este mundo lo cual las fuerza a descender a las profundidades de las klipot, cuando llega el momento de que un alma determinada se eleve de las klipot para estar en las entrañas de Maljut bajo el formato de ibur para ser allí reparada tal como hemos explicamos - el alma en Maljut tiene la capacidad de tomar o sujetar a las almas afectadas antes de que desciendan a las klipot, estabilizarlas en su sitio y devolverlas hacia arriba junto a ella a las entrañas de Maljut bajo el formato de ibur. Allí, todas serán reparadas y tras ello vendrán al mundo.

El ascenso del alma

La cuestión es que mientras el alma está en las entrañas de Maljut eleva permanentemente maim nukvin. Por efecto de la influencia del maim nukvin o aguas femeninas que eleva, puede hacer ascender junto a éstas al alma mencionada. Sin embargo, ello resulta imposible a menos que el alma que está en Maljut le dé a la otra algo de su espíritu. La explicación de esto es que el alma que se encuentra en Maljut le da al alma afectada una fuerza suya y la coloca en su interior, por lo que el alma afectada queda investida en ese espíritu y es reparada por su intermedio. Este espíritu permanece conectado continuamente al alma afectada hasta el momento de la resurrección, momento en el cual se separan.

Has de saber también que el alma que permaneció en el vientre de Maljut bajo el formato de ibur, es de un nivel equivalente al de aquellas que permanecieron allí durante doce meses bajo el formato de ibur, y posee la capacidad y la fuerza de hacer que el alma afectada que sujeta consigo permanezca como ella durante doce meses, aunque sea del peor de los tipos, que es la de los prosélitos, que suelen demorarse en ese lugar hasta tres días. Asimismo, si la primera alma es de un nivel de nueve o siete meses, y la otra es de un tipo inferior, de cuarenta o de tres días, permanecerá siete o nueve meses como la primera. En caso de que sea al revés, esto es, si el alma que sujeta es de un grado de siete o nueve meses y el ama sujetada de doce, entonces ambas permanecen doce meses, de modo tal que siempre se va tras el alma más elevada.

En esta cuestión estoy en la duda respecto de lo que oí de mi maestro, de bendita memoria. Un ejemplo de ello es si un alma nueva es del nivel de Caín o Hevel que permanecen durante siete meses y sujete o detiene a otra del nivel del primer Adam que permaneció en su interior y su tiempo de permanencia es de nueve meses, pero que es un alma antigua que ya ha venido dos veces al mundo. Estoy en la duda si se ha dicho que como la segunda alma es del nivel de nueve meses, aunque esté siendo detenida y reparada por la primera, aun si la primera es solamente de un nivel de siete meses, ambas permanecen nueve.

Cómo evitar el descenso

Has de saber también, que a veces ocurrirá que un alma detendrá a otra de descender a las klipot, tal como se ha mencionado, entrando en la última un espíritu. Luego, a causa de la fortaleza de su sociedad conjunta, ambas pueden evitar que una tercera alma descienda a las klipot. Esto ocurre por medio de que la segunda haga entrar un espíritu en la tercera y la primera también le hace entrar un espíritu a la tercera. Asimismo, esta acción puede reiterarse hasta llegar a diez almas conectadas unas a otras, hasta que resulta que la décima alma posee un espíritu de la primera, así como también de cada una de las nueve que la precedieron. Según esto resulta que la primera tiene nueve espíritus en las nueve almas que se encuentran abajo suyo, la segunda tiene ocho espíritus etc., y la décima posee únicamente su propia fuerza y abajo suya no hay alma alguna que haya recibido de ella espíritu alguno. Resulta también que las nueve almas posteriores están bajo el dominio de la primera, pues ella es para todas las demás una suerte de padre, guiándolas y reparándolas, por medio del espíritu que entró al interior de cada una de ellas. Por lo tanto, resulta que la primera participa o tiene parte de los preceptos que ellas cumplen, teniendo el deber de conducirlas por buen camino y por el bien de éstas tomará para sí su parte. Sin embargo, ellas no participan de las acciones de la primera, por lo que no tienen el deber de guiarla. Lo mismo ocurre con la segunda alma, las ocho almas que la sucedieron están bajo su dominio, mas no viceversa, y así sucesivamente con todas. Ésta es la explicación profunda (*sod*) de lo que dijeran nuestros sabios, de bendita memoria, y fue también traído por el Rambám en sus Leyes referentes a los vecinos (Hiljot Shjenim 3:9): «Si cinco jardines reciben agua de un manantial y éste se estropea, todos deben reparar con el superior etc.». Y resulta claro que esta cuestión es así. Has de saber que no hay justo en el mundo que no posea dos almas, tal como se menciona en el Zohar al comienzo de la porción de Noaj, en la Tosefta, sobre el versículo: «*Éstas son las generaciones de Noaj, Noaj*» (Génesis 6:9), y de igual manera está escrito «*Moshé, Moshé*», y «*Shmuel, Shmuel*» – dos veces.

INTRODUCCIÓN 14

Una breve introducción sobre la cuestión de las reencarnaciones

Has de saber que a pesar de que encuentres escrito en nuestra obra en numerosas oportunidades que fulano se reencarnó en mengano, y luego en zutano etc., no te equivoques en pensar que la primera alma es aquella que se reencarna una y otra vez. La cuestión radica en que las almas humanas se dividieron en una serie de incontables raíces, y en una sola raíz hay incontables chispas de almas, y en cada reencarnación se reparan algunas de estas chispas, de modo que aquellas que no fueron reparadas vuelven a reencarnarse para corregirse, al tiempo que aquellas que sí lo fueron ya no se reencarnan, ascendiendo y permaneciendo en el nivel que les corresponde.

Los casos de Elishá, Nadav y Avihú

Así habrás de entender lo que te hice saber en lo referente a Nadav y Avihú, quienes se reencarnaron numerosas veces, tal como se explica en lo dicho respecto del versículo que reza: *«Te ruego que descienda sobre mí una doble porción de tu espíritu»* (II Reyes 2:9), ya que tanto Nadav como Avihú en un inicio estaban en Eliahu, de bendita memoria, y luego en Elishá (Eliseo), amén de en otras varias reencarnaciones. La cuestión es que tanto Nadav como Avihú provienen de la misma raíz de alma, y de ellos penden incontables chispas particulares, y en cada reencarnación se repararon algunas chispas y partes de esa raíz, y

103

aquellas chispas que aún no fueron reparadas son las que Elishá pidió recibir de Eliahu. Pues aquellas chispas que fueron reparadas ascendieron al nivel que les corresponde. Por lo tanto, Elishá estaba vinculado a dos niveles, pues si bien la principal raíz de su alma era la de Yosef el justo, tal como lo hemos explicado, de todas maneras, estaba involucrado en la raíz de Nadav y Avihú que son del nivel de Caín. Y tal como te hicimos saber, el nombre Elishá proviene del versículo que se refiere a Caín, y reza: *«Pero no atendió (sha'á) la ofrenda de Caín»* (Génesis 4:5) a causa de su pecado. En el caso de Elishá, que reparó el pecado de Caín, su nombre Elishá (E-l significa Dios y 'shá' o 'sha'á' significa aceptó o atendió) alude a que el Santo Bendito Sea lo atendió y lo aceptó. Las letras de la expresión hebrea 'no atendió' (לא שעה) se transformaron en 'Dios me atendió' (אל שעה).

En virtud de que en un inicio el profeta poseía la misma chispa de la raíz de Caín, y Elishá reparó el pecado de Caín, deseaba que se le uniesen también las chispas de Nadav y Avihú, tal como dice el versículo: *«Te ruego que descienda sobre mí una doble porción de tu espíritu»*, y las obtuvo gracias a la chispa de Caín que poseía inicialmente, tal como lo hemos mencionado. De esto debes deducir y entender respecto de todas las reencarnaciones del mundo, que no son realmente los primeros aquellos que se reencarnan, sino que los que lo hacen son aspectos o niveles de sus chispas que no se repararon inicialmente.

INTRODUCCIÓN 15

El exilio de la Divina Presencia

Justos hijos de malvados

En esta introducción se explicará por qué es que encontramos grandes justos (*tzadikim*) que son hijos de individuos completamente malvados. Este fenómeno lo vemos en Abraham que era hijo de Teraj, un gran sacerdote de idolatría, que elaboraba estatuas de ídolos para venderlas a todas las personas y hacerlas pecar. Y con ello se explicará por qué las klipot desean tan intensamente hacer pecar al individuo, al grado de que ellas son las que causaron la destrucción del Templo y el exilio de Su Divina Presencia, Bendita Sea, entre las naciones y el enojo de HaShem, Bendito Sea, que las creó. El fundamento de la cuestión es el siguiente: has de saber que por medio del pecado del primer Adam las almas cayeron a la profundidad de las klipot. Las klipot son el remanente de la inmundicia y el residuo que fue separado de la santidad con la muerte de los reyes de Edom. Tal como explicamos aquí, estas klipot son llamadas «el nivel de la muerte». Pero por su parte, la santidad es *«el D's viviente y Rey del Mundo»* (Jeremías 10:10), y por ello (las *klipot*) corren tras la santidad que es denominada «viva», para nutrirse y vivificarse a partir de ella. Y mientras hay santidad en su seno o entre ellas viven y se nutren de ésta, y cuando no la hay mueren y carecen de vitalidad y de abundancia, por eso se esmeran en ir tras la santidad y hacen pecar al alma sagrada del individuo, pues de ese modo logran que la santidad y el alma pasen a estar bajo su dominio y así ellas (las *klipot*) viven y se nutren por su intermedio. Esto es así ya que el alma no puede ser desconectada del sitio de la santidad, pues el Creador Bendito Sea pensó y planificó que *«no quede nadie excluido de Él»* (II Samuel 14:14), ni siquiera una pequeña chispa de un alma sagrada. Desde Su sitial sagrado, Bendito Sea, da y hace llegar alimento a aquellas almas que se encuentran en medio de las klipot mencionadas, y de esa abundancia se alimentan también las klipot. Por ese motivo estas últimas corren en aras de hacer pecar al individuo, como aquel que persigue y se esfuerza en la consecución de su sustento. *«Los hombres no desprecian a un ladrón si roba para satisfacer su apetito, ya que está hambriento»* (Proverbios 6:30).

La Divina Presencia y su exilio entre las klipot

Y hete aquí que cuando fue destruido el Templo de Jerusalén, la Divina Presencia fue exiliada entre las klipot, ya que las almas que salieron al exilio carecían de la fuerza necesaria para salir del interior de éstas, ya que habían sido afectadas por su pecado. Por ello, Su Divina Presencia, Bendita Sea, sobre la cual fue dicho: *«Pues HaShem Tu D's es un fuego abrasador»* (Deuteronomio 4:20), entra entre estas para recoger a aquellas chispas de las almas que se encuentran en su interior, las limpia (o discierne) y las lleva a un sitio de santidad, las renueva, y las hace descender a este mundo en cuerpos de individuos. Y así habrás de entender correctamente el secreto del exilio de la Divina Presencia y desde el día en que fue destruido el Templo de Jerusalén esta es Su labor, Bendito Sea, hasta que concluya de recolectar todas las almas que cayeron entre las klipot del Adam Beli'al (malvado), donde se mezclaron desde su cabeza hasta sus pies, y no habrá de llegar el Mashíaj ni se habrá de redimir el pueblo de Israel hasta que termine de recolectar incluso a aquellas almas que cayeron hasta los pies. Tal como lo explicamos en el Zohar porción de *Pekudei*, y así dice: «Hasta que los pies alcancen los pies, tal como fue dicho '*y se pararán sus pies en ese día sobre el Monte de los Olivos*'» (Zacarías 14:4). Sin embargo, la Divina Presencia no recolecta estas almas sino por medio de las acciones y las plegarias de los que están abajo, de acuerdo con el principio de «*Dad poder a Dios*» (Salmos 68:35). Y las almas son sacadas de las klipot de acuerdo con la intensidad de las acciones de los que están abajo. Y si todos los hijos de Israel retornasen en completo arrepentimiento, Su Divina Presencia tendría el poder de sacar a todas las almas de allí en un instante. Sin embargo, nuestras transgresiones desgastan Su fuerza, tal como reza el versículo: «*Tú debilitaste la Roca que te hizo nacer*» (Deuteronomio 32:18). Cuando las almas puedan salir de allí, Su Divina Presencia, Bendita Sea, saldrá de allí, se retirará su fuerza vital, las klipot morirán y la maldad se esfumará cual humo, Y ésta es la explicación del versículo que dice: «*La muerte será tragada para siempre*» (Isaías 25:8). Esto quiere decir, que las klipot que son denominadas «muerte» serán destruidas y tragadas en un instante por causa del retiro de Su Divina Presencia, Bendita Sea, de su seno, al igual que todas las chispas de las almas que se hallaban entre estas, como ya se mencionó.

¿Cómo obtienen su nutrición las klipot?

Regresemos al tema. Cuando la Divina Presencia se encuentra entre ellas (las *klipot*), forzosamente habrán de recibir alimento, abundancia y vitalidad. La Divina Presencia no se exilia entre éstas sino a causa de las almas. Por ello, toda su intención (de las *klipot*) es que las almas permanezcan en su seno y evitar que éstas salgan, para poder vivir y sostenerse por su intermedio. Y hete aquí que conforme el nivel del alma será el nivel de la abundancia que las klipot habrán de recibir por su intermedio. Por ello, cuando se trata de un alma valiosa, no le permiten salir de su seno y toda su intención es contaminarla e impurificarla por todos los medios a su alcance, para retenerla para siempre en su poder. A veces, las klipot temen que un determinado y encumbrado justo cumpla un gran precepto por medio del cual pueda quitarles esa alma atrayéndola por medio de una gota de su esperma hacia la sagrada unión carnal con su mujer. Por ello, cuando ven a un individuo malvado que está completamente afectado, se esfuerzan de sobremanera por acusarlo ante HaShem, Bendito Sea, para que haga entrar esta alma a su fétida gota de esperma, para que de ese modo el alma en cuestión se estropee aún más y de ese modo regrese a ellas (las klipot) sumamente dañada y no sea capaz de salir jamás de su seno. No obstante, he aquí que el Santo Bendito Sea elabora planes para que *«no quede nadie excluido de Él»*, especialmente en el caso de esta alma pura y elevada. Entonces, Él escucha sus voces, y la pone en el lugar del mal, pero una vez que esta sale del dominio de las klipot, el Santo Bendito Sea le ayuda, y entonces «sacude de las cenizas de la quema de su pecado (ofrenda por su pecado)» y su impureza, y repara sus acciones, como una perla que ha sido lavada y cuyo refinamiento resulta manifiesto a ojos de todos. No resulta suficiente que esta alma sea reparada, sino que también su padre que lo trajo al mundo se depure por intermedio de su hijo, tal como se explicó aquí a propósito de la cuestión de Job, que era una reencarnación de Teraj el padre de Abraham, que retornó en arrepentimiento por medio de su hijo Abraham. Y el Santo Bendito Sea engaña a las klipot, ya que su plan es que *«no quede nadie excluido de Él»*, Bendito Sea.

INTRODUCCIÓN 16

Alma nueva y los 613 preceptos

En este capítulo se explicará que todo aquel que posee un alma nueva debe observar los 613 preceptos en su totalidad. Has de saber, que todo aquel que es un alma nueva debe cumplir la totalidad de los 613 preceptos. Y es sabido que hay algunas raíces entre las que se dividen todas las almas del mundo, y cada raíz es uno de los órganos de las almas del primer Adam, como se explicará. Y cada una de estas raíces se divide en ilimitadas chispas de almas como se habrá de explicar. Y he aquí que cada una de estas chispas, si es nueva, debe observar los 613 preceptos en su totalidad, ya que como es sabido no hay órgano que no esté compuesto de los 248 órganos, pero quien no es nuevo, sino que se reencarnó y volvió a este mundo, ahora no precisa cumplir sino aquellos preceptos que le faltaron observar en su encarnación anterior. Esto te habrá de aclarar lo que encontramos en el Talmud (Tratado de Meguilá 28a) respecto de que un determinado sabio era más cuidadoso en el cumplimiento de un precepto específico que del resto de los mandamientos, y otro era cuidadoso en otro precepto. Y tal como vemos que un amoraíta (sabio de los días de la Guemará, siglos II al V, *N. del T.*) le preguntaba a otro: «¿En qué precepto era tu padre especialmente cuidadoso?» y este último le respondía que ponía especial énfasis en el precepto del tzitzit o del tefilín o similar. Y aparentemente esto destruye a la Mishná que dice: «Sé cuidadoso tanto con un precepto menor como con uno mayor pues ignoras su retribución por observarlos» (Avot 2:1), pero el secreto de esta cuestión es que cada uno de los sabios era especialmente cuidadoso en el cumplimiento del precepto que le faltaba observar de su encarnación anterior, tanto se tratara de la totalidad de este o solo de uno de sus detalles. Este también es el secreto que explica lo que encontramos en el Talmud (Meguilá ídem) respecto de que fulano escogía cultivar determinadas virtudes y mengano otras, tal como aparece, que le preguntaron a alguien que cómo había logrado alcanzar la longevidad, a lo cual respondió que jamás había faltado a sus virtudes (*avarti al midotai*) etc., ya que cada individuo escogía virtudes a cultivar de acuerdo con el nivel o tenor de su reencarnación.

Sin embargo, no se asemeja aquel cuyas chispas de sus almas anteriores pertenecientes a la raíz de su alma cumplieron los 613 preceptos, aunque su chispa presente no las haya observado, a quien las chispas que le antecedieron no los cumplieron, tal como se aclarará en las próximas explicaciones, Dios mediante.

Diferentes tipos de preceptos y su cumplimiento

Y has de saber, que hay preceptos que el individuo puede cumplir, por lo que, si se le presentó la oportunidad de observar uno y no lo hizo, o si tuvo a su alcance cumplirlo y no lo efectuó, forzosamente deberá reencarnar hasta hacerlo.

Sin embargo, en lo que refiere a los preceptos que el individuo no puede cumplir hasta que HaShem, Bendito Sea, le dé la oportunidad de hacerlo, como es el caso del rescate del primogénito, el levirato, la renuncia a éste (*jalitzá*) o el divorcio etc., estamos ante un caso diferente. Porque si HaShem le presentó la oportunidad de cumplir uno de estos preceptos y el individuo no aprovechó a observarlo, entrará en la misma categoría de los anteriores, esto es, deberá forzosamente reencarnar hasta cumplirlo. Pero si no se le presenta la oportunidad de cumplir con el precepto, no deberá reencarnar por él, pero llegará a este mundo bajo el formato de ibur y lo observará por medio del cuerpo de aquel que lo agasaje, para luego, tras terminar de efectivizarlo, regresar a su lugar.

Sin embargo, el tercer nivel está conformado por los preceptos que no pueden ser cumplidos en estos días, como los vinculados a los sacrificios (en el Templo de Jerusalén, entonces destruido, *N. del T.*) y semejantes. Explicamos que el individuo debe cumplir los 613 preceptos en su totalidad y reencarnarse hasta terminar de observarlos, sin embargo, en esta época no habrá de reencarnarse para cumplirlos por cuanto que ello resulta imposible. Sin embargo, tras la llegada del Mashíaj, cuando el Templo de Jerusalén sea reconstruido pronto en nuestros días, ¡Amén!, estas almas se reencarnarán para cumplirlos. Y sobre esta cuestión insinuó el sumo sacerdote Rabí Ishma'el Ben Elishá cuando una noche de Shabat inclinó la vela (por error) y pidió anotarlo en una libreta para que cuando se reconstruyera el Templo pudiera traer una gruesa ofrenda expiatoria por un pecado (*jatat*).

He aquí que hay una diferencia a señalar en esta cuestión y es que aquel que no realizó un acto preceptivo no obligatorio a causa de su pereza, no como el caso del recitado del recitado del Shemá o de los tefilín, sino un precepto que no está obligado a esforzarse por observar o perseguir la oportunidad de cumplir, como el caso de alejar a la madre del nido para tomar los huevos (*shiluaj haken*) respecto del cual está escrito (Deuteronomio 22:6): «*Si hubieres de encontrar un nido*», o en el caso de quien no colocó una baranda en el techo (precepto que figura en ídem 22:8) por carecer de casa y no se esmeró en procurar cumplirlos, este individuo deberá reencarnarse, tal como se mencionó, pero se le asegura que en esa futura encarnación no habrá de pecar. Pero si se le presentó la oportunidad de cumplir el precepto y no quiso observarlo - deberá reencarnarse, y en esa futura encarnación no se le asegura que no haya de pecar. Sin embargo, quien se reencarna por haber incurrido en una transgresión, con certeza habrá de pecar, tal como se aclaró en las disertaciones anteriores.

El cabal cumplimiento de los preceptos abarca la acción, la palabra y el pensamiento

Es también necesario que sepas que el individuo debe cumplir los 613 preceptos en su totalidad por medio de la acción, la palabra y el pensamiento. Tal como han escrito nuestros sabios, de bendita memoria, sobre el versículo que reza: *«Ésta es la ley que rige para el holocausto, para la oblación...»* (Levítico 7:37): 'Todo aquel que se dedica al estudio de la porción del holocausto (*olá*) es como si lo hubiera ofrendado' etc. La intención de esta idea es que el individuo tiene el deber de cumplir los 613 preceptos en su totalidad por medio de la palabra, y también por medio del pensamiento. Y si no cumplió la totalidad de los preceptos por medio de los tres aspectos mencionados deberá reencarnarse hasta completarlos. Has de saber también, que el individuo debe dedicarse al estudio de la Torá en sus cuatro niveles, los cuales forman el acróstico Pa.r.dé.s., y son el Peshat (sentido literal), el Remez (lo que se insinúa en el texto), Derash (exégesis homilética) y el Sod (el secreto o la parte esotérica). Y el individuo precisa reencarnarse hasta alcanzar a estudiarlos todos.

INTRODUCCIÓN 17

La Torá y el alma

El deber de estudiar la Torá en sus cuatro niveles

Esta introducción está vinculada a lo que ya fue dicho, en cuanto que una persona debe dedicarse al estudio de la Torá en sus cuatro niveles. Has de saber, que la generalidad de las almas son 600.000 (sesenta decenas de mil) y no más. Y he aquí que la Torá es la raíz de las almas de Israel, pues de ella fueron talladas y en ella tienen su raíz. Por ello, la Torá posee 600.000 interpretaciones y todas ellas la explican en su sentido literal (*peshat*), otras 600.000 interpretaciones que la explican en el nivel de la insinuación (*remez*), otras 600.000 en el nivel de la exégesis homilética (*derash*) y otras 600.000 en el nivel esotérico (*sod*). Entonces, de cada una de las 600.000 interpretaciones, cobra existencia un alma de Israel, y en un futuro cada uno de los hijos de Israel alcanzará el conocimiento de toda la Torá de acuerdo con la interpretación que está alineada con la raíz de su alma, ya que tal como se mencionó, esta alma fue creada y cobró existencia a partir de esta interpretación. Otro tanto ocurre en el jardín del Edén, tras el fallecimiento del individuo, allí alcanzará todo esto. Otro tanto ocurre cada noche cuando el individuo duerme 'deposita' su alma y asciende a las alturas, y a quien logra hacerlo allí le es enseñada la interpretación de la cual depende la raíz de su alma. Sin embargo, las acciones realizadas durante el día condicionan qué es lo que le será enseñado por la noche, si un versículo determinado, o una porción determinada. Pues entonces, en esa noche, ese versículo iluminará al individuo más que en los demás días. Y en otra noche, iluminará más intensamente en su alma otro versículo, dependiendo de las acciones del día, y todos ellos serán acordes a la interpretación de la cual depende la raíz de su alma, tal como ya se mencionó. Y mi maestro, de bendita memoria, cada noche contemplaba a sus alumnos que se encontraban ante él y veía qué versículo iluminaba más intensamente en la frente de cada uno, y le explicaba brevemente algo sobre el versículo en cuestión, de acuerdo con la interpretación que se correspondía con su alma, como ya se mencionó. Esa noche, antes de dormirse, el individuo meditaba intencionalmente (*haiá mejavén*) respecto de la interpretación que le fuera brevemente explicada, recitaba el versículo, para que cuando su alma ascendiese a modo de depósito mientras dormía, se lo enseñasen de un modo más completo. De ese modo el alma se va depurando y asciende a niveles ilimitados, y le serán reveladas otras cuestiones, aunque la materialidad del individuo no lo perciba al despertarse. Ya se explicó que hay 600.000 interpretaciones que explican el sentido literal, y otro tanto según la Agadá, y otro tanto según la Cabalá, todo lo cual está insinuado en la sigla Pa.R.Dé.S. No hay alma del pueblo de Israel que no esté compuesta de estos cuatro niveles. Sin embargo, hay almas que logran dos tipos de interpretación, y otras más y más aún. El alma de Moshé Rabenu, la paz sea sobre él, lograba alcanzar las 600.000 interpretaciones de la Torá, y tal como dijeron nuestros maestros, de bendita memoria, sabía todo aquello que cualquier alumno habría de innovar en un futuro (Tratado de Meguilá 19b). Esto se debe a que su alma incluía a todas las 600.000 almas de Israel, y por ello, los demás sabios de Israel habrán de alcanzar un número de interpretaciones de la Torá de acuerdo con el nivel de las almas que incluyan en su seno.

El aspecto masculino y femenino de los preceptos

Una vez vino un individuo ante mi maestro, de bendita memoria, lo miró y le mencionó una cuestión, y fue escrito aquí, y quizás de ello puedas inferir y entender otra cuestión, respecto del cumplimiento de los preceptos, y esto es lo que le dijo:

Has de saber, que todos los preceptos tienen masculino y femenino, tanto se trate de preceptos restrictivos como de preceptos positivos. No hay ni uno solo de los 248 órganos del alma del primer Adam que no esté compuesta de carne, tendones y huesos, tal como es sabido, siendo la carne y los huesos los preceptos positivos del órgano en cuestión, y los tendones los preceptos restrictivos. A continuación, se explicará, con la ayuda de HaShem, Bendito Sea, que los tendones en cuestión no son los que se encuentran en la generalidad de los órganos, como los otros tendones cuyo número es de 365, como se verá después, con la ayuda de Dios. Y me dijo que la raíz de la cual su alma fue tallada está en el hombro izquierdo del primer Adam, en el nivel del partzuf de Lea que está de pie tras éste. Y el número de mandamientos que se encuentra en ese órgano denominado 'hombro izquierdo' es de once preceptos positivos, que equivalen numéricamente a las letras vav y heh (ו-ה) que son las últimas dos del Tetragrámaton (י-ו-ה-ה). Y en el tipo de guematria denominado 'golpe' (multiplicación) suman el equivalente a la palabra hombro (כתף) del siguiente modo:

Multiplica vav-yud-vav (22) (ו-י-ו) por heh-yud (15) (ה-י) y te dará 330 shin-lamed (ש-ל), vav-yud-vav (22) por heh-yud (15) y te dará 180 kuf-pé (ק-ף), lo cual sumado a 330 te dará 510 tav-kuf-yud (ת-ק-י). Réstale once (ו-ה) y te quedará 500 adicionando uno a la totalidad de la suma resultante (499, se trata de un mecanismo de la guematria -o valor numérico de las letras hebreas- por efecto del cual se le suma a un número una unidad más que se corresponde con la generalidad del vocablo y es denominado el *kolel* o «inclusivo»), que es el valor numérico del vocablo hebreo 'hombro' (כתף). Sin embargo, el número de preceptos restrictivos que se encuentran en el hombro es de quince, y equivale a la suma de las dos primeras letras del Tetragrámaton (י-ה- ו-ה) que son yud y heh (י-ה) y tal como dijeran nuestros sabios de bendita memoria, yud-heh sumado a 'Mi Nombre' (350 = שמי) suma 365 y si a vav-heh (11 = ו-ה) se le suma 'Mi recuerdo' (237 = זכרי) da 248. Y estas dos letras en guematria suman también 'hombro' (500= כתף) del siguiente modo: Yud-vav-dalet (20 = ד"וי) veces heh-yud (15 = י-ה) da 300 (ש). Yud-vav-dalet (20 = ד-ו-י) veces heh-heh (10 = ה-ה) da 200 (ר). Esto suma 500 (ק-ת) y es el equivalente al vocablo 'hombro'. Sin embargo, los diez preceptos restrictivos que están insinuados en la letra yud (י) son masculinos, los cinco restantes insinuados en la primera letra heh del Tetragrámaton son femeninos, los seis preceptos positivos insinuados en la letra vav (ו) son masculinos, y los cinco insinuados en la última letra heh del Tetragrámaton son femeninos.

No recibí de mi maestro, de bendita memoria, cuáles son los diez preceptos restrictivos masculinos, mientras que los restantes cinco preceptos restrictivos femeninos que están aludidos en la primera heh (ה) del Tetragrámaton (י-ה-ו-ה) son los siguientes: 1) No asesinarás, lo cual incluye la prohibición de humillar al prójimo en público (en hebreo literalmente – 'hacer empalidecer el rostro'), ya que una vez que se retira el rubor del semblante llega la palidez y esto se asemeja a asesinar. 2) No robaréis, que se trata de una advertencia sobre los bienes materiales. 3) No cocerás al cabrito en la leche de su madre. 4) No ingerirás sebo. 5) No ingerirás sangre.

Los seis preceptos positivos insinuados en la letra vav son: 1) «Y vivirá tu hermano contigo», y es cercano al precepto de la tzedaká (caridad), y consiste en que procures para tu hermano una fuente de sustento de la cual pueda vivir junto a ti y mantenerse. 2) Ingerir el segundo diezmo en Jerusalén. 3) Harás una baranda a tu techo. 4) Creced, multiplicaos y colmad la tierra. 5) Circuncidar al varón, especialmente al hijo propio. 6) Amarás a tu prójimo como a ti mismo.

Los cinco preceptos positivos femeninos insinuados en la letra heh final (י-ה-ו-ה) son: 1) Prestar al pobre, y lo aprendemos en el versículo «Si habrás de dar prestar dinero a Mi pueblo» (Éxodo 22:24), no leas a las letras alef-mem como la palabra condicional 'Si' אם 'im' sino como 'em' con puntuación de tzeiré, que significa 'madre' (lo cual alude al carácter bondadoso que debe tener el empréstito, N. del T.) 2) El precepto del tzitzit e incluye llevarlo sobre el hombro, ya que la raíz del alma mencionada proviene del hombro.

«*Si se te presentara un nido*» y recordar «*echar echarás a la madre*» (Deuteronomio 22:7). 4) Cesar las labores en el año sabático. 5) Recordar la salida de Egipto.

La influencia positiva del estudio de la Torá y los efectos adversos de su omisión

Has de saber también que una persona que no se dedica al estudio de la Torá afecta negativamente la sefirá de Tiferet en cada uno de los cuatro mundos Atzilut, Briá, Yetzirá y Asiá, pues la Torá se encuentra en el Tiferet de cada uno de los mundos. Sin embargo, la Torá tiene cuatro niveles que forman la sigla Pa.R.Dé.S., y son peshat, remez, derash y sod. Aquel que logra profundizar en los cuatro niveles obtiene por completo todas las virtudes, y sobre él fue dicho: «*(Dios) trabaja para quien le espera (o en Él confía)*» (Isaías 64:3). Sin embargo, quien no desea dedicarse ni siquiera al estudio del nivel literal (*peshat*) de la Torá, afecta negativamente a la sefirá de Tiferet del mundo de Asiá. Quien no desea traer una demostración textual (*remez*) a lo que dice, afecta negativamente a la sefirá de Tiferet del mundo de Yetzirá. Quien no se dedica a la exégesis (*derash*) de la Torá afecta negativamente a la sefirá de Tiferet del mundo de Briá. Y quien no se dedica al estudio de los secretos de la Torá (*sod*), afecta negativamente a la sefirá de Tiferet del mundo de Atzilut.

INTRODUCCIÓN 18

En cada mundo están todos los mundos

Ya te he hecho saber que los cuatro mundos son, según su orden: Atzilut, Briá, Yetzirá y Asiá. He aquí que cada uno de estos incluye en su interior a los cuatro mundos, de la siguiente manera: en el mundo de Atzilut (el partzuf de) Aba es denominado 'Atzilut', (el partzuf de) Ima es denominado 'Briá', (el partzuf de) Zair Anpín es denominado 'Yetzirá' y (el partzuf de) Nukva es denominado 'Asiá', y así de esta manera en cada uno de los mundos. Sin embargo, el nivel de Arij Anpín, por ser sumamente oculto no es mencionado. Y has de saber, que las Neshamot salen del mundo de Atzilut, los Rujín Kadishín (espíritus sagrados) salen del mundo de Briá, los Malajim (un tipo de ángeles) salen del mundo de Yetzirá y los Ofanim (otro tipo de ángeles) salen del mundo de Asiá.

He aquí que el hombre inferior incluye a todos los mundos mencionados, e inicialmente recibe Nefesh de Asiá. En caso de no merecer Ruaj por haber pecado y dañado su Nefesh haciéndolo entrar al ámbito de las klipot a causa de sus acciones, obre este individuo se dice que «un mosquito te antecede en importancia (fue creado antes) y es mejor que tú» (Tratado de Sanhedrín 38 a), ya que este insecto no generó daño alguno arriba que provoque entrar en el ámbito de las klipot. Sin embargo, si no incurrió en pecado alguno con ese Nefesh, entonces entra en la categoría de Ofanim. Empero, es necesario que sepas que a veces un individuo que posee únicamente Nefesh puede ser mejor o más importante que quien posee Ruaj. Esto se debe a lo que fue explicado en cuanto a que cada uno de los mundos incluye a la totalidad de los cuatro: por lo que resulta que también el Nefesh de Asiá está incluido de los niveles de Nefesh, Ruaj, Neshamá y Neshamá de la Neshamá, y los cuatro pertenecen al mundo de Asiá y por lo tanto todos son llamados Nefesh en un modo general. A veces, un individuo que es merecedor del nivel de Neshamá de Asiá, dado que comenzó a iluminar y a repararse un poco, de inmediato es iluminado por el nivel de la Neshamá de la categoría de la generalidad del Ruaj de Yetzirá, a pesar de que aún no se ha investido en él por completo. Pues ya te he hecho saber que resulta imposible que el Ruaj de Yetzirá se invista por completo en el individuo hasta que haya reparado su Nefesh en todos los aspectos de la Asiá. De todas maneras, lo iluminará parcialmente, mientras que el otro individuo poseedor de un nivel Nefesh de Asiá que posee también Nefesh de Yetzirá que es denominado Nefesh del Ruaj tal como ya se mencionó, seguramente será peor que el primer individuo.

El jardín superior

Has de saber también que un individuo puede acceder hasta el Nefesh del mundo de Atzilut que es de Maljut de Atzilut, así como también más arriba hasta todos los niveles de Atzilut. Y has de saber que si un individuo merece obtener Ruaj del Yesod de Atzilut será denominado 'Ish HaElokim' (hombre de Dios o santo varón) y Ba'alá de Matronita (lit. marido de la señora), y respecto de él fue dicho: «*El hombre justo gobierna por medio del temor a D's*» (II Samuel 23:3). Pues, así como hay un justo que al fallecer asciende a Maljut de Atzilut bajo la forma de aguas femeninas o *maim nukvin*, de igual manera hay otro que asciende hasta Yesod de Atzilut bajo la forma de aguas masculinas o *maim dujrin*. Así entenderás lo que está escrito en el Zohar en la porción de *Terumá* (166b) respecto del versículo que dice: «*Luz sembrada para el justo*» (Salmos 97:11), esto es, 'una luz que ya fue sembrada'. Se refiere a que tras la destrucción del Templo el Zair Anpín se separó de la Nukva y el 'jardinero superior' que es el Yesod ya no siembra su 'jardín'. Más bien, su jardín se siembra por sí mismo bajo la forma de 'brotes posteriores'[4] que surgieron y crecieron allí, y sobre la base de estos vuelve a crecer. Estos 'brotes posteriores' son las almas de los justos que fueron sembradas por el jardinero en el jardín superior previo a la destrucción del Templo y crecieron. Cuando estos justos fallecen y se retiran de este mundo vuelven a ascender hacia allí bajo la forma de maim nukvin o aguas femeninas, o al Yesod -que es el 'jardinero superior'- bajo la forma de maim dujrin o aguas masculinas, y de estos vuelven a crecer en el jardín. Ésta es la explicación esotérica del versículo que reza: «Luz sembrada para el justo», pues estas luces ya fueron sembradas inicialmente en el jardín superior y estas mismas vuelven a ser sembradas, y no se trata de una nueva simiente. Y entiéndelo.

Los diferentes niveles de la Torá y de la reparación

Has de saber, además, que un individuo que se dedica únicamente a observar preceptos tiene el mérito de obtener el Nefesh que es denominado Asiá y no más que eso, y se asemeja a aquella mujer cuyo marido emprendió un viaje de ultramar dejándola desnuda, hambrienta y sedienta. A ella se asemeja la Divina Presencia que reside en el exilio, cuya casa fue destruida y se encuentra en la oscuridad del ostracismo. Así es como está el Nefesh del individuo cuando carece del Ruaj que es su marido, careciendo de luz y de intelecto para comprender. En caso de que este individuo se esmere en dedicarse también al estudio de la Torá, estudiando, recitando y repitiendo permanentemente la Torá Oral, siempre en aras de su cumplimiento (Le Shem Shamaim o en aras del Cielo), entonces habrá de merecer la obtención del Ruaj que proviene del mundo de Yetzirá. Entonces, se asemejará a aquella mu-

---

4. Se refiere a espigas que crecieron con posterioridad a la siega por efecto de granos de cereal que cayeron sobre la tierra durante la cosecha. Estas espigas crecen espontáneamente sin que nadie las haya sembrado, por lo que es como si el campo se hubiera sembrado solo *(N. del T.)*

jer que recibe a su marido y vive junto a ella en su casa para siempre, vistiéndola, alimentándola y abrevándola por lo que ésta regresa a su nivel anterior. Lo mismo ocurre con el individuo en cuestión, cuando le llegue el Ruaj y resida en el interior de su Nefesh, este último se colmará de espíritu de sabiduría y ascenderá de Asiá a Yetzirá.

En caso de que este individuo se esmere aún más, y se dedique a la sabiduría oculta, a los secretos de la Torá, obtendrá también Neshamá, que proviene del mundo de Briá, y esta iluminará al interior de su Ruaj, sumando nivel a su nivel y sabiduría a su sabiduría y entonces se le denominará 'Adam Shalem', hombre completo, sobre el cual fue dicho: «Y creó Elokim al hombre a Su imagen» (Génesis 1:26). La explicación profunda de esto es que al ser el hombre solamente Nefesh carece de influencia, salvo únicamente de parte del Nombre Divino A-d-o-n-a-i (א-ד-נ-י), y al dedicarse al estudio de la Torá en aras de cumplirla obtendrá también Ruaj que proviene del Nombre Divino Y-H-V-H (el Tetragrámaton י-ה-ו-ה), y al dedicarse a los secretos de la Torá adquirirá también el nivel de Neshamá y fluirán sobre él la fuerza y la influencia provenientes del Nombre E-h-i-e (א-ה-י-ה). Y al conectarse el individuo con estos tres Nombres, los cuales en guematria suman el vocablo Yabok (יב"ק) se dirá entonces sobre él: «HaShem (י-ה-ו-ה) salva, el Rey nos responderá el día (ביום) en que Lo invoquemos (קראנו)» (Salmos 20:10), lo cual forma las iniciales 'Ya.Bo.k'. Entonces el individuo poseerá Nefesh de Asiá, Ruaj de Yetzirá y Neshamá de Briá. En caso de que el individuo se repare aún más, obtendrá los tres de Yetzirá, y si se repara más todavía poseerá los tres de Briá, y en caso de corregirse aún más obtendrá los tres de Atzilut.

Los cinco elementos fundamentales de la Creación

En lo que respecta a las criaturas, has de saber, que los cuatro elementos son: fuego (אש), aire (רוח), agua (מים) y tierra (עפר) lo cual forma las iniciales A.Ra.M.A. (ארמ"ע). Estos elementos son en sí mismos las cuatro letras del Tetragrámaton, tal como se explica en el libro del

Zohar al inicio de la porción de Vaerá, en cuanto a que a partir de estos cuatro elementos fundamentales que están insinuados en las cuatro letras del Tetragrámaton todas las criaturas de este mundo cobraron existencia y fueron creadas. Y en la medida en que en una criatura prepondera un elemento por sobre los demás, esto es lo que la diferencia de otra criatura. Sin embargo, tal como sabes, las cuatro letras Y-H-V-H se combinan en doce permutaciones, y así de esa manera estas variaciones se multiplican hasta alcanzar las seiscientas mil, a consecuencia de su puntuación (sus vocales), tal como es sabido. Y de estas seiscientas mil combinaciones mencionadas hay niveles correspondientes en los números de los cuatro elementos fundamentales, a través de los cuales estos cuatro elementos tienen la capacidad de ensamblarse y generar criaturas que difieren una de la otra ilimitadamente, y todo resulta ser únicamente una función de los niveles de los cuatro elementos. Sin embargo, sus diferencias dependen del elemento que prepondere en la criatura, tal como ya se mencionó anteriormente, y tal como el Rambám (Maimónides), de bendita memoria, escribiera en sus Hiljot Yesodei HaTorá. Las almas de los individuos provienen de los cuatro elementos. En cada órgano de la raíz de un alma hay cuatro elementos con sus seiscientas mil permutaciones. Por lo tanto, las almas se dividen en varias partes, según el número de permutaciones, y cada una de estas es un 'partzuf' completo llamado 'Adam'. Esta división se divide a su vez ilimitadamente, y así entenderás el fundamento de la reencarnación, ya que cada una de las almas incluye partes y cada una de estas viene en su momento adecuado. Y entiéndelo.

INTRODUCCIÓN 19

Las almas de los ángeles y las humanas

Ya aclaramos en otra parte, en la discusión respecto de las raíces de las almas de los ángeles y de los seres humanos, la diferencia existente entre ambas, ya que las primeras se originan de una copulación superior de *neshikín* (lit. besos) y las otras de una copulación inferior en el Yesod. En esa discusión se explica en cuántos niveles se dividieron. Véase allí. Existen diferentes niveles en las raíces de las almas, su número es ilimitado. Sin embargo, varios tipos de almas provinieron de la cópula del mundo superior y descendieron por medio del daño, y su descenso no es idéntico pues hay quien desciende un nivel y quien lo hace en dos, y son varios los tipos de descenso que sufren las almas por efecto del daño.

Los medios de reparación

He aquí que existen dos categorías. La primera es la del alma que desciende a causa del daño. Cuando viene a este mundo, emerge en el nivel inferior al cual descendió. La segunda, el alma cuya raíz fue excavada del sitio mismo del cual emerge en este mundo. Por lo tanto, su estatus no es el mismo.

Sin embargo, la gran reparación puede darse o por la noche cuando el alma es «depositada», cuando el individuo al acostarse recita: «*En Tu mano depositaré mi alma*» (Salmos 31:6), entonces su alma ascenderá por medio de una cópula más elevada y volverá a salir de allí una nueva criatura, según el principio (o secreto) de «*Se renuevan cada mañana*» (Lamentaciones 3:23). Asimismo, puede también ascender de grado en grado hasta alcanzar efectivamente su raíz y por ende completarse. O, durante el día mediante la modalidad (o secreto) de inclinarse sobre el rostro (*nefilat apaim*), al meditar intencionadamente sobre el versículo «*A Ti HaShem elevo mi alma*» (Salmos 25:1), puede ascender nivel tras nivel en conformidad con sus actos hasta alcanzar efectivamente su raíz, tal como ya se mencionó. Un alma originada arriba pero que descendió a causa del daño, tal como ya se mencionó (a modo de ejemplo, si un alma es originaria del mundo de Atzilut y a causa del daño descendió al mundo de Asiá, y desde allí vino al mundo en el interior del cuerpo de un individuo), en virtud de sus acciones puede repararse y ascender nuevamente al mundo de Atzilut. Entonces, de allí, podrá salir al mundo como una nueva criatura de la cópula del nivel de Atzilut e incluirse allí durante su período de vida y no precisará reencarnarse para ser reparado. Su ascenso será durante el día, por medio de la inclinación sobre el rostro matinal tal como ya se mencionó, porque entonces tiene lugar la cópula (*zivug*) de Ya'akov con Rajel que es llamada «la ama de casa» o «la principal de la casa» (*akeret habait*) por ser la décima sefirá de Atzilut, y es la más importante (*ikarit*) de las diez sefirot del mundo de Atzilut, tal como ya lo explicamos. Sin embargo, aquella alma cuya raíz está abajo pero que ahora, en virtud de sus buenas acciones desea ascender a un sitio superior al de su raíz, su ascenso no será tan importante como el de aquella alma cuya raíz se encuentra arriba, desciende y vuelve a ascender. Por ello, no puede ascender sino de noche, por medio del recitado del versículo «*en Tu mano depositaré mi alma*» (Salmos 31:6) tal como ya se mencionó, pues entonces tiene lugar la cópula de Ya'akov con Lea, que no es parte de las diez sefirot sino el aspecto posterior o la espalda (*ajor*) de Maljut de Tevuná (lit. razón o entendimiento), como es sabido. Lo que ambos niveles tienen en común es que todas las almas, en virtud de sus acciones, pueden ascender de nivel en nivel ilimitadamente, siempre y cuando el individuo preste a ello atención y tena la intención de hacerlo.

Dice Shmuel: a propósito de la cuestión de los ángeles que mencionara, he de escribir un breve prólogo respecto del tema mencionado, Y
ésta es: has de saber que los ángeles del mundo de Briá se encuentran
en un nivel superior al de las almas de los justos que son del mundo
de Yetzirá. De igual manera, los ángeles del mundo de Yetzirá son superiores a las almas del mundo de Asiá. Pero las almas de Briá son
superiores a los ángeles de ese mundo, y ni que hablar que superan a los
ángeles del mundo de Yetzirá. Y de igual manera ocurre con Yetzirá y
Asiá. Más específicamente, también funciona del modo mencionado,
las lamas de Keter de Briá son superiores a los ángeles de Keter de Briá.
Sin embargo, los ángeles de Keter de Briá son superiores a las almas de
Jojmá de Briá y así sucesivamente en el resto de los casos particulares
ad infinitum.

INTRODUCCIÓN 20

Sobre la cuestión de las reencarnaciones de los cónyuges

Ya explicamos anteriormente la cuestión de si la reencarnación aplica o no por igual para el hombre y para la mujer. Has de saber que lo que nuestros maestros, de bendita memoria, dijeron en el primer capítulo del Tratado de Sotá (2a) sobre el versículo que reza: *«D's hace que el solitario habite una casa y libera a los prisioneros con salvación»* (Salmos 68:7) respecto de que existe tanto una primera pareja (*zivug rishón*) como una segunda (*zivug shení*), y que la expresión de que hallar pareja resulta 'difícil como cruzar el Mar Rojo' se refiere a la segunda. Has de saber que los conceptos primera pareja y segunda pareja no deben ser comprendidos en un sentido literal, pues no faltan ejemplos de segundos matrimonios que resultan más exitosos que los primeros, todo lo cual es dable de observar a diario por nuestros ojos. En efecto, este asunto habrá de entenderse a la luz de lo que encontramos en el libro del Zohar en la sección de *Saba DeMishpatim* sobre el versículo que dice: *«...si fuere casado su mujer saldrá con él»* (Éxodo 21:3). Has de saber que cuando un ser humano es nuevo, quiero decir, está en su primera venida a este mundo, su pareja nace con él, tal como es sabido, y cuando llega el momento de desposarla ella está disponible para él sin que medie gran esfuerzo. Sin embargo, si este hombre incurrió en alguna transgresión por efecto de la cual precisa reencarnarse, pero se trata de uno de aquellos pecados respecto de las cuales está escrito que *«su mujer saldrá con él»*, como se menciona en *Saba DeMishpatim*, debiendo reencarnarse su mujer también para bien del marido, cuando llegue el momento de desposarla ella no estará inmediatamente disponible sino tras un ingente esfuerzo. Esto es así ya que como tuvo que reencarnarse a causa de un pecado, la unión es objeto de acusaciones en los ámbitos celestiales, las cuales desean evitar que el individuo es cuestión despose a la mujer y esto genera discusiones entre los cónyuges. Sobre esto nuestros sabios dijeron que hallar pareja resulta 'difícil como cruzar el Mar Rojo', y ocurre del modo mencionado, porque se trata de un segundo matrimonio (*zivug shení*), o sea, es mi intención decir que se trata de su verdadera pareja pero como ya estuvieron casados en una encarnación anterior, ahora en la presente encarnación se considera que se trata de un 'zivug shení' (segundo emparejamiento o matrimonio). Esto es así ya que la mujer en sí es la misma de la encarnación pasada, pero el matrimonio es por segunda vez. Por ello no se denomina a esta situación 'zivug shenit' (segunda pareja) sino zivug shení (segundo matrimonio) porque se refiere al matrimonio y no a la cónyuge.

Esto explica por qué a veces un hombre desposa a una mujer sin esfuerzo ni discusiones, y otras pasa por enfrentamientos hasta que logra casarse con ella, y una vez juntos viven en paz y en tranquilidad. Esto es señal de que son pareja por completo, pero por segunda vez, y si no se tratase de su pareja, no reinaría entre ellos la paz una vez contraído el matrimonio.

La reencarnación es solamente para los hombres

En verdad, la reencarnación es para los hombres y no para las mujeres, pues éstas reciben su castigo en el Guehinom en el Mundo Venidero. Por su parte, los hombres que estudian Torá, tal como fue explicado en las disertaciones anteriores (dijo Shmuel: éste es un secreto oculto que detento respecto del versículo que reza «...*todas esas cosas las hace D's, dos veces, o tres veces con un hombre*» (Job 33:29) y se refiere a que la cuestión de la reencarnación alude al hombre y no a la mujer). Esto obedece a que la reencarnación está vinculada interiormente a la letra «vav» (ו) cuyo valor numérico es 6 que se refiere a las seis extremidades, respecto de las cuales está escrito: «*Seis años trabajará*» (Éxodo 21:2) tal como se menciona en el libro del Zohar en la porción de *Pinjás* en la sección de *Ra'aia Mehemna*. Allí leemos que la letra «yud» (י) es una rueda y junto a la letra «vav» se vuelve 'rotación' o 'reencarnación' (pasa de גלגל a גלגול *N. del T.*). (Dijo Shmuel: Considero humildemente que la «yud» aquí mencionada es la letra final del Nombre Divino A-d-o-n-a-i (א-ד-נ-י) junto al 'kolel'. Por ello, tal como fuera dicho, el valor numérico del vocablo 'reencarnación' -'guilgul' (גלגול)- es 66, equivalente al Nombre A-d-o-n-a-i que suma 65 más el 'kolel'). Empero en el séptimo (año) que es el femenino, Maljut, no hay reencarnación, tal como fue dicho: «*...en el séptimo año saldrá libre*» (Éxodo 21:2). Sin embargo, a veces también la mujer se reencarna porque su marido precisa regresar a este mundo, y le traen a su mujer junto a él, tal como se menciona en *Saba DeMishpatim* sobre sobre el versículo que dice: «*...si fuere casado su mujer saldrá con él*» (Éxodo 21:3).

Los estudiosos de la Torá que pecaron

Has de saber también que en el caso de quien fue un estudioso de la Torá (*talmid jajam*), importante y maravillosamente destacado por su sabiduría en su generación, que pecó y regresa por medio de reencarnación, dos son los tipos de transgresión que pueden motivar que ahora su sabiduría se ausente de él y no se la perciba en su persona en absoluto.

Has de saber también que todas aquellas personas que saben Torá en esta generación presente son del nivel de la generación del desierto, respecto de la cual fue dicho: «*Muéstranos maravillas tal como en los días en los que salimos de Egipto*» (Miqueas 7:15), y tal como lo explicásemos aquí respecto del versículo que dice: «*He aquí que yacerás con tus padres y este pueblo se levantará*» (Deuteronomio 31:16) etc. Éste es el motivo por el cual las mujeres los dominan, ya que, en su momento, cuando el 'erev rav' o la gran mescolanza de naciones que salieron de Egipto junto a los israelitas realizaron el becerro de oro no protestaron, pero sus esposas no accedieron a donar sus aros de oro para fundir el ídolo, y por ello ahora ellas los gobiernan.

Hermanos del alma

Has de saber también, que en caso de encontrarse en una generación dos almas provenientes de una misma raíz, se trate de dos hermanos o de dos amigos, se odiarán o acusarán uno al otro inconscientemente, ya que «aunque ellos no puedan verlo, su 'mazal' (estrella) sí lo ve», pues cada uno de ello desea obtener de esa raíz más que el otro, por lo que naturalmente se celan o envidian, y por ello, en caso de que alcancen a conocer por medio del espíritu de santidad (*ruaj hakodesh*) que ambos dos provienen de una misma raíz, seguramente pasarán a amarse mutuamente. Y has de saber, que esto sólo puede ocurrir cuando ambos están con vida en este mundo. En cambio, en el caso de las almas de los justos que ya fallecieron, éstas desean y anhelan intensamente reparar y completar la reparación de las almas de aquellos individuos que están con vida en este mundo y provienen de su misma raíz, porque entonces estos últimos no pueden hacer nada que provoque celos a los fallecidos, diciendo que desean completarse más que ellos, ya que «*no hay acción ni cuenta en la tumba a las que vas*» (Eclesiastés 9:10). Por el contrario, las almas de los fallecidos se ven sumamente beneficiadas de las buenas acciones de los individuos vivos que provienen de su misma raíz.

La separación del bien y el mal

Has de saber también que en otras disertaciones ya se aclaró que por medio del pecado de Caín y Abel se mezclaron todas las almas en el seno de las klipot, y a ello se lo denomina la mezcla del bien y el mal, y desde entonces se van discerniendo las almas de las klipot tal como la plata es depurada de sus residuos. Este discernimiento o tamizado se prolonga hasta que se terminen de depurar todas las almas que cayeron en los 248 órganos del Adam Beli'al (lit. 'Adam u hombre malvado'), hasta que se terminen de depurar en toda su estatura que es hasta el final de los pies del Adam DeKdushá (lit. 'Adam de la santidad'), dentro de los pies del Adam DeKlipá. Sobre esto insinuaron nuestros maestros, de bendita memoria, en el libro del Zohar en la porción de *Pekudei* al decir: «hasta que los pies llegan a los pies», tal como fue escrito: «*...y en ese día se posarán Sus pies sobre el Monte de los Olivos*» (Zacarías 14:4).

Una vez que la totalidad de las almas se hayan discernido y separado por completo, el Adam DeKlipá, que son los residuos, no precisará ser eliminado por medio de la acción, sino que caerá por sí mismo y será tragado de modo tal que no será ni visto ni encontrado, ya que la santidad, que es la vida misma, se separará del residuo espiritual que es denominado 'muerte'. Por lo tanto, estos residuos ya no tendrán vida alguna, por lo que se esfumarán, y respecto de esto es que el versículo dice: «*La muerte desparecerá para siempre*» (Isaías 25:8), ya que ésta no será tragada hasta que se depuren (disciernan o separen) la totalidad de las almas (el vocablo '*berur*' incluye estos tres sentidos entre otros, *N. del T.*). Por ello, las palabras «*la muerte desaparecerá para siempre*» (בלע המוות לנצח) forman con sus iniciales el vocablo Hevel (Abel - הבל), lo cual nos insinúa que ello no ocurrirá hasta que se complete la reencarnación de Abel que es Moshé Rabenu, la paz sea sobre él, que se reencarna en cada generación para depurar todas las almas de sus residuos. Cuando esta labor se complete, llegará el Mashíaj y la muerte será tragada (y desaparecerá) para siempre.

Lo que habrá de acontecer en la última generación

Así habrás de entender el versículo que dice: «*He aquí que te vas a acostar con tus padres, y este pueblo se va a levantar ('vakam»)*» (Deuteronomio 31:16) y es uno de los pasajes cuya explicación aún no se ha definido (Dijo Shmuel: ésta es la explicación: las palabras «se va a levantar» aplican tanto para lo que las precede como para lo que les sigue y no lo pude definir (quién es que se va a levantar, Moshé que fallece o el pueblo de Israel que se alzará para pecar, *N. del T.*). O sea, la palabra «se va a levantar» aplica a quien le antecede y a quien le sigue, y ambas explicaciones son verdaderas, porque en el futuro Moshé volverá encarnado en la última generación, y entonces «se levantará», por lo que el versículo estaría diciendo *«te vas a acostar con tus padres* (vas a fallecer) *y te vas a levantar* ('vakam')». Entonces, en la última generación se reencarnará toda la generación del desierto junto a la gran mescolanza de etnias que salieron de Egipto junto a los israelitas (*erev rav*), y a eso se refiere el versículo al decir: «*...y este pueblo se va a levantar*» etc. La cuestión es que no hay generación alguna en la cual Moshé Rabenu, la paz sea sobre él, no se encuentre en ella de acuerdo con el principio de *«el Sol sale y el Sol se pone...»* (Eclesiastés 1:5), *«una generación se va y otra generación viene»* (ídem 1:4) a los efectos de reparar a la generación en cuestión.

Y también la generación del desierto junto a la gran mescolanza de etnias se reencarnará en la etapa final, *«como en los días en que salimos de Egipto»* (Miqueas 7:15). Y también Moshé se levantará en medio de ellos, pues todos pertenecen al fundamento del Da'at, tanto Moshé como la generación del desierto y la gran mescolanza de etnias, tal como lo explicamos aquí en la porción de *Shemot*. Y por eso está escrito luego: «donde él va a venir allí (*'shama'*, שמ"ה) (ídem Deuteronomio) y el vocablo 'shama' contiene las letras del nombre Moshé (משה), pues Moshé se reencarnará junto a ellos tal como ya se mencionó. Ésta es pues la explicación profunda de la expresión 'todos los estudiosos de esta generación son dominados por sus mujeres', ya que éstas provienen de la generación del desierto y no cedieron sus aros para la fundición del becerro de oro. En cambio, los hombres pecaron y entregaron sus alhajas para elaborar el becerro.

Esto es lo que dijo Shmuel, y así también está escrito arriba, véase allí.

Los justos, los malvados y las chispas

Debes saber también que a raíz del pecado del primer Adam todas las almas se mezclaron, el bien con el mal, y por ello ocurre a veces que algo del bien del Nefesh de un justo se mezcla en el malvado, y algo de la maldad del malvado se mezcla en el justo. Así entenderás lo que está escrito en cuanto a que «*hay hombres justos a los que les ocurre de acuerdo con las acciones de los malvados*» (Eclesiastés 8:14) etc., pues algunos justos incurren en transgresiones puntuales y fracasan en cosas en las que ningún malvado caería. Lo mismo ocurre a la inversa, hay individuos totalmente malvados que cumplen algunos preceptos puntuales y los observan cuidadosamente a lo largo de toda su vida. Esto te permitirá entender también la cuestión del individuo completamente justo, el completamente malvado y el mediano. Pues todo depende de la relación entre las chispas de bondad y las de maldad que anidan en su interior. Además, el tipo de transgresión que se realiza o el tipo de precepto que se observa guarda relación con el nivel de las chispas que anidan en el interior del individuo y del órgano en el cual este tiene su raíz, si es bueno o malo. En virtud de ello el individuo desea y anhela observar preceptos o incurrir en transgresiones en mayor medida que sus congéneres, y siempre persigue realizarlos.

Por este motivo, en el libro del Zohar se insiste en que un individuo debe ir tras los malvados para generarles mérito, como aquel que corre tras su propia vida. La cuestión es que al ir tras el malvado para hacerlo merecedor, cabe la posibilidad de que este último posea las chispas buenas que se te perdieron y sus chispas malas te fueron a ti otorgadas, y por medio de una conexión que genere un vínculo de motivación y amor, su parte buena se desprenderá de él y te será entregada a ti de modo tal que tú te completes de todo el bien y él se complete de todo el mal. Ésta es la explicación profunda de lo que está escrito: «el justo se lleva su parte y la de su compañero al Gan Eden y el malvado se lleva su parte y la de su compañero al Guehinom» (Tratado de Jaguigá 15 a). A propósito de esto está escrito: «*si tu enemigo está hambriento aliméntalo con pan*» (Proverbios 25:21), y ello se condice con lo que explicaron nuestros sabios sobre el versículo que dice: «*cuando vieres al asno de tu enemigo...*» (Éxodo 23:5), en cuanto a que el texto no hace alusión sino a una persona malvada a la cual está permitido odiar, tal como dice el salmista: «*¿Acaso no habré de odiar a quien te odia?*» (Salmos 139:21). Lo que está escrito: «*si tu enemigo está hambriento aliméntalo con pan*» (Proverbios 25:21) se refiere a que en virtud de la chispa de bien que anida en su interior desea y tiene apetito por hacer actos de bien, por lo cual debes alimentarlo con pan que es el pan de la Torá y de los preceptos y así generarle mérito. Entonces, las brasas, que son las chispas del mal que anidan en tu interior las «*amontonarás sobre su cabeza*» (Proverbios 25:22), se unirán a él y se retirarán de ti. Tal como está escrito: «*llevará el macho cabrío sobre sí todas sus iniquidades hasta un paraje deshabitado, y soltará al macho cabrío en el desierto*» (Levítico 16:22). Entonces, las chispas del bien se desprenderán de él y HaShem te las otorgará a ti completándote y resultará que tú estarás completo de bien y él completo de mal. Tal como dijeran nuestros sabios de bendita memoria (Tratado de Sucá 52 a): «No leas 'te recompensará' (Proverbios 25:22) sino 'te completará'», ya que HaShem, Bendito Sea, por ser bueno no recuerda Su Nombre sobre el mal, tal como está escrito: «*pues amontonarás las brasas sobre su cabeza*» (en estas palabras no se menciona el Nombre de Dios, *N. del T.*), sin embargo, recuerda Su Nombre sobre el bien, tal como está escrito en la continuación de ese mismo versículo: «*y HaShem te recompensará*», (aquí sí se menciona el Nombre de Dios, *N. del T.*) tal como ya se mencionó, pues Él es quien hace este bien.

INTRODUCCIÓN 21

Sobre el retorno en arrepentimiento y la reencarnación

Has de saber que el retorno en arrepentimiento (la *teshuvá*) sucede en Ima, y la reencarnación en Aba. Por ello, todo aquel que hubiere pecado, en caso de que hubiere retornado en arrepentimiento, la Ima superior (*Ima Yla'á*) -que se denomina 'teshuvá'- podrá reparar el daño ocasionado en el individuo y ello resultará suficiente. Pero en caso de que no hubiere retornado en arrepentimiento, precisará reencarnarse para reparar su iniquidad, y ello se lleva a cabo por medio de Aba, pues tal como es sabido es denominado 'pensamiento' (*'majshavá'*) y sobre éste fue dicho: *«...y piensa cómo hacer para que nadie quede apartado de Él»* (Samuel II 14:14), por lo que lo hace regresar por medio de la reencarnación para su reparación. Ahora, explicaremos lo referente al retorno en arrepentimiento (*'teshuvá'*) como suplemento de lo que ya explicáramos en cuanto a los tipos de arrepentimiento enumerados en la sexta introducción.

La *teshuvá*

Ahora, hemos de estudiarlo de otra manera, por medio de la explicación de lo dicho por Rabí Matia Ben Jarash, de bendita memoria, en el capítulo final del Tratado de *Yomá* (86a) en lo referido a los cuatro tipos de expiación («aquella persona que transgrede un precepto positivo...» etc.). La generalidad del tema se puede resumir en que el vocablo 'teshuvá' se puede descomponer en 'tshuv' y 'heh' (תשובה = ה+תשוב). Tal como ya te he dicho, el ser humano está compuesto de todos los mundos, y aunque todavía no los haya podido recibir en su totalidad, accediendo únicamente a Nefesh de Asiá, de todas maneras, está preparado para recibirlos a todos una vez que haya reparado sus acciones, y eso depende del individuo, y en conformidad con sus acciones podrá recibir del mundo de Yetzirá, o del de Briá, o del de Atzilut. Ésta es la explicación profunda del versículo que dice: «*...formó el espíritu del hombre en su interior*» (Zacarías 12:1), lo cual fue explicado por nuestros maestros, de bendita memoria, quienes dijeron que 'el Nefesh del hombre crece mientras se encuentra en su interior', y entiende esto. Sin embargo, existe una gran diferencia entre las personas que merecen tal o cual nivel, pues ya te hemos enseñado otra regla general según la cual el Nefesh del individuo está compuesta por sus 248 órganos y sus 365 tendones, y lo mismo ocurre con el Ruaj, con la Neshamá. Y hete aquí que cuando el individuo peca afecta a alguno de los órganos del Nefesh, del Ruaj o de la Neshamá. Y la envergadura del pecado dependerá de lo que tenga en su interior. Si posee Nefesh afectará al Nefesh, si posee Ruaj afectará al Ruaj y si posee Neshamá afectará a la Neshamá.

La inclinación al mal

Así, de igual manera, la intensidad de la inclinación al mal de un individuo será proporcional a la envergadura de su Nefesh, tal como dijeran nuestros sabios, de bendita memoria (Tratado de Sucá 52b): «todo aquel que es más grande que su compañero, su inclinación al mal también lo es». Esto se condice con lo que ya sabes en cuanto a que «*tanto uno como el otro fueron obra de Dios*» (Eclesiastés 7:14), y así como existen mundos de Atzilut, Briá, Yetzirá y Asiá y siete recintos en cada uno de ellos todo esto del lado de la santidad, existen también en el ámbito de las klipot. Ésta es la explicación profunda del versículo que dice: «*el malvado contempla al justo*» (Salmos 37:32), pues el malvado desea asemejarse a la santidad, cual mono que imita a un humano. Así

entenderás la intensidad de la gravedad del pecado del primer Adam
que causó destrucción y un daño que afectó a todos los mundos hasta
el final de todas las generaciones. Esto se basa en lo que fue escrito en
cuanto a que el daño infligido es proporcional a la potencia del alma.
Lo mismo acontece con individuos íntegramente justos tales como
Rabán Yojanán ben Zakai, en quien un pecado leve adquiría una importancia mayor que varias transgresiones de otros. Según esto, quien
posee Nefesh de Asiá afecta únicamente en el mundo de Asiá, pues allí
es donde tiene acceso, y no más. De igual manera, cuando retorne en
arrepentimiento reparará en Asiá que es el sitio donde causó el daño.

La reparación del Nombre Divino

Ya te he enseñado que las cuatro letras del Tetragrámaton (Y-H-V-H)
se dividen entre los cuatro mundos de Atzilut, Briá, Yetzirá y Asiá, y
cada una de las letras posee en su interior un Nombre Divino (Y-H-
V-H) de la siguiente manera: la letra yud (י) tiene un Tetragrámaton
(cuya compleción alcanza el valor de guematria...) del nivel de Av
(72 = ע"ב) en el mundo de Atzilut, la letra heh (ה) tienen un Tetragrámaton del nivel de Sag (63 = ס"ג) en el mundo de Briá, la letra vav
(ו) tiene un Tetragrámaton del nivel de Mah (45 = מ"ה) en el mundo
de Yetzirá y la letra heh (ה) posee un Tetragrámaton del nivel de Ban
(52 = ב"ן) en el mundo de Asiá. Resulta así que quien peca daña a los
cuatro mundos mencionados, así como también a Su Gran Nombre,
Bendito Sea. Ésta es la explicación profunda del versículo que dice:
«*saldrán y contemplarán los cadáveres de quienes se rebelaron contra Mí*»
(Isaías 66:24), esto es, contra Mi mismísimo Nombre. Cada uno según el nivel de su alma, tal como lo explicamos. Así, al retornar en
arrepentimiento, repara Su mismísimo Gran Nombre, en sus cuatro
letras. Éste es el secreto de los cuatro tipos de expiación y de retorno
por los cuatro tipos diferentes de pecado. De esto resulta que los cuatro tipos de pecado afectan a las cuatro letras del Tetragrámaton y

los cuatro tipos diferentes de retorno en arrepentimiento y expiación reparan estas cuatro letras (Y-H-V-H / ‫י‬-‫ה‬-‫ו‬-‫ה‬).

El descenso a las klipot y la *teshuvá*

Una vez realizadas estas introducciones, explicaremos el contenido del pasaje del Tratado de Yomá antes mencionado. El primer caso se refiere a una persona que transgredió un precepto positivo: no se mueve de allí hasta que es perdonado (y su expiación es inmediatamente posterior a su arrepentimiento) etc. Antes de explicarlo, hemos de volver a realizar otra introducción y es la siguiente. Has de saber, que el retorno en arrepentimiento (la *teshuvá*), forma los vocablos 'tshuv' y 'heh'. Existen cuatro tipos de teshuvá, ya que a veces el mundo de Asiá que se corresponde con la 'heh' final del Tetragrámaton, desciende a las tres primeras de las diez sefirot de klipá, lo cual es denominado «el exilio de la Divina Presencia (*Shejiná*)». En caso de que el pecado sea de mayor gravedad, el individuo hará descender al mundo de Asiá a las tres sefirot intermedias de las klipot, y en caso de ser aun peor descenderá hasta las tres sefirot inferiores de la klipá. En caso de que el pecado sea aún más grave, lo hará descender a Maljut malvada que es la décima de las diez sefirot de las klipot. Estos son los cuatro tipos de exilio de la Divina Presencia, que es el mundo de Asiá, que desciende al ámbito de las klipot.

Sin embargo, aquel que afecta al mundo de Yetzirá, o al de Briá, o al de Atzilut, no causa que se descienda al ámbito de las klipot pues éstas se encuentran por debajo del mundo de Asiá. En estos casos lo que ocurre es que el mundo de Yetzirá desciende a las primeras tres sefirot del mundo de Asiá, a veces a las tres intermedias, a veces a las tres inferiores y a veces hasta Maljut de Asiá. Estos son los tres grados de descenso del mundo de Yetzirá en el de Asiá, y estos también son denominados 'exilio del mundo de Yetzirá', ya que descendió de su santidad superior a la inferior del mundo de Asiá. Estos mismos cuatro grados de descenso se repiten cuando el mundo de Briá desciende en el

de Yetzirá, lo cual se denomina 'exilio del mundo de Briá' e igualmente cuando el mundo de Atzilut desciende en el de Briá, lo cual se denomina 'exilio del mundo de Atzilut' en los cuatro grados mencionados,
y todos ellos reciben el nombre de 'exilio de la Divina Presencia'.

El principio que emerge es que hay cuatro categorías y cada una
contiene cuatro grados. Ésta es la explicación: existen cuatro mundos
que se corresponden con cuatro tipos generales de retorno en arrepentimiento, y en cada mundo existen cuatro tipos específicos de retorno
en arrepentimiento.

El primer tipo de expiación (Asiá)

Comenzaremos explicando el **primero,** a partir del cual los demás
serán entendidos. Comienzo pues a explicar, con la ayuda de Dios. El
primer tipo de expiación tiene lugar cuando un individuo transgrede
un precepto positivo y hace teshuvá etc. En un caso así, afecta al mundo de Asiá, y al retornar en arrepentimiento, no se mueve de allí hasta
que es perdonado de inmediato, ya que por haber transgredido un
precepto positivo causó el descenso de Maljut de Asiá y separó la heh
(ה) de la Tiferet, descendiendo únicamente a las tres primeras sefirot
de las klipot. Al retornar en arrepentimiento resulta sencillo elevarla
desde ahí y es reparada de inmediato. Tal como te enseñamos, las tres
primeras sefirot de la klipá regresan así al ámbito de la santidad. Y ésta
es la explicación profunda de lo que enseñaron nuestros maestros, de
bendita memoria (Tratado de Baba Metzía 22 a): «el río Jordán le quitó a uno y le dio a otro». Por eso, inmediatamente después de retornar
en arrepentimiento Maljut de Asiá que es la letra heh asciende y vuelve a conectarse con la sefirá de Tiferet y eso es denominado teshuvá
(retorno o regreso), 'tshuv heh' (el regreso de la heh). Éste es un nivel
referido solamente al mundo de Asiá.

El **segundo** nivel ocurre cuando dentro del mundo de Asiá la sefirá de Tiferet de Asiá se separa de la de Biná de Asiá haciendo que el
mundo de Asiá deba descender hasta las tres sefirot intermedias de la

klipá, por haber transgredido un precepto positivo, y al retornar en arrepentimiento éste es efectivo, pues la heh inferior regresa hasta la heh superior, la Biná. Y entonces, la sefirá de Tiferet ascenderá también junto a ella.

El **tercer** nivel es en el propio mundo de Asiá, en caso de que el individuo haya transgredido un precepto positivo de modo tal que haya afectado también a sefirá de Biná causando su descenso, haciendo que el mundo de Asiá descienda hasta las tres últimas sefirot del ámbito de la klipá, y al retornar en arrepentimiento la heh regresa (*tshuv heh*). Pues la teshuvá, que se corresponde con la Biná, descenderá hasta Maljut, y entonces retornarán Maljut y la Tiferet, pues al descender la Biná estas dos se unieron, y esto es la teshuvá.

El **cuarto** nivel es cuando el individuo transgrede un precepto positivo de modo tal que afecta también a la sefirá de Jojmá, separándola de la de Keter, por lo que al retornar en arrepentimiento estaremos nuevamente ante un fenómeno de teshuvá, por cuanto que la heh superior de la Biná regresará a la sefirá de Keter y entonces también la Jojmá ascenderá junto a ella, y de esta manera se explicó el primer tipo de expiación.

El segundo tipo de expiación (Yetzirá)

El segundo tipo de expiación tiene lugar cuando el individuo transgrede un precepto restrictivo y retorna en arrepentimiento. En un caso así, según el Talmud, «la expiación queda pendiente y Yom Hakipurim (Yom Kipur) lo expía». Esto es así ya que en este tipo de transgresión el individuo afecta en el mundo de Yetzirá en la sefirá de Tiferet, separándola de la de Maljut, haciendo que se retiren también las seis extremidades (*shesh ktzavot*). Al retornar en arrepentimiento, Maljut regresa a su sitio según el principio de la teshuvá, 'tshuv heh'. Sin embargo, el espacio que se encuentra en medio de las seis extremidades desea ascender y volver a reunirse con éstas, pero no puede hacerlo hasta que no lleguen luces de Briá, que son denominadas Yom Hakipurim, y entonces, el espacio asciende hasta allí. Éste es el retorno en arrepentimiento que permanece pendiente y es expiado por Yom Hakipurim. Esto también posee los cuatro niveles mencionados en el mundo de Asiá, pero todos ingresan en la categoría de descenso del mundo de Yetzirá en el de Asiá y no en el ámbito de las klipot como se explicó anteriormente.

El tercer tipo de expiación (Briá)

El tercer tipo de expiación tiene lugar cuando un individuo incurre en una transgresión cuyo castigo es el Caret (muerte a manos del Cielo, *N. del T.*) y afecta al mundo de Briá. Entonces, al retornar en arrepentimiento expía en Yom Hakipurim y la expiación se mantiene pendiente, tal como se ha mencionado, ya que la sefirá de Tiferet de Briá y la de Maljut de Briá no pueden ascender a sus sitios sin que antes sobrevenga sobre el pecador sufrimientos provenientes de Aba e Ima. Esto elimina el pecado, en conformidad con el principio contenido en el versículo que dice: *«Dios me ha castigado mas no me ha entregado a la muerte»* (Salmos 118:8) que es Aba e Ima. Esto en conformidad con el versículo que dice: *«desde la estrechez clamé al Eterno»* (ídem 5), pues de allí provienen las desgracias y los sufrimientos y esto también incluye cuatro niveles, tal como se mencionó.

El cuarto tipo de expiación (Atzilut)

El cuarto tipo de expiación es cuando el individuo incurre en una transgresión que implica la profanación del Nombre Divino (*jilul HaShem*). En un caso así, se afecta al mundo de Atzilut, que es llamado el mundo de la vida (*olam HaJaím*) pues allí no hay muerte en absoluto. Y el pecado causó la muerte en el mundo de la vida eterna, por ello tanto la expiación del retorno en arrepentimiento como la de Yom Hakipurim se mantienen pendientes, puesto que ninguno de los otros tres mundos puede ascender más allá de su sitio de la manera en que se mencionara, hasta el día del fallecimiento, de un modo recíproco y equivalente (*midá kenegued midá*), y la muerte refina la expiación por completo. También en este tipo de expiación existen los cuatro niveles mencionados.

Diferentes tipos de malas acciones

Ahora pasaremos a explicar la diferencia existente entre pecado, iniquidad y transgresión[5] ('jet', 'avón' y 'pesha'). Has de saber que el vocablo transgresión (pesha) (פשע) se refiere a una situación en la cual el individuo reconoce a su Soberano, pero se rebela contra Él para enfurecerlo, por lo que causa que las klipot se queden con toda la luz o abundancia (la shefa - שפע - pesha al revés) en virtud de la transgresión y no le den de esta a los niveles más bajos, al pueblo de Israel. El vocablo 'iniquidad' que en hebreo se dice 'avón' (עון) se refiere a cuando el individuo actúa en contra de la Voluntad Superior pero no a los efectos de provocar Su furia, por ejemplo, cuando ingiere alimentos prohibidos por resultarle apetitosos, por lo que causa que las klipot aprehendan la shefa o la luz descendiente, pero tras haberlo tomado vuelven a bajar parte de éste y nos entregan un poco de esta luz, pues eso es conforme al principio del exilio, tal como es sabido. Así entenderás dos pasajes del capítulo final del Tratado de Yomá (86b) del Talmud de nuestros maestros, de bendita memoria, en uno de los cuales un sabio dice: «Grande es el retorno en arrepentimiento (la teshuvá) que hace que las malas acciones voluntarias pasen a la categoría de involuntarias», ya que allí se refiere a la intencionalidad que es denominada 'pesha', 'transgresión', que en un principio causa que las klipot se queden con toda la luz o la shefa para sí, y ahora el retorno en arre-

---

5. La palabra española transgresión es usada a lo largo del libro para denotar una desobediencia o infracción a la norma y salvo en este pasaje, no se refiere a un tipo específico de incumplimiento, *(N. del T.)*

pentimiento hace que si bien las klipot toman toda la luz para ellas, de todas maneras luego hacen descender parte de ésta. Otro sabio dice que las «malas acciones voluntarias se transforman en méritos», éste es el caso de la iniquidad, el 'avón', el caso de quien incurre en una mala acción tentado por su apetito, caso en el cual el retorno en arrepentimiento logra que las klipot no tomen nada de la shefa o la luz para sí, evitando que les llegue incluso aquel que hubiesen tomado para sí.

INTRODUCCIÓN 22

La expiación de los malvados y los justos tras su fallecimiento

El presente capítulo se referirá a los castigos que perciben las almas de los malvados, sus reencarnaciones y en qué se reencarnan. Ahora, escribiré someramente sobre los castigos que reciben las almas de los malvados en este mundo, que se reencarnan varias veces para expiar por sus pecados. Has de saber que casi no hay individuo en la Tierra que se salve de estas reencarnaciones. Y has de saber también que, tras fallecer, los malvados entran en el Guehinom, allí reciben su castigo, son expiados y su sentencia se prolonga por doce meses. Y hay malvados sobre los que está escrito: *«y arrojará el alma de tus enemigos como del receptáculo de una onda»* (I Samuel 25:29) y no alcanzan a entrar en el Guehinom tras su fallecimiento para expiar sus pecados, sino que su alma va de dificultad en dificultad en reencarnaciones extrañas hasta que su castigo se atenúa y puede entonces entrar en el Guehinom durante doce meses para ser completamente expiada. Estos casos carecen de un tiempo preestablecido, ya que a veces las reencarnaciones duran veinte, cien o mil años, y todo depende de la gravedad de la transgresión en la que haya incurrido en este mundo. Sin embargo, el fuego del Guehinom no rige sobre los justos ni sobre los estudiosos de la Torá, tal como escribieran nuestros maestros, de bendita memoria, sobre Elisha - Ajer, quien «no pudo ser juzgado ya que había estudiado Torá» (Tratado de Jaguigá 15b), y por ello estos individuos precisan reencarnarse en este mundo para eliminar cualquier tipo de pecado que hubieren cometido, ya que *«no hay hombre justo sobre la Tierra que solamente haga el bien y no erre»* (Eclesiastés 7:20). En el caso de un individuo justo, tras su fallecimiento es capaz de ascender a elevados grados en el Mundo Venidero, pero no de una sola vez. No obstante, inmediatamente después de fallecer será castigado para que expíe los pecados más graves que estén en su haber, para posteriormente elevarlo a un nivel superior. Luego, cuando llegue su momento de ascender a un nivel aún más alto será castigado nuevamente para expiar por pecados menos graves que los primeros y acto seguido será elevado a un grado más alto, donde luego será castigado por pequeños detalles omitidos en el cumplimiento de los preceptos, que resultan sutiles o delgados como el grosor de un cabello, de acuerdo con el principio expresado en el versículo que dice: *«y una poderosa tempestad (en hebreo las palabras 'tempestad' y 'cabello' son cercanas, pronunciándose ambas 'se'ará'-* שערה*) lo rodeará»* (Salmos 50:3), y acto seguido será ascendido al verdadero grado que le corresponde. A continuación, detallaremos cuáles son los castigos aplicados y de qué se tratan.

Los justos íntegros – *tzadikim gmurim*

He aquí que en el caso de los justos íntegros tales como el rey David, de bendita memoria, y como Daniel, fue necesario que Dios les avisara de que no resultaría necesario que fueran castigados o que tuvieran que reencarnarse. Tal como dijera el rey David, de bendita memoria: *«si no fuese porque confié en contemplar la bondad de HaShem en la tierra de los vivos»* etc. (Salmos 27:13). Allí también dice: *«una sola cosa pido a HaShem y es aquella que procuro: residir en la morada de HaShem todos los días de mi vida»* (ídem 4) y le fue anunciado de boca de la profetisa Abigail quien le dijera: *«y el alma de mi señor será engarzada en la cadena de la vida»* etc. (I Samuel 25:29). También a Daniel le fue anunciado: *«y tú irás hacia tu destino, descansarás y te levantarás»* (Daniel 12:13). Y, aun así, hemos encontrado en un manuscrito del *Midrash HaNe'elam* al libro del Zohar, respecto del versículo que dice: *«y por todo el bien que le prodigó Dios a David y a Su pueblo Israel»* (I

Reyes 8:66), que, tras su fallecimiento, antes de entrar en la Jerusalén celestial, el rey David estuvo siete años en el Mundo Venidero. Vimos también que el profeta Samuel, que ha sido equiparado a Moshé y a Aarón, cuando fue llamado por Saúl quien hiciera invocar su alma, le dijo: *«¿Por qué me molestas haciendo aparecer a mi alma?»* (I Samuel 28:15). Nuestros sabios, de bendita memoria, dicen que quizás temió que fuera el Gran Día del Juicio. Aparentemente, aunque uno ya haya sido juzgado al momento de fallecer, quedan aún pendientes otros juicios y otros castigos. Incluso en el caso de Rabán Yojanán ben Zakai, de quien se dice que «jamás dejó de estudiar Torá y Mishná» (Tratado de Sucá 28a), en el momento de su deceso lloró, como se menciona en el Tratado de Berajot (28b), y entonces, ¿qué habrán de hacer en el Mundo Venidero los demás justos que no se les asemejan, y ni que hablar el resto de los seres humanos cuyos pecados son numerosos? Uno no debe explayarse donde corresponde abreviar.

El Arízal (Rabí Isaac Luria) veía a los fallecidos

Varias veces fui por el campo junto a mi maestro, de bendita memoria, y me decía: «Un individuo llamado así y así era un justo y un estudioso de la Torá y en virtud de tal o cual pecado se transmigró[6] a esa roca» o «en esa planta», o algo similar tal como se explicará más adelante. Mi maestro, de bendita memoria, no conocía al individuo en cuestión, pero tras investigar sobre el fallecido resultaba que sus palabras eran verdaderas y exactas. No podemos explayarnos en estas cuestiones porque el libro no puede contenerlas. A veces, a una distancia de quinientos codos veía una tumba entre otras veinte mil, y veía al alma del fallecido de pie sobre la tumba, y nos decía: 'en aquella tumba está enterrado un individuo llamado así y así, y está siendo castigado así y así por tal

---

6. En hebreo se emplea el mismo vocablo *guilgul* tanto para la reencarnación en un ser humano como para la transmigración en otro ser tanto sea mineral, vegetal o animal, *(N. del T.)*

o cual pecado'. Luego averiguábamos sobre el individuo en cuestión y descubríamos que las palabras de mi maestro eran verdaderas. Hay muchos otros relatos que la mente no puede captar.

Las diferentes formas de reencarnación y el castigo

Volvemos a nuestro estudio. Al fallecer el individuo, antes de a su entrada en el Guehinom, es punido por sus pecados mediante todo tipo de castigos que reciben el nombre de reencarnaciones ('guilgulim', pueden también ser 'rotaciones'). Quiero decir, que el individuo puede convertirse en mineral, vegetal, animal o humano, y la gran mayoría de los seres humanos no podrán eludir pasar por esos estados. Esto se debe a que no puede ser castigado hasta que el alma está materializada en un cuerpo, entonces, al encarnarse en éste, sufre y siente ese pesar, y de esa manera sus pecados son expiados. No obstante, la reencarnación es acorde a la envergadura del pecado, transformándose en vegetal, animal, etc. Por ello, incluso en el caso de los justos y los estudiosos de la Torá, hay algunos de ellos que pasan por estas rotaciones mencionadas, ya que en el transcurso de su vida incurrieron en alguna transgresión por la cual son castigados y posteriormente ascienden al sitial que les corresponde. Ya que resulta necesario que la transgresión sea borrada, y el Santo Bendito Sea no hace caso omiso (o no renuncia a la punición) de las faltas cometidas (Tratado de Baba Kama 50a), pues «Su obra es perfecta y todas Sus sendas son justas» (Deuteronomio 32:4). Y aunque el fallecido haya sido un justo íntegro, Dios no aceptará de él cohecho alguno bajo la forma de un precepto, tal como ellos, de bendita memoria, escribieran. Esto y más, cuando deseen elevar al justo a un grado más alto, en caso de que aún quedase un pecado por expiar, vuelven a encarnarlo tal como se dijera.

Una vez, me encontraba con mi maestro, de bendita memoria, y me dijo que vio con sus propios ojos a un individuo de la generación de los tanaítas (sabios que compilaron la Mishná, principalmente durante los dos primeros siglos de la era común, *N. del T.*) que transmigró en una cabra por haber mantenido relaciones sexuales a la luz de una vela, lo cual es sabido que provoca que el niño que nazca producto de ese contacto sea epiléptico. Provocar el nacimiento de un niño epiléptico que posteriormente habrá de fallecer joven es considerado como un derramamiento de sangre, y no sólo eso, sino que se considera que derrama la sangre de sus propios hijos. Otra vez nos dijo que veía con sus ojos a un gran sabio de una generación varios años anterior a la nuestra a quien le había llegado el momento de ascender a un grado más elevado que el inicial, y por eso veía que en ese preciso instante era castigado por pequeños detalles en el cumplimiento de preceptos leves, tal como se mencionó, para poder ascenderlo a ese nivel encumbrado, pues cuanto más elevado sea el grado al que debe ascender mayor es la depuración necesaria, debiéndose incluso reparar pequeños detalles en el cumplimiento de los preceptos, los cuales son sutiles como el grosor de un cabello, tal como ya se mencionó. Y en el caso en cuestión, el individuo estaba siendo castigado por dos cuestiones: la **primera**, por haberse distraído mientras portaba las filacterias (los tefilín) y recitaba el versículo del rezo matutino que dice: «sea Tu voluntad HaShem que nuestros esfuerzos no sean en vano ni seamos generadores de confusión», el cual se recita durante la kedushá de Ubá letzión, y mientras estaba concentrado meditativamente en estas palabras se olvidó que llevaba puestas las filacterias, y fue castigado por este leve detalle. Y entonces, ¿qué habrá de hacer quien no se concentra meditativamente durante sus plegarias, ni presta atención a las filacterias que porta sobre su cabeza? El **segundo** motivo del castigo era porque un Shabat salió al dominio público con algo de tierra en su calzado, (la cual entró en el dominio privado, *N. del T.*) y la transportó involuntariamente cuatro codos. Y así entenderás que los justos no tienen descanso en el Mundo Venidero, como escribieron nuestros sabios (Tratado de Berajot 64a), de bendita memoria, sobre el versículo que dice: «van de éxito en éxito» (Salmos 84:8). El motivo de ello es que cada vez que ascienden a un grado más elevado deben volver a limpiarse, tal como ya se explicó.

Los niveles de la reencarnación

Ahora corresponde explicar la naturaleza de estas reencarnaciones y lo que éstas involucran. Todos los mundos fueron creados a partir de los discernimientos de los siete reyes que reinaron sobre Edom y murieron (Génesis 36:31). El más sutil de ellos fue discernido en el mundo de Atzilut, el que le siguió fue discernido para el mundo de Briá, el que le siguió para el de Yetzirá y el que le siguió para el de Asiá. Y el más sutil de los de Asiá es el ser humano, el cual es discernido en primer lugar, luego el reino animal no parlante, posteriormente el vegetal y finalmente el reino mineral. Sin embargo, el hombre justo, por medio de los preceptos que cumple al comer y similares, tiene la capacidad de discernir parte del reino mineral y hacerlo ascender al vegetal, al animal y al humano, tal como se explica aquí en el Sha'ar HaMitzvot (Pórtico de los preceptos) en la porción de Ekev respecto del precepto del agradecimiento posterior a la ingestión de alimentos (Birkat Ha-Mazón).

No obstante, el malvado, por medio de sus acciones causa el efecto opuesto en cuanto a que lo hacen descender y no ascender, habiendo transgresiones por las cuales desciende al grado mineral, en otras oportunidades hasta el grado vegetal, y hay quien desciende al animal no parlante.

En concordancia con ello, hay malvados que tras su fallecimiento transmigran en una roca, del mundo mineral, en concordancia con los pecados cometidos en vida, otros malvados transmigran en vegetal, otros en animal, pues por medio de su iniquidad se asemejan a los animales, asemejándose los malvados y los animales.

Quienes transmigran en estos estados permanecen en ellos un tiempo fijo hasta que se limpie la iniquidad que los llevó a transmigrar en el reino vegetal, y al cumplirse el plazo prefijado ascienden al grado animal y tras cumplir su lapso prefijado ascienden efectivamente al grado humano.

Dibukim e iburim

Respecto de la reencarnación en un ser humano, puede ocurrir en una de dos maneras. En primer lugar, están las almas de los malvados que al fallecer no pudieron entrar en el Guehinom y por ende entraron en los cuerpos de individuos vivos, en este mundo, y cuentan respecto de todo cuanto les sucedió (dibuk), Dios nos libre de ello. La segunda manera es mediante el formato del ibur, del cual ya hablamos anteriormente, apegándose a su receptor de modo sumamente oculto, y entonces, si este último peca, el Nefesh que se aloja en él lo supera y le hace pecar, arrastrándolo hacia el camino del mal, tal como ya se mencionara en anteriores explicaciones. Así como el alma de un buen individuo al entrar en un ser humano vivo le influye para bien, de igual manera cuando entra el Nefesh de un malvado, éste impulsa al receptor al pecado. Pues ya fue explicado anteriormente, que a veces, el ibur es en beneficio del alma del huésped, para poder repararse. Otras veces, el ibur es en beneficio del receptor, para que el alma que entra le ayude a hacer el bien. Estos dos aspectos se cumplen también al entrar el alma de un malvado al interior de un individuo vivo bajo el formato de ibur, puede ser en beneficio del alma que entra por cuanto que el receptor es un justo, o si este último es un malvado puede que el alma que ingresa tenga por cometido mantenerlo en su maldad, hasta que sea eliminado de este mundo, Dios no lo quiera. He aquí que el alma que se encarna en un individuo en una de estas dos maneras mencionadas, completa el tiempo que le fue asignado para permanecer allí, expía sus iniquidades, y entonces puede venir a este mundo en una reencarnación real y completa, y nacerá con un cuerpo en este mundo como el resto de los seres humanos.

Tiempos destinados para el ascenso

Volviendo al tema, corresponde que sepas que no siempre las almas transmigradas tienen la capacidad de ascender desde el nivel mineral, vegetal etc. y repararse ya que «hay un tiempo para todo y cada experiencia tiene su momento» (Eclesiastés 3:1). Éste es el momento de su ascenso. Para pasar del reino mineral al vegetal: los meses de Av, Elul, Tishrei y Jeshván. Has de saber que para quien transmigró en un objeto inanimado y se le estipuló un tiempo fijo de tanto y tantos años en ese estado, cuando llega el momento de ascender al estado vegetal no lo hace sino durante los cuatro meses centrales de los doce del año: Av, Elul, Tishrei, y Jeshván. Si el tiempo que le fue asignado se cumple durante uno de estos cuatro meses, asciende, en caso contrario deberá esperar hasta los cuatro meses centrales del año siguiente, como se mencionó. Para pasar del reino vegetal al animal: Nisán, Yiar, Siván y Tamuz. El tiempo de la elevación del estado vegetal al animal son los primeros cuatro meses del año: Nisán, Yiar, Siván y Tamuz. Para pasar del reino animal a estado humano: Kislev, Tevet, Shevat y Adar. El momento de la elevación del estado animal al humano son los últimos cuatro meses del año: Kislev, Tevet, Shevat y Adar.

El ascenso de más de un grado por vez

Si bien el orden del ascenso es el mencionado, esto es: del estado mineral al vegetal, del vegetal al animal y del animal al humano, a veces alguien puede ascender dos grados de una sola vez. Por ejemplo, si alguien transmigró a un objeto inanimado como el polvo, y luego un animal come hierbas que contienen ese polvo, el alma en cuestión se encarnará en ese animal y ascenderá dos niveles de una sola vez, de mineral a animal. O, esto puede ocurrir de otra manera. Si alguien transmigra en estado vegetal, siendo una verdura o una fruta de un árbol, y un individuo las ingiere, el alma asciende al nivel de humano pasando de estado vegetal a humano, lo cual representa ascender dos niveles de una sola vez. A veces, alguien puede ascender todos los niveles de una sola vez, pasando del estado mineral al humano. Por ejemplo, si un individuo ingirió un poco de tierra que se mezcló en una comida, y alguien había transmigrado en esa tierra, éste ascenderá del estado mineral al humano.

Has de saber que quien transmigra en agua o en sal, no se lo considera mineral o inanimado sino vegetal, ya que el agua fluye, emana y corre por lo que no se la considera inanimada como el polvo. La sal proviene del agua, por lo que también se la considera vegetal. Y a esto es a lo que se referían nuestros sabios, de bendita memoria, en el Tratado de Shabat que quien extrae sal de una cantera transgrede el Shabat por tratarse de un acto de siega o cosecha. Tal como es sabido, la siega o la cosecha aplican únicamente al reino vegetal.

He aquí que el tema de las transmigraciones o encarnaciones se explica en diferentes lugares, tal como en el versículo: «salva mi alma (Nafshí) de la espada, mi único ser del perro» (Salmos 22:21). Nuestros rabinos, de bendita memoria, se refirieron a ello cuando dijeron que, si la cabeza del toro está en la canasta de la comida, ve al techo etc., porque alguien que ve un toro negro durante el mes de Nisán debe escaparse de él y subir al techo ya que el Satán danza entre sus cuernos (Tratado de Berajot 33a). La cuestión es que el toro representa el rigor divino más duro, y es más apto para la reencarnación de un alma que otros animales. Por lo tanto, uno debe escaparse de él, no siendo éste el caso en lo referente a los demás animales. De acuerdo con lo antes mencionado, no hay momento adecuado para transmigrar de estado vegetal en animal sino a partir del mes de Nisán. Por lo tanto, durante los días de Nisán, que es cuando el individuo malvado entra en el toro, quizás en virtud del agregado de este ibur malvado, el toro dañará a quien se le cruce. Sin embargo, una vez que se acostumbró a la nueva presencia, no causará daño. Por lo tanto, no hay motivo para temer esto salvo en el primer mes del ascenso de vegetal a animal, que es el mes de Nisán. Es entonces cuando el toro come los brotes de hierba en los que transmigró el individuo malvado al pasar al nivel de vegetal. Ya fue explicado en Sha'ar hapesukim (El pórtico de los versículos) la cuestión de Yunus y Yumbrus, los hijos del malvado Bil'am quienes hicieron el becerro de oro en el mes de Tamuz. Respecto del becerro fue dicho: «...cambiando Su gloria por la figura de un toro que come hierba» (Salmos 106:20). (En otro sitio encontré en nombre de Rabí Jaim Vital que la palabra hierba, es la sigla de '17 de Tamuz' – עש"ב = שבעה עשר בתמוז).

Transmigración al estado mineral

La cuestión de alguien que transmigra a un estado mineral se explica en lo referente a Naval ('naval' en hebreo significa literalmente 'malvado', *N. del T.*) el carmelita, tal como fue dicho: «y su corazón murió en su seno y era una roca» (I Samuel 25:29). El secreto de la cuestión se comprende de lo que se explicará posteriormente en cuanto a que Labán (el suegro de Ya'akov) se reencarnó en Bil'am y luego en Naval el carmelita.

El malvado Bil'am, que era un encantador de serpientes, sólo poseía poder en su boca y podía maldecir gente efectivamente. Por eso, cuando Bil'am fue muerto transmigró en una simple roca, en el nivel mineral, para expiar por el encantamiento de serpientes que realizó con su boca, como se mencionó. Cuando posteriormente se encarnó en Naval el carmelita, que fue el inicio de su regreso a este mundo para poder ser reparado, acaeció el incidente en el cual se enojó con David y le dijo: «¿Quién es David y quién el hijo de Yshai?» (I Samuel 25:10), David quiso matarlo ya que había venido al mundo a reparar el habla malvada de Bil'am y en lugar de ello volvió a pecar con su boca, maldiciendo a David, el rey de Israel. Luego, Naval recordó y supo que inicialmente había transmigrado en una piedra para reparar el habla malvada de Bil'am y ahora había vuelto a maldecir.

Por ello, «su corazón murió en su seno», al recordar que originalmente había pasado por el estado de roca para reparar, tal como se mencionó. Por lo tanto, no está escrito «y se volvió una roca» sino «era una roca». Naval fue una personalidad prominente, por lo cual no cabe preguntarse cómo es que lo supo, es probable que un profeta o un estudioso se lo haya dicho, y es probable también que su mazal (literalmente estrella, puede ser también destino o suerte, *N. del T.*) vio incluso aquello que él mismo no alcanzó a ver. La cuestión de transmigrar en un objeto inanimado está también aludida en el siguiente versículo: «la piedra clamará desde la pared» (Habacuc 2:11), pues hay quienes transmigraron al estado mineral y se encuentran en una pared, o quienes transmigraron al estado vegetal: «la viga de madera le responderá» (ídem), y desde allí se lamentarán por el duro castigo que se les inflige en su estado. Se aclararán ahora otros versículos con la ayuda de Dios.

Transmigración en vegetal

Ahora, pasaremos a explicar diferentes tipos de reencarnación. Has de saber, que alguien que habla mal de otros (lashón hará) o similares, transmigra en una piedra, tal como explicamos respecto de Naval el carmelita. Tal como se dijo en su caso: «era una roca», ya que el opuesto al habla es el silencio de lo inanimado.

Aquel que provee a un judío de carne deficientemente faenada transmigra en una hoja de árbol, que pertenece al reino vegetal. Su castigo será tal que el viento lo golpeará y le hará moverse para un lado y para el otro y no tendrá descanso. Cuando el tiempo establecido para su reparación culmine, la hoja se desprenderá del árbol y caerá al suelo. Ésta será la muerte para el individuo, ya que fue cortado y arrancado de este mundo. Ésta es la explicación profunda del versículo que dice: «y la hoja está marchita (en hebreo 'novel')» (Jeremías 8:13), porque quien alimenta al pueblo de Israel de alimentos impuros ('nevelot') transmigra en una hoja que marchita y cae sobre la tierra. Ésta también es la explicación del versículo que dice: «seréis como la encina a la que se le caen sus hojas» (Isaías 1:30). A veces, después que la hoja cae del árbol el alma transmigra en otra hoja hasta caer y así varias veces, al igual que quien se reencarna varias veces en este mundo en correspondencia con el castigo del cual es merecedor.

Transmigración en agua

Hay quienes transmigran en agua, y a estos se los considera también como vegetal, tal como se mencionó anteriormente, y son los casos siguientes.

Alguien que derrama sangre en este mundo transmigra en agua, y la señal de ello es lo que está escrito: «…la derramarás sobre el suelo cual agua» (Deuteronomio 12:16), y también está escrito: «quien derrame la sangre del hombre a manos del hombre su sangre será derramada» (Génesis 9:6), y su castigo es que participa del flujo del agua y esta cae constantemente sobre él. Querrá incorporarse, pero el agua lo tumbará permanentemente, por lo que no tendrá descanso, y constantemente se arremolinará entorno al sitio de caída del agua. Esto fue también insinuado en el versículo que dice: «hemos de morir, y somos como el agua que se derrama sobre la tierra» (II Samuel 14:14). De igual manera, todo aquel que debía morir por asfixia (jenek) pero no fue sentenciado por un tribunal terrenal transmigrará en agua y será asfixiado a cada instante tal como se explicó.

Aquel que copula con una mujer casada, pecado por el cual debe morir por asfixia, transmigra en las piedras del molino de agua en el cual se muelen granos de trigo, y allí son castigados tanto el hombre como la mujer, tal como está escrito: «…que mi esposa muela para otro» (Job 31:10).

También aquel que no es cuidadoso en la ablución de manos (netilat yadaim) transmigra en agua. Ésta es la explicación profunda del versículo que dice: «las aguas maliciosas nos habrían arrastrado. Bendito sea HaShem que no permitió que seamos presas de sus dientes» (Salmos 124:4-5), pues las iniciales de la frase 'que seamos presas de sus dientes' (נטל - נתננו טרף לשיניהם) forma el vocablo 'natal' (en hebreo 'abluyó') Y ésta es la explicación profunda de lo que dijeron nuestros sabios en cuanto a que quien come sin abluir sus manos es arrancado de este mundo, y es castigado con agua (Tratado de Sotá 4b), como ya se mencionó.

Esto aludiría también a lo contrario, cuando dice «Bendito sea HaShem que no permitió que seamos presas de sus dientes» se forman las iniciales 'She.Na.Ta.L.' (שנטל - שלא נתננו טרף לשיניהם) porque por medio de la ablución de manos no somos entregados cual presas a los dientes de las aguas maliciosas, tal como se mencionó. Por ello, bendito sea HaShem, que no nos hizo como los malvados que no abluyen sus manos. Asimismo, aquel que no recita las bendiciones por el disfrute (de los alimentos y aromas) relegándolas a un segundo plano, «roba a su padre y a su madre» y es «compañero de quien destruye» (Proverbios 28:24) y también transmigra en agua.

Transmigración en un animal

Algunos transmigran en animales. Un dirigente que actúa soberbiamente sobre la comunidad transmigrará en abejas. Tal como dijera Rabí Najman bar Ytzjak (Tratado de Meguilá 14b): La soberbia no es acorde a la mujer, dos mujeres fueron altaneras: el nombre de la primera es 'abeja' ('Dvora', o Débora, la profetisa) y el de la otra rata ('Juldá', nombre de otra profetisa, en español se suele escribir 'Hulda'). Estas fueron la profetisa Débora que actuó soberbiamente ante Barak y mandó llamarlo por no querer ir donde él, y la profetisa Juldá que humilló al rey Tzidkiahu (Sedequías) y le dijo: «decid al hombre (hombre y no rey) que os envió a mí...» (II Reyes 22:15), tal como nuestros sabios de bendita memoria escribieron. Por medio de sus palabras, nuestros sabios insinuaron que Débora fue una mujer arrogante y por ello no realizó labor alguna, y además era de hablar abundantemente y su boca nunca estaba cerrada. Por ello, un líder que actúa soberbiamente para con su comunidad, y quien habla inadecuadamente transmigran en abejas, que poseen esas dos características (trabajan y no hablan, *N. del T.*).

Quien anuncia el castigo y quien lo ejecuta

Has de saber que ninguno de los transmigrantes mencionados ni ninguna de las almas que son sentenciadas en el Tribunal Celestial son castigados sin que estén acompañados por un anunciante que declara constante y públicamente el castigo y la iniquidad que lo causaron, durante todo el tiempo que la encarnación o la transmigración o el castigo tienen lugar, tal como se mencionó. El anunciante nunca los abandona. Además, hay un guardia o ejecutor que aplica el castigo que le corresponde o le hace transmigrar o encarnar en la realidad que le corresponde, como en el caso de quien transmigra al estado de agua, el guardia se mantiene permanentemente a su lado para arrojarlo o hacerlo descender al agua todo el tiempo que le fue establecido. Además, en la mayoría de las transmigraciones o castigos, tal como se ha mencionado, está presente una corte que lo juzga y cambia la pena de tanto en tanto, modificando un castigo a otro, de acuerdo con el rigor y la sentencia que le resultare más apropiado.

Encarnaciones o transmigraciones suplementarias

Dijo Shmuel: he hallado otra colección de escritos que dicen cosas semejantes a las que hemos mencionado, si bien de las palabras del rabino (Rav Jaim Vital), de bendita memoria, se entiende que no provienen de la boca de mi maestro, el rabino (Rabí Isaac Luria), de bendita memoria, el «Gran proveedor para todos», sea recordado para la vida en el Mundo Venidero, tal como está escrito allí. De todas maneras, no he obviado presentarlos a vosotros, esto es lo que él (Rav Jaim Vital) decía. Hallé esto en el libro del Rav Eliezer HaLevi, de bendita memoria, y me parece, en mi humilde opinión, que sin duda no son de mi maestro, de bendita memoria. Un individuo que mantiene relaciones sexuales con un animal transmigra en murciélago. Aquel que mantiene relaciones sexuales con una mujer menstruante se reencarna en una mujer gentil. Aquel que mantiene relaciones sexuales con una mujer casada transmigra en un burro, y aquel que mantiene relaciones sexuales con su madre transmigra en una burra. Un hombre que mantiene relaciones sexuales con otro hombre transmigra en un conejo o una liebre, dependiendo del tipo de pecado, esto es, si fue activo o pasivo en la relación. Aquel que mantuvo relaciones sexuales con su nuera transmigra en una mula hembra, aquel que mantiene relaciones sexuales con una mujer gentil se reencarna en una prostituta judía. Aquel que mantiene relaciones sexuales con la esposa de su padre transmigra en un camello, y aquel que mantiene relaciones sexuales con su cuñada transmigra en una mula macho. Aquel que mantiene relaciones sexuales con su media hermana transmigra en una cigüeña que es muerta por sus compañeras, tal como escribieron nuestros sabios, de bendita memoria (Midrash Tehilim 103). Ésta es la explicación secreta del versículo que dice (Levítico 20:17): *«si un hombre tomara a su hermana, sea esta hija de su padre o de su madre…es un acto de benevolencia»* ('jesed', raíz de la palabra 'jasidá' que significa cigüeña). Lo mismo ocurre con quien mantiene relaciones sexuales con su suegra. Quien mantiene relaciones sexuales con un animal doméstico o salvaje o un ave transmigrará en un cuervo. Quien constantemente mira a mujeres que le están prohibidas transmigrará en un milano (ראה) blanco, que puede ver más lejos que las demás aves. Todo esto es así si el pecador no se arrepintió.

Dijo Shmuel: Ésta es otra de las introducciones que ya traje en la página 86 de Sha'ar Maamarei Jazal (Pórtico de las palabras de nuestros sabios, de bendita memoria). Sin embargo, no la quise quitar de aquí por ser éste su verdadero sitio, al referirse de la recompensa de las almas de los justos, y, aun así, luego (en la introducción 23) se habla de los azotes que se padecen en la tumba.

INTRODUCCIÓN 23

El castigo de los azotes en la tumba

Es sabido lo que dijeron nuestros sabios, de bendita memoria, en *Pirkei DeRabí Eliezer*, en su disertación sobre el castigo de los azotes en la tumba (*jibut hakever*), donde se narra cómo llega un ángel hasta el difunto en el sepulcro, le pregunta: «¿Cómo te llamas?», a lo que responde: «sabido es ante Él, Bendito Sea, que no sé mi nombre… etc.». Sin duda que cabe preguntarse respecto de la necesidad de esta pregunta, y cómo es que el difunto olvida su nombre y qué influencia tiene todo esto sobre el tenor del castigo a recibir. No obstante, has de saber que todas las almas estaban incluidas en el primer Adam antes de que éste pecara, tal como ya lo explicamos numerosas veces, y una vez que pecó, sus órganos se desprendieron de él y son las almas que estaban incluidas en él, cayendo en la profundidad del ámbito de las klipot, por lo que la estatura del primer Adam anteriormente reducida a solamente cien codos, tal como ya lo explicamos en su lugar. Y resulta que no todas las almas son iguales, ya que las carencias no son similares, pues los órganos que estaban más apegados al pecado en el cual incurrió el primer Adam descendieron a un sitial más profundo en el ámbito de las klipot que el resto de los órganos que se encontraban más distantes del pecado. Pues ciertamente no todas las almas son iguales, hay almas que desean incurrir en el pecado en cuestión más intensamente que otras. Así, resulta que dependiendo de la envergadura del defecto el alma descenderá más o menos en la profundidad del ámbito de las klipot. El tema se explica, como lo sabrás, del hecho de que «*tanto uno como el otro fueron obra de Dios*» (Eclesiastés

7:14), y así como hay un primer Adam del lado de la santidad existe también el hombre de Beli'al en el ámbito de las klipot, el cual posee 248 órganos y 365 tendones o articulaciones. En correspondencia con el nivel de los órganos que pecaron en el primer Adam de la santidad, órganos de grado equivalente en el hombre de Beli'al se quedarán con las almas desprendidas del primer Adam y que se invistieron en las klipot, y recibieron vestiduras de klipot de su nivel, pues todas Sus sendas, Bendito Sea, son justas, con rectitud sin mescolanza, simplemente cada alma cayó en uno de los órganos del hombre de Beli'al que se le asemejan, en concordancia con su nivel. De esto resulta que todas las almas del primer Adam que previo al pecado estaban investidas en ropajes de santidad, al caer en el ámbito de las klipot se vieron despojadas de sus adornos y de sus hermosos ropajes, pasando a vestir los vestidos sombríos de la klipá. Según esto no hay alma alguna que carezca de algún nivel de klipá, hecho para ella cual ropaje personal o a medida, en concordancia con el grado de su pecado cuando se encontraba incluida en el primer Adam cuando este pecó, tal como se mencionó. Esta klipá reviste al alma, y la envuelve todos los días de su vida, ya que el alma es sagrada y espiritual y se inviste al interior de esa klipá impura.

La separación de Dios

Ésta es la explicación profunda del versículo que dice: «...*pues son vuestros pecados los que os separan de vuestro Dios*» (Isaías 59:2) etc., ya que la klipá resultante de la transgresión reviste al alma y la separa de Dios (*HaShem Elokim*) del cual fue excavada, y la luz que fluye hacia ella desde HaShem, Bendito Sea, no logra iluminarla por causa de la klipá que la rodea, y esto está insinuado en lo que dijeron nuestros sabios, de bendita memoria, en cuanto a que ello nos enseña que la serpiente intimó con Eva y le infligió impureza (Tratado de Avodá Zará 22b) etc., y también a Adam y a todos sus descendentes hasta la era mesiánica. Hasta ese entonces, ningún ser humano estará a salvo de esta impureza, puesto que entonces todos estaban incluidos en el primer Adam en el momento del pecado. Éste es el aspecto común a todas las almas, incluso las que murieron a causa de la serpiente (Tratado de Shabat 55b), les fue impartida la impureza, tal como se mencionó.

La impureza del primer Adam no se separa hasta el fallecimiento

Sin embargo, no todas las almas son iguales, habiendo diferencias entre ellas, tal como ya se mencionó, ya que cada alma fue dañada en proporción a su grado de cercanía al pecado del primer Adam. Y has de saber que todos los pecados y las transgresiones en los que incurre el hombre, al margen del pecado del primer Adam, ciertamente que atraen sobre sí la impureza de la serpiente en proporción a la envergadura de su mala acción. Sin embargo, todo depende del retorno en arrepentimiento del individuo, pues por medio de este puede alejar de sí la impureza que se le adhirió a causa de sus pecados, aunque estos hayan sido de gran magnitud. Empero la impureza y la klipá resultantes del pecado del primer Adam no dependen del retorno en arrepentimiento (*teshuvá*), por lo que indefectiblemente el individuo habrá de fallecer para que el defecto sea reparado por medio de su deceso. Y si bien el Santo Bendito Sea aceptó el retorno en arrepentimiento del primer Adam y su pecado resultó expiado, de todas maneras, la impureza y la klipá que se adhirieron a él en el momento del pecado no se retiraron ni se separaron de él sino tras su fallecimiento. Esto se debe a que, por diversos motivos que no es este el sitio para explicarlos, la magnitud del pecado del primer Adam fue muy importante. Ésta es la explicación profunda de aquellos que fallecieron por causa de la mordedura de la serpiente, que son Benjamín e Yshai, Caleb, Leví y Yehoshúa Bin Nun (Josué) que no participaron del pecado del becerro de oro tal como lo explica el Zohar en la porción de *Ki Tisá*. Allí se detalla que, si bien no tenían pecado alguno en su haber, de todas maneras, la klipá y la impureza que se les adhirió durante el pecado del primer Adam no se separó de ellos hasta después de fallecidos. Ésta es la explicación profunda de lo que dijeron nuestros sabios, de bendita memoria, que estos personajes mencionados murieron por causa de la mordedura de la serpiente, que impartió impureza sobre Adam y sobre Eva.

Sin embargo, es necesario explicar por qué el fallecimiento separa a la klipá del ser humano. Has de saber que la santidad es denominada 'vida', tal como está escrito en la Torá: *«mira, He puesto ante ti la vida y el bien»* (Deuteronomio 30:15), y también está escrito: *«Y ustedes los que os apegáis a HaShem vuestro Dios estáis todos vivos hoy»* (ídem 4:4), ya que el Santo Bendito Sea otorga abundancia y nutrición a todas Sus criaturas. Por su parte, el sitra ájara, el lado de la impureza, que le quita la abundancia y la vitalidad a las criaturas es denominado muerte, tal como dice la Torá (ídem 30:15): *«(He puesto ante ti...) la muerte y el mal»*. He aquí que el individuo que peca atrae sobre sí sitra ájara que es denominada «muerte», y por este motivo la klipá no puede separarse del individuo hasta que este fallece, pues al ser enterrado su cuerpo se descompone en el polvo de la tierra y se separa de éste la klipá que se adhirió a él cuando la serpiente impartió la impureza a Eva y a Adam.

Los azotes en la tumba separan al individuo de la klipá

Así habrás de entender la cuestión del azote en la tumba, pues una vez que el individuo fallece y es enterrado en el polvo de la tierra, de inmediato acuden a él cuatro ángeles que hacen descender el suelo de la sepultura haciendo que el cadáver esté más profundo y el espacio de la tumba queda del tamaño o de la altura del hombre allí sepultado, tal como ya se mencionó en el capítulo que versa sobre los azotes en la tumba, véase allí. Entonces, regresan su alma a su cuerpo, como mientras estaba con vida, y esto obedece a que la klipá permanece adherida y conectada al alma y al cuerpo y no se separa de estos por lo que es preciso que el alma y el cuerpo vuelvan a estar unidos. Entonces, cada uno de los ángeles lo sostiene de una extremidad, lo sacuden y lo azotan con palos de fuego, tal como cuando se sostiene un talit extendido de sus dos lados y se lo sacude para quitarle el polvo. De igual manera el individuo es sacudido hasta que la klipá se desprende por completo, y por ello a esto se le llama el azote de la tumba, pues se asemeja a quien golpea a su talit para sacudirlo. Por ello, es necesario que el sepulcro sea profundo, para que haya en su interior espacio suficiente para sacudir y azotar al individuo. No obstante, no todos los individuos son iguales, pues los justos que en vida se alejaron de la inclinación al mal, doblegaron su impulso y se golpeaban a sí mismos con los sufrimientos que les sobrevenían, amén de que estudiaron Torá y observaron los preceptos todo lo cual desgasta el vigor humano, cuando llega el momento de macharse de este mundo y padecer los azotes del sepulcro, no precisan atravesar una gran penuria ya que un golpe cualquiera alcanza para separar de ellos a la klipá. No es así en el caso de los malvados, ellos, por medio de sus deleites en este mundo conectaron y fortalecieron el apego de la klipá a su cuerpo y a su alma. Y ésta es la explicación de por qué no hay ser humano que se salve del 'azote de la tumba', tal como se mencionó en el capítulo homónimo.

Tal como explicamos anteriormente, respecto de quienes murieron víctimas de la mordedura de la serpiente, en cuanto a que no hay alternativa al fallecimiento y al azote de la tumba como método de separar la klipá del alma y del cuerpo de cualquier individuo, salvo el caso de aquellos que fueron mencionados en el capítulo del azote de la tumba, que lo evitaron por medio de algún precepto que sirve como protección para ello. El resto de los individuos requieren del azote en la tumba. Sin embargo, existe una diferencia entre un azote mínimo y otro de importancia, y cada uno padece el castigo que le corresponde, de acuerdo con el grado de su klipá y la fortaleza de su apego a la misma. Sin embargo, incluso aquellos individuos que se salvan del azote de la tumba, tal como se mencionó, dado que los preceptos específicos que cumplieron los separaron de la klipá de manera indolora, de todas maneras, precisan fallecer, tal como se mencionó en el caso de quienes murieron por causa de la mordedura de la serpiente.

Y escuché de mi maestro, de bendita memoria, que todo aquel que es enterrado en la víspera de Shabat pasada la quinta hora, e incluso durante la quinta hora, no padece del azote de la tumba, ya que la santidad del Shabat separa al individuo de la klipá sin necesidad de sufrir el azote. Y ésta es la explicación profunda del hecho de que en Génesis dice: «El sexto día» (יום הששי) ya que a partir de la quinta hora (5 = ה) del viernes (el sexto día) la santidad sabática ya ilumina.

El nombre del individuo y su singularidad

Esto explica también el motivo por el cual los malvados olvidan su nombre ante la pregunta de los ángeles. He aquí que arriba se explicó que no hay alma alguna del mundo que carezca de los ropajes de la impureza de la serpiente, y esta klipá es la inclinación al mal que entra en el ser humano el día de su nacimiento, ya que en virtud del pecado del primer Adam esta inclinación al mal se arraiga y apega al individuo. Y la klipá en cuestión se encuentra junto al alma a partir del momento del pecado del primer Adam, y de allí en adelante, al grado que las dos, el alma y la klipá se transformaron en una masa compuesta de harina pura y de salvado completamente unidos. Y esto te explicará por qué la inclinación al mal tiene tanto poder de impulsar al individuo y conducirlo por el camino del mal. Ello se debe a que ésta es la dueña de casa en el cuerpo del ser humano, tal como se mencionó. Ya se explicó que no todas las klipot son iguales, ya que cada una de ellas es una chispa del alma perversa del sitra ájara (lit. 'el otro lado', o sea el lado del mal), un órgano particular de los 248 órganos del hombre de Beli'al impuro, tal como se ha explicado en las disertaciones anteriores, en cuanto a que las chispas de las almas de santidad provienen de una chispa de un órgano particular del Adam superior sagrado. Y así como cada una de las almas sagradas posee un nombre conocido, de acuerdo con el órgano del cual fue extraída, y tal como dijeron nuestros rabinos, de bendita memoria, respecto del versículo que dice: «...que ha causado devastación ('shamot') en la Tierra» (Salmos 46:9), no leas 'shamot' sino 'shemot' (nombres), de igual manera, cada una de las chispas de las klipot posee su propio nombre conocido y así resulta que la inclinación al mal de un individuo no se asemeja a la de otro. Así, cuando un individuo nace, su padre y su madre le ponen el nombre que se les ocurre, pero éste no es al azar, sino que el Santo Bendito Sea pone en su boca el nombre que resulta necesario para esa alma, tal como dice el versículo: «...*ha puesto nombres sobre la Tierra*». El nombre recibido está en concordancia con el sitio del órgano en el Adam superior del cual fue extraído y ese nombre es grabado en el Trono de la Gloria Superior (*Kisé HaKavod*), tal como es sabido, y por eso nuestros rabinos, de bendita memoria, dijeron que el nombre es el causante de la suerte (el 'mazal') de la persona (Tratado de Berajot 7b). Éste es también el motivo por el cual Rabí Yehoshúa Ben Korjá y Rabí Meir solían revisar los nombres. «*Tanto uno como el otro fueron obra de Dios*» (Eclesiastés 7:14): así como hay un nombre establecido para el alma sagrada del individuo, que es aquel que le otorgan su padre y su madre en el día de la circuncisión, tal como es sabido, de igual manera existe un nombre establecido para la klipá, que es la inclinación al mal que ingresa al individuo en el momento de su nacimiento. Así es, que cada individuo posee dos nombres, uno del lado de la santidad y otro del lado de la klipá. Si mientras el individuo está con vida en este mundo, pudiese saber el nombre de la klipá que lleva en su interior, podría investigar de dónde fue extraída, en qué nivel del Adam Beli'al se encuentra, podría saber el sitio del defecto, qué tipo de corrección requiere y podría repararlo fácilmente de modo tal que la klipá podría separarse de él fácilmente en vida y no precisaría en absoluto hacerlo por medio de los azotes de la tumba. Por ello, cuando fallece un hombre justo, no se le pregunta cuál es su nombre del lado de la impureza (*sitra ájara*) pues durante su vida se esforzó y sufrió las penurias de la acción de separar la klipá mencionada, por lo que resulta sencillo completar la separación por medio de los azotes en la tumba. Por su parte, en el caso de un hombre malvado ocurre exactamente lo contrario, ya que él amarró más fuertemente a sí la klipá en cuestión por lo que a la hora de los azotes en la tumba se requieren golpes y grandes castigos para separarla y si estando en vida supiese su nombre del lado de la impureza, podría reparar la cuestión fácilmente. Por ello, en la tumba recibe fuertes golpes (o azotes) por no conocer el nombre mencionado y no haberlo investigado estando con vida, por no desear esforzarse en sus acciones tal como lo hicieron los justos.

Dijo Shmuel: encontré otra introducción respecto de la cuestión de los azotes de la tumba, es muy buena y esto es lo que dice. La cuestión de los azotes de la tumba y lo que ello implica ya ha sido explicado, véase allí. Sin embargo, allí se explicó que por efecto del pecado del primer Adam el bien se mezcló con el mal en todas las almas. Esto se asemeja a lo que fue explicado respecto de la cuestión de Caín y Hevel. Ésta es la explicación profunda del versículo que dice: «*y puso Adam nombre a todos los animales*» (Génesis 2:20), pues tal como otorgó a las almas nombres del lado de la santidad, también les otorgó nombres de klipá, pues al pecar el primer Adam con el árbol del conocimiento del bien y el mal hizo que, así como al individuo le es extraída un alma de la cantera de la santidad, de igual manera se le extrae una de los niveles de la klipá. Sin embargo, ya te he hecho saber que en el mundo de Asiá el mal prevalece por sobre el bien y ambos están mezclados, en el mundo de Yetzirá son equivalentes y están mezclados. En el mundo de Briá el bien prevalece por sobre el mal y no están mezclados.

Hay quienes poseen un Nefesh proveniente de Maljut de Asiá de la klipá, y hay quienes poseen Nefesh, Ruaj y Neshamá de las klipot, no obstante, quien no se ha comportado con tanta maldad y por ende aún no recibió Neshamá del lado de las klipot su reparación no es tan frustrante y por medio del retorno en arrepentimiento podrá repararlos. Y cuando se reencarnen en este mundo y reciban su castigo, se asemejarán a Yerovoam Ben Nevat y a sus amigos que carecen de porción en el Mundo Venidero. Esto implica que incluso tras haber recibido sus castigos sus almas no serán merecedoras de ascender bajo la forma de maim nukvim en una conexión o copulación superior de Aba e Ima que es denominada 'Mundo Venidero', empero sí ascenderán bajo la forma de maim nukvim en una conexión o cópula de Zair Anpín y Nukva. Pero quien posee Nefesh, Ruaj y Neshamá de las klipot requiere que sus huesos se pudran y su carne sea carcomida. Ésta es la explicación profunda de la cuestión de Rut y Orpá, pues la segunda regresó a su nación y a sus dioses. Ésta es también la explicación del versículo (Eclesiastés 4:5) que dice: «*el necio se cruza de brazos y come su propia carne*», que es el Ruaj, y se acaba a sí mismo, y para separar de sí a ese Nefesh precisan de los azotes en la tumba. Los malvados son azotados para separar de estos el Nefesh. Incluso en la tierra de Israel resultan necesarios algunos pocos azotes en la tumba, ya que quienes nacen en ella vienen con la klipá ya separada, y ello depende de las acciones del hombre, si son buenas o malas.

Y has de saber que todo aquel que es celoso en cuestiones celestiales, sobre este dijeron nuestros sabios, de bendita memoria, que «un hombre no cela a su mujer a menos que le haya entrando un espíritu de pureza» (Tratado de Sotá 3a), en cambio quien tiene celo en cuestiones mundanas es de ellos, porque este tipo de celo proviene de los jitzonim (lit. exteriores, se refiere a fuerzas impuras) y por lo tanto sus huesos se pudrirán. Tal como se dice en el Tratado de Shabat sobre Rabí Ajai Bar Yoshiá respecto del versículo que reza: «*La envidia es la podredumbre de los huesos*» (Proverbios 14:30). En efecto, quien tiene celo por cuestiones mundanales, sus huesos se pudren y son comidos por las polillas.

Las 370 luces

El secreto de esta cuestión ya se te ha hecho conocer. Existen 370 luces espirituales del lado de la santidad y cuando alcanzan el número de 378 luces equivalen al valor de las palabras Jashmal (חשמל) y Malbush (מלבוש) porque con estas 378 luces se hace una especie de ropaje y recubrimiento sobre los cuatro mundos Atzilut, Briá, Yetzirá y Asiá. De esa manera los jitzonim no dominan a estas luces. Es sabido que los cuatro ropajes son los de los mundos de Atzilut, Briá, Yetzirá y Asiá y que cada uno de ellos es más grueso que el otro. El de Asiá es el más grueso de todos, por ser el principal sitio al cual se aferran las klipot, por lo que es preciso que sea más grueso que los demás. Y así como hay 370 (ש"ע) luces del lado de la santidad, hay un número igual del lado de los jitzonim, y son llamados al revés (ע"ש) (combinación de letras que forma la palabra 'polilla'), Y ésta es la explicación del versículo que reza: *«porque la polilla los comerá cual vestidura»* (Isaías 51:8), pues a los malvados los comerá la polilla, que devora y pudre los huesos del difunto.

Además, así como hay gusano (*tola'at* - תולעת) del lado de la santidad, bajo la forma de tola'at shaní (tinte rojo producido por gusanos y empleado en la construcción del Tabernáculo, en Éxodo 25:4, *N. del T.*), o como está escrito «no temas gusano de Ya'akov» (Isaías 41:14). Y es el nombre ABGYTATZ (אבגיתץ) que suma el valor numérico de 'gusano' (תולע) y es el secreto del Jesed en la Guevurá, la benevolencia en el rigor, en los siete Nombres Divinos de 42 letras, y es el cohen, del cual se dice *«y darán al sacerdote (al cohen) la espaldilla las quijadas y el cuajar»* (Deuteronomio 18:3). La expresión «y darán» (ונתן) posee el valor numérico del Nombre mencionado, así como el de la palabra «toro» (שור) sobre el cual el Talmud dice: un toro negro en el mes de Nisán (Tratado de Berajot 33a), por tratarse de uno de los Nombres Divinos de cuarenta y dos letras que es uno de gran rigor. Su correspondiente en las klipot es el gusano (תולע) que es aquel que devora la carne del difunto en la tumba y sobre el cual fue dicho: *«el necio se cruza de brazos y come su propia carne»* (Eclesiastés 4:5), y sobre él fue dicho: *«si se habrán de enrojecer como el gusano se emblanquecerán como la lana»* (Isaías 1:18). Sin embargo, quien haya sido un justo en este mundo, podrá reparar todo estando con vida en este mundo, al igual que Rabí Ajai Bar Yoshiá, que nunca mostró celo por cuestiones mundanas que es el celo que proviene de las klipot, y por ello al fallecer no fue dominado ni por el gusano ni por lo jitzonim (fuerzas de impureza). Tal como dijo el rey David (Salmos 16:9): *«incluso mi carne residirá segura»*, hasta que veas que ya hubo cuatro individuos que, si bien fallecieron, ello sólo se debió a la mordedura de la serpiente, tal como ya se explicó aquí.

INTRODUCCIÓN 24

La recompensa de las almas de los justos

Esta introducción se refiere a la recompensa que perciben las almas de los justos. Si bien ya la transcribí en el *Sha'ar Maamarei Razal* (el Pórtico de los dichos de nuestros rabinos, de bendita memoria), pues ese es su verdadero sitio y véase allí. De todas maneras, volví a transcribirla aquí tal como la encontré, y así dice: he aquí que tras haber hablado del castigo de las almas de los malvados hablaremos un poco de la recompensa de las almas de los justos. Así, se explicará una diferenciación que encontramos en las palabras de nuestros rabinos, de bendita memoria, en diferentes pasajes. Pues en una oportunidad encontramos en sus palabras que fulano tiene parte en el Mundo Venidero o que es 'hijo del Mundo Venidero' (*ben ha'olam habá*) o que está preparado para la vida en el Mundo Venidero. Lo que sigue a continuación son los detalles específicos de la cuestión. Has de saber que, tras la partida del alma del justo de este mundo, si no es merecedor de recibir un castigo por haber sido un justo íntegro (*tzadik gamur*), existen tres grupos posibles a los que puede pertenecer. En **uno de estos,** al preciso momento de fallecer y también después de ello, ascienden continuamente bajo la forma de maim nukvin ylaín hasta el Yesod de Ima Yla'á, que es Biná, y tal como es sabido es denominada 'Mundo Venidero'. Allí se incita a la conexión superior, conectándose Aba con Ima. Este grupo es denominado «hijos del Mundo Venidero». Explicación: así como el Zair Anpín que es denominado Ima Yla'á (madre superior) es el único que asciende bajo la forma de maim nukvin hasta Aba e Ima y los conecta, de igual manera este tipo de justo recibe el nombre de **«hijo del Mundo Venidero»,** que es la Ima Yla'á, y es el único que genera esa conexión o cópula superior (*zivug elión*).

El **segundo grupo,** es inferior al primero y es el de aquel justo que no es apto para ascender por sí mismo y generar la conexión de Aba e Ima. En lugar de ello, debe sumarse y conectarse al alma de otro justo superior a él en nivel y por su intermedio generar la conexión superior. A propósito de esto dijeron nuestros rabinos, de bendita memoria, que «todos los hijos de Israel tienen una porción en el Mundo Venidero» (Tratado de Sanhedrín 90a), ya que todos los hijos de Israel que son decentes (*ksherim*), aunque no sean completamente justos (*tzadikim gmurim*) **poseen** una pequeña **porción** (en el **Mundo Venidero**) al sumarse con las demás almas para ascender hasta la conexión del Mundo Venidero Superior, mas por sí solos no son hijos del Mundo Venidero, cual hijo que asciende sólo a la casa de su padre sin la asociación a otro que ascienda junto a él.

El **tercer grupo** es mayor que los dos anteriormente mencionados, y sobre ellos se dice que «están **invitados** o listos para el **Mundo Venidero».** Esto se refiere al Mundo Venidero principal, al que no accede el individuo tras su fallecimiento, sino que se refiere al futuro por venir (*atid lavó*) que es cuando está escrito que «*la luz de la Luna será semejante a la del Sol*» (Isaías 30:6). Se trata de que entonces, Aba e Ima volverán a ascender otra vez hasta entrar en Arij Anpín bajo el formato de ibur, tal como fue al momento de la creación del mundo. Es sabido, que todo regreso bajo la forma de ibur tiene por cometido renovar el mojín de estos para que de esa manera tengan fuerzas para incrementar la luz de la Luna y hacerla semejante a la del Sol, (astros) que son Zair Anpin y Nukva. Estos mojín son llamados «la vida del Mundo Venidero» (*jaiei haolam habá*), pues son su vida, tal como es sabido que el mojín es denominado «la vida del rey» (*jaiei hamelej*), de acuerdo con lo que dijeron nuestros sabios, de bendita memoria, que «todo aquel que se coloca las filacterias (tefilín) prolonga sus días» (Tur Oraj Jaím 37), tal como fue dicho «*HaShem, por mérito de ellos vivirán*» (Isaías 38:16). Pues estos son la vida que fluye al Mundo Venidero que es Ima. Por ello, quien entonces sea un individuo honesto y merecedor como para ascender a Arij Anpín bajo la forma de maim nukvin y generar la conexión superior en Arij Anpín para que ocurra el ibur del mojín de Aba e Ima, sobre este individuo se ha dicho que está invitado o está listo para el Mundo Venidero. Así entenderás aquello que dijo el profeta Samuel, la paz sea con él, *«¿Por qué me enfureces haciéndome ascender?»* (I Samuel 28:15), puesto que temía por el Gran Día del Juicio que habría de tener lugar en el futuro. Y si bien Samuel ya sabía que era 'hijo del Mundo Venidero', aun dudaba si era merecedor de contarse entre aquellos que son invitados o están listos para la vida del Mundo Venidero.

Existe un **cuarto grupo,** y es el de aquellos que son mencionados explícitamente en el capítulo décimo del Tratado de Sanhedrín (*perek jelek*) respecto de aquello que **carecen de porción** en el Mundo Venidero, tres reyes y cuatro personas comunes etc. Pues estos, aunque habrán de sufrir sus castigos no pertenecen siquiera al segundo grupo que es de nivel más bajo y es el de quienes tienen porción en el Mundo Venidero tras su fallecimiento por medio de la ayuda de otras almas. Las almas de este cuarto grupo no ascienden al Mundo Venidero para generar la conexión de Aba con Ima, quedando en un estadio inferior bajo la forma de maim nukvin en Maljut de Nukva de Zair Anpín y no más que eso.

INTRODUCCIÓN 25

¿A qué aluden las montañas, colinas y manantiales?

Respecto de la creación de las montañas, las colinas, los manantiales y dónde están insinuados, esto es lo que dijeron: pensé traer aquí una explicación de mi maestro, de bendita memoria, sobre la cuestión de las montañas y las colinas que hizo el Creador en este mundo, y asimismo sobre la cuestión de los manantiales. Has de saber, que así como la Tierra superior está dividida en siete partes, y es Maljut, motivo por el cual es llamada Bat-Sheva (Betsabé en español, lit. 'la poseedora de siete') otro tanto ocurre con la Tierra inferior, que está dividida en siete climas, tal como es sabido. Otro tanto ocurre en todas las partes de esta Tierra, no hay nada abajo que no posea un ángel ministerial arriba encargado de él. He aquí que cada una de las montañas más grandes y altas de esta Tierra posee arriba un ángel ministerial particular. La diferencia de altura de una montaña aquí abajo respecto de una menor se corresponde con la diferencia de altura de sus ángeles ministeriales, tal como es sabido. Eso se debe a que los cielos, en todas sus acciones y características, son similares a la Tierra. Y has de saber que estas montañas siguen creciendo día a día desde la creación del mundo, sin embargo, este incremento del tamaño no es perceptible. También ocurre lo contrario: hay montañas que se reducen y decrecen en altura, tal como ellos, de bendita memoria, escriben respecto de la cuestión de la tierra de Israel que tenía un tamaño de cuatrocientas parsaot[7] y posteriormente tembló y se empequeñeció (Tratado de Guitín 57a). Algunas montañas se volvieron más grandes y fuertes, esto en correspondencia con el grado y la grandeza del ángel que las rige arriba en los cielos (y otras empequeñecieron) en correspondencia con su escaso poder. Y a veces, ocurre que el ángel regente de la montaña es completamente anulado de su nivel, por lo que al mismo tiempo su montaña abajo se ve anulada en su tamaño más no en su existencia. En lugar de ello, se apega y se une a otra montaña y se anula en ella y deja de ser perceptible. A veces, puede ocurrir lo contrario, pues al ángel encargado de la montaña en cuestión le son retirados parte de sus atributos o competencias, y su órbita de responsabilidad es dividida entregándosele una mitad de esta a otro ángel y quedando solo una mitad bajo su jurisdicción, por lo que también abajo la montaña que estaba bajo su dominio se fractura y divide en dos. Por ello, verás a veces una gran roca que realmente se partió en dos, y en la fractura del medio no verás tierra, solamente se verá la roca misma que está dividida y fracturada en dos partes.

Los manantiales

En cuanto a los manantiales, estos se corresponden con los niveles de los manantiales (superiores) de maim nukvin que existen en la Tierra superior que es Maljut, y en correspondencia a estos, abajo, están los manantiales de esta tierra, que se asemejan al maim nukvin ya que ascienden desde las profundidades hasta la superficie de toda la Tierra. Sin embargo, las lluvias que descienden sobre la Tierra son semejantes al maim dujrin (aguas masculinas del mundo superior). Resulta entonces que abajo en la Tierra no hay manantial al cual no se le corresponda en la Tierra superior una luz superior que eleve maim nukvin desde Maljut hacia el Zair Anpín durante todo el tiempo que el manantial

---

7. Medida talmúdica que equivale a unos 4000 metros por lo que la medida del país sería de unos 1600 kilómetros aprox. *(N. del T.)*

inferior exista. Cuando abajo en la Tierra un determinado manantial o pozo de agua queda bloqueado o se seca, también su fuerza arriba se seca y ya no eleva maim nukvin. A veces, verás que surge un nuevo manantial o una nueva fuente de agua en la profundidad del pozo que no estaban desde el inicio, y ello indica que también arriba se innovó algún tipo de luz superior o alguna alma que eleva maim nukvin desde la mujer (Maljut) al Zair Anpín.

¿A qué aluden los árboles?

También en lo referente a los árboles de esta Tierra, cada uno tiene un ángel arriba, y cuando éste cae - el árbol se seca. Esto y más, cada vez que se caen las hojas del árbol abajo, en ese mismo momento el ángel ministerial superior pierde alguna fuerza superior, y de lo que te he escrito ahora, con los ojos de tu propio intelecto podrás deducir y entender por ti mismo cuestiones maravillosas.

INTRODUCCIÓN 26

Las vestimentas del alma

Esta introducción se referirá a las cuestiones del alma. Has de saber, que no hay alma en el mundo que, D's no lo permita, esté desnuda carente de un ropaje en el cual investirse en este mundo. La cuestión de este ropaje es insinuada en el libro del Zohar, en la porción de Mishpatim, en las palabras de Rabí Yeiba Saba sobre el versículo que reza: «*...su alimento, su vestimenta y su morada conyugal él no negará*» (Éxodo 21:10) y sobre el que dice «él no tendrá autoridad para venderla al cometer perfidia (בבגדו בה en hebreo la palabra traición, 'bgui- dá', o actuar pérfidamente, tienen cercanía con la palabra '*begued*', ropaje. *N. del T.*) contra ella» (ídem vers. 8). Explicaremos ahora lo concerniente al ropaje que posee el alma. He aquí que todo cuanto le aconteció a Yosef el justo en este mundo con su patrona la esposa de Potifar, evento en el cual salieron diez gotas de esperma entre las uñas de sus pies, tal como fue dicho: «*y se afirmaron sus brazos (el vocablo 'zero'a' brazo es cercano al de 'zera', semilla o esperma)*» (Génesis 29:24), todo ello le ocurrió arriba a Yosef el justo superior que es la sefirá del Yesod. Cuando las diez gotas de esperma y chispas de almas sagradas salieron del Yesod del hombre superior en vano sin ser recibidas por la matriz de la mujer superior, las klipot se apoderaron de esas almas. Ya te he hecho saber cuántos niveles de partzufim arriba dependen del Zair Anpín y la Nukva, y todos esos Prtzufim poseen su propio aspecto de Yesod. Resulta entonces que de cada Yesod que hay arriba salieron chispas de almas en vano y se apoderaron de ellas las klipot, porque todos los Yesodot están insinuados en Yosef el justo. He aquí que existen cinco niveles de conexión (zivug) arriba y de cada Yesod de estos salieron chispas, tal como se mencionó.

Las diferentes conexiones (zivuguim)

Éste es su orden según su nivel:

Conexión o zivug 1): El Zair Anpín, que es denominado Israel con la Nukvá llamada Rajel, y el momento de la conexión es en Musaf de Shabat pues entonces Rajel se agranda a lo largo del Zair Anpín equiparándose a éste y entonces se conectan (copulan) por medio del Yesod verdadero del Zair Anpín.

Zivug 2): Es el de Ya'akov con Rajel, y tiene lugar en Shajarit de días de la semana, y se conecta con ella por medio de su verdadero Yesod.

Zivug 3): Es la conexión de Ya'akov con Lea y ocurre después de la medianoche, entonces, los dos se agrandan y se expanden a lo largo de todo el Zair Anpín por medio de un Yesod que posee.

Zivug 4): Es la conexión de Israel con Lea durante el rezo de Minjá de los días de la semana. Entonces, ella no se expande solamente en la medida de la mitad superior de él, que es hasta el pecho de él, y entonces se conecta con ella por medio del Yesod de Zair Anpín que poseía inicialmente, de donde él estaba solamente en el nivel de las seis extremidades, tal como lo explicamos en lo referente a la cuestión del rezo.

Zivug 5): Es la conexión de Ya'akov con Lea durante el rezo de Arvit de día de semana y tiene lugar en la mitad superior del Zair Anpín por medio de un nivel o tipo diferente de Yesod.

Resulta que tenemos cinco tipos de conexión, que poseen cinco tipos de Yesod, y de todos los Yesodot salieron gotas de esperma (fuera de una matriz), y estas gotas son el origen o explicación (*sod*) de las vestiduras del alma. Y has de saber que estos ropajes siempre permanecen adheridos a las almas y no se separan jamás del alma que está en su interior, incluso después de la resurrección. Y has de saber que lo mismo ocurre con otro tipo de ropajes que son tomados por el resto de las almas.

Explicando los zivuguim o conexiones

Ahora, estos cinco niveles de conexión serán explicados.

La primera conexión o zivug: Israel con Rajel.

La más elevada de todas es la de Israel con Rajel. A diferencia de todas las demás conexiones, ésta posee dos niveles y es que en el verdadero Yesod de Israel que se conecta con Rajel hay cinco jasadim y cinco guevurot que provienen desde Mojín de Ima así como también Jesed y Guvurá del Mojín de Aba. Pues el Yesod de Aba que se inviste en Zair Anpín, llega y se expande hasta el final del Yesod de Zair Anpín. He aquí que las diez guevurot, las cinco de Aba y las cinco de Ima son los diez sabios asesinados por los romanos (*'Asará Haruguei Maljut'*, los diez sabios más importantes del pueblo de Israel en el siglo II que fueron ejecutados por los romanos en el marco de la represión de la revuelta del 132, *N. del T.*) cuyas almas se invistieron en esas gotas (de esperma). Las cinco guevurot de Aba son Rabí Akiva, Rabán Shim'ón Ben Gamliel, Rabí Yashbab el escriba, Rabí Ishma'el hijo de Rabí Elishá el Sumo Sacerdote y Rabí Yehudá Ben Baba. Humildemente, considero que ese es su verdadero orden, pues Rabí Akiva es el Jesed de las guevurot, y Rabán Shim'ón ben Gamliel es la Guevurá de las guevurot etc. que no te sorprenda el hecho de que el alma de Rabí Akiva provenga de la raíz de Caín que es Ima, tal como se menciona en otras explicaciones y que el ropaje de su alma sea de Aba y de ese modo en todos los demás casos según quién fue. Has de saber que no hay ningún rigor (*kpeidá*) en este respecto pues ya hemos explicado en otro sitio que los jasadim de Ima pueden ser investidos dentro del Yesod de Aba y ser llamadas las 'Guevurot de Aba'. Además, todos se tornan entremezclados dentro del Yesod y por ello Yosef posee cercanía con todas las demás tribus por ser el Yesod. El resto de las vestiduras de las almas de los restantes cinco sabios asesinados por los romanos pertenecen a las cinco guevurot de Ima. Esto es así ya que los diez mártires mencionados eran ropajes del nivel de guevurot y rigores (*dinim*) por lo que necesitaban ser asesinados ya que como es sabido, las klipot se aferran fuertemente a las guevurot, especialmente si provienen de gotas de esperma en vano tan potentes y grandes.

Los discípulos de Rabí Shim'ón Bar Yojai

Los diez jasadim de Aba e Ima son los ropajes de las almas de los diez discípulos de Rabí Shim'ón bar Yojai, la paz sea sobre él, mencionado en el libro del Zohar en el sagrado pasaje de la Idra Raba[8] y en el Sefer HaTikunim. (Los sabios en cuestión) eran su hijo Rabí El'azar, Rabí Aba, Rabí Yehudá y Rabí Ytzjak etc. Al ser jasadim no precisaron ser asesinados ya que la klipá no se aferra a ellos. Sin embargo, los tres sabios de la sagrada Idra Raba que fueron asesinados que son Rabí Yosei bar Ya'akov, Rabí Jizkiá y Rabí Ysa eran los tres jasadim revelados de Ima que se expanden en Tiferet, Netzaj y Hod del Zair Anpín pues ascienden para iluminar en Zair Anpín tal como se explicara aquí y por ello estos tres amigos se retiraron (fallecieron) y ascendieron.

He aquí que Rabí Shim'ón Bar Yojai es el Yesod mismo del cual salen las diez gotas y por ello era preciso enseñarles Torá y repararlos, pues son los diez mártires, y no encontramos un rabino específico que les haya enseñado a todos ellos, por aquello que se explicó aquí en la explicación del secreto de la cuestión de las filacterias (tefilín) que son elaboradas según la opinión de Rabenu Tam sobre el versículo que dice: «todo aquel que confía en HaShem es rodeado de benevolencia (jesed)» (Salmos 32:10). Pues los jasadim de Aba no permanecen en el Yesod de Aba ya que se trata de un sitio muy estrecho por lo que salen

---

8. Lit. «gran reunión», se trata de una reunión de Rabí Shim'ón Bar Yojai con nueve de sus discípulos en la cual el maestro reveló secretos de la Torá. Por contraposición, existe también la «pequeña reunión» o Idra Zuta. *(N. del T.)*

y rodean al Yesod por afuera, por lo que resulta que los jasadim de Aba se encuentran todos en el Yesod de Ima que es aquel que reviste al Yesod de Aba. No es éste el caso de las guevurot, ya que éstas están separadas, algunas en el Yesod de Aba y algunas en el de Ima. Por lo tanto, no resulta posible nombrar, designar y establecer un único maestro y un único Yesod que les haya enseñado a todos. Has de saber que, de la respuesta de mi maestro, que sea recordado para la vida en el Mundo Venidero, vi que no se trata sino de un rechazo (desacuerdo) general. Cuando le consulté sobre la cuestión mencionada si debería haber dos maestros que se correspondan con los dos yesodot rechazó mi pregunta con algunas palabras evasivas (dajá otí bidvarim) y no quiso responderme, aparentemente no me lo quiso revelar y no sé cuál es el motivo para ello. Y has de saber, que al ser los diez discípulos de Rabí Shim'ón bar Yojai jasadim, en particular provenientes del zivug más elevado de todos que es el de Israel con Rajel, tuvieron el mérito de que se les explicasen y revelasen todos los secretos de la Torá sin que mediase sufrimiento alguno, lo cual no volverá a ocurrir hasta la generación del rey Mashíaj, tal como se menciona en Zohar en diversas partes.

La segunda conexión o segundo zivug: Ya'akov con Rajel

El segundo zivug (pareja) o conexión es el de Ya'akov con Rajel y es sabido que en Rajel no hay abundancia de rigores (dinim) como en Lea y además Ya'akov proviene únicamente de la iluminación de mojín de Aba que se encuentran el Zair Anpín. Por lo tanto, en su Yesod no hay sino los cinco jasadim y las cinco guevurot de Aba. Este nivel de Yesod se corresponde con nuestro sagrado rabino (Rabenu HaKadosh, Rabí Yehudá HaNasí el compilador de la Mishná a finales del siglo II. N. del T.) quien redactó las mishnaiot. Los estudiantes de su yeshivá eran diez gotas de jasadim y guevurot que salieron de él y se trataba de Rabí Jía, Rabí Osh'aiá, Bar Kapara, Leví bar Sisi y Rabí Janina bar Jama entre otros.

El tercer zivug: **Ya'akov con Lea**

De acuerdo con el orden de los niveles de los zivuguim, el tercero es el de Ya'akov con Lea que tiene lugar pasada la medianoche. Si bien Lea posee rigores (dinim), dado que ahora su nivel es de Lea, pasada la medianoche estos se ven atenuados (nimtakim, lit. endulzados). Además, pasada la medianoche ella y Ya'akov se expanden en toda la medida del Zair Anpín, lo cual no ocurrió en el caso anterior de la conexión de Ya'akov con Rajel. Desde el Yesod de esta conexión salieron diez gotas que son los cinco jasadim y las cinco guevurot de Aba. Por lo tanto, respecto de estos dos zivuguim, el segundo de Ya'akov con Rajel y el tercero de Ya'akov con Lea, no hubo muertes, ya que provenían del Yesod de Ya'akov que es del lado de Aba y no del de Ima que son rigores.

Y has de saber que en este tercer zivug está incluido otro más, aunque no fue escrito arriba. Se trata del conocido como «oscuridad matinal» (kadranuta detzafra) y posee más compasión que la que posee la parte final de la medianoche, porque entonces casi se denomina día, y entonces Ya'akov y Lea ya mencionados regresan a su segundo zivug, tal como se menciona en el Zohar en la porción de Shemot (10a). De ese zivug salen solamente dos gotas, una incluye los cinco jasadim y la otra las cinco guevurot y estas dos gotas son mejores que las diez mencionadas del zivug posterior a la medianoche, por lo que en total hay doce gotas.

Y has de saber que antes de la medianoche Ya'akov y Lea se extendían del pecho del Zair Anpin y hacia arriba, tal como se explicará más adelante en el quinto zivug. Y pasada la medianoche se alargaron y extendieron en todos los niveles del Zair Anpin, tal como ya se mencionó, y por ello, la primera impresión del primer Yesod que tenía Ya'akov previo a la medianoche no resulta anulada ya que Ya'akov y Lea no regresan al estado de espalda con espalda, con lo cual podría decirse que el primer nivel fue anulado. Por cuanto que permanecen cara a cara continúan existiendo. Es solamente que sus alturas se ven alargadas y se expanden hacia abajo. Por lo tanto, lo que poseían en un principio no se ve anulado. Así, hubo otras diez gotas que estaban en el Yesod antes de a la medianoche, aunque no salieron hasta pasada la medianoche. Asimismo, de un modo semejante hay otras dos que salieron durante la «oscuridad matinal» y son más elevadas que las anteriores diez.

Sin embargo, este segundo grupo de doce es menos elevado que el primero y es posible que las segundas dos gotas de la «oscuridad matinal» estén incluidas en las primeras diez, ya que son más elevadas que el segundo grupo de diez. Mira por favor y verás cómo en el tercer zivug están incluidos cuatro zivuguim, de los cuales hay un total de veinticuatro gotas. Los cuatro zivuguim se consideran un solo zivug y todos tienen un Yesod del cual salieron dado que los dos yesodot, el anterior a la medianoche y el posterior a la medianoche están incluidos uno en el otro formando un solo Yesod. Al final de la disertación se aclarará quiénes son estas veinticuatro gotas y quién es su maestro.

El cuarto zivug: Israel con Lea

De acuerdo con el orden de los niveles de los zivuguim el cuarto es el de Israel con Lea durante los rezos de Minjá de los días de la semana. Dado que hallan en el pecho del Zair Anpín y hacia arriba no hay espacio para que se expandan a Jesed y a Guevurá. En vez de ello, los cinco jasadim se reúnen en el brazo derecho y las cinco guevurot en el brazo izquierdo.

Por lo tanto, si bien se trata de diez gotas se las considera solamente como dos. Dado que el zivug tiene lugar durante el rezo de la tarde con Lea, que posee fuertes rigores, estas gotas se tornaron dos hermanos, Papus y Lulianus,[9] que son denominados 'los asesinados de Lod', tal como es sabido, y su nivel se elevó hasta alcanzar el de Israel, cuyo Yesod no resulta reconocible. Por lo tanto, no poseen un Yesod o un maestro específico.

---

9. Son dos hermanos que vivieron en el tiempo de la segunda y la tercera generación de los tanaítas y murieron santificando el Nombre de Dios (Talmud Babilonio Tratado de Ta'anit 18b, *(N. del T.)*

El quinto zivug: Ya'akov con Lea antes de la medianoche

En el orden de los niveles de los zivuguim, el último es el quinto y es el de Ya'akov con Lea antes de la medianoche, y son rigores absolutos y reciben el nombre de «los asesinados en Betar».[10] Su Yesod y maestro fue Rabí El'azar HaModa'í quien murió en Betar, tal como es sabido.

Diferencia entre las gotas mencionadas y el resto de las almas

Y has de saber que hay una diferencia entre estas cincuenta o más gotas incluidas en estos cinco zivuguim mencionados y el del resto de las almas ya que las primeras poseen una virtud grande y poderosa respecto de todas las demás almas y es que las demás provienen del despertar de la Nukva que es la que se despierta inicialmente para la conexión y desea al varón y luego también este último se despierta. Dado que el varón no se despertó por su propia voluntad sino por medio de ella, las gotas de jasadim y guevurot que provienen de esa unión no tienen origen en el Da'at del varón que es donde se origina su deseo, sino que proviene de los jasadim y las guevurot que se expanden hacia abajo en sus seis extremidades (o extremos) tal como es sabido. Una vez que las gotas se invisten allí, quedan retenidas abajo en las seis extremidades. Sin embargo, las cincuenta gotas provenientes de las cinco conexiones arriba mencionadas provienen únicamente del despertar del varón, dado que son gotas producto de una polución. Esto muestra el deseo del alma del varón por conectarse con su Nukva y entregarle esas gotas, mas no la encontró ya que la Nukva se encontraba abajo en el Mundo de Briá o algo similar por lo que fueron eyaculadas en vano. Así entenderás acertadamente el motivo de la polución (keri) y por qué resulta ser una eyaculación en vano. Resulta que, dado que las gotas en cuestión son el resultado de un despertar del varón únicamente, des-

---

10. Nombre de la localidad donde tuvo lugar la batalla final de la revuelta del año 132 E.C. contra Roma. *(N. del T.)*

pertar que se dio por sí mismo, y no existe un despertar del deseo de conectarse que no provenga del moaj (cerebro) de Da'at, por lo tanto, con seguridad que esas gotas provienen del Jesed y la Guevurá de ese sitio. Y al pasar las gotas a través de las seis extremidades no se detuvieron ni se invistieron allí sino únicamente pasaron y permanecieron en su sutileza original y por ello su nivel es alto e infinitamente superior al del resto de las almas.

He aquí que todo lo que hemos dicho se refiere a las vestiduras de las almas de las cuales son conformados los 248 órganos y el alma se inviste dentro de estos. Y has de saber que todas las vestiduras provienen de los primeros jasadim, del tiempo de la emanación de Atzilut, Zair Anpín y Nukva y no de los jasadim posteriores tal como se mencionó. Esto es así ya que el nivel de todas las almas de las vestiduras (de las cincuenta gotas) arriba mencionadas tienen su origen en el modo arriba mencionado del nivel de Moaj de Da'at y no de lo que se extendió hacia abajo, recibieron esas vestiduras que son las gotas mencionadas que provienen del Da'at. Sin embargo, si bien explicamos que existe un estrecho vínculo entre todas las gotas mencionadas, de todas maneras, ello es en la realidad de las gotas propiamente dichas que son vestiduras. Pero las almas propiamente dichas que son las que se invisten en su interior, cada una proviene de su propia raíz y no todas provienen de la misma. Si bien tienen en común que todas son del nivel de moaj de Da'at que está arriba, no están juntas porque no provienen de una misma raíz.

Has de saber también que las gotas que operan como vestiduras poseen interioridad y exterioridad, ya que hay gotas que provienen de los mojín investidos en el interior de Netzaj, Hod y Yesod de Aba o Ima, y hay gotas que provienen de la exterioridad que son las vestiduras de los mojín mencionados y son los receptáculos (kelim) de Netzaj, Hod y Yesod de Aba e Ima. Estos dos niveles se corresponden tanto con Zair Anpín como con Ya'akov. No obstante, estos dos aspectos provienen del moaj del propio Da'at que se encuentra arriba, tal como se ha mencionado.

Gotas interiores y exteriores

Y has de saber que estas gotas y estas vestiduras arriba mencionadas que son los diez asesinados por el reino, los diez discípulos de Rabí Shim'ón bar Yojai, los asesinados en Lod y en Betar, todos los arriba mencionados son del nivel de interioridad. A estos se corresponden otras gotas en igual número que son del nivel de exterioridad. Sin embargo, mi maestro, de bendita memoria, no me explicó esta cuestión, no me dijo quiénes son los justos que tomaron estas vestiduras.

Remanentes de Ya'akov e Israel

Y has de saber que todas estas gotas y estas vestiduras arriba mencionadas son denominadas por los profetas como sheerit (remanente). Empero aquellas que son del nivel de Israel son denominadas sheerit Israel (el remanente de Israel), tal como fuera dicho (Sofonías 3:13): «...el remanente de Israel no cometerá iniquidad». Aquellas que son del nivel de Ya'akov son denominadas remanente de Ya'akov, tal como fue dicho (Miqueas 5:7): «...el remanente de Ya'akov será en medio de muchas naciones». Dado que en las cinco conexiones o zivuguim antemencionados hay cinco niveles, a estos se corresponden se recuerdan numerosas veces el remanente de Ya'akov y el remanente de Israel. Además, el vocablo remanente es mencionado dos veces en un versículo (Isaías 10:21): «el remanente habrá de volver, el remanente de Ya'akov» los cuales se corresponden al remanente de Israel y el remanente de Ya'akov.

La generación final

Ahora pasaremos a explicar quiénes son las gotas de la tercera conexión o zivug. Has de saber que, si bien según la jerarquía de estas conexiones las gotas de la tercera son mayores que las de la cuarta y la quinta, de todas maneras a los efectos de su generación y llegada a este mundo son las últimas de las cinco conexiones y llegarán en el futuro en la última generación antes de la llegada de nuestro justo Mashíaj, con la ayuda de HaShem Bendito Sea. Dado que arribarán en el último exilio, su llegada está insinuada en la visión del profeta Yshaiahu, la paz sea sobre él, en el versículo que dice: «profecía de Duma, Él me llama desde Se'ir: 'Guardía, ¿qué (hora) es de la noche (leil)?, guardia, ¿qué (hora) es de la noche (laila)?» (Isaías 21:11). Tal como se explica en el libro del Zohar esta profecía se refiere al final del exilio. La cuestión versa sobre lo que es sabido del libro del Zohar en la porción de Bo (38b), que leil se refiere a las horas de penumbra anteriores a la medianoche y laila a las posteriores. Se refiere a los dos grupos arriba mencionados en la tercera conexión o zivug, ya que todos son producto de la cópula posterior a la medianoche, pero doce de ellos corresponden a la primera mitad, y respecto de ellos profetizó Yshaiahu, la paz sea sobre él, que la divina Presencia clama desde su exilio en Se'ir, que es el exilio de Edom, y le dice a HaShem, Bendito Sea: «Guardia, ¿qué (hora) es de la noche (laila)?» que es el primer grupo de doce gotas de la cópula posterior a la medianoche, horario que es denominado laila. Por su parte, el otro grupo que son las doce gotas que salieron de la generalidad de la cópula de la primera mitad de la noche que es denominada leil, y por ellos el profeta dijo «¿qué hora es de la noche (leil)»? Y el Santo Bendito Sea es llamado 'guardia', y le responde tal como fue dicho: «viene la mañana y también la noche» (Isaías 21:12), «viene la mañana» se refiere a quienes fueron generados o nacieron de la cópula de la «oscuridad matinal» que es la mañana. Se corresponde con los veinte que nacieron después de la medianoche dijo «y también la noche». Además, fue dicho: «si lo pedís, pedidlo» (ídem.), lo cual significa que dado que las veinticuatro gotas de los dos grupos mencionados llegarán en la generación final precisan esmerarse en retornar en arrepentimiento abundantemente, con pedidos y súplicas ante el Santo Bendito Sea, para que las salve del exilio y las redima. Por ello en el versículo que dice: «El remanente habrá de volver, el remanente de Ya'akov», se menciona dos veces el vocablo shear (remanente), en correspondencia con los dos grupos de los que escribí anteriormente, véase allí.

INTRODUCCIÓN 27

Diferentes etapas en la reencarnación

Has de saber que no hay individuo que carezca de alma con los niveles de «luz envolvente» y «luz interior», tal como se explicó aquí en la disertación sobre «el tzelem del mojín de Zair Anpín». Cuando Nadav y Avihú nacieron y vinieron al mundo fue el inicio de la reparación de la raíz de Caín, del segundo aspecto de la raíz del primer Adam (*Adam HaRishón*) que es el más elevado y allí estaban incluidas todas las almas de la raíz mencionada, en la imagen (*tzelem*) de Nadav y Avihú bajo la forma de luz envolvente sobre ellos. Pero aun no se purificaron esas almas, salvo las dos chispas de Nadav y Avihú, y todas las demás almas de la raíz mencionada que estaban incluidas en la imagen de la luz envolvente de Nadav y Avihú, cada una de éstas venía envuelta o mezclada en su klipá del mal. Y cuando nacía otra de las almas que estaba incluida en la imagen (*tzelem*) de Nadav y Avihú y venía a este mundo, estaba limpia y pura de su klipá y todas las demás almas de esa misma raíz venían incluidas en la imagen del alma que se había purificado, pero aun envueltas en sus propias klipot. De esa manera continuaba, y cuando otra alma se purificaba, se revelaba de su klipá, venía luego a este mundo y todas las demás almas de la misma raíz venían incluidas en su imagen, bajo la forma de luz envolvente (*or makif*) del alma que ya se había purificado y llegaba a este mundo.

Cómo se abandonan las klipot

Ya te he hecho saber que las almas no se purifican y vienen a este mundo en concordancia con su nivel e importancia, sino de acuerdo con las circunstancias, esto es, de acuerdo con los méritos de la persona en este mundo que es la que atrae al alma a su gota de esperma. Tal como ha sido explicado anteriormente en discusiones anteriores, a veces, las almas más elevadas y superiores permanecen en la profundidad de las klipot incapaces de abandonar ese sitio por un largo período, hasta que surge algún mérito vinculado a ellas que les permite salir de ahí. Las almas menos elevadas podrán salir de allí y venir a este mundo antes que otras, en virtud de un mérito que haya ocurrido asociado a ellas. A veces, un individuo comete un pecado en este mundo y las klipot procuran destruirlo e inducirlo al error y entonces le hacen llegar (*mamshijim lo*) un alma de su misma raíz desde las 'profundidades' de las klipot (*ievén metzulá*, lodo que suele acumularse en el fondo del mar, de un lago o un rio, ver Salmos 69:3, *N. del T.*) mezclada con diversas klipot y fuerzas exteriores (*jitzonim*), que es quitada y traída desde allí bajo la forma de imagen (*tzelem*) sobre el individuo para hacerlo pecar más. A veces, ocurrirá que esa alma que fue traída sobre él es una gran alma, pero estaba hundida en la profundidad de las klipot, y estas klipot pensaban que ya estaba perdida entre ellas y ya no volvería a su estado anterior, pero el Santo Bendito Sea le ayuda y esta se desprende de su klipá, muestra su fuerza y su santidad y más aún, ayuda al individuo a hacer el bien. Ésta es la explicación profunda (*sod*) del versículo que dice: «...*el tiempo en el cual el hombre gobierna al hombre y lo trata injustamente*» (Eclesiastés 8:9), quiere decir, tiempo en el cual el hombre malvado (*Adam Beli'al*) que es la klipá gobierna sobre el hombre que es el alma sagrada, pero se equivocó ya que pensó que resultaría en beneficio de la klipá pero terminó siendo en su detrimento (del hombre malvado), tal como se menciona en *Saba DeMishpatim*. Luego, esa alma se refina y depura y posteriormente también ella viene a este mundo del modo que se explicó anteriormente.

¿Cómo abandona un alma a las klipot?

En resumen, has de saber que a raíz de los pecados del primer Adam o de Caín y Hevel y semejantes, en todas las almas se mezclaron el bien y el mal, o sea, descendieron a la profundidad de las klipot, al interior del hombre malvado y allí quedaron ocultas. Cuando a una de esas almas le llega el momento de venir a este mundo en un cuerpo, a causa de algún mérito realizado por el individuo en este mundo tal como ya se mencionó, al salir de las profundidades de las klipot no puede encarnarse de inmediato en un cuerpo, sino que resulta necesario que al salir de las profundidades de las klipot se incluya bajo la forma de imagen y luz envolvente (*or makif*) sobre la cabeza de tres individuos, que pertenecen a su misma raíz, uno tras otro. Recién después entrará en el cuerpo de un bebé que nace y estará en un nivel de un alma que es enteramente luz envolvente (*or makif*).

A ésta se la denominará su primera encarnación, y de ahí en más se reencarnará en la medida de lo necesario, tal como es sabido. A veces, puede ocurrir que los tres individuos que le precedieron, en quienes estaba incluido bajo la forma de imagen y luz envolvente, no repararon todo lo necesario durante su tiempo, y entonces, cuando el individuo en cuestión se encarne en su primera encarnación se reencarnarán ellos junto a él para completar su reparación.

Sin embargo, el cuerpo en cuestión recibirá el nombre de quien se encarne por primera vez, y los otros tres se encontrarán allí a modo de huéspedes a pesar de estar completamente reencarnados hasta el día del fallecimiento.

La necesidad de sobreponerse a la inclinación al mal

Has de saber también que este nuevo individuo que viene al mundo y se encarna por primera vez debe realizar un ingente esfuerzo en doblegar su instinto o inclinación al mal a pesar de que su alma sea muy elevada, ya que recién comienza su proceso de refinamiento de las klipot, pues aún cuando se encontraba bajo la forma de imagen (*tzelem*), estaba mezclado con su klipá, tal como ya se mencionó. Por ese mismo motivo mencionado, el individuo en cuestión estará triste y preocupado en su fuero interno sin aparente motivo todos los días de su vida. El verdadero motivo es que las klipot son las que generan la depresión, tal como es sabido. Éste fue motivo suficiente para que el rey David, la paz sea sobre él, quien fuera amado por D's, haya sido superado por su inclinación en los casos de Bat Sheva y Abigail, y ello resulta sumamente sorprendente.

Pero el motivo de ello resulta comprensible a la luz de lo que mencionamos, pues en aquel entonces estaba pasando por el inicio de su proceso de salida de las klipot. Así comprenderás algunos de los versículos que solía decir sobre sí el rey David, la paz sea sobre él, (por ejemplo): «*me hundí en el lodo de las profundidades (ieven metzulá)*» (Salmos 69:3) y semejantes. Y, has de saber que por el motivo mencionado los pecados de este nuevo individuo no son contabilizados por Él, Bendito Sea, tal como ocurre con el resto de las personas, ya que aún se encuentra en medio de las klipot y abandonarlas requiere de un enorme esfuerzo. Ésta es la explicación profunda de lo que dijeron nuestros rabinos, de bendita memoria: «si tú no fueras David y él Shaúl, habría destruido a varios Davids ante Shaúl» (Tratado de Mo'ed Katán 16b). Y entiende esto bien.

A veces, ocurrirá que este nuevo individuo poseedor un alma muy excelente y elevada no podrá sobreponerse a su inclinación o instinto (*ietzer*). De no ser esa la situación, podría convertirse en alguien sumamente piadoso. Así entenderán un gran secreto (o poderoso secreto) y es el de por qué a veces alguien es duramente castigado por un pequeño pecado y otro que comete una grave iniquidad no es castigado. Ésta es la explicación profunda del versículo que dice: «*la Roca, Su obra es perfecta pues todas Sus sendas son justas*» (Deuteronomio 32:4), y esto es suficiente para los entendedores.

Por ello, no hay que meditar (críticamente) respecto de Sus juicios, Bendito Sea, ni respecto de los justos, aunque hubieren pecado. Es también necesario que sepas que alguien que proviene del segundo nivel más elevado de Caín, aunque sea una combinación de bien y mal, el bien en su interior es muy grande, pero está mezclado con klipot malas e impuras, y en él el mal es mayor que el bien, y ello obedece a que toda la raíz de Caín proviene de la Guevurá (rigor) y allí se aferran las klipot y las exterioridades (*jitzonim*).

INTRODUCCIÓN 28

El Da'at posterior al pecado del primer Adam

Has de saber que el Zair Anpín posee tres mojín (lit. 'cerebros') que son los de Jojmá, Biná, y entre ellos el tercero que es denominado Da'at que incluye Jesed y Guevurá, dos coronas. Cuando el primer Adam pecó hizo que el moaj de Da'at descienda entre los dos hombros del Zair Anpín, en el primer tercio de la (sefirá de) Tiferet que es hasta el lugar del pecho, y allí se separaron los jasadim hacia el hombro derecho y las guevurot hacia el hombro izquierdo. Y es sabido que Caín y Hevel nacieron con posterioridad al pecado del primer Adam, y resulta que Caín proviene de las guevurot que se encuentran en el hombro izquierdo tras haber descendido hasta allí, pues allí las guevurot no poseen tanta luminosidad como la que poseían arriba en el moaj (cerebro) propiamente dicho Y ésta es una primera carencia. La segunda, consiste en que cuando el Da'at se encontraba en su sitio en su cabeza, la exterioridad del Nefesh era del hueso y de la carne de la cabeza misma. Pues es sabido que no haya alma que no posea tanto interioridad como exterioridad, que es su ropaje. Entonces, resulta que la interioridad que proviene de las guevurot del moaj de Da'at se relacionaba con su exterioridad que es hueso y carne del lado izquierdo de la cabeza. Pero como el moaj de Da'at descendió, la interioridad del alma de la raíz de Caín es del moaj de las guevurot del Da'at y su exterioridad es del hombro izquierdo y no se relacionan entre sí, por lo que al no estar iluminando actualmente como cuando se encontraban en su sitio en la cabeza adolecen de **una carencia** desde el punto de vista de su interioridad. Una **segunda carencia** es del punto de vista de su exterioridad, que proviene de un sitio bajo, del hombro y no del sitio elevado que les correspondería que es del cráneo (*galgalta*).

La reparación del Da'at

Y has de saber que si bien en este mundo el individuo carece de las fuerzas necesarias para reparar estas (dos) carencias, ni siquiera por medio de la realización de buenas acciones, de todas maneras, si este mejora su actuar en este mundo tendrá el mérito de que en el futuro, en los días del Mashíaj, con la ayuda de Dios, estos defectos serán reparados y el Da'at ascenderá a su lugar en la cabeza y entonces la interioridad de las almas mencionadas iluminarán como en un inicio, cuando se encontraban en la cabeza y su exterioridad será también del sitio elevado que les corresponde que es del cráneo (*galgalta*).

Y has de saber que dudo respecto de si mi maestro, de bendita memoria, me dijo que la exterioridad actual de las almas, que es del hombro izquierdo, permanecerá en los días del Mashíaj junto a la interioridad de las almas tal como se mencionó, ya que ahora en este mundo están unidas, o si habrá de ocurrir lo contrario. Has de saber también que, así como en virtud del pecado del primer Adam el Da'at descendió entre los hombros, de igual manera el nivel del partzuf de Lea descendió por detrás del Da'at de Zair Anpín, que está investido en el Yesod de Ima, tal como es sabido.

La raíz del alma de Rabí Akiva

Y has de saber, que todas esas almas que mencionamos en estas disertaciones, como en el caso de la de Rabí Akiva y otras que provienen de una misma raíz en Caín, todas son de la Guevurá del Hod de Da'at que es la quinta de las guevurot. Y todas las almas que provienen de la Guevurá de Hod que se encuentran en el Da'at de Lea son cercanas a la raíz de Rabí Akiva, tal como se mencionó, son consideradas como una misma raíz. Así, podrás inferir respecto de la raíz de Hevel que proviene de los jasadim de Da'at.

Ésta es la cuestión de la raíz de Caín de la cual podrás inferir respecto de la de Hevel. Has de saber que todas las chispas de las almas que penden de la raíz de Caín pendían del mismo Caín. Y cuando éste pecó, todas las chispas se mezclaron con las klipot y todas las chispas elevadas e importantes descendieron más abajo que el resto, ya que cayeron en la profundidad de las klipot ya que el pecado de Caín afectó al pensamiento superior (o al plan superior -*majshavá elioná*), tal como se menciona en *Sefer HaTikunim* en el tikún 69. He aquí que en el caso de Rabí Akiva hijo de Yosef, el punto de conexión de la raíz de su alma es en los brazos, de acuerdo con lo que dice el versículo: «*y su mano se aferraba al talón de Esav*» (Génesis 25:26). Tal como se ha explicado en estas disertaciones, a veces el individuo hace descender su mano hasta su talón, y otras, puede elevarla hasta su cabeza, lo cual no ocurre con el resto de los órganos. Por eso, los brazos en cuestión que descendieron a las profundidades de las klipot hasta el talón, cuando Rabí Akiva fue asesinado ascendieron hasta el nivel del pensamiento superior. Ésta es la explicación profunda de lo que le dijera el Santo Bendito Sea a Moshé Rabenu, la paz sea sobre él, cuando respecto de la muerte de Rabí Akiva le expresó: «Calla, así ascendió a Mi pensamiento» (lo cual en hebreo se entiende como 'así lo he pensado', *N. del T.*) (Tratado de Menajot 29b), pues ello estaba destinado a reparar el defecto. Resulta que por medio de sus buenas acciones todas las almas que provienen de estos brazos pueden ascender a un nivel infinitamente encumbrado, mayor que el que accedieron individuos que les precedieron en los tiempos primigenios, y recuerda esto.

Un alma que proviene de la raíz de Caín

Has de saber también que cuando un alma que proviene de la raíz de Caín viene a este mundo por primera vez, que es cuando se la considera un alma nueva, debe de todas maneras completar el Nefesh, el

Ruaj y la Neshamá del daño que les fuera provocado cuando estaban incluidos en el Nefesh de Caín al momento de su pecado, por lo que esta debe reparar y completar su parte en la raíz mencionada.

Carne, tendones, huesos y órganos

Se explicó más arriba respecto de los preceptos positivos y los restrictivos, cómo penden de los 248 órganos del alma del primer Adam, y que no hay órgano que no esté compuesto de carne, tendones y huesos. Y has de saber que el nivel de los huesos es el más elevado en virtud del nivel de la médula que se encuentra en su interior mas no por el de los huesos propiamente dicho. Después de los huesos viene el nivel de los tendones o vasos sanguíneos (*guidím*), ya que la vitalidad del individuo fluye por su interior, y es la sangre que se expande por las arterias del cuerpo humano, y porque además unen a todos los órganos manteniéndolos juntos en un mismo plano o nivel permitiéndoles ser una unidad. El más bajo de los tres componentes es el de la carne. Y hete aquí que en todos estos tres niveles que son la carne, los tendones o vasos sanguíneos y los huesos hay almas que son consideradas las raíces de estos niveles. Estos son los estudiosos de la Torá que allí se encuentran, y alrededor suyo se expanden las ramas que son los padres de familia establecidos (*ba'alei batim*), las personas de buenas acciones (*ba'alei ma'asé*) y las personas simples carentes de instrucción religiosa (*amei haaretz*). Esta cuestión aplica en cada uno de estos tres niveles que se encuentran en cada órgano. Has de saber que hay órganos largos como los brazos y las pantorrillas, por lo que hay una gran distancia entre las almas que se encuentran en el órgano en cuestión. Sin embargo, alguien que proviene del hombro y similares (que no son largos), todos los estudiosos de la Torá que allí se encuentran están unidos y muy cercanos unos de otros.

INTRODUCCIÓN 29

Sobre la creación del primer Adam y su descendencia

Has de saber que, si el primer Adam, cuando fue creado en el sexto día, hubiese demorado y esperado para procrear con su esposa Eva (Javá) hasta la noche del Shabat, todos los mundos habrían resultado reparados, como ya te hice saber. Y dado que entró a su cama en un día de semana y tuvo familia, salió Caín como mezcla de bien y mal, tal como se explicará. Y si tampoco Caín hubiese pecado, siendo el primogénito, tanto él como su melliza habrían sido cual Jojmá y Biná (sabiduría y entendimiento) al tiempo que Abel y su melliza habrían sido cual Tiferet y Maljut.

De igual manera, luego Esav y Ya'akov fueron cual Caín y Abel. Si Esav hubiese sido merecedor y justo, habría corrido con ventaja frente a Ya'akov por ser el primogénito del nivel de Jojmá al tiempo que Ya'akov era del nivel de Tiferet. Pero dado que Esav pecó, le fue quitada la primogenitura y Ya'akov se llevó parte doble, la suya y la de su hermano Esav, y por ello se dice que Ya'akov se corresponde con el Tiferet e Israel con la Jojmá. También en esto habrás de entender algo de importancia, pues está escrito: *«Ytzjak amaba a Esav porque 'habia caza en su boca' (su habla era seductora, N. del T.)»* (Génesis 25:28).

Caín y Hevel

Volvamos al tema. Cuando en víspera de Shabat Adam pecó y por efecto del pecado la serpiente tuvo fuerza para emponzoñar a su esposa Javá, fue entonces cuando nacieron Caín y Hevel mezclados de bien y mal, pero había una diferencia entre ellos, y era que Caín era mayoritariamente malo y minoritariamente bueno al tiempo que Abel era al revés. En efecto, este tema ha sido mencionado en esta obra en muchos sitios, y es importante que sepas qué significa mayoría o minoría, y tenlo presente. Has de saber, que Caín poseía Nefesh, Ruaj y Neshamá de Briá, Yetzirá y Asiá de la santidad, mas esos tres se mezclaron Nefesh, Ruaj y Neshamá de las klipot del mal. Si bien había en Hevel Nefesh, Ruaj y Neshamá sagrados como se mencionó, en el caso de Caín el mal de la klipá se mezcló en su Nefesh y Ruaj mas no en su Neshamá que era completamente buena sin mezcla de mal. A esto es a lo que nos referimos cuando decimos 'mayoritariamente bueno' y 'minoritariamente malo', esto es, que no es igual en todas sus partes. Por el contrario, en el caso de Caín, el bien y el mal estaban mezclados en los tres (niveles).

Ahora dejaremos de explicar la encarnación de Caín para explicar la de su hermano Hevel. Ya ha sido explicado que el Ruaj no se reencarna hasta que el Nefesh lo haya hecho antes y haya completado su reparación. Luego, el Ruaj se reencarna para ser reparado y tras esta reparación se reencarnará la Neshamá. Hevel poseía un Nefesh y un Ruaj que estaban dañados y en los cuales estaban mezclados el mal en el bien, mas la Neshamá era completamente buena. Cuando se reencarnó para repararse, el Nefesh comenzó a reencarnarse conforme el orden antes mencionado, y le fue entregado a Shet (Set) que era hijo del primer Adam, y entonces se retiró el mal que había en él y le fue entregado al malvado Bil'ám. He aquí que estos dos aspectos, el bien y el mal del Nefesh que estaban incluidos en Hevel, fueron insinuados en su nombre. El bien, es la letra heh (ה) de su nombre (הבל) y ésta le fue entregada a Shet (שת) tal como se ha mencionado, y es la explicación profunda del versículo que dice: «*(Pusiste) todas las cosas (shatá* ‒ שת"ה) *bajo sus pies*» (Salmos 8:7), shatá son las letras de Shet más la letra heh (ה), y ya sabes que este salmo se refiere a Moshé, respecto de quien se dijo: «...lo has hecho un poco más pequeño que a los ángeles» (ídem 6), y se trata del mismísimo Shet, tal como se explicará más adelante. Y el aspecto malo del Nefesh de Hevel son las dos letras «bet» y «lamed» (ב״ל), Y ésta es la explicación profunda del versículo que dice: «...*ni les hizo conocer (bal ieda'úm*, «*bal*» (בל) *son las letras* «*bet*» *y* «*lamed*») *Sus leyes*» (Salmos 147:20), pues ambas letras aluden a las klipot, y son las dos letras que se dieron a Bil'ám (Balam) (בל-עם).

Ya te he hecho saber que incluso el aspecto del mal, cuando es discernido y separado del interior del bien debe necesariamente tener algunas chispas de santidad mezcladas consigo. Éste es el secreto de Bil'ám, que fue un profeta debido a esas chispas. Esa es también la explicación profunda de lo que dijeran nuestros rabinos, de bendita memoria, en cuanto a que Bil'ám se asemejaba a Moshé (Bamidbar Rabá 14:20). Esto se debe a que ambos eran de un mismo nivel, pues también Moshé provenía de Shet, de su aspecto bueno, como habrá de explicarse. Por ello, el poco bien que había en Bil'ám se reencarnó y le fue dado a Naval el carmelita, y allí comenzó a repararse. Y dado que el poder de Bil'ám se limitaba a su mal hablar y a las maldiciones que profería, por ello, al ser muerto a manos de Pinjás, se reencarnó en una piedra inerte, para reparar el mal hablar que había en su boca y que se tornó inerte o silenciosa. Y tal como se ha explicado aquí, un individuo puede reencarnar en mineral, vegetal, animal y humano. Cuando Naval se aferró a su camino incrementó el daño existente al incurrir en habladurías contra el rey David, la paz sea con él, diciendo: «*¿Quién es David, y quién el hijo de Yshai?*» (I Samuel 25:10), volvió a estropear lo que ya estaba desvirtuado desde un principio y no sólo que no reparó, sino que malogró, por eso sobre él está escrito: «...*y se tornó en una piedra*» (ídem 37), pues su *mazal* vio cómo había sido su reencarnación, que había sido una piedra inerte carente de habla, y vio que había ocasionado un mayor daño, y entonces: «...*su corazón murió en su interior*» (ídem, ídem).

Se ha explicado así que el aspecto bueno del Nefesh de Hevel le fue entregado a Shet y allí fue reparado por completo. El aspecto malo del Nefesh de Hevel, que contenía aun algunas chispas de santidad, se reencarnó en Bil'ám y luego en Naval, y por ello el nombre Naval

(נבל) contiene las letras «bet» y «lamed» (בל) de Bil'ám (בלעם) y Hevel (הבל).

Después de ello, una vez que el **Nefesh** es reparado por completo, el **Ruaj** puede ya venir y ser reparado. Sin embargo, es sabido que el Ruaj proviene de seis extremos que son Jesed, Guevurá, Tiferet, Netzaj, Hod y Yesod (Jagat Nehí), pero su generalidad consiste en tres líneas, derecha, izquierda y centro. Sin embargo, ese Ruaj se reencarnó en el justo de Noaj y se corresponde con la expansión de las seis extremidades del Tiferet. Luego, cuando engendró tres hijos, el Ruaj, que incluye las tres líneas mencionadas, se reencarnó en los tres, que son Yafet - que se corresponde con el Jesed, Jam - que se corresponde con la Guevurá y Shem - que se corresponde con el Tiferet. El nivel de Tiferet de Shem es el de la mismísima sefirá de Tiferet en la cual se encuentra la generalidad de las seis extremidades. Empero, ese Ruaj no fue reparado ni se separó de éste el mal por completo, como en el caso del Nefesh de Shet que fue reparado, como se mencionó, y por ello ya que aún siguen mezclados el bien el y el mal, de Jam que era el hijo de Noaj salió Tevi quien fuera el sirviente de Rabán Gamliel, y por ello su nombre era Tevi (טבי), para recordar que proviene del bien (tov - טוב) que estaba aún mezclado con el mal, y ahora le fue entregado a Tevi.

Después de ello, la **Neshamá** se reencarnó en Moshé Rabenu, la paz sea sobre él. Dado que ésta jamás contuvo elemento alguno de mal, como se ha mencionado anteriormente, se trataba de bien sin mal, y por ello de Moshé se dijo: «*y vio que era bueno* (טוב)» (Éxodo 2:2), salvo en el caso del Nefesh y del Ruaj en los que sí estaban mezclados el bien y el mal. Sin embargo, ya te he hecho saber que mientras que el Nefesh no se repare por completo no viene el Ruaj, ni tampoco viene la Neshamá hasta que el Ruaj se haya reparado. Sin embargo, una vez que el Ruaj se repara por completo, el Nefesh que había sido reparado con anterioridad, puede ahora conectarse o unirse al Ruaj reparado. De igual manera, una vez que la Neshamá es reparada completamente, el Nefesh y el Ruaj que habían sido reparados con anterioridad, pueden conectarse con la Neshamá que ahora está reparada. La Neshamá de

Moshé fue reparada, por lo tanto, su Nefesh y su Ruaj -que como se mencionó ya habían sido reparados- pudieron entrar en él. Así, todos los niveles de la reencarnación están insinuados de la siguiente manera: la letra «shin» (ש) de Shet (שת) está en el nombre Moshé (משה), las dos letras «shin» y «mem» de Shem (שם) están en el nombre de Moshé (משה), y también lo está la letra «heh» de Hevel (הבל - משה).

Así entenderás el versículo que dice: *«mira Tú me dices que haga subir a este pueblo, pero no me diste a conocer al que enviarás conmigo, aunque Tú me habías dicho: te distingo por nombre (Shem שם) y también has hallado gracia en Mis ojos»* (Éxodo 33:12), porque estas palabras de Dios para Moshé no las encontramos en ninguna parte (Dios le dijo unos versículos antes que ascendiera al pueblo a la tierra prometida y que enviaría a un ángel delante suyo pero no le dijo que halló gracia ni que le había conocido por nombre, todo lo cual aludiría a que el versículo se refiere a algo más, *N. del T.*). Pero el versículo sí se refiere a lo que está escrito, dado que Shem se reencarnó en Moshé. A él se refiere con lo que está escrito: *«y Tú me habías dicho: te distingo por nombre (Shem שם)»* (ídem, ídem), y a Noaj que se reencarnó en él se refiere al decir en el mismo versículo: *«...y también has hallado gracia (חן* que es 'gracia' son las mismas letras del nombre Noaj *נח) en Mis ojos»*, y 'gracia' se escribe con las letras de Noaj pero al revés. Dado que Shem se revela en las letras del nombre Moshé, se menciona con él la cuestión del conocimiento, tal como lo menciona el versículo: *«Te distingo (conozco) por nombre»*, lo cual es sabido y revelado. Sin embargo, en lo relativo a Noaj, el cual no está insinuado en el nombre de Moshé, no se menciona 'conocimiento' sino 'hallazgo', *«has **hallado** gracia»*, tal como quien encuentra algo enterrado y oculto, y por eso Moshé en el versículo siguiente volvió a decirle a Dios: *«si he **hallado** gracia en Tus ojos, hazme conocer por favor Tus caminos»* (ídem 13), y no dijo si es que me has **conocido** por **nombre,** porque el nivel o aspecto de Shem (nombre) ya le resultaba sencillo por cuanto que se insinuó y reveló en su propio nombre. Sin embargo (le dice Moshé a Dios), no sé si el nivel de Noaj está incluido en mí, porque no está insinuado en mi nombre, y por lo tanto, si también Noaj está incluido en mí y por medio de ello Tú me has dicho que 'he hallado gracia en Tus ojos', a cambio de Noaj, hazme conocer Tus caminos para que Yo te conozca, para que pueda yo hallar gracia ante Tus ojos'. Entonces, tendré también un conocimiento discernido sobre la cuestión de Noaj, ya que estará incluida en mí, ya que 'hallé **gracia** (jen – חֵן‎- נח‎) ante Tus ojos'.

El primer Adam y la Zihara Il'á (resplandor superior)

Dijo Shmuel: encontré escritos dispersos, «exiliados» y «errantes» respecto de la cuestión del primer Adam. Decidí copiarlos en esta sección, aunque aquí no resulten tan relevantes. Esto es lo que dicen: has de saber que antes de que el primer Adam hubiera pecado incluía la generalidad de los cuatro mundos Atzilut, Briá, Yetzirá y Asiá y los cinco niveles en cada uno de ellos, que son Yejidá, Jaiá, Neshamá, Ruiaj y Nefesh. Con posterioridad al pecado algunos de estos se retiraron de él y regresaron a su sitio en la santidad. Éste es un **primer** nivel. Algunos permanecieron en Adam sin que las klipot puedan dominarlos. Ese es un **segundo** nivel. Algunos salieron de él cayendo al interior de las klipot, las almas de los varones que se encontraban en Adam cayeron en la klipá de Djura (klipá masculina). Las almas de las mujeres que se encontraban en Javá (Eva) cayeron en la klipá de Nukva y éste es un **tercer** nivel. Y has de saber que el segundo nivel se divide en dos partes, la primera son las almas que permanecieron en Adam para cubrir las necesidades de su propio cuerpo. La segunda son las almas que quedaron en él, pero al nacer Caín y Hevel, se las legó y entregó a estos.

Ahora, explicaremos brevemente la generalidad de los tres niveles arriba mencionados, y antes de ello es preciso prologar algunas introducciones. Es sabido que los cuatro mundos Atzilut, Briá, Yetzirá y Asiá son llamados: Aba e Ima, Zair Anpín y Nukva. Y es sabido que ninguna klipá se aferra en Aba, ni en las tres primeras sefirot de Ima ni en las sefirot de Keter de Zair Anpín y Nukva. Las klipot se aferran al resto de los niveles cuando los seres humanos pecan.

Pasemos a explicar: he aquí que en todos los niveles mencionados en los que las klipot no se aferran reciben el nombre de 'Zihara Yla'á del primer Adam' (*DeAdam HaRishón*), salvo en el caso del nivel de Nefesh de estos. Así, los niveles de Yejidá, Jaiá, Neshamá y Ruaj de la totalidad del mundo de Atzilut que tal como se mencionó recibe el nombre de Aba, los niveles de Aba e Ima del mundo de Briá que tal como se mencionó recibe el nombre de Ima, las veinte sefirot de Keter (o las veinte coronas) de Zair Anpín y Nukva del mundo de Briá y las ochenta sefirot de Keter de Aba, Ima, Zair Anpín y Nukva de Yetzirá; y Aba, Ima, Zair Anpín y Nukva de Asiá -suman en total diez part-zufim, y cada uno de estos partzufim está compuesto de diez sefirot, y cada una de estas sefirot está compuesta de (otras) diez (sefirot), poseyendo nivel de Keter, de modo tal que resultan ser cien sefirot de Keter (cien coronas) en los diez partzufim mencionados. Y cada sefirá de Keter está compuesta de diez sefirot, y en sus cuatro niveles superiores, que son Yejidá, Jaiá, Neshamá y Ruaj de cada Keter de los cien mencionados reciben el nombre de Zihara Yla'á, y todos estos niveles se retiraron por completo de Adam ascendiendo a su sitial de santidad. De este modo, hay dos niveles de Zihara, el primero es Zihara Yla'á de Atzilut que son Yejidá, Jaiá, Neshamá y Ruaj del mundo de Atzilut. El segundo es Zihara Yla'á de los tres mundos Briá, Yetzirá y Asiá que incluye los dos partzufim de Aba e Ima que son Jaiá y Neshamá del mundo de Briá, y por supuesto Arij Anpín, llamado Yejidá de Briá. Además, los cuatro niveles llamados Yejidá, Jaiá, Neshamá y Ruaj en cada una de las cien sefirot de Keter que se encuentran en los diez partzufim, donde hay desde Zair Anpín y Nukva de Briá hasta el final de la Nukva de Asiá, todo ello recibe el nombre de Ziahara Yla'á de los tres mundos Briá Yetzirá y Asiá tal como se mencionó. Estos dos tipos de Ziahara se retiraron por completo de Adam, y a esto le llamamos **el primer nivel.**

El segundo nivel también recibe el nombre de Zihara Yla'á, en el cual la klipá no se aferra, pero al ser un poco inferior que el primero, no se retiró por completo para regresar a su sitio, sino que permaneció en Adam, y es el nivel de Nefesh del mundo de Atzilut y es uno de los aspectos de Atzilut. El segundo aspecto es el Nefesh que se encuentra en las cien sefirot de Keter mencionadas de los mundos de Briá, Yetzirá y Asiá. Ambos aspectos permanecieron en Adam tal como se ha mencionado y se los denomina el segundo nivel. **El tercer nivel,** es el resto de las sefirot que se encuentran en los diez partzufim mencionados. Todas ellas cayeron de él y descendieron a las klipot, tal como se vio anteriormente.

Dudas

Ahora escribiré mis dudas, porque no recibí de mi maestro, de bendita memoria, y se trata de lo siguiente. a) Escuché de él que este segundo nivel se divide en dos partes, una superior en la que las almas permanecen siempre en el cuerpo de Adam y un segundo nivel inferior que son las almas que le heredó a Caín y Hevel cuando nacieron. Es probable que el orden de superior e inferior mencionado se refiera solamente a este aspecto, al tiempo que en otros es posible que el segundo sea superior al primero. b) Además, dudo respecto de cuáles son las almas que quedaron con Adam y cuáles aquellas que le heredó a Caín y a Hevel, y cómo se dividió este segundo nivel en dos partes y cuál es el orden de su división. Sin embargo, sabes lo que he escrito en cuanto a que dentro de Caín y Hevel había dos niveles. **El primero** es el de las almas mismas de Caín y Hevel que provienen únicamente de los tres mundos Briá, Yetzirá y Asiá, al igual que el resto de las almas de los seres humanos que no provienen del segundo nivel mencionado. El segundo, la segunda parte del segundo nivel del que escribimos, que se las heredó su padre Adam y contiene la totalidad de lo atraído (*hamshajat*) de los cuatro mundos de Atzilut, Briá, Yetzirá y Asiá desde el final del Nefesh del mundo Asiá hasta el comienzo del Nefesh del mundo de Atzilut. Y éste es un nivel sumamente elevado.

También escribimos que los dos niveles de este segundo nivel eran iguales, salvo únicamente el primer nivel allí mencionado. También escribimos que Caín y Hevel tomaron Nefesh de Atzilut. Según parece, la segunda parte del segundo nivel, el de Caín y Hevel, es más elevada y mejor que el resto de las almas que permanecieron en el Adam para servir sus necesidades. También escribimos que no quedó realmente en Adam Nefesh de Atzilut, pero tampoco se retiró del todo, sino que permaneció contiguo y sobrevolando sobre su cabeza, hasta que nacieron Caín y Hevel y lo tomaron junto a otras partes de los mundos de Briá, Yetzirá y Asiá. También escribimos que tras el pecado del primer Adam Janoj (Enoc) tomó Zihara de Arij, Adam Zihara de Aba, Javá Zihara de Ima, Hevel Zihara de Zair Anpín y Caín Zihara de Nukva. No sé si todas esas son partes de Atzilut o de Briá, Yetzirá y Asiá, y todo ello requiere de ulterior investigación.

Otro tanto ocurre con la cuestión de las tres primeras que son Arij, Aba e Ima de Briá tal como se mencionó anteriormente, no escuché de mi maestro, de bendita memoria, quién las tomó, si fue Adam, sus hijos Caín y Hevel, y todo ello requiere de ulterior investigación. En otro lugar escribí que Moshé Rabenu, la paz sea sobre él, es la reencarnación de Hevel y fue quien las tomó.

Herencias

Escribí además que el Da'at de Zair Anpín está conformado de dos secciones de los dos brazos de Arij Anpín, aquellos que están conectados a los dos hombros de Arij y son denominados 'yerushá' (herencia o legado), por cuanto que Aba e Ima otorgaron en heredad a sus hijos Zair Anpín y Nukva, y las cuatro secciones restantes de los dos brazos quedaron con ellos y son denominados Ajsanta (la porción) de Aba e Ima. Y es sabido que Caín y Hevel salieron de este Da'at de Zair Anpín y resulta que Adam y Javá que son denominados Aba e Ima tomaron para sí las cuatro secciones mencionadas, de las cuales fueron hechas Jojmá y Biná, dos para cada uno de ellos y dos secciones que le heredaron a sus hijos que son denominadas Da'at de Zair Anpín, tal como se ha mencionado. Y en efecto, en otro lugar se ve claramente Adam dejó para sí el resto de los mojín y solamente dio en herencia a sus hijos Caín y Hevel el Da'at. Entonces, podremos decir que le heredó a sus hijos Caín y Hevel todas las partes del Da'at, desde el Da'at de Nefesh de Atzilut hasta el Da'at de Nukva de Asiá. Y lo que Adam dejó para sí son las partes restantes del mojín de Jojmá y Biná que estaban en su interior, que se expanden por las diez sefirot de su cuerpo. Asimismo, también el Jesed y la Guevurá del Da'at que le dio en herencia a Caín y Hevel se expanden por todo el cuerpo del Zair Anpín, en sus diez sefirot, tal como es sabido, y esto resulta necesario. Así se entenderá por qué las almas de Caín y Hevel son inferiores a las que permanecieron en Adam, pues el principal aferramiento de las klipot es en Da'at, de acuerdo con el principio de «*árbol del conocimiento (Da'at) del bien y el mal*», tal como se explica aquí. Sin embargo, los niveles de las almas que provienen de Da'at son más luminosas que las de mojín de Jojmá y Biná, pues estas últimas poseen vestiduras y filtros (*masajim*), tal como se sabe de la preeminencia de Nadav y Avihú por sobre El'azar e Itamar, tal como lo hemos escrito en otro lugar. Y allí es claramente explicada la cuestión de Caín y Hevel con todas las dudas que tengo al respecto, y también se explica cómo es que de las Guevurot que son Itra DeNukva (la corona de la Nukva) salen Caín y sus chispas masculinas, vedlo allí.

El secreto del levirato (ibum)

Una breve introducción a la cuestión del levirato, y esto es lo que dice: cuando un individuo debe venir reencarnado y fallece, y luego le nace un hijo porque había dejado a su mujer embrazada, el fallecido se reencarna y vuelve en el cuerpo de ese hijo, Y ésta es la explicación profunda del levirato. Y ésta es la explicación profunda del sabio amoraíta Abaié, pues él nació tras el fallecimiento de su padre y por ello recibió el nombre de Abaié[11] ya que su padre se reencarnó en él. Humildemente considero que esto no proviene de mi maestro, de bendita memoria, sino de Rabí Abraham HaLeví, de bendita memoria.

---

11. Abaié alude a padre, aba *(N. del T.)*

Las almas provenientes del tiempo profano agregado al Shabat (Tosefet Shabat[12])

Una breve introducción. Existen almas que no provienen de la propia raíz de la santidad del Shabat sino de la generalidad del tiempo profano agregado al Shabat (Tosefet Shabat) y solamente poseen este nivel. Tampoco pueden ascender más allá de este nivel ya que su raíz es de allí.

---

12. En la Halajá el Tosefet Shabat es un lapso que se agrega antes del al inicio del Shabat y posterior a su conclusión en el cual nos comportamos de acuerdo con las normas sabáticas. Es por ello por lo que se encienden las velas de Shabat varios minutos antes de la puesta del Sol que es cuando en realidad debería comenzar el Shabat y se lo hace concluir al salir tres estrellas medianas que resulta ser posterior a la simple salida de las estrellas que es cuando teóricamente debería terminar *(N. del T.)*

INTRODUCCIÓN 30

El cumplimiento de los preceptos

En lo que respecta al cumplimiento de los preceptos, esto es lo que dice: es preciso que sepas también sobre el tema mencionado del cumplimiento de los preceptos, que cada uno de los 248 órganos del alma del primer Adam contiene a su vez la totalidad de los 248 órganos y por ello de cada uno de estos depende la integridad de la estructura del primer Adam, desde la cabeza hasta los talones. Una analogía de ello es el caso de alguien que proviene del hombro tal como se mencionó, y este contiene en sí la generalidad de los 248 órganos desde la cabeza hasta los talones etc. He aquí que aquel cuya raíz del alma proviene de una parte del talón de este hombro no precisa completar hombro alguno ni reparar defectos en este sino solamente en el nivel del talón. En caso de que alguna chispa de un alma del nivel de este talón causase algún defecto, todas las chispas de este talón precisan corregirlo para él pues todas las chispas que penden de este talón son responsables una por la otra en cuanto a que cada una repara el defecto de su compañera, y cuando se culmine la reparación de este talón, ninguna de sus chispas precisará ya reencarnarse para reparar defecto alguno proveniente del resto de las chispas del hombro.

Has de saber también que cuando alguna de las chispas del talón mencionado incurre en una transgresión a causa de la cual precisa reencarnarse para repararla, se reencarna junto a otra chispa del talón y se corrige junto a ésta. Sin embargo, si el pecado cometido es uno de aquellos por los cuales el cuerpo se extingue y no se levanta durante la resurrección de los muertos, tal como se ha mencionado, la chispa que pecó se reencarna sola y sin una compañera en otro cuerpo y su primer cuerpo es eliminado y desaparece. Sin embargo, si la chispa no precisa reencarnarse sino para cumplir un precepto que le falta, no necesita entonces reencarnarse junto a otra chispa, sino que se reencarna sola en un segundo cuerpo y así continúa haciéndolo hasta completar los 613 preceptos. Entonces, durante la resurrección de los muertos, todos los cuerpos en los que se reencarnó tomarán consigo la porción que fue reparada o completada mientras se encontró en ellos y todos ellos resucitarán. Así hemos explicado otra diferencia existente entre quien se reencarna para completar un precepto y quien lo hace para reparar el daño ocasionado por una transgresión.

Has de saber también, que si alguna chispa del talón alcanza a completar la reparación de su Néfesh, todas las chispas de su talón que le precedieron se revelarán en ella y la iluminarán, e iluminarán todas juntas dentro de su cuerpo y la ayudarán en todo su quehacer del servicio de su Creador. Y en caso de que pecase, todas las chispas volverán a alejarse de ella, Dios no lo permita, y a esto se lo denomina el secreto del ibur. Todo es en conformidad con sus acciones, pues la intensidad de las chispas que se revelen en ella será proporcional a la dimensión de los preceptos que cumpla, y éstas se alejarán de ella en concordancia con la magnitud o el número de transgresiones en las que incurra. Y así también ocurre con las chispas del Ruaj en caso de que alguna chispa hubiere alcanzado a repararlo. Y otro tanto ocurre con las chispas de la Neshamá, en caso de que una chispa hubiere reparado su Neshamá.

Has de saber también que en concordancia con las buenas o malas acciones realizadas, las chispas estarán más cerca o lejos suyo, pues a veces éstas se le alejarán en gran manera, o se le acercarán. Otras la rodearán desde lejos y otras desde cerca, flotando sobre ésta.

Has de saber también que incluso aquellas chispas cuya raíz se encuentra en el talón, como se mencionó, en caso de que alguna de éstas le faltase cumplir un precepto, deberá reencarnarse junto a otra chispa de su misma raíz, pero esta última será la que más se le asemeje de todas las chispas del talón en cuestión, a pesar de que todas compartan la misma raíz.

Has de saber también que, si algún individuo hiciere pecar a su compañero, aunque no provengan ambos de una misma raíz, deberán reencarnarse los dos, y el que indujo a la transgresión se le sumará bajo el formato de ibur para ayudarle a reparar aquello en lo que le hizo pecar inicialmente.

La mezcla de las chispas

Has de saber, que a pesar de que arriba se explicó que cada uno de los 248 órganos del alma del primer Adam es una raíz en sí misma, en la cual se incluyen infinitas chispas de almas, de todas maneras, es preciso que sepas que cuando el primer Adam, su esposa Javá y sus hijos Caín y Hevel pecaron se mezclaron juntas todas las chispas de todas las almas, chispas de Adam en Caín y Hevel, chispas de Caín en Adam y en Hevel, y chispas de Hevel en Adam y en Caín y así sucesivamente. Por eso, a veces puede ocurrir que el Nefesh de un individuo puede provenir de Caín, y luego le entra un Ruaj del primer Adam, porque cuando se mezclaron y las chispas de Adam vinieron junto a las de Caín en reiteradas ocasiones, hasta apegarse conjuntamente un Ruaj del nivel de Adam con un Nefesh del nivel de Caín. De igual manera en lo referente a la Neshamá con el Ruaj y el Nefesh. Resulta entonces, que, si el individuo en cuestión terminó de reparar el Nefesh que se encuentra en él, que es del nivel de Caín, al grado de que se asemeja en la realidad al Ruaj que es del nivel del primer Adam, el Ruaj entrará y se investirá en ese Nefesh, a pesar de que los dos no provienen de un mismo origen ni son del mismo tipo, pues uno proviene de Adam y el otro de Caín.

Sin embargo, esta cuestión de las mezclas se prolongará hasta que lleguen el Mashíaj y el profeta Eliahu, de bendita memoria, pero de ahí en más todo regresará a su raíz, pues el Ruaj que es del nivel de Caín se unirá con el Nefesh que se le asemeje, que es también del nivel de Caín. Y el Ruaj que es del nivel del primer Adam se unirá al Nefesh del nivel del primer Adam, que es aquel que se le asemeja en lo particular. Ésta es la explicación profunda del versículo que dice: «*he aquí que os envío al profeta Eliahu antes del grande y terrible día de HaShem. Y devolverá el corazón de los padres hacia sus hijos y los de los hijos hacia sus padres*» (Malaquías 3:23-24), esto es, que él devolverá y regresará a cada uno a la raíz particular que le corresponde. Y entiéndelo. En efecto, el motivo por el cual el profeta Eliahu, de bendita memoria, es aquel que efectúa esta labor se debe a que él mismo estaba mezclado del modo arriba explicado, pues su Nefesh era del nivel de Nadav y Avihú que son del grado de Caín tal como se explicará más adelante, pero su Ruaj pertenecía a otro grado, y este dato específico no me fue transmitido por mi maestro, de bendita memoria, pero aun así hay otros motivos para ello.

INTRODUCCIÓN 31

La división de las almas

Has de saber que todas las Neshamot, Rujot y Nefashot de cada una de las criaturas de este mundo están incluidas y aferradas (o «penden» del) al primer Adam, pues éste incluía las cinco partes arriba mencionadas que de abajo hacia arriba se denominan Na.Ra.N.Ja.Y., a saber, Nefesh, Ruaj, Neshamá, Jaiá y Yejidá que se derivan de cinco partzufim, diez sefirot, que de arriba hacia abajo se denominan Arij Anpín, Aba e Ima, Zair Anpín y Nukvá. Pasemos a explicar el nivel de Nefesh y de éste inferiremos sobre el Ruaj, la Neshamá etc. Has de saber, que el Nefesh del primer Adam está compuesto de 248 órganos y 365 tendones o venas y su total asciende a 613. De esto surge que el Nefesh del ser humano está compuesto de 613 raíces. Dado que cada uno de sus 248 órganos y cada uno de sus 365 tendones posee un partzuf completo que incluye a todos los 613 órganos y tendones en él contenidos, por ello, cada órgano o tendón de estos es denominado «una raíz grande y completa». No obstante, a veces, a través de transgresiones y daños, el individuo causa que las 613 raíces grandes se dividan y separen hasta llegar a 600.000 raíces pequeñas, y también éstas son denominadas raíces, con la diferencia que son pequeñas y no como las primeras. Sin embargo, no se pueden subdividir en más de 600.000 ya que no hay más de 600.000 reencarnaciones, tal como se menciona en el Tikún 69 del *Sefer HaTikunim*. Lo mismo ocurre con cada uno de los órganos y de los tendones del primer Adam, a quien se denomina «una gran raíz», tal como se ha mencionado, y él se divide en 613 chispas de almas tal como se ha mencionado, a las que se denomina chispas grandes, y todas conforman una sola raíz. A veces, a causa de algún daño éstas también se transforman en 600.000 chispas pequeñas, de modo tal que tenemos 613 raíces grandes y no menos que ello. Sin embargo, se puede tener más, ya que pueden dividirse en hasta 600.000 chispas pequeñas, y no más. Pueden dividirse en más de 613 y hasta 600.000, por ejemplo, en 10.000 y similares hasta 600.000 y no más que eso. Y has de saber que todo esto aplica a la sección del Nefesh. De igual manera ocurre con las del Ruaj y la Neshamá.

Los dos hombros

La diferencia entre un número alto o bajo de divisiones está ligada al daño efectuado y a los pecados cometidos. Y has de saber, que Caín y Hevel son los dos hombros del primer Adam, Caín del lado izquierdo y Hevel del lado derecho. El nivel del hombro es la sección y el órgano que une el brazo con el cuerpo, está completamente conectado y pegado a éste y tiende levemente hacia el lado trasero del cuerpo desde arriba.

Dado que esto es así, resulta que los órganos de Caín y Hevel se subdividieron en hasta 600.000 chispas pequeñas lo cual les hizo cometer su conocido pecado, Y ésta es la explicación profunda de los que se menciona en el tikún 69, de que Moshé Rabenu, la paz sea sobre él, en un inicio fue Hevel y se expandió en hasta 20.000 chispas, y estas se reencarnaron en cada generación, según el principio que dice: «*una generación pasa y otra viene*» (Eclesiastés 1:4), y entiéndelo.

Estos dos hombros de los cuales se aferran (o penden) Caín y Hevel tienen una virtud particular. El moaj (cerebro), que es denominado Da'at y se extiende a lo largo del cuerpo a través de la columna vertebral, inicialmente pasa entre estos dos hombros, de allí desciende hasta el Yesod y de allí sale la gota seminal. Cuando ésta llega desde el hombro, el Yesod se denomina «hojas de palma» (*kapot temarim* – כפת תמרים) y son las letras de 'hombro' (*katef* - כתף). Al conectarse los dos hombros con el Yesod, ya que la gota seminal desciende desde estos hasta el Yesod, entonces, respecto de ello está escrito: «*dos cintas prendidas por sobre los hombros tendrá en sus dos extremos y habrá de ser unido»* (Éxodo 28:7), pues entonces, se unen al Yesod. También entonces, respecto del Yesod fue dicho: *«los mil son para ti Shelomó»* (Cantar de los Cantares 8:12), pues Shelomó es el Yesod denominado *«Mi pacto de paz»*, y entonces asciende a la cifra de mil, que es dos veces el valor numérico de la palabra «hombro» (80 = ף 400 = ת 20 = כ). Sin embargo, cada hombro por separado suma 500, equivalente al número de letras ocultas en el desarrollo o desplegado (*milui*) del Nombre Divino Sha-da-i (ש-ד-י), tal como es sabido.

El hombro izquierdo y Caín

Ahora explicaremos la cuestión del hombro izquierdo de Adam, que se denomina raíz de Caín. Has de saber, que a este hombro se lo considera un órgano, tal como se dijo, y es sabido que cada órgano está compuesto de carne, tendones y huesos. Y has de saber que los tendones o venas de cada uno de los órganos no son de la generalidad de los 365 tendones conocidos ni de los 248 órganos sino pequeñas venas particulares de cada uno de los órganos. He aquí que en este órgano que es el hombro, en sus tres niveles o aspectos que son carne, tendones y huesos, se divide en hasta 600.000 chispas de almas, incluidas en un mismo partzuf completo, desde la cabeza hasta los talones. He aquí que el talón izquierdo de ese partzuf se divide en más de 613 chispas de almas, y entre ellas, el alma del Jizkiahu rey de Yehudá (Judea), y el alma de Rabí Akiva ben Yosef, y el alma de Akaviá ben Mehalalel, cuyos detalles se explicarán posteriormente, incluido el linaje de las almas de esta raíz. Sin embargo, el nivel de la gota seminal (*tipat hazera*) que proviene desde el sitio de este talón hasta el Yesod a veces se torna Ya'akov, a veces se torna Akaviá ben Mehalalel, a veces Rabí Akiva o similares. Y has de saber que todo el nivel del talón es Maljut de ese partzuf, y por ello todas las almas que se encuentran en este talón tienen la capacidad ascender hasta el (ámbito oculto del) pensamiento (o mente, *majshavá*) según el principio que dice que: *«…una mujer cor-*

tejará a un hombre» (Jeremías 31:21). Por ese motivo Rabí Akiva tuvo el privilegio de ascender hasta el pensamiento (o mente), y tal como insinuaron nuestros rabinos (Tratado de Menajot 29b), de bendita memoria, al hablar de él (cuando Dios le dijo): «cállate, así ascendió al pensamiento ante Mí» (que en hebreo coloquial podría ser 'así fue Mi parecer', y fue la respuesta a Moshé cuando éste le preguntó por qué había entregado la Torá a través suyo y no por intermedio de Rabí Akiva), y entiéndelo.

El impacto de un pecado sobre los hombros

Y has de saber una cuestión respecto de estos dos hombros. Cuando se presenta un daño en uno de estos hombros a raíz de una transgresión, o si el daño se presenta en el hombro izquierdo, por ejemplo, si el daño fue causado por el pecado de Caín que allí se encuentra, entonces también el hombro derecho se ve dañado y así sucesivamente en lo que respecta a otros órganos. Por eso, aquel cuya raíz proviene del hombro izquierdo poseerá cabellos largos en sus dos hombros, pero en el izquierdo los cabellos serán más abundantes porque es el más importante. Pero cuando el hombro derecho se vio dañado por el pecado de la raíz de Hevel que allí se aferró, entonces, esta señal mencionada será visible solamente en el derecho. De ello resulta que quien proviene del hombro izquierdo, tendrá allí cabellos más largos que en el resto de su cuerpo. Esto indica que éste es el sitio donde se aferra al primer Adam, y en el pórtico sobre *Ruaj HaKodesh* en el capítulo que versa sobre el conocimiento del partzuf se explica algo de la cuestión de las letras de Nefesh, Ruaj, Neshamá etc., verlo ahí.

Los hombros del primer Adam

Ahora he de agregar algo de explicación sobre la cuestión de los dos hombros del primer Adam. Ya te he hecho saber que Netzaj y Hod de Atik Yomin se revisten dentro de Jesed y Guevurá que son los dos brazos de Arij Anpín, y luego los dos brazos de Arij se revisten en los dos mojín Jojmá y Biná de Aba e Ima. Y los dos hombros de Arij, se revistieron en el moaj Da'at de Zair Anpín que se divide en dos coronas que se denominan Jesed y Guevurá, tal como es sabido, y de estos se extiende or makif o luz envolvente hacia la Nukva de Zair Anpín.

También sabes que en Atik Yomin no hay sino solamente nueve sefirot y son las que en la porción de *Noaj* del Zohar se denominan «'nueve Santuarios' (o salas, *heijalot*) que no son ni santuarios ni luces» etc, tal como se explicara en nuestro comentario sobre el comienzo de la Idra Zuta, véase allí. El nivel de Maljut no se menciona en absoluto en Atik Yomin, por ello, la raíz de Maljut no se insinuó sino en su sefirá de Hod, tal como es sabido, que el varón siempre permanece en Netzaj y la mujer en Hod. He aquí que el Hod de Atik Yomin se reviste en la Guevurá de Arij Anpín y es el hombro izquierdo de Arij Anpín denominado 'Corona de la Guevurá' (*itra de Guevura*), y debes entender el significado de la denominación de 'corona' – 'itra', de acuerdo con el principio de «la corona de su marido» - *ateret ba'alá* (Proverbios 12:14) pues allí se aferra e insinúa a Maljut, tal como se mencionó.

Resulta que de este hombro izquierdo se extiende una chispa de luz que hace de luz envolvente a la Nukva de Zair Anpín, y por ello, la raíz de Caín que es del lado de la Nukva de Zair Anpín se aferra al hombro izquierdo del primer Adam. Sin embargo, el hombro derecho proviene de Netzaj de Atik Yomin, y éste contiene el secreto (*sod*) de Zair Anpín que es varón, por ello la raíz de Hevel está en el hombro derecho de Adam. Y ya es sabido que Maljut puede ascender al sitio del varón (*zajar*) bajo el formato de «la corona de su marido» y especialmente al nivel de Aba e Ima, tal como se mencionó, y de esto sabrás la dimensión de la grandeza del nivel del hombro izquierdo del primer Adam.

La división de los 63 órganos en raíces

Luego, continuó explicándome la cuestión de los 613 órganos de la siguiente manera: Has de saber, que todas las almas están incluidas en el primer Adam y allí se dividen en múltiples raíces, y ésta es su cuestión. En un inicio, se dividen en los tres patriarcas, luego en las doce tribus, luego en las setenta almas y posteriormente se dividen aún más hasta llegar a ser 600.000 raíces pequeñas, y de éstas está conformada el alma del primer Adam. He aquí que el hombro derecho del primer Adam se divide en partes de acuerdo con el principio mencionado, pues inicialmente se divide en los tres patriarcas, posteriormente en las doce tribus, luego en las setenta almas. Todas éstas son del nivel de las setenta raíces pequeñas y no son más que una de las raíces grandes del primer Adam. Sin embargo, no posee sino setenta raíces pequeñas, y todas juntas conforman un solo partzuf de Adam, y luego estas setenta raíces se dividen hasta llegar a 600.000 chispas de almas y no se las denomina raíces sino chispas.

He aquí que cada una de las setenta raíces pequeñas del hombro derecho mencionado posee un partzuf completo y todas las 600.000 chispas de ese hombro derecho se consideran una raíz grande del primer Adam, y recibe el nombre de raíz de Hevel el hijo del primer Adam. Lo mismo ocurre con el hombro izquierdo del primer Adam, pues contiene tres patriarcas que se dividen en doce tribus y en setenta almas, y estas setenta son denominadas las raíces pequeñas que están en él y a su vez se dividen en 600.000 chispas que no son denominadas raíces. Y cada una de estas setenta raíces posee un partzuf completo y todas esas setenta raíces reciben el nombre de raíz de Caín, el hijo del primer Adam.

He aquí que de una las setenta raíces se aferran Rabí Akiva, Akaviá ben Mehalalel, el rey Jizkiahu, tal como se expuso en la disertación anterior. Y esta raíz mencionada se divide en más de 613 chispas, y todas juntas conforman un partzuf completo. Y al partzuf de esta raíz se aferran el rey Jizkiahu, Rabí Akiva y Akaviá ben Mehalalel. Sin embargo, el rey Jizkiahu es de la cabeza de este partzuf, empero Rabí Akiva y Akaviá ben Mehalalel y los demás se aferran al talón de ese partzuf.

Humildemente, yo Jaim considero que según lo que explicamos ahora, y de acuerdo con lo que explicamos en la disertación anterior, resulta que la raíz mencionada es del nivel de talón de la generalidad de este hombro, y es una raíz de las setenta de Caín. La cabeza del talón es Jizkiahu, y el final de éste que es el talón del talón y son Rabí Akiva y Akaviá, tal como humildemente considero.

En la disertación anterior se explicó que las almas incluidas en Adam se dividen en 613 grandes raíces, luego se dividen en 600.00 raíces pequeñas y aquí explicamos que se dividen de un modo diferente que son los tres patriarcas, las doce tribus y las setenta almas y luego se dividen en 600.000 raíces pequeñas. No obstante, si puntualizamos, verás que todo va a un mismo lugar, y verás cómo las 613 raíces se dividen en 600.000, pues las letras tav (ת) y reish (ר) del número taryag (600 = 400+200 = ר+ת – ג''תרי) (תרי''ג) se dividen en 600.000 que son sesenta decenas de mil. La letra guimel (3 = ג) se corresponde con los tres patriarcas, la letra yud (10 = י) se corresponde con las setenta almas, pues como es sabido las seis extremidades se corresponden con las 600.000 o las sesenta decenas de miles, y si a sesenta le agregas diez te da las setenta almas. Las dos letras yud y guimel (13 = יג) del número taryag se corresponden con las doce tribus y el uno restante alude a su unidad o generalidad, y así ves cómo 613 es la totalidad de todas las subdivisiones mencionadas.

Y regresemos a la cuestión de Caín y Hevel pues estos son «dos coronas», la Corona del Jesed (benevolencia) y la Corona de la Guevurá (rigor) que se encuentran ocultas en Aba e Ima, y he aquí que Adam y Javá son Aba e Ima, Hevel es la Corona del Jesed y Caín la Corona de la Guevurá.

Otra forma de dividir

Mi maestro, de bendita memoria, me ordenó la cuestión de las raíces de las almas de otra manera, y es la siguiente. Se explicó anteriormente que en el individuo hay Nefesh del mundo de Asiá, Ruaj del mundo de Yetzirá y Neshamá del mundo Briá. El Nefesh de Nukva de Zair Anpín del mundo de Atzilut, el Ruaj de Zair Anpín de Atzilut y la Neshamá de la Biná de Atzilut. La Neshamá de la Neshamá es denominada Jaiá y es de Aba de Atzilut y la Yejidá de Keter que es llamado Arij Anpín de Atzilut. He aquí que cada una de las raíces de las almas tienen participación en todos esos niveles mencionados, y se dividen en cinco raíces: Arij Anpín, Aba e Ima, Zair Anpín y Nukva. Cuando el mundo fue creado, estas cinco raíces se dividieron de esa manera, la Zihara Ylá'á de Adam que recibiera posteriormente Janoj es del nivel de Arij Anpín. Adam tomó el nivel de Aba, Javá (Eva) el de Ima, Hevel el de Zair Anpín y Caín el de Nukva de Zair Anpín. Hubiese correspondido que Hevel, que es de Zair Anpín, precediera a Caín que es de Nukva, pero al pecar el primer Adam y mezclar el bien con el mal causó el defecto de que Caín naciera antes que Hevel, tal como se explica en *Sha'ar HaPesukim* (Pórtico de los versículos), en el versículo que dice: *«y Adam conoció a Javá su mujer»* (Génesis 4:1), véase allí. He aquí que todas las demás almas del mundo nacen de estas cinco raíces mencionadas que se encuentran en el mundo de Atzilut. Sin embargo, el resto de las almas nacen de las cinco raíces que se encuentran en los mundos de Briá, Yetzirá y Asiá, tal como es sabido, pues en cada uno de estos mundos hay estas cinco raíces y todas son secundarias y arrastradas tras las de Atzilut y están incluidas en ellas de modo tal que las almas del mundo están enraizadas en estas cinco raíces mencionadas y cada raíz de éstas se divide en sus diez sefirot por lo que resulta que hay cincuenta raíces en cada mundo. Estas cincuenta (raíces) de Atzilut son la raíz de todas y están incluidas en ellas. Además, estas cincuenta raíces se dividen en diferentes niveles, tal como se explicará en otro sitio, con la ayuda de Dios.

He aquí que cada una de las raíces de las almas incluye un partzuf completo de 248 órganos y 365 tendones y venas y juntos suman 613, y conjuntamente son la estructura de la generalidad de la Neshamá, y es denominada una sola raíz, pero en detalle se trata de 613 chispas que son todas estudiosos de la Torá (*talmidei jajamim*). Además, en cada una de las raíces hay numerosas chispas y son todas personas legas en cuestiones religiosas (*amei aratzot*) que se dedican a poblar y desarrollar el mundo (*yshuv haolam*), pues cada una de sus raíces se asemeja a un árbol que da frutos que son los estudiosos de la Torá, así como hojas, ramas y corteza etc., que son las personas legas en cuestiones religiosas. He aquí que cuando llega el momento de que estas chispas de almas salgan hacia este mundo es probable que una, dos, tres, diez o más chispas vengan al mismo tiempo y en la misma generación, si es que pertenecen a una misma raíz. Es posible que dos chispas vengan juntas al mundo, una del ojo derecho y la otra del ojo izquierdo de esa misma raíz, o que cinco chispas vengan al mismo tiempo provenientes de las cinco primeras falanges de los cinco dedos de la mano derecha, o que vengan las diez primeras falanges de los diez dedos de la mano derecha y la mano izquierda o similares. Así, de esa manera, en una misma generación se encontrarán juntas varias chispas que son del nivel de tendones pero que se encuentran cerca una de la otra. Por ello, que no te sorprenda si se encuentran juntos Rabí Akiva y Akaviá ben Mehalalel, o si se encuentran juntos en una misma generación de sabios amoraítas Abaié y Rami bar Jama y Rabí Dimi de Nehardea, a pesar de que todos pertenecen a la raíz de Caín, del hombro izquierdo del primer Adam, como se habrá de explicar más adelante con la ayuda de Dios. Además, hay otro motivo para lo que hemos mencionado, y es que cuando la Divina Presencia (*Shejiná*) se exilió entre las klipot lo hicieron también las almas de los justos. Y de acuerdo con el tipo o nivel del precepto que cumpla un justo proveniente de esa raíz, y según el tiempo en que ello ocurra, podrá sacar una chispa o dos del seno de las klipot y hacerlas ascender de allí por lo que podrán venir a este mundo. Y aunque no se trate de dos chispas contiguas en la raíz, todo depende del tiempo y del precepto que realice el justo de esa raíz, tal como se mencionó.

Zihara Yla'á

Otra cuestión cercana a la disertación mencionada: he aquí que el primer Adam poseía Nefesh del mundo de Asiá, Ruaj del mundo de

Yetzirá y Neshamá del mundo de Briá, y sobre estos Nefesh, Ruaj y Neshamá del mundo de Atzilut, de Nukva de Zair Anpín, y de Zair Anpín y de Ima. Estos tres pertenecientes al mundo de Aztilut se denominan Zihara Yla'á (luminosidad superior) de Adam, y está mencionado en los secretos de la Torá de la porción (parashá) de Kedoshim 83a. Ya fue explicado en el libro del Zohar, que antes de que nacieran Caín y Hevel el primer Adam pecó, y entonces se retiró de él la Zihara Yla'á que son las tres partes de Atzilut mencionadas, y de esa manera se cumplió Su sentencia, Bendito Sea: «...*pues cuando comieres de él, morir, habrás de morir*» (Génesis 2:16), ya que se retiraron de él las tres partes de Atzilut mencionadas y no hay muerte más dura que esa. He aquí que cuando tuvo a Caín y a Hevel, el Nefesh de Atzilut que se había retirado de Adam se repartió entre Caín y Hevel y se explicará, con la ayuda de D's, la cuestión de la reencarnación de Caín del nivel de Atzilut que tuvo el mérito de recibir, cómo se reencarnó ese nivel y se extendió en Keinán y en Mehalelel hasta reencarnarse en los hijos de Aharón Nadav y Avihú, que eran «dos partes de un mismo cuerpo» tal como lo menciona el libro del Zohar en las porciones de *Pinjás* y de *Ajarei Mot*. Por eso está escrito: «*pero hubo hombres que estaban impuros por cadáver de persona*» (Números 9:6), que se enseña se refería a Nadav y a Avihú, tal como lo enseñan nuestros rabinos, de bendita memoria. Ocurre que ellos son del nivel de Nefesh de Atzilut del primer Adam y luego este Nefesh fue tomado por Pinjás tras el episodio de Zimrí, tal como lo menciona el Zohar y tal como se explicará aquí con la ayuda de Dios. También se explicará cómo es que Caín y Hevel tomaron el Nefesh de Atzilut de Adam para repararlo, ya que éste había pecado con el árbol del conocimiento y había mezclado el bien con el mal, como es sabido.

El profeta Eliahu

Sin embargo, el Ruaj de Atzilut del primer Adam lo tomó el profeta Eliahu, recordado para bien, y por ello ascendió al cielo y no falleció como el resto de los seres humanos porque se asemejaba a un ángel del Dios de las Huestes y no a un ser humano, y posteriormente, estando en el cielo se transformó en ángel, como es sabido. Éste es el motivo por el cual del profeta Eliahu no se menciona sino su Ruaj, tal como está escrito: *«ruego que descienda sobre mi doble porción de tu espíritu (Ruaj)»* (II Reyes 2:9), y está escrito: *«…y el espíritu (Ruaj) de Eliahu reposa sobre Elishá»* (ídem 15), y está escrito: *«y el espíritu de HaShem te llevará»* (I Reyes 18:12). Sin embargo, no accedió a este Ruaj de Atzilut hasta que mató a Zimrí en el episodio de Shitim, ya que forzosamente no puede reposar un Ruaj sobre un individuo hasta haber adquirido Nefesh, por ello, cuando Pinjás mató a Zimrí logró tomar el Nefesh de Atzilut que se encontraba en Nadav y Avihú. Y después de que tuvo el mérito de recibir ese Nefesh de Atzilut, pudo recibir ese Ruaj de Atzilut, y por ello sobre él se declara: *«…le he otorgado Mi pacto de paz»* (Números 25:12), pues el Ruaj es de Tiferet y Yesod, tal como es sabido, y ambos son denominados 'Shalom' (paz), tal como lo sabemos del versículo que dice: *«paz, paz al lejano y al cercano»* (Isaías 57:19), Tiferet y Yesod.

Janoj

La parte de la Neshamá de Atzilut la tomó Janoj ben Yered y por ello fue un ángel celestial llamado Metatrón, tal como es sabido. Por eso tampoco él falleció como el resto de los seres humanos. Y has de saber que este nivel de Neshamá de Atzilut recibe el nombre de Ángel Regente del Mundo (*saró shel olam*), por provenir del mundo de Atzilut que es aquel que regenta a todos los mundos. Así, respondemos a la interrogante famosa respecto del Janoj y Metatrón, pues si ambos son el mismo, y el mundo de Yetzirá es denominado 'el Mundo de Metatrón', ¿quién era el Ángel Regente del Mundo cuando Janoj se encontraba aún con vida en este mundo? Empero esto se comprenderá a la luz de lo que dice el libro del Zohar al comienzo de la porción de Noaj, en la Tosefta al versículo que dice: *«éstas son las descendencias de Noaj,*

Noaj...» (Génesis 6:9), en cuanto a que cada justo posee dos Ruaj, uno en este mundo y otro en el Cielo superior etc. Y entiéndelo. Y por ello está escrito: *«he aquí que mi testigo está en el Cielo»* (Job16:19), se refiere a Janoj (84 = 8ı50ı6ı20 = חנוך) ya que el valor numérico de sus letras equivale al de 'mi testigo' – 'edí' (84 = 70+4+10 = עדי). El testigo en las alturas es el profeta Eliahu, recordado para bien, pues tal como se ha mencionado, ambos son ángeles celestiales. Ésta es la explicación de lo que está escrito: *«Él puso a Yosef por testimonio»* (Salmos 81:6), pues Yosef el justo tuvo el mérito de recibir la Neshamá de Janoj que como se mencionó se denomina «mi testigo», y por eso está escrito que Yosef era *«de bella prestancia»* (Génesis 39:6) pues recibió la belleza del primer Adam que proviene de aquella Neshamá superior de Atzilut. Sin embargo, Yosef no tuvo el mérito de recibirla sino hasta la noche en la que se cumplieron los dos años en la que fue sentenciado a salir de la prisión, y en ese día alcanzó la grandeza, por eso está escrito: *«... cuando salió sobre la tierra de Egipto»* (ídem, ídem).

Y de lo que se ha explicado en disertaciones anteriores, se entenderá que la entrada del Ruaj o la Neshamá en el individuo tiene lugar por la noche al despertar de su sueño. También se comprenderá lo que dijeron nuestros sabios, de bendita memoria, respecto del final del versículo analizado que dice: *«...oí una voz desconocida»* (ídem, ídem), pues esa misma noche vino Gabriel y le enseñó setenta idiomas. He aquí que Janoj Metatrón señorea sobre los setenta ángeles regentes de las setenta naciones y conoce sus setenta idiomas. Y cuando en esa noche entró en él la Neshamá de Metatrón, como se ha mencionado, en un instante aprendió todos los setenta idiomas. Esta Neshamá de Janoj se reencarnó en Rabí Ishma'el ben Elishá el sumo sacerdote, como lo expliscáramos aquí, pues él es la reencarnación de Yosef el justo, y por ello Rabí Ishma'el era también de muy buen aspecto, tal como lo vemos en lo que dijeron nuestros rabinos, de bendita memoria (Tratado de Guitin 58a). Esto también es explicado en el libro *Pirkei DeHeijalot* donde dice que cuando Rabí Ishma'el ascendió al Cielo, Metatrón lo llamaba «la magnificencia de mi resplandor». Sin embargo, esta Neshamá se reencarnó en Rabí Ishama'el por dos motivos. El primero,

porque el Santo Bendito Sea dijo: «...*pues cuando comieres de él, morir,
habrás de morir*» (Génesis 2:16), y esta Neshamá no se encontraba en
el primer Adam cuando este falleció ni sufrió realmente el castigo de
la muerte, sino que se retiró de él cuando pecó. En segundo lugar,
porque Yosef el justo también pecó, al haber provocado que sus hermanos lo vendieran, incitándolos en contra suyo por medio del relato
de sus sueños y por contar a su padre cosas negativas de ellos. Por eso,
esta Neshamá precisó reencarnarse en Rabí Ishma'el ben Elishá sumo
sacerdote para que sufriera realmente el castigo de la muerte. Y has
de saber que antes de haber pecado, el primer Adam alcanzó Nefesh,
Ruaj, Neshamá y Jaiá de Maljut, Tiferet, Biná y Jojmá de Atzilut, de
los cuatro juntos. Y Moshé Rabenu, la paz sea sobre él, recibió Da'at
de Atzilut. Y los tres patriarcas: Abraham, Ytzjak y Ya'akov recibieron
Jesed, Guevurá y Tiferet de Atzilut, el primero recibió Jesed, el segundo recibió Guevurá y el tercero recibió Tiferet.

INTRODUCCIÓN 32

Las almas de Nadav y Avihú

En esta introducción se explicará aquello que dijeron nuestros sabios en el capítulo primero del Tratado de Berajot (4b): «se enseñó: Mijael en un vuelo, Gabriel en dos y Eliahu en cuatro etc.». La conexión de Eliahu con la cuestión de los vuelos ya fue explicada anteriormente en las disertaciones anteriores en cuanto a que antes del pecado del primer Adam poseía Nefesh, Ruaj y Neshamá de Yetzirá, Asiá y Briá y sobre estos tenía Nefesh, Ruaj y Neshamá de Maljut, Tiferet y Biná de Atzilut. También se explicó que todas las almas estaban entonces incluidas en el primer Adam salvo aquellas que eran completamente nuevas, las cuales el primer Adam no tuvo el mérito de poseer y no se incluyeron en él. Después de que pecara con el árbol del conocimiento, sus órganos se cayeron de él en todos los sitios donde fue, tal como dijeran nuestros maestros, de bendita memoria, le ocurrió lo mismo que a Yftaj HaGuiladí (Jefté el guiladita) en el caso del pecado de su hija, tal como fue dicho: «*y fue enterrado en las ciudades del Guil'ad*» (12:6) y no en la ciudad del Guil'ad, y la explicación radica en que todas aquellas almas incluidas en los órganos del primer Adam cayeron de él cuando pecó y cada una de ellas descendió a la profundidad de las klipot según el nivel que le correspondía. Sin embargo, su Nefesh, Ruaj y Neshamá de Atzilut mencionados en el libro del Zohar en la porción de *Kedoshim* donde se los denomina Zihara Yla'á - no cayeron -Dios no lo permita- en las klipot pero se retiraron de él. Y los niveles de Ruaj y Neshamá se retiraron de él al pecar y ascendieron, y el Nefesh de Atzilut quedó junto a él flotando encima suyo, pero sin retirarse del todo. Y ya se explicó en las disertaciones anteriores que Janoj, tras haber merecido recibir su Nefesh, Ruaj y Neshamá de Asiá, Yetzirá y Briá tuvo el mérito también de tomar hasta el nivel de Neshamá de Atzilut que se había retirado de Adam al pecar.

El Nefesh de Atzilut del primer Adam

Ahora, explicaremos la cuestión del Nefesh de Adam del mundo de Atzilut que continuó flotando encima suyo y tal como se mencionó, no se retiró. Cuando Adam tuvo a sus hijos Caín y Hevel, estos tomaron los niveles de Nefesh, Ruaj y Neshamá de los mundos de Asiá, Yetzirá y Briá que les correspondían y tomaron también el nivel de Nefesh de Atzilut de su padre Adam. Es sabido que cada alma posee luz interior (*or pnimí*) y luz envolvente (*or makif*) y este Nefesh poseía los niveles o aspectos de luz interior y luz envolvente. Luego, cuando Ytró -el suegro de Moshé- se convirtió, recibió parte del Nefesh de Atzilut que le fue entregado a Caín, como se mencionó, pero tomó únicamente el aspecto de la luz interior, y por ello está escrito que *«Jéver el cineo Hakeiní se separó de Caín (del resto de los cineos)»* (Jueces 4:11), y esto se explicará en su momento. Y Nadav y Avihú tomaron la luz envolvente del Nefesh de Atzilut de Adam que éste había entregado a su hijo Caín, como se mencionó.

Cuando nació Pinjás, está escrito (Éxodo 6:25): *«El'azar ben Aharón tomó para sí una esposa de las hijas de Putiel y tuvo a Pinjás».* Y nuestros rabinos, de bendita memoria, dijeron que Putiel (פוטיאל) era Yosef, ya que superó (פטפט - *pitpet*) a su instinto, y es también Ytró que engordaba (פטם - *pitem*) terneros para la idolatría. La explicación profunda (*sod*) de la cuestión es que cuando nació Pinjás estaba compuesto de dos chispas de almas. Este es **Put**iel, que proviene de la palabra 'tip**ín**' (טפין - *gotas*), ya que estaba conformado de dos gotas de almas, una chispa era de la raíz de Yosef el justo y la segunda de la raíz del alma de Ytró. Estos dos tipos o niveles de alma son llamados Pinjás. Y que no te sorprenda cómo es que se mezcló una chispa de

Ytró con una de Yosef, pues ya aprendiste que Yosef es del Yesod y allí es a donde van las gotas seminales de todo el Jesed y la Guevurá y se mezclan, por lo que no cabe sorprenderse cómo es que se mezcló una chispa del alma de Ytró que es de una raíz con la de la raíz de Yosef. Y resulta que Pinjás tomó una chispa de la raíz de Ytró que es del nivel de luz interior del Nefesh de Atzilut del primer Adam. Luego, una vez que Nadav y Avihú fallecieron a causa del pecado de la quema del incienso y una vez que tuvo lugar el episodio en el cual Pinjás mató a Zimrí, tuvo el mérito de que entraran en su interior los aspectos del Nefesh de Nadav y Avihú que eran del nivel de luz envolvente (*or makif*) del Nefesh de Atzilut del primer Adam. Esto hizo que en Pinjás se completara el Nefesh de Atzilut, con luz interior y luz envolvente. La luz interior entró en él al reencarnarse en el momento en que nació, al tiempo que la luz envolvente lo hizo únicamente bajo el formato de ibur, después de que nació y creció.

Almas que entran bajo el formato de reencarnación e ibur

Dado que en su interior existía esta división, ocurría con él otra cuestión que debes saber. Cuando el alma le llega al individuo bajo la forma de reencarnación, al nacer, aunque ésta sea compleja y esté compuesta de dos chispas diferentes -como se mencionó en el caso de Pinjás que tenía en su seno una chispa de Yosef y una chispa de Ytró– decimos que estamos en presencia de una sola alma y no se precisa de otro aspecto o nivel que una a las dos partes entre sí. Sin embargo, cuando un alma llega bajo el formato de ibur después de que el individuo ha nacido -como en el caso del Nefesh Nadav y Avihú que entraron en Pinjás bajo la forma de ibur- precisa venir acompañada junto a la chispa de otra alma nueva, o sea, un alma que esté llegando al mundo por primera vez y no sea antigua o reencarnada. Así, el alma nueva une el Nefersh de Nadav y Avihú que viene al mundo bajo el formato de ibur con el Nefesh de Pinjás que vino bajo la forma de reencarnación. Por ello, resultaba necesario que entrara en Pinjás otro Nefesh nuevo bajo la forma de ibur llamado Eliahu HaTishbí (el tishbita), de los habitantes del Guil'ad, que proviene de la raíz de Gad, y es un alma nueva tal como se mencionó y entra ahora en él para unir y conectar el Nefesh de Nadav y Avihú con el propio de Pinjás que se había reencarnado con él completamente desde el día de su nacimiento.

Sin embargo, resulta necesaria también otra alma nueva para unir y conectar entre el alma nueva llamada Eliahu HaTishbí con el resto de las almas antiguas que son el Nefesh de Pinjás y el Nefesh de Nadav y Avihú, por lo que tuvo que entrar en Pinjás otra alma nueva también llamada Eliahu cuya raíz es de Biniamín, y es mencionada en el libro primero de Crónicas (8:27) en el versículo que dice: *«y Ya'areshiá, y Zijrí y Eliahu hijos de Yerujam»*. Y tal como Eliahu, recordado para bien, les dijera a nuestros sabios (Bereshit Rabá 71:12): «yo desciendo de los hijos de los hijos de Rajel», tal como se habrá de explicar al final de la presente disertación.

Y resulta, que estos cuatro niveles o aspectos se incluyeron en Pinjás. El primero es su propio Nefesh recibido al momento de nacer, pues a pesar de que estaba conformado de dos gotas de Yosef e Ytró, se las denomina un solo Nefesh. El segundo, es el Nefesh de Nadav y Avihú que entró bajo el formato de ibur y también se lo denomina uno y no dos, tal como es sabido del libro del Zohar en la porción de *Ajarei Mot*, que Nadav y Avihú eran dos partes de un mismo cuerpo. El tercero, es el Nefesh denominado Eliahu HaTishbí proveniente de la raíz de Gad. El cuarto, es el Nefesh denominado Eliahu de raíz de Biniamín. Ésta es la explicación profunda de lo que dijeron nuestros sabios, de bendita memoria, (Tratado de Berajot 4b) y mencionamos anteriormente: «se enseñó: Mijael en un vuelo, Gabriel en dos y Eliahu en cuatro etc.». Y entiéndelo.

Luego, aconteció el episodio de la hija de Yftaj HaGuiladí, en el cual, según nuestros sabios, de bendita memoria Yftaj actuó como juez y no quiso ir a la casa de Eliahu para que lo liberase de su voto y Eliahu tampoco quiso ir donde él pues dijo que «quien padece un dolor va al médico»-. Por eso, entre una cosa y otra la hija de Yftaj murió y los dos fueron castigados, Yftaj por ser el ejecutor fue castigado de modo tal que a donde fuere sus órganos se caían de él, y tal como está escrito (Jueces 12:6): «...y fue enterrado en las ciudades del Guil'ad» en plural. Y Eliahu fue castigado ya que se retiró de él la Divina Presencia, tal como dijeran nuestros rabinos, de bendita memoria, sobre el versículo que dice (Crónicas I 9:20): «(Y Pinjás hijo de El'azar había gobernado sobre ellos en el pasado) siendo HaShem con él» fue dicho sobre Pinjás. En el libro de Jueces Dios estaba con él, pero no ahora, porque el Nefesh de Nadav y Avihú que había entrado bajo la forma de ibur le fue posteriormente retirado para reencarnarse en el profeta Shmuel, tal como se explicará más adelante. Y ésta es la explicación profunda de lo que dijeron nuestros rabinos, de bendita memoria, en cuanto a que la letra «vav» de la expresión «Mi pacto de paz» (ברייתי שלום) esté cortada.[13] Además, dijeron también en el libro del Zohar en la porción de Ajarei Mot que la letra «yud» del nombre Pinjás (פינחס) es pequeña.[14]

En el episodio de Zimrí (Pinjás) se hizo merecedor de recibir (el Nefesh de Nadav y Avihú) en el formato de ibur, pues cuando quisieron asesinarlo su alma salió de él y entonces entró el ibur de Nadav y Avihú, tal como se menciona en la porción de Pinjás de libro del Zohar, y cuando lo perdió en virtud del pecado de la hija de Yftaj, entonces la letra «vav» quedó cortada, pues el aspecto de la letra «vav» es la sefirá del Yesod que se denomina «Mi pacto de paz» (Números 25:12) y entonces fue cuando se cortó, al retirarse de él tanto la Divina Presencia así como así también el ibur de Nadav y Avihú. Así, tras el episodio de la hija de Yftaj, no lo quedó más que la chispa de la gota de la raíz de Yosef, pues el ibur de Nadav y Avihú fue donde Shmuel, tal como se mencionó, y también se retiró de él la gota de Ytró.

Entonces, nació Jiel Beit Haelí que es quien (re)construyó la ciudad de Yerijó (Jericó) y entró en él bajo la forma de completa reencar-

---

13. La palabra paz en hebreo es shalom y se escribe שלום. La letra vav (ו), la tercera de este vocablo, según la tradición debe ser escrita con una interrupción en medio del trazo y por ello se la llama una vav cortada, (N. del T.)

14. En el versículo anterior, Números 25:11, según la tradición el nombre Pinjás (פינחס) debe ser escrito con una letra yud (י) diminuta.

nación, tal como se explicará. Esto obedece a que el ibur de Nadav y Avihú, así como también Eliahu de la tribu de Gad y Eliahu de Biniamín no se encontraban en el interior de Pinjás sino a modo de préstamos bajo el formato de ibur y no son los principales en ese cuerpo, y, por lo tanto, el pecado cometido en el episodio de la hija de Yftaj no los afectó. Otro tanto ocurrió con la gota de Yosef, tampoco estuvo en cercanía al pecado, éste acaeció en la gota de Ytró por provenir de Caín, y cuando vino a Ytró era un sacerdote pagano que engordaba terneros para la idolatría, y por ello la parte principal del pecado provino de la chispa de Ytró, motivo por el cual se retiró y se reencarnó en Jiel Beit Haelí.

Observa y ve que las letras del nombre Jiel (חיאל) son las del nombre Eliah(u) (אליה) si permutas la letra «jet» (ח) por una «heh» (ה) en las letras «alef», «jet», «ain» y «heh» (אחע"ה). Ésta es la explicación profunda de Beit Haeli (בית האל"י), o sea, Beit Eliah(u) (בית אליה). Esto es, el sitio de asiento de Eliahu, recordado para bien, pues Eliahu tenía asiento en el cuerpo de Pinjás por ser éste una chispa gota de Ytró, como se ha mencionado. Resulta entonces, que lo principal de ese cuerpo es de Pinjás y no de Eliahu, y éste solamente recibe la denominación de Beit Moshav Eliahu o asiento de Eliahu, recordado para bien.[15]

He aquí que nuestros rabinos, de bendita memoria, dijeron que Jiel era un hombre importante, a cuya casa acudían el rey Ajav y el profeta Eliahu, recordado para bien. No obstante, el pecado cometido en el episodio de la hija de Yftaj le provocó incurrir en la transgresión de la reconstrucción de Yerijó pues son similares. El pecado de la hija de Yftaj, como es sabido, está vinculado a un voto o promesa. Y en el de Jiel, quebró una promesa de prohibición proclamada por Yehoshúa de que Yerijó no se reconstruyera. Y dado que Yerijó está vinculada a la raíz de Caín, tal como fue dicho (Jueces 1:16): «y los hijos del Cineo (keiní) suegro de Moshé ascendieron de la ciudad de las palmas que es Yerijó»,

---

15. Nótese que Eliahu es 'recordado para bien' y no de 'bendita memoria' por cuanto que no murió al ascender al cielo en una carroza de fuego, *(N. del T.)*

por ello, Jiel que es de la raíz de Caín quiso reconstruirla. Después (de que falleciera el profeta Shmuel) su nombre cambió (dejó de ser Pinjás) y pasó a llamarse Eliahu el tishbita, ya que Nadav y Avihú no se habían instalado aun en él, como se mencionó. Además, el aspecto de Pinjás mismo proveniente de Ytró había pecado en el episodio de la hija de Yftaj, y Eliahu de la tribu de Biniamín entró en él bajo el formato de ibur únicamente a los efectos de unir a las otras almas, como se ha mencionado. Entonces, la (chispa) principal era de Eliahu de la raíz de Gad, y por eso entonces no se llamaba Pinjás sino Eliahu HaTishbí, lo cual indica que el alma provenía de la tribu de Gad (la localidad de Teshev se encuentra en la porción de esa tribu, *N. del T.*).

Entonces, cuando la profecía regresó a él, cuando era llamado Eliahu HaTishbí, tras el fallecimiento de Shmuel, Nadav y Avihú volvieron a entrar en él bajo el formato de ibur. Ellos completaron su reparación durante el episodio del Monte Carmel cuando las personas se prosternaron sobre sus rostros y exclamaron: «HaShem es Dios» (I Reyes 18:20-29), y entiéndelo. Además, en un inicio habían pecado al contemplar la Divina Presencia en el Monte Sinai, tal como está escrito (Éxodo 24:10): «Y vieron al Dios de Israel» etc., y ahora lo repararon por medio de la inclinación sobre sus rostros y no contemplar el fuego que descendió del cielo. Éste es otro motivo por el cual es llamado Eliahu y no Pinjás, pues gracias a esta labor, tuvo el mérito de que su nombre cambiara, tal como se explicará más adelante en la cuestión del profeta Elishá (Eliseo), verlo ahí. Una vez que fueron reparados, ya no precisaron permanecer allí por lo que Nadav y Avihú se retiraron.

Y he aquí que Yzevel (Jezabel) la esposa de Ajav era una gran hechicera, tal como se menciona en el versículo que incitó al pueblo de Israel a una mala conducta por medio de sus hechizos. Ella sabía que Nadav y Avihú se habían retirado de Eliahu, respecto de quien fue dicho: «he aquí que le concedo Mi pacto de paz» (Números 25:12) que es la vida eterna. Entonces le dijo: «mañana a esta hora haré de tu vida como la vida de ellos» (I Reyes 19:2), ya que se había retirado de él el decreto de la vida y la paz. También le insinuó respecto del hecho de que Nadav y Avihú se habían quemado en el fuego del incienso Y ésta es la explicación profunda de las palabras: «como la vida de ellos», ya que sintió que Eliahu había perdido ese obsequio, motivo por el cual temió y se escapó al Monte Jorev. Por eso fue dicho: «y temió y huyó por su vida (o alma)» (ídem vers. 3), esto es, ya que no contaba sino con su alma particular, por eso temió a Yzevel.

Luego, volvió a recuperar el alma otra vez en la cueva del Monte Jorev, hasta que ascendió al cielo en medio del fuego (o tormenta), y entonces, Eliahu HaTishbí que es de la tribu de Gad ascendió al firmamento y allí se quedó y ya no volvió a descender, y Eliahu de la tribu de Biniamín se reencarnó posteriormente en aquel mencionado en el libro primero de Crónicas, tal como fue dicho: «y Ya'areshiá, y Zijrí y Eliahu hijos de Yerujam» (8:27). Luego, cuando fallecieron, ascendió y se unió a Eliahu HaTishbí. Y aquel Eliahu de la tribu de Biniamín se quedó allí y es quien asciende y desciende constantemente tanto para realizar milagros en beneficio de los justos como para hablarles. Y dado que los sabios sabían que Eliahu está conformado por cuatro niveles o aspectos, no sabían cuál de estos era el que ascendía y descendía y hablaba con ellos, por lo que difirieron sus especulaciones a ese respecto hasta que les hizo saber y les dijo: 'señores míos, ¿por qué discutís sobre mí? Soy hijo de los hijos de Rajel, ya que así fue escrito: «Y Ya'areshiá, … y Eliahu»' etc. Y les hizo saber que ese era el aspecto con el que dialogaba con ellos. Y el nombre de Eliahu de Biniamín se unió con el aspecto que se denomina gota de Ytró que le fue entregada a Jiel Beit HaEli, y al fallecer Eliahu la tomó para sí.

Dijo el autor: humildemente, considero que los dos se reencarnaron en Eliahu de Biniamín. Y el aspecto denominado gota de Yosef se la entregó Eliahu a Yoná ben Amitai (Jonás) hijo de Tzarfat (Sarepta) cuando lo revivió (I Reyes 17:17-23). Y ésta es la explicación profunda de lo que está escrito en el libro del Zohar en la porción de Vayakhel (197a) donde dice: «se enseña que Yoná provenía del vigor de Eliahu, y por ello era hijo de Amitai (אמיתי), tal como fue dicho sobre Eliahu: 'la palabra de HaShem en tu boca es verdad (emet - אמת)'» (I Reyes 17:24). Y ésta es la explicación profunda de lo que dijeron nuestros rabinos, de bendita memoria, que se enseñaba en la

escuela de Eliahu: «aquel muchacho que reviví era el Mashíaj hijo de
Yosef, ya que provenía de la gota de Yosef, por eso será el Mashíaj
hijo de Yosef pronto en nuestros días». Lo que quedará en el futuro es
una porción para el propio Eliahu, el Eliahu de la tribu de Biniamín.
El ibur de Nadav y Avihú le fue otorgado al profeta Elishá (Eliseo)
bajo el formato de ibur cuando Eliahu ascendió al cielo. Y ésta es la
explicación profunda de lo que pidiera Elishá a Eliahu (II Reyes 2:9):
«te ruego descienda sobre mí una doble porción de tu espíritu». En el
libro Sefer Hakaná está escrito que la «doble porción» se refiere a Nadav y a Avihú ya que el vocablo «te ruego» (N. A. - נא) son las iniciales
de los nombres Nadav y Avihú pues son los dos que se incorporaron
al Nefesh de Eliahu bajo el formato de ibur. Además, las iniciales de la
expresión «te ruego descienda sobre mí una doble porción de tu espíritu» (נא פי שניים ברוחך אלי) es 'Nefesh llega' (נפש בא), esto es, que
me otorgues a Nadav y Avihú que son del nivel de Nefesh de Atzilut
del primer Adam como se mencionó y llegaron a ti por el mérito de
haber matado a Zimrí.

He aquí que Elishá proviene de la raíz de Janoj, quien es denominado 'Metatrón' y es de la Neshamá de Atzilut llamada Zihara Yla'á
del primer Adam y por ello debió tomar el Nefesh de Nadav y Avihú
que son los Nefashot de Ziahara Yla'á de Adam que se encontraban en
Eliahu. Y dado que Eliahu tuvo el mérito de recibir el Ruaj de Zihara
Yla'á, tal como se ha mencionado anteriormente, por ello dijo «sobre
mí...de tu espíritu». Al decir «tu espíritu» (rujajá) aludió a lo que explicáramos en cuanto a que el Nefesh y el Ruaj de Avihú provienen
de la raíz de Caín, pero el Nefesh de Nadav proviene de otra raíz y
solamente su Ruaj es de la raíz de Caín, y dado que solamente su Ruaj
es de la raíz de Caín dijo «de tu espíritu» (rujajá).

Por ese motivo su nombre es Elishá, para insinuar lo que dice el
versículo (Génesis 4:5): «empero, hacia Caín y hacia su ofrenda no
se tornó (לא שעה)», y dado que reparó a Caín es llamado Elishá (mi
Dios se tornó o mi Dios atendió אלי שעה), el Santo Bendito Sea me
atendió o se tornó hacia mí lo cual no ocurrió con el propio Caín ya
que aún no se había reparado. Y ya te insinué arriba que Pinjás es

llamado Eliahu para señalar el ibur de Nadav y Avihú que provienen de Caín y que se habían reparado en él. Por ello, las tres letras א-ל-י del nombre Eliahu (אליהו) se encuentran también en el nombre Elishá (אלישע) para indicar que este último terminó de reparar esas tres letras, al igual que Eliahu.

Ésta es la explicación profunda de por qué los niños se habían reído de él diciéndole: «¡Sube, pelado! (עלה קרח)» (II Reyes 2:23). La explicación, tal como se explicará más adelante, consiste en que Koraj (קרח) ben Ytzhar es el Ruaj de Caín del lado del mal y por ello descendió vivo al Sheol. Los niños tuvieron la intención de humillarlo e insultarlo diciéndole que Koraj descendió al Sheol y precisa ascender, y tú que provienes de la raíz de Caín, ¿cómo es que pretendes subir? Estos insinuaron también el hecho de que Koraj ben Ytzhar había sido rapado por Moshé y era calvo, tal como es sabido, y por ello también Elishá lo era, al igual que él, pues en la raíz de su alma hay una parte y un añadido de Koraj. Esto causó que posteriormente se le sumase bajo el formato de ibur el Nefesh de Nadav y Avihú, quienes también provienen de la raíz del alma de Koraj. Asimismo, tal como nuestro maestro Moshé, la paz sea sobre él, utilizó el Nombre Sagrado de 42 letras y por su intermedio mató al egipcio (ver Éxodo 2:12) que es el Nefesh de Caín del lado del mal, de igual manera Elishá utilizó ese mismo Nombre Sagrado de 42 letras y por su intermedio mató a los 42 niños, tal como se menciona en el libro del Zohar.

Luego, se reencarnó en Jizkiahu rey de Yehudá (Ezequías rey de Judea) para insinuar lo que dijeran nuestros sabios, de bendita memoria (Bereshit Rabá 22:12), en cuanto a que «en los días del diluvio el Santo Bendito Sea suspendió el juicio de Caín en el aire, y respecto de él fue dicho: 'Borró a toda la existencia'» (Génesis 7:23). Al haber sido reparado, recibió el nombre de Jizkiahu, pues en él Caín se reforzó (hitjazek) de su debilidad y en él se repararon las tres letras yud, heh y vav (י-ה-ו) del nombre del profeta Eliahu (אליהו), y Jizkiahu recibió una de las tres partes de la primogenitura que le corresponden a Caín que era el primogénito del primer Adam, y son: 1) el sacerdocio, 2) la realeza y 3) la parte preferencial del primogénito en la herencia, tal como se menciona en la traducción al arameo del versículo: «Rubén, tú eres mi primogénito» (Génesis 49:3). Ahora, Jizkiahu tomó para sí la corona de la realeza, Y ésta es la explicación profunda de los que dijeran nuestros sabios, de bendita memoria, en cuanto a que «el Santo Bendito Sea quiso hacer de Jizkiahu el Mashíaj» etc. (Tratado de Sanhedrín 94a). Ello se explica porque proviene de Caín que es el primogénito, por lo que era merecedor de tomar para sí la corona de la realeza y ser el Mashíaj en el futuro por venir, pero ello quedó sin efecto porque no entonó un cántico de alabanza.

Luego, se reencarnó en Matitiahu HaJashmonaí que fue sumo sacerdote y rey, recibiendo así dos de las partes de la primogenitura. Luego se reencarnó en Akavia ben Mahalalel, y ya explicamos anteriormente que Caín está insinuado en el talón (ekev) de Esav (Esaú) y por eso su nombre fue Akaviá, pues éste reparó también el nivel de Mahalalel ben Keinán, y por eso en esta vuelta se llamó Akaviá ben Mehalalel. Luego, se reencarnó en Rabí Yojanán ben Zakai y por ello al momento de fallecer dijo: «preparad un trono para Jizkiahu rey de Yehudá que ha venido a acompañarme» (Tratado de Berajot 28b), ya que provenía de la raíz de la reencarnación de su alma. Y también en él se cumplió el sacerdocio del primogénito Caín. Luego, se reencarnó en Rabí Akiva ben Yosef, y también en él está insinuado el talón de Esav, como se ha mencionado en el caso de Akaviá. Así, habrás de entender lo que fue escrito en el libro del Zohar en el Midrash Rut en cuanto a que Ysajar es Rabí Akiva, tal como se explicará más adelante, que él también proviene de la raíz de Caín. Luego, vino bajo el formato de ibur en dos gaonitas llamados Rav Ajai y Rav Aja de Shabja Gaón para repararlos, pues estos provienen de la raíz del Nefesh del rey Ajav de Israel y en ellos fueron reparadas las tres letras 'alef', 'jet' y 'alef' (אחא) del nombre Ajav (אחאב) por medio del ibur mencionado. Sin embargo, la Casa de Ajav fue reparada por Rabí Abraham Galid, tal como te lo he hecho saber en el orden de las reencarnaciones de la raíz del Nefesh del rey Ajav.

INTRODUCCIÓN 33

Las generaciones de Adam en adelante

Ya se ha explicado que la Zihara Yla'á del primer Adam son su Neshamá, su Ruaj y su Nefesh del mundo de Atzilut. He aquí que Janoj, que es Metatrón, es la Neshamá de Zihara Yla'á. No obstante, Caín tomó el Nefesh de Zihara Yla'á de Adam. Ya sabes que todas las almas estaban incluidas en el primer Adam y que al pecar se vio reducido y no quedó en el más que la terumá (ofrenda, presente que se entregaba al cohen, *N. del T.*) que es llamada dos de cien, la jalá del mundo (la *jalá* es otro de los obsequios destinados al cohen, *N. del T.*). Resulta que en el nivel de Nefesh que es del lado de Asiá quedó el dos de cien más selecto de todas las almas. Y también le fue entregado a Caín este nivel de terumá de almas, al tiempo que el resto de las almas se alejaron de Adam al pecar y cayeron o se desprendieron de éste.

Caín

Ya te he hecho saber que Caín está mezclado de bien y mal, y dio nacimiento a almas como la de su hermano Hevel, tal como se menciona al final de la Idra Raba de la porción de *Nasó (*del libro del Zohar*).* He aquí que de su bien dio nacimiento a las almas de los justos, y de su mal dio nacimiento a las almas de los malvados. Así, de su parte buena salieron Keinán y Mehalelel, tal como se menciona en el libro del Zohar en la porción de *Terumá* (168a). Luego nació Reubén, el primogénito de Ya'akov que era digno de tomar la parte de la primogenitura de Caín, el primogénito del primer Adam, y perdió esta primogenitura a raíz del episodio de Bilhá, tal como está escrito en la traducción al arameo del versículo que dice: «*Reubén, tú eres mi primogénito, mi fuerza y el comienzo de mi vigor*» (Génesis 49:3) que los traduce como la primogenitura, el sacerdocio y el reinado. El significado profundo de «mi fuerza» (שאת) es el sacerdocio insinuado en Caín, cuando le fue dicho: «*si has de hacer el bien, te erguirás* (שאת)» (Génesis 4:7). Dado que pecó, Reubén perdió el sacerdocio que es llamado «fuerza» (שאת). Después de haber retornado en arrepentimiento tuvo el mérito de traer mandrágoras (Génesis 30:14), por efecto de las cuales nació Isajar que proviene del lado bueno del primogénito Caín. Por ello, al nacer Caín Javá (Eva) dijo: «*he creado (o adquirido,* קניתי*)* un varón con la ayuda de HaShem*» (ídem 4:1) para insinuar que tanto Javá como Lea pertenecen al nivel de Biná que es denominada Ima Ila'á (lit. 'madre superior'), como es sabido entre nosotros. Al decirlo insinuó que la reparación completa de Caín sería por medio de Isajar que nació por efecto de la adquisición de (pasar la noche con) Ya'akov hecha por Lea a Rajel a cambio de las mandrágoras, tal como fue dicho: «*pues alquilar yo te he alquilado por las mandrágoras de mi hijo*» (ídem 30:16). De esa cópula nació ese hijo, de la parte de HaShem del lado del bien, y es Isajar, quien naciera fruto de esa adquisición. Y dado que es del nivel de Nefesh que es llamado Asiá tal como se mencionó, tiene contacto con las klipot y con la ponzoña de la serpiente, como es sabido, y por ello Esav, que es la serpiente se aferra a ellas y es llamado 'el talón de Esav' (עקב עשו), pues éstas son del mundo de Asiá que es denominado 'talón' (*akev*, עקב). Ya'akov se las quitó a Esav, tal como está escrito «*y su mano se asía en el talón (akev) de Esav*» (ídem 25:26), y posteriormente nació Isajar de ese nivel de Nefesh. Luego, de ese nivel de talón nació Rabí Akiva ben Yosef, Akiva en nombre de ese talón o 'akev'. Y tal como insinuamos en la disertación anterior en cuanto a lo que está escrito en el *Midrash de Rut* en el libro del Zohar, que Isajar es Rabí Akiva.

Nadav y Avihú

Luego, vinieron Nadav y Avihú provenientes del lado bueno de Caín, Y ésta es la explicación profunda de lo que dice el versículo: «*el primogénito Nadav y Avihú, El'azar e Itamar*» (Números 3:2), y en el libro del Zohar en la porción de *Ajarei Mot* dijeron que en realidad debería estar escrito «y» (וֹאלעזר) El'azar con el agregado de una letra 'vav' (ו), pero esto viene a insinuar que Caín que es el primogénito del primer Adam y el primero en existir se reencarnó en Nadav y Avihú, pero El'azar e Itamar son de una misma raíz, por ello se omite la letra vav previo al nombre de El'azar, para no unirlo a Nadav y Avihú. Sin embargo, solo el Ruaj de Nadav era del nivel de Caín, y esa es la explicación profunda del versículo que dice: «*sostenme con un espíritu (Ruaj) decidido*» (Salmos 51:14). En cambio, su Nefesh provenía de la raíz de su abuelo Aminadav, el padre de su madre Elisheva, y tomó de él las tres últimas letras que son Nadav (נדב).

Por su parte, Avihú poseía Ruaj y Nefesh de Caín y por ello se denomina Avihú (אביהו), para insinuar que todos sus aspectos provienen de Caín que tomó el Nefesh del propio Adam que es llamado el padre ('av', אב) de toda la humanidad, y éste es el significado del nombre Avihú, pues él tiene el nivel de Adam que es el padre de toda la humanidad. Ésta es la explicación profunda del versículo que dice: «*nosotros estamos impuros por cadáver de persona (Nefesh Adam)*» (Números 9:7), pues Nadav y Avihú son el mero Nefesh del primer Adam. Sin embargo, dado que Nadav no poseía el nivel de Nefesh de Adam sino únicamente el de Ruaj, al tiempo que todas las partes de Avihú provenían de Adam, el versículo dice: «*cadáver de persona*» (*Nefesh Adam*) y no «cadáveres (*Nefashot*) de personas (*Adam*)» en plural pues lo principal del Nefesh de Adam se encuentra solamente en Avihú. He aquí que Avihú proviene de la raíz de Najshón que es el hermano de su madre, pues también él es de la raíz de Caín que recibe el nombre de Nefesh, y dado que el principal asidero de la ponzoña de la serpiente en el primer Adam es en el Nefesh de Asiá, tal como se mencionó, es denominado Najshón en alusión a *najash* o serpiente (*najash*, נחש). He aquí que la serpiente superior quita y hace que se retiren los mojín deNukva que son dos veces luz, tal como se explicó aquí en el sentido de la intención meditativa (*kavaná*) del versículo que dice: «*amarás a HaShem tu D's*» (Deuteronomio 6:5) que equivale al valor numérico del nombre Najshón, para enseñarnos que por medio de sus buenas acciones los devolvió a la Nukva.

Y cuando volvió a reencarnarse en Yshai, el padre de David, se reparó por completo el nivel de Caín, y por eso es llamado serpiente (*najash*), tal como reza el versículo: «...*el cual se había llegado a Abigail hija de Najash*» (II Samuel 17:25), y dijeron nuestros rabinos, de bendita memoria, que ella era la hija de una persona que había muerto a causa de la mordedura de una serpiente, para insinuar que Yshai había completado la reparación de la ponzoña de la serpiente que se había mezclado en ese Nefesh de Caín. Pero, de todas maneras, murió a causa de la mordedura de una serpiente, a raíz del pecado de Adam. Así, en Yshai se completó totalmente, más aún que en el caso de Najshón.

Regresemos pues a la cuestión de Nadav y Avihú. Al tener estos el nivel de Nefesh que es denominado Asiá, se aferró a ellos la ponzoña de la serpiente y pecaron en el episodio de la ofrenda no autorizada del incienso, fueron castigados y murieron. He aquí que el profeta Eliahu que es Pinjás era el Nefesh de Zihara Yla'á de Adam y por ello el Nefesh de Nadav y Avihú entraron en él bajo el formato de ibur durante el episodio de Zimrí, pues ellos también son del Nefesh de Adam por el lado del Nefesh de Asiá como ya se mencionara. Sin embargo, si los hijos de Israel no hubiesen pecado en el episodio del becerro de oro, la ponzoña de la serpiente habría cesado por completo, como es sabido. Y a pesar de que Nadav y Avihú habían pecado en el episodio del incienso hubiera sido suficiente para ellos con haber muerto, mas como el pueblo de Israel pecó con el becerro de oro, la ponzoña de la serpiente volvió a apegarse al Nefesh de Adam y por ello Nadav y Avihú fueron consumidos por el fuego, y su fallecimiento no habría alcanzado (a modo de expiación) de no mediar también su incineración. Éste es el motivo por el cual está escrito: «*vuestros hermanos, toda la casa de Israel, lloren por la quema que ha quemado HaShem*»

(Levítico 10:6), pues el pecado del pueblo de Israel en el incidente del becerro causó este incendio en el Nefesh de Adam, que es el padre de todo el mundo, y por ello, todo el pueblo de Israel debía llorar por la quema. Éste es el motivo por el cual Nadav y Avihú son considerados como equivalentes a todo el pueblo de Israel, equivalentes a Moshé y Aharón, porque son el Nefesh mismo del primer Adam, como ya se ha mencionado. Y cuando entraron en Pinjás bajo el formato de Ibur, está escrito: «*recuerda qué persona inocente ha perecido*» (Job 4:7), tal como se menciona en el libro del Zohar en la porción de *Pinjás*. Resulta que Nadav y Avihú forman las iniciales N. A. («nun» y «alef» נדב אביהו) y provienen de la raíz de Caín cuyo nombre contiene las letras «nun», «kuf» y «yud» (נק"י) y por ello no se perdieron (o perecieron) pues entraron en Pinjás bajo el formato de ibur, pues también él proviene de Caín, y al pecar Pinjás en el episodio de la hija de Yftaj como se mencionó en la anterior disertación, se retiraron de él el ibur de Nadav y Avihú y se fueron donde el profeta Shmuel.

Koraj hijo de Ytzhar y su descendiente el profeta Shmuel

Y has de saber que Koraj ben Ytzhar es del nivel de Ruaj de Caín de su lado del mal, como se ha explicado en los versículos «*Y tomó Koraj*» etc. (Números 16:1) y velo allí. Pues el Ruaj malo de Caín se invistió en él y por ello acusó a su hermano Hevel que es nuestro maestro Moshé, la paz sea sobre él. Por su parte, Ytró que también provenía de Caín, tal como está escrito: «*y Jever el Cineo se separó de Caín*». Sin embargo, él provenía del lado bueno de Caín, y por ello dio a su hija Tzipora a Moshé por esposa, y fue generoso con él y le dio de comer pan. Por su parte Koraj (Coré), provenía del lado malo de Caín, como se mencionó, y pensaba que en él se repararía el primogénito Caín y por ello se enfrentó a Moshé que es Hevel y se equivocó en ello pues la reparación de Caín no puede darse en Koraj por provenir de su lado malo sino en su descendencia, en el profeta Shmuel que proviene del lado bueno de Caín. Por ello dijeron nuestros sabios, de bendita memoria (Midrash

237

Tanjuma Koraj 5), que «Koraj profetizó sin saber, pues vio un fuego salir de su órgano» y entiéndelo. Y ésta es la explicación profunda del versículo que dice: *«vio al Cineo»* (Números 24:21) pues Cineo es Caín, y Shmuel proviene de Caín, y esto está insinuado en las palabras: *«¡Ay! Quién habrá de vivir cuando Dios realice esto (misamó E-l* משמו אל*)»* (ídem 23) que forma las letras de la expresión 'de Shmuel' (משמואל), esto se explica porque arriba dijo: *«y vio a Amalek»* etc., que proviene del lado malo de Caín, como se explicara en su lugar, y dijo: ¡Ay de Amalek cuando venga Shmuel! Shmuel fue quien instó y apresuró a Shaúl para que salga a la guerra con Amalek y es quien degolló al rey Agag.

Sobre esto está escrito en el libro del Zohar, en la porción de *Vaietzé* respecto de lo que está escrito: *«y tocó la articulación de su muslo»* (Génesis 32:26), que esta es una referencia a Nadav y Avihú. Asimismo, en *Saba DeMishpatim* (111) está escrito que Shmuel arrebató a Samael el muslo que había tomado de Ya'akov. La cuestión es que Nadav Avihú son los dos muslos Netzaj y Hod, que es de donde se enraízan los profetas, y entre ellos se aferra también Samael, tal como se mencionó, y cuando vino Shmuel y arrebató a Samael ese muslo, que son Nadav y Avihú, adquirió por su intermedio la profecía, ya que los muslos son el lugar de los profetas. Antes de Shmuel, el muslo estaba en posesión de Samael, y entonces *«la profecía no estaba difundida»* (I Samuel 3:1), porque la profecía había cesado, tal como lo escribieran nuestros sabios, de bendita memoria. Ésta es la explicación profunda de lo que ellos dijeran en el capítulo quinto del Tratado de Berajot sobre el versículo que reza: *«si ver habrás de ver la aflicción de Tu servidora»* (I Samuel 1:11), en cuanto a que Jana dijo: «iré a recluirme y beberé de las aguas de las mujeres adúlteras y entonces forzosamente habré de tener un hijo». Esto se entenderá de lo que está escrito en *Saba DeMishpatim* respecto de que Shmuel arrebató el muslo a Samael y le dio a cambio el muslo de la mujer desviada *(sotá)*, por eso Jana le dijo al Santo Bendito Sea que si no pudiera dar a luz a Shmuel y arrebatar el muslo a Samael iría a recluirse o esconderse, y entonces, Samael habría de perder ambos muslos, el de Ya'akov que es Shmuel y el de la mujer sotá, que como es pura, no podría dominarla.

Ésta es también la explicación profunda del versículo que dice: «*Moshé y Aharón estaban entre Sus servidores, y Shmuel entre quienes invocaban Su Nombre*» (Salmos 99:6). El motivo es que Nadav y Avihú se encontraban en él (en Shmuel), que son equivalentes a Moshé y Aharón, tal como ellos (los sabios), de bendita memoria, escribieron sobre el versículo que reza: «*(Dijo Moshé a Aharón: 'Esto es lo que había hablado HaShem diciendo:) Entre los que están cercanos a Mí, Seré santificado*» (Levítico 10:3). Has de saber también que, así como Elisheva (אלישבע) tomó las tres letras E-l-i (א.ל.י) del nombre Eliahu (אליהו), como ya se mencionó en disertación anterior, de igual modo Shmuel tomo las dos letras «alef» y «lamed» (א.ל) del nombre Eliahu, para insinuar que tomó a Nadav y Avihú que inicialmente se encontraban en Eliahu, como allí se menciona.

De todas maneras, es preciso que expliquemos la cuestión de Shmuel, y para ello hemos de comenzar por Nadav y Avihú. Has de saber que, así como Nadav y Avihú pecaron en la quema del incienso, también el pueblo de Israel lo hizo con el becerro de oro lo cual provocó que sean quemados, tal como se menciona anteriormente en el versículo: «*empero vuestros hermanos -toda la casa de Israel lloren por la quema que ha quemado HaShem*» (Levítico 10:6). En efecto, Aharón causó su muerte porque elaboró el becerro a raíz del cual fallecieron, tal como dice el versículo: «*y contra Aharón se había enojado HaShem mucho, para destruirle*» (Deuteronomio 9:20), esto implicó la quema de sus hijos, etc. Sin embargo, Aharón HaCohen proviene de la raíz de Hevel hijo del primer Adam, tal como se ha explicado en las anteriores disertaciones, pues la raíz de Hevel se dividió en raíces de diferentes niveles. En las raíces de Hevel hay dos raíces de almas, y son las de Harán el hermano de Abram y la raíz de Najor. He aquí que Najor se reencarnó en Jur, el hijo de Miriam, y Harán se reencarnó en Aharón HaCohen. Y ya te he dicho que Jur (חור) tomó las tres letras de Najor (נחור), y la letra «nun» de Najor (נ) quedó para la raíz de Ajav, rey de Israel, tal como se explicó aquí. Sin embargo, Aharón (אהרן) tomó tres letras de Harán (הרן) y le agregó la letra «alef». Y también Lot hijo de Harán proviene de la raíz de Hevel y por ello, las iniciales de «Lot hijo de Harán» (לוט בן הרן) forman el nombre Hevel (הבל), pues tanto Lot como Harán provienen de la raíz de Hevel. Y de Lot proviene el rey Rejavám (Roboam), tal como lo explicamos aquí. Y de esto resulta que nuestro maestro Moshé, la paz sea sobre él, su hermano Aharón, Jur el hijo de Miriam, Lot y Ajav provienen todos de la raíz de Hevel hijo de Adam, y si bien se trata de raíces separadas una de la otra, todas provienen de la raíz de Hevel.

De Aharón a Shmuel

Regresemos a la cuestión de Aharón, pues él es Harán, el hijo del hermano de Abram. Harán viene a reparar el pecado del primer Adam que incurrió en idolatría, y no solamente no reparó su mala acción, sino que además no creyó en HaShem hasta que vio a Abraham salir con vida del horno ardiente, tal como lo explican nuestros sabios, de bendita memoria, y por ello murió quemado en Ur de Caldea. Luego se reencarnó en Aharón para reparar el pecado mencionado, y peor aún, pecó en el incidente del becerro de oro, por lo que precisó morir. Y correspondía que se entregase a si mismo para ser ejecutado cuando se levantaron contra él «los hombres de la gran mescolanza» ('erev rav', gentiles que habían salido de Egipto junto a los hijos de Israel, *N. del T.*) que le dijeron: *«levántate, haznos dioses»* (Éxodo 32:1). Entonces, él se equivocó al pensar que ya había sido suficiente con la muerte de Jur, que también provino de la raíz de Hevel. Y ésta es la explicación profunda de lo que está escrito: *«y erigió un altar ante él»* (ídem 5), sobre lo cual dijeron nuestros rabinos, de bendita memoria: «erigió un altar de quien fuera sacrificado previamente», que es Jur. Pero se abstuvo de entregarse para ser ejecutado, y en ello pecó, y ese pecado no fue reparado hasta que llegó Uriá HaCohen, como se explicará más adelante. Sin embargo, en un principio se reencarnó en el juez Yaabetz y entonces pecó, ya que continuamente hacía promesas, tal

como explican nuestros sabios, de bendita memoria, sobre el versículo que dice: *«y clamó Yaabetz al Dios de Israel y dijo: 'si me habrás de
bendecir...»* (Crónicas I 4:10). Por eso posteriormente se reencarnó en
el juez Tolá ben Púa, y recibió el nombre de Tolá (תולע) en alusión
a un gusano (תולעת), ya que se trata de un ser vivo cuya fuerza radica
en su boca, lo cual insinúa que vino a reparar las faltas que cometiera
con su boca por medio de la formulación de promesas. Resulta que
pecó en otro asunto, tal como nuestros sabios, de bendita memoria,
explicaron sobre el versículo que dice: *«y él reside en Shamir en el Monte de Efraim»* (Jueces 10:1), en cuanto a que transgredió al fijar su
residencia en una ciudad en vez de ir por las comarcas para juzgar al
pueblo. Así, el pueblo se abstenía de acudir a él para para traerle sus
problemas en virtud del esfuerzo que implicaba emprender el camino,
y por ello posteriormente se reencarnó en el profeta Shmuel y reparó el
pecado en cuestión circulando por todo el país para juzgar a Israel, tal
como lo menciona el versículo. Entonces, entraron en él Nadav y Avihú
bajo el formato de ibur, y son llamados 'los muslos de la verdad'. Es
gracias a ello que vinieron profetas y tuvo el mérito de recibir profecía
por su intermedio, tal como se mencionó. Y cuando su hijo Aviá nació,
le heredó a Avihú quien se reencarnó en él, y por eso sus nombres son
iguales. Sin embargo, Nadav permaneció en Shmuel, Y ésta es la explicación profunda de lo que está escrito: *«y su segundo, Aviá»* (Samuel I
8:2). La explicación radica en que Nadav permaneció en Shmuel y su
segundo que es Avihú, segundo respecto de Shmuel, se encarnó en su
hijo que fue llamado Aviá. Luego Shmuel falleció y Aviá se reencarnó
en Aviá ben de Yerovoam. Y tal como se dijera respecto de Shmuel *«y
fue llorado por todo el pueblo de Israel»* (Samuel I 28:3), así se dijo respecto de Aviá ben Yerovoam *«y fue llorado por todo el pueblo de Israel»*
(Reyes I 14:18), debido a que anidaba en su seno algo bueno, y se dijo
en Midrash Eijá del Zohar que «algo bueno» es el Mashíaj ben Yosef
que surgió de él, El motivo de ello obedece a que era la reencarnación
de Shmuel, como se mencionó.

Uriá HaCohen

Luego, Aharón regresó y se reencarnó en Uriá HaCohen de Kiriat Ye'arim y fue muerto por el rey Yehoiakim, y en virtud de ello se le perdonó la muerte de la que era merecedor a raíz del episodio del becerro de oro, como se mencionó. No obstante, Nadav y Avihú también se reencarnaron junto a él en Uriá HaCohen bajo el formato de reencarnación efectiva o completa, ya que habían muerto a causa suya, como se mencionó sobre el versículo que dice: *«y contra Aharón se había enojado HaShem mucho, para destruirle»* (Deuteronomio 9:20). Por ello Uriá recibió el nombre de Aharón, ya que sus nombres son similares.

Y ambos dos son cohanim (sacerdotes). Y a pesar de que Aharón fue reparado en Uriá cuando éste murió, de todas maneras hizo que sus hijos Nadav y Avihú que se habían reencarnado junto a él mueran con él por causa suya, y en virtud de ello debió reencarnarse una segunda vez en el cohen Zejariá (Zacarías), el amigo de (los profetas) Jagai (Hagueo) y Malají (Malaquías).

También entonces se reencarnaron junto a él sus hijos Nadav y Avihú en una reencarnación completa. Por eso Uriá, que vino a reparar el pecado de Aharón, era denominado HaCohen (el sacerdote), para aludir a Aharón que fuera el primer cohen o sacerdote, en cambio Zejariá que vino al mundo para Nadav y Avihú, no era denominado cohen, a pesar de que lo era, tal como está escrito: *«he designado para mí a dos testigos fidedignos, a Uriá HaCohen y a Zejariahu ben Yebarjiahu»* (Isaías 8:2).

En el caso de Uriá no se menciona de quién era hijo, pero en el de Zejariahu sí, lo cual viene a insinuar que Uriá el padre y Zejariá el hijo son sus hijos Nadav y Avihú, y son lo principal en Zejariahu. En cambio, lo principal de su padre Aharón se encontraba en Uriahu.

Por ello fueron denominados «testigos fidedignos», pues ambos dos constituían una misma alma, y en cada uno de ellos se encontraban reencarnados dos testigos, el nivel de Aharón y el de sus dos hijos. Por eso, también Uriá recibió profecías de amonestación, pues aún precisaba ser asesinado, pero Zejariahu profetizó palabras de consolación y de la construcción del Segundo Templo, como se menciona en su libro.

INTRODUCCIÓN 34

De Hevel a Moshé

Esta introducción está basada en las raíces de las almas de Caín y Hevel. Has de saber, que Hevel es el hombro derecho del primer Adam, y es del nivel de Itra (corona) de Jesed que permaneció en Zair Anpín. Resulta que proviene del secreto (*sod*) de Da'at, y ya te he enseñado que el Da'at define entre Jojmá y Biná, motivo por el cual es necesario que en Da'at haya tres aspectos o niveles, que son Jesed, Guevurá y Tiferet. He aquí que en un inicio Moshé era Hevel el hijo del primer Adam, luego se reencarnó en Shet (Set) y luego en Noaj (Noé) y posteriormente en Shem hijo de Noaj. Ésta es la explicación profunda del versículo que dice: «*y Tú me habías dicho: te distingo por nombre (shem)*» (Éxodo 33:12), lo cual alude a que (Hevel) se reencarnó en Shem, «*y también has hallado gracia en Mis ojos*» (ídem), lo cual alude a que (Hevel) se reencarnó en su padre Noaj, pues el nombre «Noaj» (נח) posee las letras de la palabra «gracia» (חן), lo cual explica que «*Noaj halló gracia*» (Génesis 6:8). Y ya te he hecho saber en otro sitio que estas reencarnaciones tienen lugar de acuerdo con la modalidad de Nefesh, Ruaj y Neshamá, y por ello, que no te sorprenda cómo Noaj y Shem pudieron estar juntos al mismo tiempo siendo que son el mismo nivel. Ello, está insinuado en las primeras dos letras del nombre Moshé (משה). Y resulta que Shem (שם), Noaj y Moshé pertenecen a una misma raíz y son del nivel del Jesed que es Hevel el hijo de Adam. Ésta es la explicación profunda de lo que fue dicho sobre Moshé: «*De las aguas yo lo he extraído*» (Éxodo 2:10), que son las aguas del Jesed, tal como se mencionó. Y he aquí que cuando Moshé recibió la Torá en

Sinai, quedó incluido de los tres niveles mencionados y se elevó al nivel de 'Da'at que define', que es de donde proviene la Torá Escrita. Ésta también es la explicación profunda del versículo que dice: «*a Su diestra, desde el fuego la ley les ha dado a ellos*» (Deuteronomio 33:2), pues la Torá fue dada a través del lado de la Guevurá, que es la Guevurá de Da'at como se mencionó.

El alma de Moshé

Y ya te he hecho saber que hasta la visión de la zarza ardiente Moshé no había reparado aun las letras de Hevel y de Shet sino únicamente la letra «shin» (ש) del nombre Shet (שת) y la letra «heh» (ה) de Hevel (הבל) que se insinúan en el nombre Moshé (משה). Pero las tres letras del nombre Hevel no habían sido reparadas aún en Moshé. Y éste es el motivo por el cual Guershom y Menashé,[16] los hijos de Moshé que vinieron al mundo antes de la visión de la zarza ardiente no eran tan justos e incluso tenían una conducta inapropiada (Dijo Shmuel: no sé por qué aparece aquí el nombre de Menashé, ya que Moshé no tuvo hijos salvo Guershom y Eliezer que son mencionados en la porción de Ytró). Otro motivo, obedece a que todo el pueblo de Israel eran sus hijos y eran chispas de su alma, Y ésta es la explicación profunda de lo que dijeron nuestros sabios, de bendita memoria (Shir Hashirim Rabá 1:4) en cuanto a que Moshé era equivalente a todo el pueblo de Israel, al ser como el primer Adam que contiene todas las almas, por ello, no debe tomarse en cuenta que Guershom y Menashé se comportasen inadecuadamente, pues todos los hijos de Israel eran hijos suyos.

Regresemos al tema. En la zarza ardiente Moshé reparó también las letras del nombre Hevel (הבל) y por ello fue dicho (Éxodo 3:2): «se le apareció el enviado de HaShem a él en el corazón de un fuego (לבת האש)», lo cual alude a que en un principio las letras «lamed», «bet» y

---

16. De acuerdo con el texto de la Torá sus hijos se llamaban Guershom y Eliezer, por este motivo este pasaje ha sido objeto de exégesis.

«tav» (לבת) no habían sido reparadas y por ello se llama 'corazón de un fuego', del lado del Din (rigor), ya que no habían sido reparadas. Y en la zarza sí lo fueron. A los efectos de indicar esta reparación, Moshé es llamado por su nombre dos veces, para señalar que esta vez se trata de Moshé ya reparado, a diferencia de Moshé previo a la visión de la zarza. Esto nos enseña que en un principio el efecto no era tan grande, por ello, la cantilación (o entonación) tradicional del texto no separa entre las dos veces que se menciona el nombre Moshé, tal como se menciona en Idrat Nasó (138:1), para señalar que no se trataba de un defecto de gran importancia.

Hilel, Shamai y los conversos

He aquí que luego vinieron Hilel y Shamai, ambos dos provenientes de la raíz de Hevel, con la salvedad de que Hevel proviene del lado del Jesed de Hevel y el anciano Shamai del de la Guevurá. Por ello, ves que HaShem, Bendito Sea, le dijo a Moshé: «tú precisas ayudarme" (היה לך לעזרני) (Tratado de Shabat 89(a) lo cual en sus iniciales alude a Hilel (הלל) y por ello Moshé e Hilel fueron dos personas humildes, como es sabido, porque provienen del lado del Jesed de Hevel, y por ello los dos están insinuados en el Nombre Sagrado de 72 letras[17] que se forma a partir de los versículos: «se desplazó» (Éxodo 14:19), «y se situó» (14:20) y «Extendió» (14:21). En los dos nombres que se encuentran en este pasaje y que están uno junto al otro leemos «mem» – «heh»

---

17. Se trata de uno de los Nombres de Dios más sagrados, y a veces es referido como el Nombre Explícito de Dios, HaShem HaMeforash. Está compuesto de setenta y dos Nombres Divinos más breves compuestos de 3 letras cada uno extraídos de tres versículos que se hallan contiguos en el libro de Éxodo. Estos Nombres son tomados de los versículos por medio de su escritura sin espacios entre las palabras en tres renglones uno sobre el otro. Cada combinación de tres renglones forma uno de los Nombres. El texto arriba alude a que de esta formación surgen dos combinaciones que contienen las letras de los nombres de Moshé e Hilel.

– «shin» (שׁ"מה), «lamed» – «lamed» – «heh» (לל"ה), que son Moshé (משה) e Hilel (הלל) respectivamente.

Sin embargo, tal como se ha mencionado, Shamai es del lado de la Guevurá de Hevel, por ello verás que el valor numérico del nombre Hilel (הלל = 65) equivale al del Nombre Sagrado Ad-onai (א.ד.נ.י = 65) que es del nivel del interior de Maljut. Pero Shamai es del lado posterior, tal como se ha explicado aquí, y por ello el anciano Shamai era sumamente riguroso o quisquilloso, ya que provenía de la Guevurá. Por ello el nombre Shamai posee las dos letras «shin» y «mem» del nombre Moshé (שמאי-משה) y de Shem (שם) el hijo de Noaj. Y las dos letras finales del nombre Shamai, «alef» y «yud» (שמאי) son las iniciales de «¿**Dónde** (אי) está tu hermano Hevel?» (Génesis 4:9), ya que al ser Shamai del lado de la Guevurá de Hevel se insinúa en él el pecado de este último, que pecó con las dos letras «alef» y «yud» del Nombre Ad-onai (א.ד.נ.י), lo cual se insinúa en el versículo que dice: «¿Dónde está tu hermano Hevel?», tal como se menciona en Sefer Ha-Tikunim, en el tikún 69.

He aquí que el anciano Shamai pecó por su excesiva rigurosidad (o mal humor) cuando se acercaron a él varios prosélitos y no aceptó convertirlos, como nos narran nuestros sabios, de bendita memoria (Tratado de Shabat 31a), por ello debió reencarnarse en Shim'ón ben Azai que nunca desposó mujer y creaba almas de conversos por medio de su dedicación a la Torá, tal como lo hacía Abraham, el hombre benevolente (poseedor de Jesed), y tal como se menciona en la porción de Lej (Lejá) en el versículo que dice: «…así como las almas que hicieron en Harán» (Génesis 12:5). Tal como es sabido, el surgimiento de las almas de los conversos proviene del lado del Jesed que es Abraham cuando aún se encontraba apartado de su mujer que era estéril. Otro tanto ocurrió con nuestro maestro Moshé, la paz sea con él, que creaba almas para los conversos cuando se apartó de su mujer, ya que provenía del Jesed de Hevel. Es así como por medio de ello la Guevurá de Shamai fue borrada y se transformó en Jesed. Ello está insinuado en las dos letras «shin» y «mem» del nombre Shamai (שמאי) y las letras «ain», «vav» y «nun» (עוֹן) para insinuar que Shim'ón ben Azai reparó el pecado de Shamai que rechazaba a los prosélitos.

Rabí Akiva y las almas de los conversos

No obstante, Rabí Akiva provenía de la raíz de Caín, tal como se explicó aquí, y es del lado de Ytra DeGuevurá (Corona de la Guevurá) como es sabido, y reparó (endulzó) la Guevurá y la transformó en Jesed, y creó almas para los conversos durante los veinticuatro años en los que se apartó de su mujer, la hija de Calba Sabúa, cuando se fue a estudiar Torá y trajo consigo veinticuatro mil discípulos, como es sabido. Sin embargo, la raíz del alma de Rabí Akiva provenía de la interioridad de la santidad, pero a raíz del pecado primigenio salió hacia las klipot y luego regresó a la santidad. Y a pesar de que es llamado prosélito (guer) en realidad no lo es. Pero no ocurre lo mismo con el resto de las almas de los prosélitos, pues su realidad y existencia provienen de una klipá llamada klipat noga que a veces proviene de Saba y otras veces regresa a la santidad, tal como se menciona en el libro del Zohar en la porción de Vaiakhel. Y ésta es la explicación profunda de lo que dijeron nuestros rabinos, de bendita memoria, en cuanto a que los conversos son difíciles para el pueblo de Israel como la psoriasis (sapajat) (Tratado de Yevamot 47b). La cuestión es que aquella persona que inicialmente era gentil, cuando viene a convertirse entra en su interior un alma de las generaciones de los justos que se encuentran en el Gan Eden (jardín del Edén) terrenal, tal como se menciona en la porción de lectura de Shelaj Lejá (Zohar Shelaj 168a). Después de convertirse, recibe el ingreso de otra alma realmente sagrada, tal como las del resto de los hijos de Israel. Entonces, recibe el nombre de 'prosélito justo' (guer tzedek), pues pasa a poseer un alma sagrada proveniente de Maljut que como es sabido es denominada 'tzedek' (justicia). El alma que ahora permanece en el prosélito y es la misma que poseía cuando era gentil es llamada 'el alma del converso' (nefesh haguer) y (si bien) es aquella que lo devolvió al bien, necesariamente debe tener algún tipo de aferramiento a la klipá, por ello, al estar en el cuerpo del prosélito que se convirtió, necesariamente hará pecar un poco a la otra alma sagrada que este posee. Ésta es la explicación profunda de que los conversos sean difíciles para el pueblo de Israel como la psoriasis, pues la primera alma del converso hace pecar a la segunda que es denominada Israel. Y así entenderás el secreto de Rabí Akiva, la paz sea sobre él, que en un inicio era lego en cuestiones religiosas (am haaretz) y odió a los estudiosos de la Torá durante cuarenta años, cuando decía: «¡Quién me trajera un estudioso de la Torá para que lo pueda morder como un burro!» (Tratado de Pesajim 49b). Este aspecto (violento) le llegó de parte de su primera alma de converso, pero su alma verdadera era completa y absolutamente sagrada, y alcanza (con esta explicación).

Ben Azai y Rabí Akiva

Volvamos al tema. Ben Azai y Rabí Akiva crearon almas de conversos al estar separados de sus respectivas mujeres, siendo que los dos eran sagrados ya que uno provenía de la Guevurá de Hevel y el otro de la Guevurá de Caín. En virtud de esta cercanía, Ben Azai desposó a la hija de Rabí Akiva, tal como es sabido. Sin embargo, no mantuvo con ella relaciones sexuales y la devolvió, como es sabido. De todas maneras, ya explicamos aquí que por medio del precepto de desposar una mujer el hombre da el nivel de luz envolvente (or makif) de su Ruaj, y Ben Azai, al desposar a la hija de Rabí Akiva le otorgó Ruaj de nivel de luz envolvente que quedó por siempre con ella. En este aspecto, Ben Azai tiene cercanía permanente con Rabí Akiva, tal como es sabido entre nosotros. Ésta es también la explicación profunda de aquello que dijeron nuestros sabios, de bendita memoria, en cuanto a que Ben Azai decía de Rabí Akiva: «todos los sabios del pueblo de Israel comparados conmigo son (insignificantes) como la cáscara del ajo, salvo este hombre calvo» (Tratado de Bejorot 58a), y sin duda que no cabe pensar que Ben Azai se ensoberbeciese de esta manera sobre los sabios de Israel con estos conceptos ni que Rabí Akiva fuese mencionado de manera despectiva al ser tratado de «hombre calvo», Dios no lo permita. El significado profundo de estas palabras es que todos los sabios o al menos su mayoría crean almas de conversos por medio de su dedicación al estudio de la Torá. De todas maneras, hay una división entre ellos, mientras que algunos eran capaces de traer almas para conversos únicamente de la klipá de noga, como se mencionó, Rabí Akiva y Ben Azai tras traerlas desde allí las llevaban al sitio de la santidad donde estas eran reparadas. Luego las traían desde allí y las otorgaban a los conversos. En este aspecto, Rabí Akiva y Ben Azai eran superiores al resto de los sabios de su generación, y por ello dijo Ben Azai que «todos los sabios del pueblo de Israel comparados conmigo son como la cáscara del ajo salvo este hombre calvo». El significado profundo de esta cuestión se refiere a lo que ya sabes en cuanto a que en el órgano del pacto sagrado del hombre (el sitio de la circuncisión) hay dos cavidades o conductos, el derecho por el cual sale la gota de esperma sagrada y la izquierda por el cual sale la orina sucia que es alimento para las klipot. Entre ellos hay una membrana (o cáscara) fina cual cáscara (klipá) de ajo, denominada entre nosotros klipat noga. He aquí que todos los sabios de aquella generación traían almas de conversos únicamente de la cáscara de ajo mencionada. En cambio, ellos dos, las introducían al conducto derecho de la santidad y la devolvían completamente a la santidad. Luego, las traían de allí al exterior, al cuerpo de los conversos. Ben Azai quería explicar por qué Rabí Akiva poseía la misma capacidad que él en esta cuestión y por eso lo mencionó bajo el apelativo de «hombre calvo». Esto obedece a lo que ya te he hecho saber, en cuanto que Koraj ben (hijo de) Ytzhar también provenía de la raíz de Caín. Y en el libro del Zohar preguntaron por qué su nombre es Koraj (קרח) (en hebreo calvo se dice 'kereaj', que se escribe de idéntica manera, *N. del T.*) ya que provenía de la tribu de Leví y el levita precisaban rapar su cabeza hasta quedar calvo (kereaj) a raíz de la intensidad de su rigor y la Guevurá que en él anida. He aquí que Rabí Akiva también provenía de la raíz de Caín que es la Ytra DeGuevurá (corona de la Guevurá), y debido a su piedad religiosa (jasidut) afeitó todos sus cabellos y todas sus fuerzas del rigor y las endulzó. Por eso era calvo, y en virtud de ello tenía la posibilidad de traer almas de conversos provenientes del lugar de la santidad misma, al igual que lo hacía Ben Azai del lado del Jesed, pues de allí eran elevadas las almas de los conversos. Ésta es la explicación profunda de lo que dijeron nuestros sabios en la Guemará en cuanto a que Rabí Akiva pereció en virtud de sus prácticas piadosas. Y otro tanto está escrito en el libro del Zohar en la porción de Pikudei, y era llamado Saba Jasida, 'el anciano piadoso'.

Abaié y las almas de los conversos

He aquí que también Abaié siguió el camino de Ben Azai de traer almas de conversos como él por medio del estudio de la Torá, a pesar de que no se separó de su mujer, tal como se explicará. Ésta es la explicación profunda de lo que dijeron nuestros sabios en el primer capítulo del Tratado de Kidushín (20a): «dijo Abaié: 'Soy como Ben Azai en los mercados de Tiberias', y no decía estas palabras sino cuando se alegraba en gran manera». El tema es que también Abaié proviene de la raíz de Caín, que es Ytra DeGuevura, y cuando endulzaba la Guevurá (el rigor) y la transformaba en Jesed (benevolencia), entonces la Guevurá era denominada alegría (simjá), tal como (besod) el vino que alegra, entonces se asemejaba a Ben Azai que creaba almas de conversos del lado del Jesed, de donde se elevan las almas de los conversos, como ya se mencionó.

Explicaremos el motivo de todo lo mencionado anteriormente. Aquí se ha explicado que en todos aquellos que provienen de la raíz de Caín no hay ninguno que posea Nefesh, Ruaj y Neshamá con raíz en Caín salvo Abaié, Y ésta es una gran cosa, el hecho de que haya tenido el privilegio de que en él no hubiese mezclada otra raíz, y que todas sus partes proviniesen de una sola raíz, los tres con raíz en Caín, que es el sitio del secreto de las almas de los conversos, y por ello Abaié tenía la capacidad de crearlas sin separarse en absoluto de su mujer. En cambio, Rabí Akiva sólo poseía Nefesh con raíz en Caín, y su Ruaj poseía otra raíz, por ello debió apartarse de su mujer. Ben Azai, que provenía de la Guevurá de Hevel, tuvo que hacer más que separarse, y jamás desposó una mujer. Ahora entenderás lo que dijera Abaié: 'soy como Ben Azai en los mercados de Tiberias', cuando en realidad debió haber dicho (soy como) 'Rabí Akiva', lo que ocurre es que ambos provienen de la raíz de Caín. Pero el motivo es que, en lo concerniente a la creación de almas de conversos, la virtud de Ben Azai era superior a la de Rabí Akiva, ya que Ben Azai jamás desposó una mujer. En cuanto a Abaié, como su Nefesh, Ruaj y Neshamá provenían de Caín, en esta cuestión tenía realmente el peso de Ben Azai a pesar de que no se había apartado de su mujer, a diferencia de Rabí Akiva. Dado que todas las partes de Abaié tienen raíz en Caín, la halajá no fue según su opinión en la cuestión de su compañero Raba que provenía de Hevel, como aquí se explicara. Éste es el motivo por el cual Abaié era huérfano y no vio ni a su padre ni a su madre, y así es como su nombre se insinúa en las iniciales del versículo que dice: «pues en Ti encuentra compasión el huérfano» (אשר בך ירוחם יתום) (Oseas 14:4). La cuestión radica en que el Nefesh, Ruaj y Neshamá de todos los mencionados tienen una raíz en Caín, y ya te he hecho saber en las anteriores disertaciones que toda raíz de Caín es considerada de nivel de Nefesh únicamente, porque proviene de Maljut que es llamada Nefesh, en el sod (secreto) de Nefesh Adam. Por ello, es llamado 'huérfano', pues al ser únicamente del nivel de Nefesh se lo denomina 'huérfano', tal como está escrito en Sefer HaTikunim en el tikún 11, al final del libro, cuando se habla de los pagos provenientes de las propiedades de huérfanos: «pues al retirarse la Neshamá, el Nefesh y el Ruaj quedan huérfanos...» etc. Dado que Abaié era huérfano, y dado que todas sus partes eran provenientes de Caín, como se ha mencionado, tenía la capacidad de crear almas de conversos aun sin apartarse de su mujer, conversos que a su vez también eran huérfanos de padre y madre, tal como es sabido en la ley referente a esta cuestión. La cuestión es que el secreto de la mezcla de Caín en todas las chispas de las demás almas no ocurre a través del padre o la madre, y por ello todos son denominados 'huérfanos'. Y también los conversos son denominados 'huérfanos', pues carecen de padre y madre en el pueblo de Israel que den a luz sus almas.

Que no te sorprenda cómo es que en toda la generación de Ben Azai no se encontró quien pudiera crear almas de conversos, siendo que Rabí Ishma'el ben Elishá, el sumo sacerdote, que según se explicara aquí era una chispa del alma de Yosef el justo. Entonces, ¿cómo es que no tenía la misma capacidad de Ben Azai para hacerlo? Resulta que, tal como se explicó aquí, los diez sabios asesinados por el gobierno romano (aseret haruguei maljut) son diez gotas de esperma que salieron de Yosef, y dado que el mismo Yosef es Rabí Ishma'el y pecó al afectar a las chispas que envió a las profundidades de las klipot, carecía de la capacidad de crear almas de conversos. Por eso verás que el castigo de Rabí Ishma'el fue el más duro de todos los diez asesinados ya que él fue su causante, al eyacular las gotas de esperma mencionadas. Y tal como aconteciera con Yosef: «…y despojaron a Yosef de su túnica» (Génesis 37:23) de igual manera Rabí Ishma'el fue «desvestido», esto es, desollado de la piel de su rostro (en hebreo 'desollar' y 'desvestir' es el mismo vocablo, 'lehafshit', *N. del T.*). Además, Rabí Ishma'el se asemejó a Yosef por ser de buen aspecto, tal como se menciona en Pirkei Heijalot. Y tal como Yosef fuera prisionero de los gentiles en Egipto, lo mismo ocurrió con Rabí Ishma'el, tal como se menciona cuando le preguntaron a Rabí Yehoshúa ben Jananiá (por qué Rabí Ishma'el estaba en cautiverio romano) y este contestó: «¿Quién ha entregado a la congregación de Ya'akov al despojo (meshisá, משסה)?» (Isaías 42:24) y respondió: «¿No ha sido HaShem, ante quien hemos pecado?» (ídem). Mediante esta respuesta, le insinuó que a raíz del pecado de las chispas de las gotas de esperma de Yosef que descendieron a las klipot al sitio de los pies -que es el sitio del despojo de los pies- fue aprisionado entre los gentiles, y a esto se refiere el versículo que dice: «Quién ha entregado a la congregación de Ya'akov al despojo?» que son aquellas gotas mencionadas, y respondió: «¿No ha sido HaShem, ante quien hemos pecado?»

INTRODUCCIÓN 35

La raíz de Caín y Hevel

Ya se explicó anteriormente que Caín y Hevel tomaron también el Nefesh de Atzilut que pertenecía al primer Adam. Tal como es sabido, todos los mundos están relacionados entre sí y después de que un individuo culmina la reparación de la parte del mundo de Asiá puede ascender al mundo de Yetzirá y de esa manera también hasta el mundo de Atzilut. Tal como está escrito en el Zohar al comienzo de la porción de *Mishpatim*: «si (el individuo) es merecedor se le da más». En las disertaciones anteriores ya se explicó que únicamente en el caso de un alma nueva es posible ascender de mundo en mundo en una misma reencarnación como se menciona allí. Resulta que todos los mundos están conectados entre sí, y uno es el 'trono' o asiento del otro, y así sucesivamente. He aquí que hay tipos de almas que nunca lograron reparar más que el Nefesh de Asiá, otras lograron reparar hasta Yetzirá, hay quienes hasta Briá, y hay quienes tuvieron el mérito de reparar hasta el mundo de Atzilut. Entre todas las raíces de las almas, son pocas las que lograron reparar hasta Atzilut. Esta virtud no se encuentra sino en las raíces de las almas de Caín y Hevel por ser -en cierta manera- almas nuevas, tal como ya explicamos, motivo por el cual pueden reparar y tomar incluso el Nefesh de Atzilut, pero no más que ello. En cambio, todas las demás raíces que son denominadas 'almas viejas' -como se explicara aquí- no pudieron tomar Nefesh de Atzilut (del primer Adam) y ojalá puedan conseguir Neshamá de Briá.

Dos tipos de alma

Y has de saber que en las propias raíces de las almas de Caín y Hevel hay dos niveles o aspectos, el primero es únicamente el de las propias almas de Caín Hevel, almas que cayeron del primer Adam y son únicamente de los mundos de Briá, Yetzirá y Asiá. Y existe un segundo nivel más elevado que es la parte misma del primer Adam que heredó a sus hijos Caín y Hevel. Me parece que se trata de una chispa del propio Nefesh del padre que es entregada a su hijo para guiarlo, tal como es sabido. Este segundo nivel atrae de todos los mundos desde el Nefesh del mundo de Asiá hasta el Nefesh del mundo de Atzilut incluido. Todo aquel que posee un alma de este segundo tipo, su nivel es muy elevado pues dispone de la fuerza y la capacidad de reparar desde el Nefesh de Asiá hasta el Nefesh de Atzilut en la primera vez que viene al mundo. Y por medio de sus acciones podrá tomar Nefesh de Atzilut. Sin embargo, no podrá tomar ni Ruaj ni Neshamá de Atzilut ya que no se las considera almas completamente nuevas, como se ha mencionado en disertaciones anteriores. En las disertaciones anteriores ya expliqué que también en este segundo nivel o aspecto, que es el que Adam les heredó a Caín y Hevel, hay dos niveles que son el de la luz envolvente (*or makif*) y el de la luz interior (*or pnimí*). Y todas las almas de este segundo nivel que se explicaron en las disertaciones anteriores: por ejemplo, Isajar, Rabí Akiva, Jizkiahu, todos pertenecen a la luz interior de este nivel, y lo mismo ocurre con el profeta Eliahu, recordado para bien. Luego, entraron en él Nadav y Avihú bajo el formato de ibur, pues ellos provenían de la luz envolvente del Nefesh de Atzilut del segundo tipo de almas.

La explicación de las raíces

Explicaremos ahora la raíz de Caín y Hevel y dónde se aferra o conecta al alma del primer Adam. Has de saber, que Caín es el brazo izquierdo de todos los partzufim de todos los mundos, tanto sea en Arij Anpín, en Aba e Ima, Zair Anpín y Nukva de Atzilut o de los mundos de Briá, Yetzirá y Asiá. Y por su parte, Hevel es el brazo derecho de todos los partzufim de todos los mundos. Y has de saber, que en los tres mundos inferiores que son Briá, Yetzirá y Asiá reciben el nombre de 'brazos' al tiempo que en Atzilut son denominados 'alas'. Resulta entonces que Caín es el ala izquierda en Atzilut y Hevel el ala derecha en Atzilut, y estos niveles de las alas y de los brazos poseen aspectos de luz envolvente y luz interior, tal como se ha mencionado. Y has de saber, que todas las almas que provienen de este segundo nivel de Caín y Hevel que les heredó su padre Adam, no pudieron tomar en este mundo más que hasta las alas de Maljut de Atzilut que recibe el nombre de Nefesh de Atzilut. Y todas las raíces de las almas que existen en este segundo nivel pueden alcanzar en este mundo hasta allí en una vez. Pero de allí hacia arriba no se puede alcanzar de una sola vez, sino viniendo en una segunda reencarnación. Dado que alguien que llega de este segundo nivel puede alcanzar en la primera vez incluso hasta el Nefesh de Atzilut, a esta gente justa que lo logra los llamamos 'ángeles'. En todo lugar que encuentres que se denomina a alguna persona justa como ángel implica que proviene de esta raíz mencionada. Por ello, en la cuestión de la meretriz Rajav, se dijo de Pinjás: «empero había tomado la mujer a los dos hombres y lo había escondido» (Josué 2:4). La expresión «y lo había escondido» figura en singular, ya que no precisó ocultar sino a uno, pero Pinjás no precisó ser escondido por ser denominado 'ángel' (malaj) y es denominado así por provenir de la raíz de Caín. Y por ello, también el profeta Eliahu, recordado para bien, era un ángel ya que provenía de la raíz de Caín. Otro tanto ocurrió con Rabí Yehudá bar Ylai, de bendita memoria, que provenía del segundo nivel o aspecto de Caín, y por ello nuestros sabios de bendita memoria, insinuaron sobre él en el Talmud (Tratado de Shabat 25b) al decir: «cada víspera de Shabat solía lavarse la cara, las manos, los pies y recibía el Shabat, y se asemejaba a un ángel de HaShem de las Huestes Celestiales». También Yehudá y Jizkiá los hijos de Rabí Jía son llamados 'ángeles' por provenir de esta segunda raíz de Caín. Y tal como insinuaron sobre esta cuestión en el Talmud (Tratado de Baba Batra 75a) al decir que «dos amoraítas discutían en la Tierra, Yehudá y Jizkiá, junto a dos ángeles celestiales etc.». Sin embargo, Janoj, que recibió la Zihará Yla'á de Adam que llega hasta Neshamá de Atzilut fue mayor y más elevado que Eliahu. Por lo tanto, alguien del nivel del mundo de Atzilut es llamado 'ángel' y es capaz de ascender al grado de un ángel. Recuérdalo.

Los brazos y las alas

Ahora explicaremos la cuestión del brazo y el ala mencionados. El lado izquierdo corresponde a Caín y de éste se comprenderán el brazo y el ala derechos que corresponden a Hevel. Has de saber que Caín es el órgano del hombro izquierdo del primer Adam, tal como se mencionó en las disertaciones anteriores. Y en este órgano hay tres niveles que son carne, tendones y huesos. Y he aquí que en Briá, Yetzirá y Asiá, en cada uno de los cinco partzufim de cada uno de los tres mundos hay una raíz a Caín en el brazo izquierdo, en el órgano del hombro de cada uno de los partzufim, pero no hay allí nivel de ala. Sin embargo, en los cinco partzufim de Atzilut hay nivel de hombro con carne, los tendones y los huesos y además hay nivel de ala. Resulta entonces que las raíces del alma de este segundo nivel de Caín, poseen nivel de hombro en sí que es carne, tendones y huesos y posee también un nivel de ala que sale de allí que son las plumas que salen del órgano del hombro mencionado. Esto es sí en Atzilut. Pero en Briá, Yetzirá y Asiá no hay nivel de ala sino solamente de hombro, como se mencionó. Y la cuestión de este hombro izquierdo ya fue explicada en las disertaciones anteriores.

Las alas y sus plumas

Ahora explicaremos la cuestión del ala. Has de saber que esta ala izquierda en la que se aferran las raíces del alma de Caín posee tres mil plumas. Mil grandes, mil medianas y mil pequeñas. Y en cada pluma de éstas hay ciento cincuenta barbas plumáceas que son las chispas de las almas. Y he aquí que cada pluma posee un poro u orificio en el órgano del hombro donde va clavada y desde donde crece. Además, en cada pluma, en su extremidad superior que va conectada al poro - hay sangre que se absorbe en su interior, tal como es sabido. La pluma misma, en su parte inicial -que es el extremo que va adherido al poro- tiene una parte que es el cálamo o cañón que está limpio de barbas plumáceas, y tras este nivel el cañón se prolonga en el raquis donde les crecen barbas a ambos lados y así continúa hasta el final de la pluma. He aquí que entre las barbas mismas que crecen a ambos lados del raquis las hay grandes y largas y otras cortas y pequeñas. He aquí que las barbas pequeñas son chispas de las almas de los niños que fallecen siendo aun pequeños. Y hay de estas varios niveles o aspectos, pues no todas las barbas pequeñas son de idéntica longitud, y esto se comprende. Otro tanto ocurre con las barbas grandes, y su longitud se corresponde con los años vividos por el alma en este mundo. Y has de saber que la pluma en sí tiene un nivel más encumbrado que el poro del cual crece, y superior al de la sangre que se absorbe en el interior del extremo del cálamo o cañón que va calvado en el poro. Y he aquí que la pluma tiene un nivel más elevado que las barbas que crecen a ambos lados y las barbas más prolongadas son más elevadas que las cortas.

Has de saber también que cada pluma posee ciento cincuenta chispas de almas, como se mencionó, y ascienden al valor de la palabra 'ala' (80 = ף 50 = נ 20 = כ). Y esta cuenta de ciento cincuenta (קנ"נ) se basa en el nombre de Caín (קין) que incluye las letras «kuf» y «nun» (קן) y «yud». Sin embargo, en el ala derecha que es del nivel de Hevel, la pluma se divide de un modo diferente sobre la base del nombre de Hevel, ya que cada pluma se divide en cinco partes y cada una está conformada por treinta y dos plumas, y ello asciende al valor numérico de Hevel (30 = ל 2 = ב 5 = ה) esto es, cinco veces treinta y dos. De ello resulta que su número de chispas sea también de ciento cincuenta como en el caso de Caín, que en cada pluma cada una de las chispas se divida en sí mismo y es considerada una de ciento cincuenta chispas

separadas. En cambio, las plumas de Hevel se dividen en cinco secciones y cada una de éstas contiene treinta y dos chispas. Esta es la única
diferencia entre Caín y Hevel en lo que respecta a las raíces en las alas.

La raíz del alma de Rav Jaim Vital

Te explicaré ahora algo sobre las almas de este segundo nivel o aspecto
de Caín. Todo el hombro (en Atzilut, Briá, Yetzirá y Asiá) con la totalidad del ala (en Atzilut) es la raíz de Caín. Ahora, explicaré una de
las raíces de Caín, que es la del alma de Rabí Jaim Vital. La raíz del
alma de Rabí Jaim Vital proviene del nivel de los tendones que se encuentran en el órgano del hombro izquierdo en los cuatro mundos de
Atzilut, Beriá, Yetzirá y Asiá. Además de este nivel hay una raíz que se
aferra en el ala izquierda que es en Maljut de Atzilut porque allí hay
también nivel de ala, tal como se ha mencionado anteriormente. Este
aferramiento del alma de Rabí Jaim Vital es a la pluma número 277
de las mil plumas grandes. En esta pluma hay ciento cincuenta chispas de almas son una única (pequeña) raíz y singular (para el alma de
Rabí Jaim Vital) en el nivel del ala izquierda (en Atzilut) además de su
nivel que le corresponde en los tendones del hombro, tal como se mencionó. He aquí que el poro de esta pluma es Abaié. Y la sangre que se
encuentra en el poro es Rami Bar Jama. Y la parte del cañón o cálamo
que está clavado en el poro se divide en dos porque en ese extremo en
el interior del raquis el flujo de la sangre se divide en dos niveles. Esto
se diferencia de la parte del cañón o cálamo que sale del poro, el cual
en su totalidad está en un mismo nivel. El lado izquierdo al final del
cálamo mencionado es la raíz del alma del profeta Shmuel, pero en lo
que respecta al lado derecho, mi maestro, de bendita memoria, no me
dijo quién es. Y después de salido del poro, el resto del cálamo -o sea
todo el sitio en el que aún no surgen las barbas plumáceas- es Jizkiahu
rey de Judea. Y el resto del eje que se extiende entre las barbas -esto es,
el raquis- se divide en varias secciones por lo que resulta que cada dos
barbas -una derecha y la otra izquierda- hay entre ellas una base a la

que se aferran y de la cual crecen. El nivel de una de estas bases en esa pluma es Rabí Akiva ben Yosef. Yehudá y Jizkiahu -los hijos de Rabí Jía- proceden de otra de las mil plumas grandes y la suya es más larga que la número 277. Rabí Yehudá Bar Ylai proviene de otra pluma que es menor que la 277, y por lo tanto fue un alumno de Rabí Akiva. La chispa del Nefesh del Rashbá, sea recordado para la vida del Mundo Venidero, y la de nuestro maestro Rabí Yosef Caro, de bendita memoria, autor del *Beit Yosef* y el *Shulján Aruj*, que vivió en la generación anterior a la nuestra, provenían de la pluma de Rabí Yehudá Bar Ylai.

La ventaja de Caín

Ahora explicaremos la ventaja de Caín por sobre su hermano Hevel. Esta ventaja es muy grande y que no te resulte sorprendente, sobre la base de lo que dice el libro del Zohar en cuanto a que Caín era completamente malvado y Hevel era un justo. Pues has de saber que forzosamente el primogénito lleva ventaja sobre un hermano común, tal como está escrito en *Sefer HaTikunim* en el tikún 69 sobre el versículo que dice: *«ciertamente si has de hacer el bien»* (Génesis 4:7). Esto y más, sino que hemos encontrado que se distinguió por su habla especial y se volvió profeta, tal como está escrito: *«y dijo HaShem a Caín»* (ídem 9). Esto y más, encontramos que era el hijo primogénito del primer Adam, la creación de las manos del Santo Bendito Sea, y si alguien hecho por Sus manos pecó de manera tan increíble, tal como dijeran nuestros rabinos de bendita memoria en el Talmud en el Tratado de Sanhedrín (38b), entonces no debería sorprenderte que su hijo Caín, que era el primero que nacía de una mujer, haya pecado. La regla general es que Caín y Hevel, cada uno de ellos, estaba compuesto de bien y de mal, bien por el lado de Adam y mal por la impureza que la serpiente puso en Eva. Empero, dado que Caín es de la Guevurá el mal se aferra a él más que a Hevel que es del Jesed.

Regresando a la cuestión, Caín es del lado de la Guevurá y Hevel del de los jasadim. Ya se te ha hecho saber que las guevurot de Atik

Yomín que se reviste dentro del Arij Anpín y de cuyas guevurot surge la Imá Yla'á fueron reveladas mucho tiempo antes que se revelaran los jasadim. Además, las guevurot siempre están descubiertas (*megulim*), por lo tanto, quien pertenece a este segundo nivel o aspecto de Caín, como se ha mencionado arriba, puede ascender de un escalón a otro y de unas guevurot a otras hasta las de Atik Yomín y recibir de allí su *shefa* o abundancia. Por su parte, en el caso de Hevel, este procede de los jasadim, los cuales demoraron en revelarse, y además siempre están ocluidos (*stumim*) y no se revelan mucho. Ésta es la explicación de lo que dijeron nuestros sabios, de bendita memoria, en el *Midrash Rabá* (Bamidbar Rabá 19:6) en la porción de Jukat: «Dijo Rabí Joniá: 'Su ojo vio algo precioso' (Job 28:10) se refiere a Rabí Akiva, pues cosas que no le fueron reveladas a Moshé sí lo fueron a Rabí Akiva». Esto también está vinculado a lo que está escrito en el libro *Otiot DeRabí Akiva* en cuanto a que Moshé le dijo a Dios respecto de Rabí Akiva: «¿Teniendo una persona así entregas la Torá por mi intermedio? etc.» Moshé se sintió atemorizado ya que contempló el *mazal* de Rabí Akiva y vio que de cada pequeño trazo de una letra (o de cada 'corona' que lleva una letra – cuestión de la caligrafía sagrada hebrea, *N. del T.*) aprendía 'montañas' de halajot (Tratado de Menajot 29b). Algo similar a esto es mencionado también en el Tratado de Shabat en el capítulo que comienza con las palabras 'Rabí Akiva' (89a). Esto se debe a que Rabí Akiva era capaz de captar más que Moshé, por el motivo antes mencionado, porque proviene de Caín, al tiempo que Moshé proviene de Hevel. Esto es también lo que está escrito en el Tratado de Shabat en el capítulo de Rabí Akiva, que cuando Moshé ascendió a las alturas vio que Dios les trazaba coronas a las letras de la Torá, por lo que le preguntó: ¿Quién te está haciendo demorar? A lo que le respondió: En el futuro habrá un justo, su nombre es Akiva ben Yosef etc. Ocurre, que quien proviene de la raíz de Hevel posee la capacidad de captar o alcanzar solamente hasta las coronas de las letras, que son *taguín* (suerte de apóstrofes que se trazan por encima del cuerpo de la letra, una corona es un conjunto de tres taguín, algunas letras llevan un tag, otras tres y otras no llevan ninguno. *N. del T.*) Por eso dice que Dios le estaba haciendo coronas a las letras, pero quien proviene de la raíz de Caín, de su segundo nivel, tal como se mencionó, posee la capacidad de captar incluso hasta los *ta'amim* (signos de entonación que acompañan a las letras del Tanaj y que en el lenguaje cabalístico alude a un tipo determinado de luz, *N. del T.*) o más arriba incluso. De todas maneras, posteriormente, Moshé Rabenu captó todo ello por medio de sus descomunales buenas acciones.

Otros motivos que explican la ventaja de Caín por sobre Hevel

Existe otro motivo para la ventaja de alguien que como Caín proviene del lado de Ima por sobre quien proviene del lado de los jasadim y las guevurot de Aba. Es sabido que Netzaj, Hod y Yesod de Ima que están investidos en el interior de Zair Anpín hasta el pecho, dentro de los cuales se encuentra los mojín de Ima, no tienen allí más que un revestimiento y una cobertura solamente, y las luces que de allí salen son grandes y muy luminosas y por ello las almas que de allí salen poseen una luz grande y revelada. Pero en el caso de las almas que provienen de Aba, su luz es escasa, porque el mojín de Aba de Zair Anpín está cubierto con un doble recubrimiento hasta el pecho de Zair Anpín, uno por provenir de Netzaj, Hod y Yesod de Aba, como es sabido, y otro de Netzaj, Hod y Yesod de Ima que se encuentra por sobre el Netzaj Hod y Yesod de Aba, como es sabido. Asimismo, desde el pecho de Zair Anpín para abajo los mojín de Ima están completamente descubiertos y los de Aba cubiertos por una cobertura, que es del Yesod de Aba, como es sabido. Y por ello las almas que provienen de los jasadim descubiertos o de las guevurot descubiertas son mejores que las que provienen de un sitio recubierto, aunque sean más elevadas del punto de vista de su ubicación. Esto explica lo que dice en la Guemará (Tratado de Pesajim 50a): «he visto un mundo invertido, los superiores están abajo y los inferiores arriba».

Existe otro motivo para lo arriba mencionado, y es que Aba no ilumina en absoluto salvo a través de Jesed y Guevurá de Ima, pues por allí pasan, y por ello son más grandes y luminosos que estos. Otro motivo es que las guevurot son las que salen primero a través del Yesod, como se mencionó anteriormente, y por ello Caín fue el primogénito, según el principio de que *«la mujer virtuosa es la diadema de su marido»* (Proverbios 12:4), pues la Guevurá es femenino y el Jesed masculino. Y has de saber que en el futuro toda la raíz de Caín serán cohanim, y la raíz de Hevel -que hasta ahora han sido cohanim- se volverán leviím. De modo tal, que todo lo que hasta ahora fue que los leviím son del lado de la Guevurá, por ejemplo, Koraj ben Leví que era de la raíz de Caín, asumirán entonces el sacerdocio que es parte de la primogenitura, tal como lo sabemos por el *Targum* del versículo que dice: *«Reuvén, tú eres mi primogénito»* (Génesis 49:3). Ésta es la explicación profunda del versículo que reza: *«los cohanim y los leviím hijos de Tzadok»* (Ezequiel 44:15). Ningún profeta jamás llamó a los cohanim 'leviím' salvo Yejezkel, quien lo hizo por provenir de la raíz del primogénito Caín, como lo habíamos explicado. Por lo tanto, profetizó que en el futuro por venir quienes hasta ahora fueran cohanim se volverán leviím, y quienes fueran leviím serán entonces cohanim hijos de Tzadok. Y todos los que provienen de la raíz de Hevel -que en la actualidad son cohanim- serán entonces leviím.

INTRODUCCIÓN 36 A

Raíces detalladas – Caín y Hevel

En esta introducción se explicarán en detalle las raíces, y esto es lo que dice: Ahora escribiré sobre algunos tipos de raíces de almas que recibí de mi maestro, de bendita memoria, y en su explicación me he de extender más sobre algunas que sobre otras, por lo que comenzaré con aquellas que he de esclarecer más extensamente y luego me referiré a las que he de exponer de un modo más breve. La primera raíz se vincula a Caín, el hijo de Adam, y tal como ya nos hemos explayado en las disertaciones anteriores en lo que a él se refiere, quedaron aun algunos detalles dispersos, los cuales he de reunir y ordenar ahora de buena manera. Luego habré de explicar brevemente las demás raíces. He aquí, que a pesar de que en libro del Zohar y en los *Tikunim* se dijo que Caín proviene de la impureza o ponzoña que la serpiente introdujo (en Javá o Eva), y que Hevel proviene del lado (puro) de Adam (*Sitra DdeAdam*), ya sabes qué es lo que se ha dicho en diferentes artículos como en *Idrat Nasó*, que Caín y Hevel, cada uno de ellos se aferra o conecta al árbol del conocimiento del bien y el mal. La explicación de ello es la siguiente: has de saber que por medio del pecado del primer Adam se mezclaron el bien y el mal, y cuando luego nacieron Caín y Hevel ambos dos salieron mezclados de bien y mal, con la diferencia de que Caín provino del lado de las guevurot -por lo que era mayoritariamente malo por efecto de la impureza de la serpiente y minoritariamente bueno por el lado de Adam- al tiempo que por su parte Hevel era mayoritariamente bueno por el lado de Adam y minoritariamente malo por el lado de la impureza de la serpiente. Sin embargo, la parte buena de Caín es sumamente elevada, ya que era el hijo primogénito y tomó la primogenitura del lado bueno.

De Keinán a Ya'akov e Isajar vía Esav

Luego, Caín comenzó a repararse en Keinán y en Mehalelel, tal como se menciona en el libro del Zohar en la porción de *Terumá*, y luego, cuando nacieron Ya'akov y Esav, estos fueron cual Caín y Hevel, y está escrito: «*...y su mano se asía del talón de Esav*» (Génesis 25:26). Esto significa que la parte de la primogenitura del bien que se encontraba en Caín se mezcló con el mal, tal como se mencionó, pasó a encontrarse en Esav, y Ya'akov la tomó de él. Por ese talón que tomó de él fue llamado «Ya'akov» (talón en hebreo se dice '*akev*' – asociado a Ya'akov, *N. del T.*). En la disertación anterior se explicó cómo la primogenitura del bien cayó al talón de las klipot, y entiéndelo. Y cuando Ya'akov tuvo a Isajar le heredó esa parte buena de la primogenitura de Caín que tomó de Esav, como se mencionó. Por está escrito sobre Isajar: *«y él (Ya'akov) se acostó con ella (Lea) esa (balaila* hú*) noche»* (Génesis 30:16), y no está escrito en 'aquella' (*balaila* hahú) noche, para aludir a Ya'akov (hú en hebreo significa él) quien es así llamado por el talón (*akev*) mencionado, el cual se lo entregó a Lea al acostarse con ella y de allí salió Isajar. Ésta es la explicación profunda de lo que está escrito en el *Midrash Rut* del libro del Zohar, que 'de Isajar salió Rabí Akiva'. Y este último proviene del secreto del talón (Akiva-*akev*) como se habrá de explicar.

De Nadav y Avihú a Pinjás, Shmuel y Rabán Yojanán ben Zakai

Luego, se reencarnó en Nadav y Avihú, pues ambos dos son uno, tal como se menciona en el libro del Zohar en la porción de *Ajarei Mot*: «los dos son dos partes de un mismo cuerpo». Luego entraron bajo el formato de ibur en Pinjás que es el profeta Eliahu, recordado para bien, y estuvieron en él hasta el episodio de la hija de Yftaj, y entonces se retiraron. Cuando Eliahu se fue a la cueva en el Monte Jorev volvió a tomarlos, como se menciona en el Zohar. Durante el tiempo en el cual permanecieron fuera de Eliahu se reencarnaron de manera completa en el profeta Shmuel, como se ha mencionado, y luego volvieron a entrar bajo el formato de ibur en el profeta Eliahu, tal como se ha mencionado. Luego, se reencarnaron en el profeta Elishá (Eliseo), luego en Jizkiahu, el rey de Yehudá, luego en Matitiahu ben Yojanán el sumo sacerdote hasmoneo, luego se reencarnaron en Akaviá ben Mahalelel, luego en Rabán Yojanán ben Zakai HaCohen y luego se reencarnaron en Rabí Akiva ben Yosef. Ésta es la explicación profunda de lo que está escrito: tres personas vivieron hasta los ciento veinte años: Moshé, Rabán Yojanán ben Zakai y Rabí Akiva (Bereshit Rabá 100:10). Moshé pasó cuarenta años en la casa de Faraón, cuarenta años en Midián y cuarenta años dirigió al pueblo de Israel. Rabán Yojanán ben Zakai se dedicó cuarenta años a los negocios (*prakmatia*), cuarenta años estudió y cuarenta años enseñó. Rabí Akiva fue una persona carente de instrucción religiosa (*am haaretz*) durante cuarenta años, luego estudió durante cuarenta años y luego enseñó durante cuarenta años. Lo que ocurre es que la raíz de estas almas posee conexión y tiene cercanía con Moshé Rabenu, pues todas las almas están incluidas en él, especialmente las de los justos, y ya hemos explicado en otra parte que todo lo que decimos de esta raíz se refiere únicamente al grado de Nefesh que se reencarnó en ellos. Sin embargo, en la parte de su Ruaj o de su Neshamá hay entre ellos quienes no proceden de esta raíz.

De Rav Yeivo Saba a un muchacho llamado Abraham

Luego, (Nadav y Avihú) se reencarnaron en Rabí Yeivo Saba, quien es mencionado en el libro del Zohar en la porción de *Mishpatim* (por ello denominado *Saba DeMishpatim*). Luego se reencarnó en Abié. Sobre eso dijeron nuestros sabios, de bendita memoria, que «Rabán Yojanán ben Zakai no dejó afuera (sin estudiar) ningún versículo, mishná... o discusión entre Abaié y Raba» (Tratado de Sucá 28a). Luego, entraron bajo el formato de ibur en uno de nuestros rabinos saboraítas llamado Rav Ajai, y es aquel que fue mencionado en el Talmud: «preguntó Rav Ajai» (Tratado de Ketuvot 2b). Luego, entraron bajo el formato de ibur en Rav Aja de Shabja, sabio gaonita autor de una responsa. Y me dijo mi maestro, de bendita memoria, que según su parecer, Rav Ajai era el Rav Aja de Shabja. Posteriormente se reencarnaron en Rav Dostai Gaón. Luego se reencarnaron en Rabí Aharón HaLeví, que fue el rabino del autor del libro *Maguid Mishné*, que es el nieto de nuestro Rabino Zerajiá HaLeví, autor del *Sefer HaMeorot*. Luego se reencarnaron en Don Vidal de Tolosa, el autor del libro *Maguid Mishné*. Luego en Rabí Shaúl Trishti. Luego en Rabí Yehoshúa Soriano. Luego en un muchacho llamado Abraham. Y has de saber que el rabino autor del libro *Maguid Mishné* tenía vínculo y cercanía con el Rambám, de bendita memoria, motivo por el cual escribió el libro *Maguid Mishné* que es una explicación al 'libro de los catorce' (tomos, se trata del Mishné Torá, N. del T.) del Rambám, de bendita memoria.

Los primeros cuarenta años y el alma del converso

En lo que refiere a Rabán Yojanán ben Zakai y Rabí Akiva, los dos fueron personas legas en asuntos religiosos (*amei aratzot*) en sus primeros cuarenta años, y ello obedece a que su Nefesh provenía de un mismo nivel o tipo de gota de esperma, de las mismas diez gotas seminales que le salieron a Yosef el justo de sus diez dedos, por ello durante sus primeros cuarenta años fueron personas carentes de instrucción religiosa, y en esos días las *klipot* se aferraron un poco a ellos, especialmente en el caso de Rabí Akiva, quien según el Tratado de Pesajim (49b) decía para sí: «¡Quién me trajera un estudioso de la Torá para poder morderlo cual asno!» De esto puedes deducir sobre otras cuestiones de su personalidad durante el período en el cual era *am haaretz*, tal como se dice de él en el Talmud que la hija de Kalba Savúa percibió que él era humilde y especial (Ketuvot 62b). Forzosamente, Rabán Yojanán ben

Zakai y Rabí Akiva detentaron en su haber pecados juveniles y por ello tuvieron que reencarnarse posteriormente en todas las reencarnaciones arriba mencionadas. Por ese mismo motivo, el Nefesh sagrado y superior de Rabí Akiva entró en él siendo hijo de prosélitos y no de simiente judía, por tratarse de una gota de semen en vano que salió de Yosef al pensar en la esposa de su patrón que era gentil. La verdad es que el Nefesh de Rabí Akiva no es como el resto de los Nefashot de los demás conversos que son creados por la cópula de los justos en el Gan Eden (jardín del Edén), tal como se menciona en el libro del Zohar en la porción de *Shelaj Lejá*, sino que se trata de un alma muy sagrada y grande, que a raíz del pecado de Adam y de su hijo Caín salió y cayó en las profundidades de la klipá. Posteriormente, ocurrió lo que mencionamos de la gota seminal de Yosef. Por lo tanto, por estos dos motivos, fue necesario que el Nefesh entrara en este mundo a través del cuerpo de un converso. Y ya se explicó anteriormente en las disertaciones pasadas que este alma entra en al cuerpo del prosélito después de su conversión, y se inviste en otra alma que es el producto de la cópula de los justos en el Gan Eden, como se mencionó, y es denominada la primera y verdadera alma del prosélito, lo cual se menciona en el pasaje de *Saba DeMishpatim* página 98b. El alma del prosélito le hizo ser una persona simple o lega en cuestiones religiosas durante cuarenta años, según lo que ya ha sido explicado respecto de lo dicho por nuestros rabinos, de bendita memoria (Tratado de Yevamot 47b), en cuanto a que «los conversos son duros para el pueblo de Israel como la psoriasis (*sapajat*)» etc. Además, Rabí Akiva era hijo de un prosélito llamado Yosef, como es sabido, y dijeron nuestros sabios en el Tratado de Sanhedrín (94b): «no se puede hablar mal de un gentil frente a un converso hasta la tercera generación, pues ello le resulta duro ya que la impureza no lo abandona durante tres generaciones». Por lo tanto, dado que Rabí Akiva era hijo de prosélitos, era imposible que las klipot y las fuerzas exteriores (*jitzonim*) no se aferraran a él durante los primeros cuarenta años en los que era lego en cuestiones religiosas (*am haaretz*).

Además, respecto de la raíz de Caín, me dijo que Rabán Yojanán ben Zakai y Rabí Akiva eran los dos brazos, derecho e izquierdo, de Moshé Rabenu, y estaban mezclados con la raíz de Caín, y por ello tanto Moshé Rabenu como Rabí Akiva y Rabán Yojanán ben Zakai vivieron ciento veinte años, como se mencionó. Por ello, Moshé le pidió a HaShem, Bendito Sea, que la Torá fuese entregada por medio de Rabí Akiva, tal como se menciona en el Tratado de Shabat en el capítulo de Rabí Akiva, y tal como se menciona en el libro *Otiot De-Rabí Akiva.*

También me dijo, que Moshé Rabenu, la paz sea sobre él, mató a Og rey del Bashán, y en él estaba incluida la chispa del alma de Rabí **Shi**món **b**en **N**etanel el temeroso del pecado, en esa klipá, y por ello sus iniciales forman la palabra **Bashán**. En virtud de esa chispa sagrada que está mezclada en Og, y es llamada 'temeroso del pecado', Moshé temía matarlo, y HaShem, Bendito Sea, le dijo: «No le temas». Y posteriormente, esa chispa fueron los discípulos de Rabán Yojanán ben Zakai.

También me dijo mi maestro, de bendita memoria, que hay tres que se equivocaron respecto de la fecha final. El primero fue nuestro patriarca Ya'akov, la paz sea sobre él, que llamó a sus hijos y les dijo: *«reuníos y os anunciaré lo que habrá de acontecer a vosotros en la postrimería de los días»* (Génesis 49:1), pero el final le fue velado. El segundo fue el profeta Shmuel, la paz sea sobre él, quien erró en lo referente a la cuestión de Eliav, cuando dijo: *«seguramente el ungido de HaShem está ante él»* (I Samuel 16:6) pensando que de él vendría el Mashíaj. El tercero fue Rabí Akiva, quien se equivocó al pensar que Ben Koziva (personaje histórico más conocido como Bar Kojba, el líder de la revuelta del año 132 e.c., *N. del T.*) era el ungido (Mashíaj) por HaShem. Por ello, las letras del nombre Ya'akov (יעקב) son las mismas que las del nombre Akiva (עקיבא) para insinuar que su error fue el mismo. Así, los tres se reencarnaron para reparar su error.

También me dijo mi maestro, de bendita memoria, que las chispas de las almas de la raíz de Caín estaban dentro de la klipá de Sisrá (Sisara), tal como lo explicamos allí. Por ello, Yael clavó la estaca en su sien, pues allí se encuentra el moaj (cerebro) de Da'at de jasadim y guevurot, que es de donde proviene la raíz de Caín, como se mencionó. Además, la chispa de Rabí Akiva estaba allí, y por lo tanto Rabí Akiva nació de un descendiente de Sisrá, tal como lo enseñan nuestros rabinos, de bendita memoria (Tratado de Sanhedrín 96b). También me dijo mi maestro, de bendita memoria, que Abaié era la reencarnación de Rav Yeibo Saba que aparece en la porción de *Mishpatim* en el libro del Zohar. Abaié (אביי) está insinuado en las iniciales del versículo que dice: «*pero vuelve Su mano contra mí todo el día*», אך בי ישוב יהפוך (Lamentaciones 3:3), y dice «contra» para aludir a la inversión de las letras entre los nombres Yeivo (ייבא) y Abaié (אביי), pues las dos letras «yud» (י) de cada uno de los nombres se invirtieron en ellos, y mi maestro no me quiso revelar qué significa esto.

Provenientes de la raíz de Caín

Luego, mi maestro, de bendita memoria, se explayó prolongadamente y me habló sobre muchos individuos que provenían de esta raíz mencionada de Caín, y hay más aun, pero no me los detalló a todos. Esto es lo que escuché de él, y estos son los veinticuatro mencionados: Caín, Keinán, Mahalalel, Yuval, Yaval, Lemej, Isajar, Shelaj ben Yehudá, Ytró, Nadav y Avihú, Najshón ben Aminadav, Netanel ben Tzuar, Koraj, Datán, Aviram, Pinjás, Otniel ben Kenaz, Carmí el padre de Ajan, Shamgar ben Anat, Shimshón, Elkaná, el profeta Shmuel, Aviá ben Shmuel, Jever HaKeiní, Yael la esposa de Jever HaKeiní, Apalel, Sismí el amigo de Aví Sojó, Yshbaj el padre de Ish Tamu'a, Yshuv, Lejem, Yshai el padre de David, Avishai ben Tzruiá, Shim'á el hermano de David, Doeg, Ajitofel, Aviá ben Rejavam, el profeta Eliahu, el profeta Elishá, Yoná ben Amitai, Jiel Beit Haelí, Navot HaYzreelí, Mijá HaMorashtí, Najúm HaElkoshí, Jizkiahu rey de Judea, Menashé ben Jizkiahu, Uriá HaCohen, Zejariahu ben Yebarjiahu, el profeta Yejezkel, Eliahu ben Berajel HaBuzí, Jananiá el amigo de Daniel, Navdiá hijo del rey Yejoniá y Anani ben Elyoaní.

Estos son los que pertenecen al grupo de los tanaítas: Matitiahu ben Yojanán Cohen Gadol hasmoneo, Yosi ben Yojanán Ysh Yerushalaim, Nitai HaArbeli, Akaviá ben Mahalalel, Rabán Yojanan ben Zakai, Rabí Akiva ben Yosef, Rabí Yosei HaGlilí, Yonatán ben Harkinas, Jananiá ben Jizkiá ben Gurión, Aba Shaúl, Rabí Yshma'el ben Elishá Cohen Gadol, Rabán Gamliel, Rabí Nehorai Saba que figura en el Zohar en la porción de *Tetzavé*, Rabí Yeivo conocido como *Saba DeMishpatim*, Rabí Jutzpit el traductor, Rabí Yehudá ben Ylai, Rabí Yosei ben Meshulam Kahala Kadisha, Rabí Ajai bar Yeshaiá. También uno de los amigos de Rabí Shim'ón bar Yojai que se encontraba en la gran reunión (*Idra Raba*) en la porción de *Nasó* (del Zohar) y mi maestro, de bendita memoria, no quiso revelar su identidad y no supe por qué. Hay también algunos otros tanaítas (sabios del tiempo de la Mishná o de su compilación, *N. del T.*) que poseían una conexión a la raíz de Caín, pero no me fue transmitido qué tipo de conexión o aferramiento tenían, y ellos son: Rabí Shmaiá Jasidá que aparece en la porción (del Zohar) de Balak, el maestro del Yanuka (niño pequeño, personaje del Zohar, N. del T.), Rabí Tzadok HaCohen, Rabí Kisma el padre de Rabí Yosi de Kisma, Rabí Kruspedai el poseedor de un corazón dulce que aparece en la porción de *Shelaj Lejá* en el libro del Zohar y en el *Sefer HaTikunim*.

Estos son los amoraítas (sabios del tiempo de Guemará, entre los inicios de los siglos III y VI, *N. del T.*): Rav Huna el exilarca de Babilonia durante el tiempo de nuestro sagrado rabino (*Rabenu HaKadosh*) cuyo ataúd fue traído a la tierra de Israel y colocado en la cueva de Rabí Jía en Tiberias. Yehudá y Jizkiahu los hijos de Rabí Jía. Rabí Leví bar Sisi, Rabí Shim'ón ben Yehotzadak, Rabí Tzadok el alumno de nuestro sagrado rabino. Rabí Yrmiahu bar Aja en los días de Rav. Ula bar Kushav que vivió en los días de Rabí Yehoshúa ben Leví, Rabí Shiló, aquel a quien le fue hecho el milagro mencionado en el capítulo *HaRoé* en el Tratado de *Berajot*, Rabí Yeivo Saba el amoraíta, el discípulo de Rav, y es el padre de Rav Jana y suegro de Asián ben Nidbaj. Pinjás el hermano de Shmuel, Rabí Miasa que vivió en el tiempo de Rabí Yojanán. Rabí Ysa el amoraíta que es Rabí Asi HaCohen. Rabí

Jilkiá bar Aba, Rabí Shemen bar Aba. Rabí Akiva el amoraíta, Mar Ukva, Rabí Zerika, Rav Sajura. Abaié. Rav Bibi bar Abaié. Rami bar Jama, Rami bar Yejezkel, Rav Dimi de Nehardea, Rav Najumi, Rav Maoharohía, Natán de Tzotzita el exilarca, Rav Shmuel bar Shilat, Rav, Yamar, Rav Avín el carpintero, Rabí Tanjum de Noi, Rabí Yeivo el padre de Rav Sama, Rav Safra que vivió en días de Rabina, Rami ben Tamari, Rafram ben Papa, Zeira ben Hilel, Rav Zeiri de Dahjavat, Rabín y Rav Dimi que se fueron de la tierra de Israel a Babilonia, Rav Jana Bagdata, Rabí Jía de Difti, Rav Shisha ben Rav Ydi, Ayo, Abdimi, Bali, Rav Yehudá de India, Rav Maljío, Rav Jama ben Buzi, Yehoshúa ben Zarnoki que era llamado en el Talmud «Jía ben Zarnoki» lo cual es un error, Shivjat ben Rabina, Rav Teviumi, Shabtai que fue llamado el «atesorador de frutos» y fue una de las klipot de la raíz de Caín.

Y estos son los rabinos saboraítas: Rav Ajai, Raba de Pumbedita, Rav Aja de Shavja Gaón, Rabí Dostai Gaón, Rabí Tzemaj Gaón el hijo de Rabí Paltoi Gaón y Rav Nihilai Gaón I.

Estos son los poskim (jurisprudentes halájicos): el Rashbá, Rabenu Aharón el nieto de Rabí Zerajiá HaLeví, Don Vidal de Tolosa que escribió el libro Maguid Mishné, Rabí Yosef Caro autor de los libros *Beit Yosef* y *Shulján Aruj*.

Y has de saber que todos estos individuos que listamos provienen de la raíz de Caín del segundo nivel arriba mencionado, y no son sino del nivel Nefesh, pero su Ruaj y su Neshamá provenía de otra raíz salvo el caso singular de Abaié, que es llamado Najmani, cuyo Nefesh, Ruaj y Neshamá provienen los tres del segundo nivel de la raíz de Caín. Pero en el caso de todos los demás, solamente su Nefesh provenía de esta raíz, pero el Ruaj y la Neshamá que les correspondía según su Nefesh no los tomaron de la raíz de Caín mencionada, tal como se menciona en las disertaciones anteriores, pues debido al pecado del primer Adam se mezclaron el nivel del Ruaj de la raíz de Adam con el Nefesh de la raíz de Caín o Hevel, y viceversa. Y el Ruaj de Hevel con el Nefesh de Caín, y viceversa.

He aquí que ya explicamos en otro sitio, en el *Sha'ar Ruaj HaKodesh* (Pórtico del espíritu de santidad) la cuestión de las almas de los tanaítas y amoraítas y dónde se aferran en las diez sefirot superiores de Atzilut. Ahora explicaremos un poco sobre las chispas de las almas mencionadas de la raíz de Caín y dónde se aferran. Ya se explicó aquí la cuestión de que Jesed y Guevurá se expanden en las seis extremidades del Zair Anpín en el nivel de grandeza (*gadlut*) y en el nivel de pequeñez (*katnut*). Comencemos por las guevurot de gadlut, la guevurá de gadlut que asciende desde el Yesod a Netzaj es el rey Jizkiahu. La guevurá que asciende hasta el Jesed es el profeta Yejezkel. La guevurá que asciende de Yesod hasta Hod es Rabí Akiva ben Yosef, y la que asciende hasta la guevurá es Akaviá ben Mehalalel. La guevurá que asciende del Yesod a los dos tercios inferiores descubiertos de Tiferet es Rabán Yojanán ben Zakai. Y del tercio restante del Jesed (dentro del Tiferet) después de que se dividieron es la raíz de Mem Reish (מ"ר), que es la raíz de Menashé el hijo de Jizkiahu. El tercio superior es Elihú, el hijo de Berajel HaBuzí de la familia Ram, resultando que uno es Mar y el otro es Ram. Cuando posteriormente asciende a Da'at es el profeta Shmuel de Ramataim (dos veces Ram, o dos ramot) y entiéndelo.

En otra ocasión, mi maestro, de bendita memoria, me dijo que Elihú ben Berajel HaBuzí de la familia Ram están en el tercio superior cubierto de Tiferet, y éste es de la familia Ram. Por su parte, Elkaná y su hijo el profeta Shmuel, que son de Ramataim es del nivel de Da'at que es la Ramá (en hebreo meseta o cúspide) superior que las incluye a los dos, al Da'at y al tercio superior de Tiferet. Sin embargo, en el nivel de pequeñez (*katnut*), que es el Nombre Elokim, como es sabido, hay tres niveles o aspectos que son el del moaj (cerebro), el de jasadim y el de guevurot. He aquí que el moaj asciende en Netzaj y es Rami bar Jama, y el Jesed que asciende a Netzaj es Abaié, y la Guevurá es su hijo Rav Bibi, y luego asciende a Jesed que es el brazo derecho. El Moaj es Sejura, y el Jesed Pinjás el hermano de Mar Shmuel y es del nivel de la Guevurá de grandeza que golpea dentro de la pequeñez. Y la Guevurá es Rav Shmuel bar Shilat. Y el Moaj que asciende a Hod es

Rav Mesharshía el alumno de Abaié. Y la Guevurá Rami bar Tamari. Y el Jesed Rafram bar Papa y luego asciende por Guevurá. He aquí que el Moaj es Rav Zreika. Y el Jesed Rav Zeíra bar Hilel, y la Guevurá es Rav Za'ari de Dahabat. Y el Tiferet en los dos tercios inferiores descubiertos, el Moaj, es Ula bar Koshev. Y la Guevurá es Rabin aquel que salió hacia la tierra de Israel proveniente de Babel. Y el Jesed es Rav Jana de Bagdad. Y en el Tiferet en el tercio superior cubierto, el Moaj es Rabí Miashia que vivió en el tiempo de Rabí Yojanán. Y la Guevurá, es Rav Shilo, aquel a quien le aconteciera el milagro mencionado en el Tratado de Berajot (58a). El Jesed, es Shabjat, el hijo de Rabina.

Otros orígenes de las almas

También me dijo mi maestro, de bendita memoria, en otra ocasión, que Rabí Yosei HaGlilí es del borde (Peá - פאה) izquierdo de la cabeza, del nivel del Nombre Divino E-l Shad-ai que se encuentra en el partzuf de la raíz de Caín mencionada, pues Yosei en guematria tiene el mismo valor que Peá (86, פאה = יוסי). Y Yonatán ben Hurkenus es de la Guevurá que es denominada una de las cinco guevurot del Da'at de Zair Anpín. Y Rabí Akiva ben Yosef es de la Guevurá denominada Hod, y es otra de las cinco guevurot del Da'at mencionadas. Dado que Yonatán es de la Guevurá y Rabí Akiva de Hod, Yonatán poseía un análisis más agudo, tal como se menciona en el Tratado de *Yevamot* del Talmud Babilonio (16a) y del Jerosolimitano en la cuestión de que la segunda esposa de un fallecido queda prohibida para el hermano en caso de levirato si la primera lo está (*tzarat habat*). Rabí Jutzpit el traductor es de la Guevurá de Hod del Da'at del lado de Aba, y la luz de esa Guevurá ilumina a través de la Guevurá de Hod que se encuentra en Da'at del lado de Ima, ya que como es sabido el Aba está oculto en el interior de la Ima y desde allí atraviesa y sale hasta el Da'at de Lea que se encuentra en la parte posterior del Da'at de Zair Anpín fuera de él. Por lo tanto, fue denominado Jutzpit (חוצפית) por ser duro e insolente (en hebreo «jutzpá» es insolencia, *N. del T.*) para pasar por el interior de Ima, atravesarla y salir. Forzosmente, al pasar a través del Da'at de Ima deja allí algo de su luz y de esa manera tiene una mayor cercanía con la raíz de Caín mencionada. Otro tanto ocurre con el resto de las chispas de la raíz de Rabí Jutzpit el traductor, que se inician en Laban ben Najor, lo cual será explicado posteriormente, y poseen cercanía con la raíz de Caín mencionada y por el motivo mencionado, ya que pasan por allí en su camino de salida.

Y el profeta Yejezkel proviene de una gota seminal del primer Adam, anterior al nacimiento de su hijo Caín, similar a lo que te hice ya saber en lo que respecta a Mijá HaMorashtí y Najum HaElkoshí, véase allí. Éste es el motivo por el cual respecto de Yejezkel se dice: *«hijo del hombre (ben Adam) párate sobre tus piernas»* (Ezequiel 2:1). Ello viene a insinuar que proviene de la raíz de Caín hijo (ben) del primer Adam y por ello se le dice «párate sobre tus piernas», tal como nuestros sabios, de bendita memoria, dijeron sobre el versículo: «... todo lo que estaba en pie fue erradicado» (Génesis 7:23), que el Santo Bendito Sea mantuvo en el aire o suspendido el juicio de Caín durante los días del diluvio. Yejezkel nació del nivel de los pies de Caín, tal como se habrá de explicar, y son aquellos pies los que le permiten a la persona ponerse de pie. Éste es el significado de: *«todo lo que estaba en pie fue erradicado»*, esto es, todo lo que se puso en pie, todo lo que tiene que ver con el secreto o el principio de los pies, tal como fue explicado en su lugar. Por lo tanto, el hecho de que el juicio de Caín pendía en el aire a raíz de su pecado fue reforzado ahora por medio de Yejezkel, y de ello proviene su denominación («Yejezkel», de *«jozek»*, fuerza) y también le fue dicho ponerse en pie sobre sus piernas, para fortalecerse y elevarse por medio de estas.

Explicaremos ahora la cuestión de Rav Mesharshia, por medio del cual se explicará la de Yejezkel y Jizkiahu. Este nombre, Mesharshia (משרשיה), proviene del nivel de Aba e Ima llamado Yud – Heh (י-ה) tal como es sabido. Es también sabido que del Nombre «Yud – Heh» proviene el tiempo suplementario de Shabat, y por ello resulta que Rav Mesharshia es el motivo o el secreto (*sod*) del tiempo suplementario de Shabat que se encuentra en esta raíz de Caín anteriormente mencionada. (Al quitarle la «yud» y la «heh») quedan las letras «mem», «shin», «reish» y «shin» (משרש) y a continuación lo explicamos. Las dos letras «shin» (ש) son los dos nombres «mem», «tzadi», «peh» y «tzadi» (מצפץ) que en guematria ascienden al valor numérico de las dos «shin» y son dos de los nombres del complemento suplementario de Shabat (*tosefet Shabat*) que se mencionan en el libro del Zohar en la porción de *Ytró* en *Raaiá Meheimna* sobre el versículo que reza: «*Recuerda el día de Shabat*» (Éxodo 20:8), donde se refiere a los siete Nombres allí mencionados respecto de Tosefet Shabat.

(Tras quitar ambas letras «shin») las letras que quedan son «mem» y «reish» (מר) que poseen el valor numérico de los otro cinco Nombres allí mencionados: (י-ה-ו-ה, י-ה-ו-ה, א-ל, א-ל, א-ל-ה-י-ם, א-ד-נ-י) que en guematria ascienden al valor de 234 y sumados los siete Nombres mismos asciende a 241. Así se explicó que Rav Mesharshia es el aspecto del agregado suplementario de Shabat (tosefet Shabat) que se encuentra en la raíz de las chispas de Caín mencionadas, que incluye a los siete Nombres de tosefet Shabat con su origen, el Nombre «yud» «heh» (י-ה).

He aquí que el rey Jizkiahu era del nivel de la cabeza de esta raíz de Caín, y tal como se explicó anteriormente, nuestros rabinos, de bendita memoria, dijeron que el Santo Bendito Sea mantuvo en el aire el juicio de Caín durante el diluvio, y fue reparado y fortalecido por medio de la reencarnación de Jizkiahu. Éste es Jizkiahu (חזקיהו = חז"ק ה"י) pues en él se reforzó el aspecto o nivel de cabeza, «rosh», que es la raíz de Caín llamada «yud» - «heh» (י-ה), que es del nivel de cabeza que son Aba e Ima. Y cuando el profeta Ishaiahu le dijo: «*Muerto estás, no vivirás*» (II Reyes 20:1) el rey pensó que aun precisaba reparar el nivel de la cabeza que es llamado «yud» «heh». Es por ello por lo que en su oración mencionó: «*Y me dije, no contemplaré a Dios (י-ה)*» (Isaías 38:11). Resulta que Jizkiahu comenzó a reparar el nivel de cabeza de la raíz mencionada y por ello está insinuado en él el nombre «yud» «heh» (חזקיהו). Otro tanto ocurrió con Rav Mesharshia, en quien el nivel de la cabeza completó su reparación, por eso en su nombre (משרשיה) están las letras «shin», «reish» y «shin» (שרש) y «yud» «heh» (י-ה) lo cual forma «la raíz de yud heh (יה שרש) pues la cabeza, cuando es llamada «yud» «heh», es el origen de todo. Por lo tanto, Jizkiahu y Rav Mesharshia los dos provenían de la raíz de Caín mientras que el profeta Yejezkel reforzó (*jizek*) a Caín en el nivel de las piernas (*raglaim*) Y éste es el motivo por el cual el versículo reza: *«Hijo del hombre, párate sobre tus piernas»* (*amod al ragleja*) etc, como se mencionó.

Y has de saber que **Sh**imón ben Azai y **Sh**imón ben Zoma son las dos letras «shin» del nombre Me**sharsh**ia y por ello ben Azai desposó a la hija de Rabí Akiva, pues si bien estos dos no provienen de la raíz mencionada, de todas maneras, tienen una gran cercanía con ella. Asimismo, otro tanto ocurrió con el profeta Eliahu, recordado para bien, pues a pesar de provenir de las hijas de Putiel que es Ytró y de Caín, como se mencionó, posteriormente entraron en él las almas de Nadav y Avihú que son de Caín bajo la forma de ibur. Y otro tanto ocurrió con los profetas Elishá y Yoná ben Amitai, los cuales tienen una gran cercanía con la raíz mencionada, y mi maestro, de bendita memoria, no me explicó la cuestión de su cercanía con mayor detalle.

Sin embargo, en lo que respecta a lo que dijo Jizkiahu: *«dije, en el apogeo de mis días he de irme a las puertas de la tumba. Estoy privado del resto de mis años»* (Isaías 38:10) la cuestión radica en que, si bien a Jizkiahu le fueron agregados quince años de vida, estos fueron agregados de los suyos propios, y nuestros sabios, de bendita memoria, dicen (Tratado de Yevamot 50a) que no vivió todos los años que le fueron adjudicados y le faltaron. Y el resto de los años que le fueron adjudicados los completó Rav Dimi de Nehardea, pues él era la reencarnación de Jizkiahu sin mezcla alguna de otra chispa. Y aquello que dijera Jizkiahu: *«dije, en el apogeo de mis días he de irme a las puertas de la tumba. Estoy privado del resto de mis años»* pues en Rav Dimi completé mis días y el resto de los años que me fueran adjudicados que no logré completar inicialmente. Y me dijo mi maestro, de bendita memoria, que uno de los preceptos que observaba cuidadosamente Rav Dimi era acompañar a los huéspedes a su regreso y acompañar a los difuntos en su funeral. Y también en la cuestión de Rabí Akiva, me dijo mi maestro, de bendita memoria, que las últimas letras de las palabras: *«Luz*

es sembrada para los justos y alegría para los de recto corazón» (Salmos
97:11) forman el nombre Rabí Akiva (אור זרוע לצדיק ולישרי לב
שמחה). Este versículo se refiere a él, y ello prueba que Akiva se escribe
con «heh» al final (עקיבה) y no con «alef» (עקיבא).

Asimismo, en la cuestión de Jever Hakeiní (el cineo) me dijo mi
maestro, de bendita memoria, que ésta es la explicación profunda del
versículo que dice: *«y Jever el cineo se separó del Cineo (o de Caín)»*
(Jueces 4:11), porque Ytró era de la raíz de Caín. Jever el cineo era
uno de los nietos de Ytró, y al provenir de Caín, era también llamado
«el cineo», por Caín. Dado que Caín estaba mezclado de bien y de
mal, dado que en Ytró fue discernido y en el separó el «alimento» del
«desperdicio», se separó el bien del mal, pues el mal se quedó en las
klipot y el bien se lo llevó Ytró, por eso se dice que se separó del cineo
(de Caín).

Otro tanto ocurre en el caso de Shimshón (Sansón). Mi maestro,
de bendita memoria, me dijo que está insinuado en el versículo que
dice: *«y Dios envió a Yeruba'al y a Bedan»* (I Samuel 12:11). Nuestros
sabios, de bendita memoria, dicen que Bedan era Shimshón (Tratado
de Rosh HaShaná 25a) ya que era oriundo de la tribu de Dan, y resulta que era la reencarnación de Nadav y Avihú los hijos de Aharón
HaCohen. Por eso recibe el nombre de Bedan (בדן) , que son las letras de Nadav (נדב) en sentido inverso. Dado que Nadav falleció por
no querer casarse, al decir, según nuestros sabios de bendita memoria, que ninguna de las hijas de Israel le era suficientemente apropiada,
Shimshón fue castigado teniendo que mantener relaciones con mujeres filisteas mientras estaba en prisión (Tratado de Sotá 10a). Dado
que los hijos de Aharón entraron al Mishkán embriagados de vino,
Shimshón fue un nazareo desde su nacimiento, para reparar lo que
había sido estropeado.

También en lo que respecta al profeta Eliahu, recordado para bien,
me dijo mi maestro, de bendita memoria, que él está insinuado en (las
iniciales en) el versículo que dice: *«se mofa de aquellos que se burlan y
concede Su benevolencia a los humildes* (אם ללצים הוא יליץ ולענויים
יתן חן)» (Proverbios 3:34) que forma la expresión «Eliahu está vivo»

(אליהו חי). La cuestión es tal como está escrito en el libro del Zohar en *Raaia Mehemna* que Moshé Rabenu, la paz sea sobre él, fue el maestro del pueblo de Israel y Aharón HaCohen era su intérprete, tal como fue dicho: «*Él será para ti como una boca*» (Éxodo 4:16), porque Moshé poseía una boca y una lengua «pesadas». Al final de los días, en la generación del Mashíaj, en la que Moshé volverá a encarnarse una vez más para enseñar Torá al pueblo judío, será también entonces poseedor de «labios incircuncisos» y su intérprete será Eliahu, recordado para bien, porque vive y existe. Ésta es la explicación profunda del versículo que dice: «*Pinjás, el hijo de Elazar, el hijo de Aharón HaCohén*» (Números 25:11). Esto es también lo que dice el versículo: «*se mofa de aquellos que se burlan*» (Proverbios 4:37), pues cuando se precise un intérprete para Moshé, Eliahu estará vivo, se reirá (o utilizará un lenguaje ilustrativo) (יליץ) y será su intérprete.

Mi maestro, de bendita memoria, también me habló sobre la cuestión de Abaié y su hijo Rav Bibi, que he aquí que el texto dice: «*mira a Sion, la ciudad de nuestras asambleas solemnes*» (Isaías 33:20) y si se cambia la letra «mem» de asambleas (**mo**'*adenu*) por la «yud» mediante el mecanismo de «atbash», esto es, la sustitución de una letra por otra que está en una ubicación inversa en el alefato, se forman las iniciales Ytzjak. Y ya me explicó mi maestro, de bendita memoria, quién es el Ytzjak aquí insinuado.

Regresemos a nuestro lugar, también las iniciales de: «*mira a Sion, la ciudad de nuestras asambleas solemnes*» son «jet», «tzadi», «kuf» y «mem» que en guematria forma el nombre Rajel que es la Nukva de Zair Anpín. Y también ella es 'Sion la ciudad de nuestras asambleas solemnes' que sale del pecho de Zair Anpín, como es sabido, y por eso dijo: 'mira Sion', «Jazá» (las mismas letras de «jazé», pecho) «Tzión», en lenguaje del targúm (que es el arameo) y no dijo «reé» en la lengua sagrada (hebreo) para aludir así lo mencionado. También Abaié está insinuado en las iniciales de «*...una tienda que no será desmontada*» (Isaías 33:20). Rav Bibi, su hijo, está también insinuado en las iniciales de «*que no será desmontada*», pero mi maestro, de bendita memoria, no quiso revelarme por qué esas cuestiones están vinculadas a este versículo.

Rami bar Jama

También en lo que respecta a Rami bar Jama, me dijo que está insinuado en las iniciales del versículo que dice: «*cuán magnánima es Tu bondad reservada para quienes Te temen*» (מה רב טובך אשר צפנת ליראיך) (Salmos 31:20). Ocurre, que tal como se explicó en las disertaciones anteriores, en cada una de las raíces de las almas, hay 613 chispas de estudiosos de la Torá, y los demás son individuos que detentan en su haber preceptos (*ba'alei mitzvot*) y personas legas en asuntos religiosos (*amei haaretz*) etc., y son ramificaciones de aquella raíz. Y has de saber que en el Tratado de Baba Batra 12b, se narra la cuestión de la hija de Rav Jisda que en una primera instancia se casó con Rami bar Jama y luego con Raba. Ocurre, que la hija de Rav Jisda es Maljut, la hija de Abraham Avinu que era el hombre del Jesed, sobre quien está escrito: «*y es abundante en generosidad (jesed)*». A esto es a lo que se refiere cuando escribe: «Cuán ('mah') magnánima es Tu bondad». Porque «mem» – «heh» (מ"ה) es Maljut, la hija de Abraham, tal como se menciona en el prólogo a la porción de *Bereshit* en el libro del Zohar. Es la hija de «*y es abundante en generosidad*». Por eso está escrito: «*cuán magnánima es Tu bondad*», que es «*abundante en generosidad*» y es Rav Jisda, y hete aquí que «*está reservada para quienes Te temen*», que son Rami y Raba, que son el Da'at y el Yesod tal como se habrá de explicar. La cuestión es la siguiente: arriba hay dos conexiones o zivuguim, uno es superior, en el nivel de Da'at que es la conexión del Nombre Havayá (י-ה-ו-ה) con el Nombre Eh-ié (א-ה-י-ה) que juntos ascienden a cuarenta y siete. La segunda conexión o zivug es abajo, y es la conexión de los Nombres Havayá (י-ה-ו-ה) con Eloh-im (א-ל-ה-י-ם) y Havayá (י-ה-ו-ה) con Ad-onai (א-ד-נ-י). Sin embargo, las letras de Raa son «bet», «alef» y «reish» (באר - aljibe) que es la conexión inferior del Yesod, pues Raba en guematria equivale a los dos zivuguim inferiores que son los cuatro Nombres antemencionados que están vinculados a Maljut y sus siete recintos, que se conecta con Tiferet, tal como es sabido. Éste es el motivo por el cual Raba le respondió a ella: «soy el último», ya que es la conexión o el zivug inferior. No obstante, Rami se corresponde con el zivug superior que se encuentra en Da'at, pues si sumas los dos zivuguim inferiores que ascienden a Raba (203) con el zivug superior que asciende a cuarenta y siete el total ascenderá a 250 que es el valor numérico de 250 (vela - נר) que es a su vez el valor en guematria del nombre Rami (רמי).

Además, el nombre Rami proviene del vocablo «ram» (רם), 'elevado', que el Da'at que se encuentra arriba y es el encumbramiento o grandeza (רוממות) del Da'at, que es el pórtico cincuenta, también llamado «la senda no conocida por el buitre» (Job 28:7). Ésta es la cuestión de Rami bar Jama, pues Jama (חמא) en guematria equivale a 49 pórticos y Rami es el quincuagésimo pórtico que incluye los doscientos cincuenta zivuguim o conexiones mencionados. Por ello las iniciales de: «cuán magnánima es Tu bondad» (מה רב טובך אשר) en guematria ascienden a doscientos cincuenta que equivale a Rami, y por ello Rami, que es el superior desposó en primera instancia a la hija de Rav Jisda, y luego la desposó Raba, y recuerda este asunto pues Rami bar Jama es el pórtico cincuenta que es el Da'at superior de la raíz de Caín arriba mencionada.

También en lo referente Rabí Yrmiahu, arriba mencionado, me dijo mi maestro, de bendita memoria, que sobre él se dijo en nuestro Talmud en el Tratado de Baba Batra (23b): «Preguntó Rabí Yrmiahu: '¿Cuál es la norma para aplicar si una pata está adentro y la otra afuera?'». Dicen que por ello echaron a Rabí Yrmiahu de la casa de estudio. Esto fue sobre la cuestión que figura en el Tratado de Yom Tov (debería decir Baba Batra) del pichón que salta fuera del nido dentro de un área de cincuenta codos. Ya sabes que Rabí Yrmiahu siempre formulaba preguntas, tal como suele estar escrito: «Rabí Yrmiahu preguntó». Si bien su intención era buena, incrementar la Torá y enaltecerla por medio de sus preguntas, los demás sabios lo avergonzaron y lo echaron de la casa de estudio, y por ello recibió una gran recompensa arriba, pues todas las preguntas que se formulan en la Yeshivá Celestial son preguntadas por su intermedio. Y creo humildemente que mi maestro, de bendita memoria, me dijo que se encuentra de pie en la entrada de la Yeshivá Celestial.

Sin embargo, la intención de su pregunta respecto de qué ocurre si una pata esta adentro y la otra afuera la formuló de acuerdo con el nivel secreto de la Torá, respecto del Zair Anpín, que es el pichón que camina sin volar aun dentro del área de los cincuenta codos que son los cincuenta pórticos de la Biná, el entendimiento. Y es sabido que cuando entran en su interior mojín se invisten en las dos piernas de Ima, que son su Netzaj y su Hod. En un inicio una pata entró adentro, al interior del Zair Anpín, y luego entró la segunda pata. No obstante, no recuerdo qué fue lo que escuché de mi maestro, de bendita memoria, respecto del motivo por el cual lo echaron de la casa de estudio al preguntar.

Mi maestro, de bendita memoria, también me dijo que dado que la raíz de Caín proviene de las guevurot que son llamadas fuego (אש), quien proviene de la raíz de Caín se emociona y se asusta mucho al contemplar agua y al entrar en ella, ya que el agua apaga el fuego. Esto tiene también una señal más, y es que la persona en cuestión teme de sobremanera a demonios y duendes malignos (*mazikín*), ya que todos los mazikín provienen de Caín en Arka, tal como se menciona en el libro del Zohar (Prólogo a Bereshit 9b). También me dijo que Caín era un hombre de acción y un artesano, tal como es sabido respecto de sus descendientes Yaval y Yuval. Sin embargo, Hevel fue un hombre de palabra, de habla, bajo el formato de Hevel Pé, el hálito de la boca. Por eso, quien proviene de la raíz de Hevel es un disertante y una persona conversadora, y quien proviene de Caín no posee tanto poder de locución, sino que más bien posee la capacidad de dibujar y realizar labores artesanales prácticas.

Rabí Akiva

También en lo referente a Rabí Akiva, que fue un descendiente de Sisrá, y su vinculación ya fue explicada anteriormente. Ahora, pasaremos a ampliar la explicación sobre él. No cabe duda que corresponde explicar el gran poder que poseía Sisrá al grado de que las propias estrellas debieron dejar sus órbitas y descender del cielo para luchar contra él. Sisrá es la klipá del mal que se nutre del Da'at de Zair Anpín, y se nutre de todos sus niveles que son los diez nombres Havayá, cinco de jasadim y cinco de guevurot que en guematria ascienden a 260, en caracteres hebreos son (ר״ס), dos de las letras del nombre Sisrá (סיסרא).Y es sabido que los diez Nombres Havayá mencionados que se encuentran en Da'at de Zair Anpín tienen un *milui* de letras «alef», pues el Zair Anpín es del nivel del Nombre Havayá sencillo cuyo valor numérico es veintiséis, y al tener un milui (lit. relleno) de letras «alef» asciende en guematria a cuarenta y cinco (מ״ה) y hete aquí que cuarenta y cinco y veintiséis en guematria da setenta y uno que en caracteres hebreo da «samej», «yud», «alef» (סיא), tres de las letras del nombre Sisrá. Éste es el enorme poder que tenía Sisrá, y estoy en la duda de si estos cinco jasadim y cinco guevurot son del lado de Aba o del lado de Ima. Y no recuerdo si escuché de mi maestro, de bendita memoria, que son del lado de Ima, y por eso Sisrá era el comandante de las tropas de Yavín (יבין), rey de Cna'an, aludiendo a que se nutría de la Biná (בינה). O si era del lado de Aba, donde el Nombre Havayá se escribe (milui) con letras «yud» que en guematria asciende a setenta y dos (ע״ב), lo cual equivale al valor numérico de Yavín, pero dado que Aba se encuentra oculto dentro de Ima y no se revela sino desde el interior de ésta, el rey se llama Yavín, aludiendo a la Biná, y me olvidé lo que escuché.

He aquí que toda la raíz de Caín mencionada proviene de las cinco guevurot de Ima por lo que también ésta es denominada guevurot y por eso las klipot se aferran a ellas, y todas las chispas de esta raíz descendieron a las profundidades de las klipot bajo el formato de Adam Beli'al, que es Sisrá, de acuerdo con la cuestión del Da'at mencionada.

Asimismo, Rabí Akiva que también provenía de la raíz de Caín, se encontraba en esa klipá y luego salió de ella y nació como uno de los descendientes (lejanos) de Sisrá, tal como es sabido.

Otro tanto ocurre con Rabí Shmuel bar Shilat, que fue uno de los descendientes lejanos del malvado Hamán y tal como es sabido también estuvo sumido en la klipá de Sisrá, pues tanto Hamán como Sisrá provienen de un mismo origen, ya que ambos son de la klipá de Da'at, y es sabido que Rabí Shmuel bar Shilat provenía de la raíz de Caín, tal como se mencionó. Ésta es la explicación profunda del versículo que dice: «*las estrellas lucharon desde sus órbitas...*» (Jueces 5:20) (הכוכבים ממסילותם נלחמו), cuyas iniciales forman el nombre Hamán, tras lo cual el versículo dice: «*...con Sisrá*». Dado que el Da'at de Zair Anpín fue perforado y salió de éste una luminosidad a Leá que se encuentra en la parte posterior del Da'at -que es el secreto de la letra «dalet» que se encuentra en el nudo posterior del tefilín (filacteria) de la cabeza que se corresponde con el Yesod de Ima que se encuentra en el interior del Da'at de Zair Anpín- y entonces, los jasadim salen a través de la sien derecha de la cabeza y las guevurot de la izquierda. Por eso está escrito: «*y golpeó a Sisrá, le quebró la cabeza, la fragmentó y atravesó su sien*» (Jueces 5:26), ya que ella (Yael) dobló el dominio que poseía Sisrá al nutrirse de ese sitio, como se mencionó. Por eso la venganza provino de la esposa de Jever el cineo, que tal como se mencionó, proviene de la raíz de Caín y se encontraba en esa klipá de Sisrá. Y ya te he hecho saber la reencarnación de Yael (יעל) y su origen, que proviene de la raíz de Caín, como se mencionó, bajo el formato de «Abaié proviene de la casa de Elí (עלי)», y Abaié provenía de Caín. Yael y Elí (יע"ל – על"י) son una misma cuestión, tal como se ha explicado aquí oportunamente.

Éste es también el motivo del asesinato de los diez sabios martirizados por el reino (*asará haruguei maljut*), esto es, Rabí Akiva y sus compañeros. Escuché de mi maestro, sea recordado para la vida en el Mundo Venidero, que por haber muerto consagrando el Nombre Divino, pudieron recoger y discernir todas las chispas de las almas que se encontraban sumidas en las klipot por debajo de su nivel, y por su intermedio fueron extraídas de allí y discernidas, y ellos las hicieron ascender a la santidad para que se completaran y se reparasen.

Hay también otro motivo, y es que, hasta ese momento, las almas tenían la fuerza necesaria para salir de las klipot y ascender bajo la forma de maim nukvin hacia Maljut, y desde entonces, ya no detentan esa capacidad. Por este motivo, tuvieron que ser asesinados para ascender bajo la forma de maim nukvin (aguas femeninas) y fungir allí como maim nukvin de Maljut. Ello tiene una ventaja, y es que al hallarse arriba ante Maljut bajo la forma de maim nukvin, las chispas que se encuentran debajo adquirirán la esperanza de ser reparadas. Y la cuestión ya fue explicada aquí y es que esos diez mártires son la generalidad del pueblo de Israel, pues son del nivel de las diez tribus, y de las diez gotas seminales que salieron de Yosef el justo, tal como se explicó en las anteriores disertaciones.

INTRODUCCIÓN 36 B
(CONTINUACIÓN)

El resto de las raíces expuestas brevemente

La segunda raíz de Caín es de su primer nivel, muy inferior a la mencionada que es del nivel de las almas que Adam le heredara a sus hijos Caín y Hevel, y es sumamente elevada y suprema, como se mencionó. He aquí que el **rey Asa,** que proviene de esta segunda raíz de menor nivel es del propio nivel de Caín. Por ello fue dicho: «*nadie fue exceptuado* (נקי)» (I Reyes 15:22), tal como dijeran nuestros sabios, de bendita memoria: «ello nos enseña que empleó a los estudiosos de la Torá para la guerra» (Tratado de Sotá 10a). Caín está insinuado en las letras de la palabra 'exceptuado' (נקי-קין). Posteriormente, Asa se reencarnó en otros para reparar este pecado. No me fue explicado sobre otras almas que sean provenientes de esta raíz.

Las raíces de Hevel, el hijo del primer Adam, se dividen también en dos niveles, el primero superior y excelso, que le fue heredado por su padre, y la segunda, de inferior calidad que se origina en el Hevel mismo. Si bien no me fue aclarada la cuestión del alma particular de cada nivel salvo que Moshé Rabenu, la paz sea sobre él, provenía del primer nivel, el excelso, que le fue heredado a Hevel por Adam. Otro tanto ocurre con Rav Hamnuna Saba, el sabio mencionado en el Zohar. Humildemente, considero haber comprendido las palabras de mi maestro, de bendita memoria, que tanto Rabí Eliezer HaGadol, como Rabí Shim'ón bar Yojai y Rabí Yehudá HaNasí, el denominado 'nuestro sagrado rabino', *Rabenu HaKadosh*, provienen también de la raíz de Moshé Rabenu.

Hay otras raíces de Hevel, y desconozco de qué nivel son, y a pesar de ello escribiré sobre éstas. Has de saber, que Harán y Najor son hermanos de Abraham y son dos raíces de Hevel. Explicaremos primeramente la raíz de Harán, y éstas son: Harán, Aharón HaCohen, Yaabetz, Tolá ben Púa, el profeta Shmuel, Uriá HaCohen, Zejariá ben Yevrejiahu, Uriá HaJití (el hitita), Shim'ón ben Shataj, Rabí Shim'ón ben Netanel, Rabí Yojanán ben HaJoranit, Janán ben Avishalom, Yehudá ben Teimá, Rabí Yehudá HaNasí y el amoraíta, Rav Jananel el alumno de Rav, Rav Yehudá ben Yejezkel, Rav Idi ben Avín, Rav Aína y Rav Yla.

Otra raíz es Najor el hermano de Abraham que se divide en dos raíces, la letra «nun» (נ) del nombre Najor (נחור) es una de éstas y de ella provienen: Najor, el rey Ajav, el rey Yanai, Najum Ish Gamzu, Rabí Elazar ben Azariá, Elishá Ajer, Rabí Elazar ben Tedai, Rabí Elazar HaKapar, Rav Hilel el amoraíta, Rabí Elazar ben Pedat, Rabí Parnaj, Rabí Benaá, Rabí Tavlá, Bar Kapara, Yehudá ben Guerim, Rav Aja de Shabja – Gaón y autor de las Sheiltot (libro de responsa), Rav Ajai mencionado en el Talmud donde dice: «Rav Ajai dice» (Tratado de Ketuvot 2b) y Rav Neilai Gaón. Y has de saber, que todos estos son aspectos o niveles del Nefesh de la raíz mencionada, pues justamente su Nefesh provino de la raíz mencionadas. Otros, poseían un Ruaj proveniente de esta raíz, y ellos son: Rafram ben Papa, Rabí Nehorai llamado Rabí Elazar ben Araj, Rabí Elazar ben Jisma. Hay otros cuyas Neshamot provinieron de esta raíz, y fueron: Rabí Elazar ben Parta y Yehudá ben Nekusai.

Las letras «jet» (ח), «vav» (ו) y «reish» (ר) del nombre Najor (נחור) fueron la segunda raíz, y de ella vinieron: Najor y Jur (חור), el hijo de Miriam.

La otra raíz de Hevel: Lot ben Harán, el rey Rejavám, el rey Yehoshafat, el rey Jizkiahu, Shim'ón el justo, Yehudá ben Jashmonai, Shim'ón ben Zoma, Shim'ón ben Nanás, Shim'ón el hermano de Azariá, Ylai el padre de Rabí Yehudá, Isi bar Yehudá, Rav Berona, Rav Seorím, Rava, Rav Aja ben Rav Ika, Rav Jisda, Rabí Biniamín ben Yefet, Rav Janina Saba (el anciano), Rabí Ela'á el amoraíta, Rabí Aba bar Mamel, Rajba de Pumbedita, Rav Janina Gaón, Rav Yosef ben Miguesh el maestro del Rambám, de bendita memoria.

Otra raíz de Hevel: Laván ben Najor, Bil'ám, Naval HaCarmelí, Barzilai HaGuil'adí, el rey Asa, el rey Yehoshafat, el rey Yehoiajín, Zeruvavel, Zejariá ben Kevutal, Rabán Shim'ón ben Gamliel el que fuera asesinado, Rabí Elazar ben Araj, Rabí Yehudá ben Baba, Rabí Jutzpit el intérprete, Baba ben Buta, Rabí Shmuel ben Najmani, Rav Shisha, Ravina, Rav Najshón Gaón, Rav Zerajiá HaLeví, el autor de «Hameorot».

La raíz de Shet, el hijo del primer Adam: Shet, Najshón ben Aminadav, Rav Shemaiá Jasida quien fuera mencionado en el Zohar en la porción de Balak, Shim'ón HaAmsoní y Yehudá ben Teimá.

La raíz de Teraj, el padre de Abraham: Teraj, Iyov (Job), Avidán -quien viviera en los días de Rabenu HaKadosh- e Yvo - son todos del lado del Nefesh. Avimi es del lado del Ruaj y Najum Ish Gamzu del lado de la Neshamá.

La raíz de nuestro patriarca Ya'akov, la paz sea sobre él: Ya'akov, el profeta Yrmiahu, Daniel, Antignos el hombre de Sojó, Rabí Elazar ben Dehavai, Rav Papa, el Ran que explica al Rif, de bendita memoria. Hubo dos gotas de nuestro patriarca Ya'akov, una se reencarnó en Abigail, la hermana de David y la otra en Abigail la profetisa, esposa de Naval HaCarmelí.

La raíz de Eliezer, el siervo de Abraham: Eliezer, Caleb ben Yefuné, Benaiahu ben Yehoiadá, Zejiahu ben Yehoiadá, Shemaiá del nivel del Ruaj y su hermano Avtalión del grado del Nefesh.

La raíz de Zihara Yla'á del primer Adam: Zihara Ylaá de Adam, Janoj, Yosef, Yehoshúa bin Nun, Ajiá HaShiloní, el profeta Elishá, Yehoshúa ben Perajiá, Rabí Yehoshúa ben Jananiá, Rabí Yshmael ben Elishá Cohen Gadol del lado del Ruaj, su padre Elishá del lado del Nefesh, Rabí Yosei ben Kisma, Rabí Janina ben Janinai, Yeharshiá quien fue mencionado en Crónicas, Rabí Hoshayá el grande, Rabí Hoshayá el joven de Javraia, Rav Hoshayá, Rabí Yehoshúa ben Leví, Rav Yejezkel el padre de Rav Yehudá, Rav Yaimar ben Shlamiá, Shavjat ben Ravina, Rav Janina Saba, Rav Aina Saba, Rav Avira Saba, Rav

Yehudai Gaón, Rav Sar Shalom Gaón, Rabenu Yshaiahu, el primero y el último.

Otra raíz es Er ben Yehudá, Zeraj, Ajan, Adino Haetzní, Najum HaMadí, Najum el escriba, Rabí Yehudá ben Dama, Rabí Berajiá el compañero de Rabí Abahu de Midrash Rabá.

Otra raíz es Onan ben Yehudá y Peretz ben Yehudá.

Otra raíz fue Yair ben Menashé y el profeta Amos.

Otra raíz es Shamá el hermano de David, el anciano Shamai, Nejemia Haamsuní, Nejemia el hombre de Beit Deli, Shim'ón ben Azai, Rabí Yojanán ben Broka, Rabí Simlai, Rabí Shim'ón ben Lakish.

Otra raíz es Yoav ben Tzruiá y el rey Yoash.

Otra raíz es Jushí Haarkí, Hoshea ben Beerí, Rabí Janina ben Dosa, Rabí Yosei bar Ya'akov, uno de los amigos de Rabí Shim'ón bar Yojai en Idrat Nasó. Rabí Pinjás ben Yair, Rabí Janina ben Akashiá, Rabí Efes, Rabí Yojanán, Ula, Rafram ben Papa, Yehudá el padre de Rabí Shim'ón ben Pazi, Rav Aja de Diftí, el último Mar Zutra, Rabenu Sa'adiá Gaón, el Ritbá, el Rashbatz denominado «Dodán», Rabí Ytzjak De León el sefadí.

Otra raíz es Baruj ben Neriá, Rabí Ya'akov el tanaíta, Rabí Ya'akov de la localidad de Guiboraia, Rabí Yojanán Hajoranit, Rabí Yshma'el ben Rabí Yosei, Rabí Yanai Yehotzadak el padre de Rabí Shim'ón, Mar Zutra el piadoso, Ameimar, Mareimar, Mar Yanuka y Mar Kashisha los hijos de Rav Jisda.

Otra raíz es Rabí Yehudá ben Beteira, Rabí Elazar de Modiín, Rabí Nejemia el autor de la Tosefta, Rabí Nejemia el amoraíta el hijo de Rav Nehilai, Shmuel el compañero de Rav, David ben Zakai el exilarca en los días de Sa'adiá Gaón.

Otra raíz es Yehudá ben Tebai, Najbí ben Vafsí, Menajem el amigo del anciano Hilel, Rabí Janina ben Teradión, Rabí Yojanán el zapatero, Rabí Menajem ben Yosi, Rabí Menajem Stimeá, Rav Ylish, Rav Ovadiá, Rav Mordejai, Rav Bon, Rav Zevid bar Kahana, Rav Zevid de Nahardea.

Otra raíz es Rabí Janina ben Dosa, Rabí Meir, Rabí Yeshvav el escriba, Rabí Yzjak ben Eliashiv.

Otra raíz es Admón, Rabí Krospedai el amoraíta.

Otra raíz es Yehudá ben Teimá, Rav Najman.

Aclararemos ahora algunos detalles de las raíces mencionadas. Escuché de mi maestro, de bendita memoria, que las iniciales de: «...que comían el sebo de sus sacrificios» (אשר חלב זבחימו) (Deuteronomio 32:28) encierra el secreto de la reencarnación del rey Ajaz (אחז) ben Yotam, y no sé cuál es la intención de la cuestión aquí insinuada.

Asimismo, Najor el hermano de Abraham se reencarnó en el rey Ajav y por ello este último fue idólatra, y éste es el significado del nombre Ajav (אחאב): hermano de nuestro patriarca Abraham (אח אברהם) y ya cuanto que rindió culto a ídolos se reencarnó en Rabí Yehudá ben Guerim (lit. hijo de prosélitos) quien fue muerto por efecto de la mirada de Rabí Shim'ón bar Yojai, tal como se menciona en el Tratado de Shabat, por haber matado a Navot el izreelita.

Er y Onán se reencarnaron en Peretz y en Zaraj los hijos de su padre Yehudá. También Iyov (Job) se reencarnó en Rabí Eibo el amoraíta, y por ello las letras de sus nombres son las mismas (איוב - איבו).

También me dijo mi maestro, de bendita memoria, que el nombre Rabí Janina ben Teradión forma las iniciales R.J.B.T (רחב"ת) y está insinuado en el versículo que dice: «...ya que la comarca es amplia (רחבת) ante ellos» (Génesis 34:21), en el pasaje que habla sobre la cuestión de Dina en Shjem.

Ajiá HaShiloní, su nivel era más encumbrado que el del profeta Shmuel, tal como lo explicamos en Sha'ar Ruaj HaKodesh en el orden de los niveles de los profetas, véase allí.

La cuestión de Abigail la mujer de David, y Abigail su hermana, he aquí que nuestro patriarca Ya'akov pecó al no confiar profundamente en Dios, tal como está escrito: «¿Por qué habrás de decir Ya'akov? ¿Por qué habrás de hablar Israel? Está oculta mi senda ante la presencia de HaShem» (Isaías 40:27). Ya que Dios le había prometido: «y he aquí que Yo estoy contigo y te protegeré dondequiera que tú anduvieres y te haré retornar a esta tierra, pues no habré de abandonarte hasta que haya hecho lo que he hablado a tu respecto» (Génesis 28:15) y él pasó todos aquellos años en la casa del malvado Labán cuidando su rebaño, sumiso ante él, y todo ello para poder tomar a sus hijas por esposas, de lo cual resulta que sirvió a Labán por mujeres, y sobre ello fue dicho: «*Ya'akov sirvió por una mujer*» (Oseas 12:2), y por ello su castigo fue que «*cuidó de una mujer*» (ídem, ídem).

La explicación de esta cuestión encierra un poderoso secreto que corresponde mantener oculto. Has de saber lo que dice el libro del Zohar en la porción de *Mishpatim* que cada individuo deja un espíritu en la mujer durante su desfloramiento que la transforma en un «receptáculo». Este espíritu es una chispa de su alma. Ya'akov dejó un espíritu en Rajel y otro en Lea. Sin embargo, el espíritu que dejó en Rajel fue su hijo Biniamín.

Ésta es la explicación profunda de lo que está escrito: «*…exhalaba su hálito (Nefesh) - pues ella murió*» (Génesis 35:18), pues ese espíritu que él le había dado a ella era considerado su Nefesh, tal como es sabido, y este Nefesh la abandonó para pasar a su hijo Biniamín. Por lo tanto, Biniamín no nació hasta que el Nefesh abandonó a Rajel. Sin embargo, el espíritu que le dio a Lea se reencarnó en la profetisa Abigail, la esposa del Naval HaCarmelí.

Y correspondía que fuese un varón, pero por efecto del pecado de servir a Labán por una mujer, la reencarnación fue en mujer, por lo que el espíritu que le entregó a Lea que era una chispa y parte de Ya'akov fue guardado en una mujer que fue Abigail. Ésta es la explicación profunda de lo que le dijo Abigail a David: «*este obsequio que tu sierva ha traído* (הביא) *a mi señor*» (I Samuel 25:27), el vocablo 'traído' está en masculino (הביא) cuando correspondería que lo esté en femenino (הביאה) con lo cual insinuó que estuviera es masculina y no femenina. Por ello, verás que en los libros de la sección de los profetas una vez está escrito el nombre Abigail sin la letra «yud», para insinuar que proviene de nuestro patriarca Ya'akov, quien hiciera un montículo de piedras (gal - גל) con Labán y por ende es Abigal (אביגל 'el padre del montículo').

Las reencarnaciones de Labán

La cuestión es tal como ya la explicamos, Labán se reencarnó en Naval HaCarmelí, y dado que Ya'akov sirvió a Labán, su espíritu se reencarnó en Abigail quien se casó con Naval para servirle, tal como una esposa sirve a su marido. Sin embargo, la explicación profunda de por qué tuvieron que darse todas estas reencarnaciones es la siguiente. Has de saber que Ya'akov poseía el semblante de Adam, y he aquí que dos gotas seminales sagradas salieron de Adam y fueron a la serpiente primigenia, por ello debió trabajar duramente todos esos años cuidando el rebaño de Labán que proviene de la serpiente (*besod hanajash*) hasta llevarse de éste las dos gotas que son Rajel y Lea, tal como se menciona en el libro del Zohar en la porción de *Behar Sinai*, y luego al reencarnarse Labán en Naval (נבל - לבן), aun poseía fuerzas de la serpiente primigenia para volver a tomar esa gota del espíritu que Ya'akov había puesto en Lea, tal como se mencionó, que fue Abigail, y la desposó. El rey David, que era una reencarnación del primer Adam tenía que quitar a Labán la otra gota de Naval que aún se encontraba en manos de la serpiente.

Por lo tanto, David debió hacer lo mismo que hizo Ya'akov con el rebaño de Labán, tal como fue dicho: «*fueron un muro protector para nosotros*» (I Samuel 25:16), hasta que posteriormente tomó a Abigail por esposa, y ella fue la mujer de David.

En otra ocasión, creo humildemente que escuché de mi maestro, de bendita memoria, que Ya'akov fue castigado por haber desposado a las dos hermanas hijas de Labán, por ello, el espíritu que le dio a Lea se reencarnó en una mujer que fue la profetisa Abigail, y sus dos mujeres son Abigail, la esposa de David, y Abigail, la hermana de David.

Naval se reencarnó tres veces conforme el orden de las letras de su nombre, la letra «lamed» (ל) de Labán, la «bet» (ב) de Bil'ám y la «nun» (נ) de Naval. Estos tres fueron insinuados en un mismo versículo: «*la perdiz incuba lo que no ha puesto, hace riqueza, pero no con justicia. En la mitad de sus días lo habrá de abandonar y en sus postrimerías será 'vil' (naval)*» (Jeremías 17:11), ya que la perdiz que incuba lo que no ha puesto es Labán, que reunió piedras e hizo el monumento recordatorio de la pila de piedras – 'Ygar Sahaduta', que en hebreo recibe el nombre de 'Gal – Ed' (Génesis 31:47), pues la traducción aramea de 'gal' es 'dgura', semejante al hebreo 'dagar' que es 'incubar'. Además, nuestros rabinos, de bendita memoria, dijeron que Labán no tuvo hijos varones hasta que Ya'akov llegó a su casa, tal como dice el versículo: «*pues poco es lo que tú tenías con anterioridad a mí, pero se ha acrecentado copiosamente y HaShem te bendijo en pos de mis pasos*» (Génesis 30:30). En referencia a ello, el versículo de Jeremías dice: «*incuba lo que no ha puesto*».

Luego de ello, Labán se reencarnó en Bil'ám que era poseedor de un «*Nefesh ancho*» (*rejavá*), tal como dijeran nuestros sabios, de bendita memoria, respecto del versículo: «*si Balak me diese su casa repleta de oro y de plata*» (Números 22:18), de esto se dice: «*...hace riqueza pero no con justicia*» (Jeremías 17:11) ya que Bil'am se volvió rico maldiciendo personas y por ello falleció en la mitad de sus días, tal como señala la Guemará (Tratado de Sanhedrín 106b): «he visto el libro de Bil'ám y en él está escrito: 'Bil'ám tenía treinta dos años cuando Pinjás lo mató etc.'». Por ello el versículo en Jeremías (17:11) dice: «*...en la mitad de sus días lo habrá de abandonar*».

Además, Bil'ám era la reencarnación intermedia, y respecto de su tercera reencarnación dijeron que «en sus postrimerías será vil (*naval*)», literalmente, por ello Naval son las mismas letras del nombre Labán, pero invertidas. Respecto de Yosef el justo fue dicho que Ya'akov «*le había hecho una túnica ornamentada (o 'a rayas' – 'pasim' - פסים)*» lo cual forma las iniciales de los nombres Psajón, Sgarón, Yosef y Metatrón o Moshé. La cuestión es que tal como se ha explicado previamente, Yosef y Metatrón provenían de la raíz de Zihara Yla'á del alma del primer Adam. Además, los otros dos nombres, como es sabido, son dos de los setenta nombres del «ángel ministerial del interior» (*Sar HaPnim*).

Otras reencarnaciones

Respecto de la cuestión de Benayahu ben Yehoiadá HaCohen, ya se explicó aquí que dado que mató a Yoav (יואר), este último se reencarnó en el rey Yoash (יואש). La letra «shin» (ש) puede ser intercambiada con la letra «bet» (ב) por medio del método de «Atbash» (א"ת ב"ש). Y Benayahu se reencarnó en Zejaría ben Yehoiadá HaCohen y Yoash mató a Zejariá, y fue también muerto por Zejariahu ya que «habló despectivamente contra todo el pueblo de Israel», tal como lo dijeron nuestros sabios, de bendita memoria (Eijá Rabá 23), y por ello luego se reencarnó en el prosélito Shemaiá, el hermano de Avtalión, y entonces, el sumo sacerdote le habló despectivamente diciéndole: «que los hijos de las naciones vayan en paz» (Tratado de Yomá 71b). Éste fue el castigo, ya que en una primera instancia Zejariá fue cohen y habló despectivamente de Israel, tal como se ha mencionado arriba.

Respecto a la cuestión de Rabí Elazar ben Araj, has de saber que su Nefesh pertenece a la categoría de las Nefashot de los prosélitos, y el Ruaj vino sin estar vinculado a un Nefesh.

Respecto de la cuestión de Baba ben Buta, ya te he hecho saber que se reencarnó en Rav Sheshet, y los nombres tienen las letras intercambiadas por medio del mecanismo de «Atbash», ya que el rey Herodes le quitó los ojos (a Baba ben Buta) y por ello éste se reencarnó en Rav Sheshet que era ciego, ya que forzosamente debía regresar tal como fue anteriormente.

Respecto de la cuestión del profeta Amós, has de saber que la raíz de su Nefesh es del mundo de Nekudim (נקדים), tal como ha sido explicado en nuestros libros, que es del nivel de los siete reyes de Edom que murieron (antes de que los hijos de Israel tuviesen rey), pues son las cinco guevurot Mantzapaj (מנצפ"ך) que son dobles, y es sabido que en guematria suman 570 (תקע), ya que dos veces Mantzapaj suma 560 y si se le suman las diez letras mismas se asciende a un total de 570. Ésta es la explicación profunda de que Amos «*era de los pastores* (נקדים) *de Tekoa* (תקוע)» (Amos 1:1).

En lo que respecta a Rabí Tarfón (טרפון), (mi maestro me ha dicho), has de saber que proviene de las 288 chispas mencionadas, cuyo valor numérico es «tet», «resh» «peh» (289 = טר"פ) que es parte del nombre Tarfón (sumando uno que es por todo el vocablo, lo cual en guematria se llama el «*kolel*»). Es sabido que las cinco guevurot «Mantzapaj» que provienen del maim nukvim poseen la guematria de 280 (פר). Cuando se dividen en cinco partes, cada una tiene el valor de 56 y esto son las letras «vav» y «nun» de Tarfón (56 = ון). Resulta entonces que el nombre Tarfón posee una parte cuyo valor es 56 (ון) por las cinco guevurot, que juntas suman 289 (טרפ) chispas y a todo junto se lo denomina Tarfón (טרפון).

Mi maestro, de bendita memoria, también me dijo que vio con sus ojos a Rabí Yehoshúa ben Karjá y a Rabí Yehoshúa el hijo de Rabí Akiva, y no son la misma persona, a diferencia de lo que escribiera Rashí, de bendita memoria, en el primer capítulo del Tratado de Shevu'ot (6a) respecto de «*baheret*» (tipo de lepra de origen espiritual), donde señala que ambos eran la misma persona.

Maimónides y Najmánides

También el Rambám (Maimónides), de bendita memoria, quien compilara la obra llamada «HaYad» (היד החזקה), también denominada «Mishné Torá»; y el Rambán (Najmánides), de bendita memoria, los dos tienen su raíz en las «peot» («caireles») de la barba del Zair Anpín, en la primera reparación o tikún llamado «El» (la barba tiene 13 'tikunim', *N. del T.*). Ya hemos explicado aquí que la barba es denominada «El» (א"ל) y pertenece (al Nombre Divino) E-l Shadai (א-ל ש ד-י), que en guematria equivale a Moshé. Es por esto por lo que estos dos juristas se llamaron Moshé. Sin embargo, el Rambám proviene de la peá (cairel) izquierda y por ello no tuvo el mérito de conocer la sabiduría del Zohar. Pero el Rambán, de bendita memoria, proviene de la peá derecha y por ello accedió a ella. Y tal como es sabido, el «El» mencionado son los «kotzín takifín» (rastrojos de la barba) que allí se encuentran, que son del nivel de Maljut y de allí provienen los rigores (dinim), porque se trata de cabellos y rastrojos duros. Además, son del nivel de Maljut sobre los cuales fue dicho: *«Y Dios está enfurecido cada día»* (Salmos 7:12). Y por ello incluso Rabí Moshé ben Najmán, de bendita memoria, que proviene de la peá derecha, no logró alcanzar esta sabiduría sino hacia su vejez, tal como se menciona en los libros, pues en su juventud no creía en ella, hasta que su maestro Rabí Azriel le hizo estudiarla, y por medio de esa acción, logró ese gran salto, tal como es sabido.

Rajav

Además, has de saber que la prostituta Rajav era un alma sumamente sagrada y no en vano se casó con Yehoshúa bin Nun, y tal como es sabido por parte de nuestros sabios, de bendita memoria (Rut Rabá 2:1), reposaba sobre ella la profecía, tal como les dijo a los espías: *«escondeos ahí tres días, hasta que regresen los perseguidores»* (Josué 2:16). Además, en el libro del Zohar, a propósito del versículo que dice: *«dadme a mí un signo de verdad»* (ídem 2:12), hablaron extensamente sobre la sabiduría de su intención al realizar este pedido (Zohar Vaikrá 2a). Ésta es la cuestión. La prostituta Rajav provenía de la raíz de Caín, tal como se ha mencionado anteriormente, por ello pidió a los espías *«dadme a mí un signo de verdad»*, lo cual se corresponde con lo que está escrito respecto de Caín: *«puso HaShem un signo a Caín»* (Génesis 4:15). Nuestros rabinos, de bendita memoria, dicen que el signo es la letra «vav» (ו) del Tetragrámaton (י-ה-ו-ה) que está en el nivel de Tiferet y es llamado «emet», verdad. La cuestión es que todas las almas de los prosélitos provienen de Maljut que es femenina, bajo la forma de Guer Tzedek o 'prosélito justo', y ella les pidió que la asciendan hasta el Tiferet que es masculino, y de allí provienen las almas de los hijos de Israel. Y ellos le respondieron: *«he aquí que nosotros vamos a venir a la comarca (o a la tierra o al país)»* (Josué 2:18), que es del nivel de Maljut. Además, le dijeron a Rajav que Moshé, que era del nivel de Tiferet de Zair

Anpín y podía cumplir su petición, falleció en el desierto. Cuando llegamos al país, que es Maljut, carecemos de la capacidad de elevarte, pero podemos hacerte ascender hasta el «Santuario de la Voluntad» del femenino, tal como está escrito: «*cual hilo carmesí son tus labios*» (Cantar de los Cantares 4:3), tal como se menciona en el Zohar en la porción de *Pekudei*. Es por esto por lo que el versículo dice: «*(los espías le dijeron) este cordón de hilo carmesí*» (Josué 2:18). Sin embargo, ella deseaba ser elevada al «Santuario de la Voluntad» superior masculino llamado Tiferet (de Zair Anpín) donde el alma de Moshé Rabenu, la paz sea sobre él, se encuentra oculta, tal como es develado en la porción de Pekudei.

La cuestión del hilo es la siguiente. Respecto del versículo que reza: «*desde un hilo hasta el cordón (o correa) de un zapato*» (Génesis 14:23) el Zohar dice que se trata de un «hilo de Jesed», el hilo de la benevolencia de Abraham por medio del cual se despiertan las almas de los conversos según, lo que figura en el Zohar en cuanto a que Abraham hizo despertar al Sitra Ájara, tal como se menciona en la porción de *Terumá* de ese libro sobre el versículo: «*...y pieles de carneros teñidas de rojo*» (Éxodo 25:5). Son denominadas «hilo carmesí», en femenino, tal como fue escrito: «*cual hilo carmesí son tus labios*» (Cantar de los Cantares 4:3), que es el rigor o Din, ya que es femenino. Sin embargo, al ver que no podía ascender hasta Tiferet, no quiso atar el cordón de hilo (*tikvat jut*) que es Maljut la cual es también denominada tikvá, ni el **hilo** (*jut*) que es sólo el Yesod, tal como el **hilo** de Abraham que despertó a las almas de los conversos. Entonces, ella ató en su ventana «*un cordón de hilo carmesí*» (Josué 2:21), que son los dos muslos Netzaj y Hod. Luego, se reencarnó en un varón, en Jever Hakeiní (el cineo) y Rajav se transformó en Jever, quien era de la raíz de Caín, como se ha mencionado. Luego, Jever HaKeiní se reencarnó en Jana la madre de Shmuel, y como Rajav había atado el cordón carmesí que son Netzaj y Hod, dio a luz a Shmuel quien profetizó desde Netzaj y Hod.

Esto fue insinuado por la profetisa Jana en su cántico, al decir: «*se abre mi boca frente a mis adversarios pues me regocijo con Tu salvación*» (I Samuel 2:1). Ella dijo también «*...yo soy una mujer angustiada*» (ídem 1:15), lo cual significa: cuando en un principio me encarné en la prostituta Rajav, mi espíritu estaba angustiado por el lado de la impureza.

Sin embargo, Yael, la esposa de Jever el cineo, mereció también reencarnarse en un varón, que fue Elí (עלי) HaCohen, el sumo sacerdote, cuyo nombre son las letras de Yael en sentido inverso (יעל) y sirviera en el Tabernáculo de Shiló, el cual, como es sabido, era una tienda y no una casa, y sobre Yael fue dicho «...*de entre las mujeres que se encuentran en la tienda sea bendita»* (Jueces 5:24), ya que ella fue más bendecida que las demás mujeres, y por ello fue dicho: «*Yael será bendita por sobre las mujeres»*. Y explicó cuál es la bendición que detenta por sobre las demás mujeres, y dijo que «*entre las mujeres que se encuentran en la tienda sea bendita»*, pues en un inicio estuvo en el nivel de mujer y se volvió hombre, y ejerció el sacerdocio en la tienda de Shiló, como se mencionó.

Respecto del asunto de Caín y sus descendientes, Yuval, Yaval etc., ya ha sido explicado que, así como existe un nivel de Zair Anpín en el mundo de Atzilut que es denominado «Israel», existe también un partzuf llamado «Ya'akov», que es de la parte posterior (*ajoraim*) de Aba que se cayó durante la muerte de los reyes de Edom. Así como el nivel de Zair Anpín que es llamado Israel incluye la generalidad de Caín y Hevel que son su Jesed y Guevurá, y a todas las raíces del primer Adam, de igual manera el mencionado que el partzuf de Ya'akov posee dos niveles que son denominados Caín y Hevel y todas las raíces del primer Adam. El aspecto de Caín que se encuentra en el partzuf de Ya'akov es Yuval, uno de los descendientes de Caín, tal como está escrito: «*y Ada dio a luz a Yuval»* (Génesis 4:20). Por lo tanto, este Yuval trabajó con cobre y hierro, ya que provenía de las guevurot de Caín, y es sabido que las guevurot provienen de Ima que recibe el nombre de «Yovel» (יובל), que es el año cincuenta. Por lo tanto, basado en ello, su nombre fue Yuval (יובל).

El nivel de Yuval está insinuado en el versículo que dice: «*...hacia el afluente (yuval) echará sus raíces»* (Jeremías 17:8), ya que en su interior se encuentran todas las raíces que se aferran a Caín en el Zair

Anpín. He aquí que este Yuval debe ser reparado antes de la llegada del Mashíaj, pronto en nuestros días amén, Y ésta es la explicación del versículo que dice: «*conducirán (yovilu) un presente a Aquel ante quien corresponde temer*» (Salmos 76:12).

En un futuro, este Yuval será reparado por Moshé Rabenu, la paz sea sobre él, bajo el formato de un ibur en su interior. Moshé posee algunas de las chispas de Caín, si bien su raíz es de Hevel, y estará precisamente en la última generación anterior a la llegada del Mashíaj. Esta última generación recibe el nombre de «Beit Ya'akov» (casa de Ya'akov), y por ello este Yuval que se encuentra en el partzuf de Ya'akov será reparado entonces por medio de Moshé Rabenu, la paz sea sobre él, como se ha mencionado. Ésta es la explicación profunda del versículo que dice: «*empero se enfureció HaShem conmigo por causa vuestra*» (Deuteronomio 3:26), cuyas iniciales forman el nombre Yuval (ויתעבר ה' בי למענכם). Entiéndelo.

Y te he hecho saber que Isajar ben Ya'akov proviene de la raíz de Caín, y es del nivel de las cinco guevurot que se encuentran en Zair Anpín, del lado de Ima Ylá'á que es Biná, y por ello los descendientes de Isajar «*son entendidos en los tiempos*» (I Crónicas 12:33). En las iniciales de «*son entendidos en los tiempos*» está insinuado el nombre Yuval (יודעי בינה לעתים). Tal como te he hecho saber, hay varios niveles o aspectos de Caín, sus descendientes son Yaval y Yuval. Isajar era del nivel de Yaval.

Lot

Respecto de la cuestión de Lot, el hijo de Harán, ya te he hecho saber anteriormente que es una de las raíces de Hevel, el hijo del primer Adam, y completaremos a continuación el estudio de su caso. Has de saber que Lot ben Harán es del nivel o aspecto del dedo pulgar de la mano derecha del primer Adam, y este pulgar proviene de la Biná. Éste es el motivo por el cual el vocablo hebreo que denota pulgar, «bohen» (בהן) posee las mismas letras que Biná (בינה), empero en el vocablo Biná sobra una letra «yud» (ʼ) pues bohen se escribe sin la letra «yud». La explicación de esto radica en que la palabra Biná está compuesta de las iniciales de Bina, Yesod, Netzaj y Hod y bohen se conforma con las iniciales de Biná, Hod y Netzaj. Y dado que el pulgar es el sitio de los rigores (*dinim*) -tal como lo explicamos al inicio de *Idrat Nasó*- respecto de la cuestión del mundo que se separó en cincuenta y siete direcciones, que es el valor de «bohen», y todos son poseedores de «yevavá» (clamor o alarido), por ello cuando el primer Adam pecó y posteriormente trajo al mundo a Hevel, sus chispas se mezclaron con las klipot del mal de las chispas de Hevel y Caín, y durante las reencarnaciones se manifiestan, y esto sucede hasta que todo regrese a su raíz tal como ya lo explicamos. Entonces, sobre este bohen, cuya raíz y lugar es en el mismo Adam, predominó la mezcla de mal que se encuentra en Hevel, a la cual tomó mezclándose en él, y así decimos que Lot, el hijo de Harán proviene de la raíz de Hevel pero en realidad no proviene sino del pulgar de Adam en el cual se mezcló en Hevel. Por lo tanto, Hevel está insinuado en las iniciales del pasaje que dice: «...y a Lot el hijo de Harán» (ואת לוט בן הרן) (Génesis 11:31), ya que entonces Lot estaba afectado, aferrado y mezclado en la klipá del bohen denominada Sarei Bohen, la cual es conocida en el arte de la magia, y se manifiesta por medio de las uñas de los dedos. Es por ello por lo que Abraham le dijo: *«por favor, sepárate de mí»* (Génesis 13:9), pues si bien tanto Abraham como Lot provienen de la raíz del propio primer Adam, de todas maneras, le dijo que 'como tú Lot te separaste de Adam y te mezclaste con las klipot de Hevel y aun no te has reparado, por favor, sepárate de mí ahora'. Es por esto por lo que está escrito: *«...ya que somos hermanos»* (Génesis 13:8), aludiendo a que los dos provienen de la raíz del propio Adam.

He aquí que había en Lot dos chispas buenas, chispas de alma, Rut y Na'amá, las dos se mezclaron con Hevel, como ya se mencionó, y luego salieron de él, fueron bendecidas y reparadas. Según esto, el pulgar proviene de Biná que es llamado «Naomí», como es sabido, por ello Na'amá la amonita salió de él, y su nombre se asemeja al de Naomí (Noemí). Y he aquí que Shim'ón ben Zoma proviene también del pulgar mencionado, y en este pulgar se encuentran seiscientas mil chispas de almas, como ya te he hecho saber, pues no hay órgano de los del primer Adam que no se divida en seiscientas mil chispas, a veces, según los pecados. A veces el número es menor, mas nunca mayor. Ben Zoma, quien provenía de este pulgar, debió entrar bajo el formato de ibur y reencarnarse con todas las seiscientos mil (chispas) de ese pulgar, que son sus chispas, para repararlas. Ésta es la explicación profunda de lo que dijeron nuestros sabios, de bendita memoria, respecto de que cuando ben Zoma vio una multitud de personas en el Monte del Templo dijo: «fueron creados únicamente para servirme» (Tratado de Berajot 58a). La cuestión es la siguiente: dado que todos ellos eran chispas suyas y dependían de él, él entraba bajo el formato de ibur y se reencarnaba en ellos para repararlos. Y ya se ha explicado aquí que todo justo que se reencarna junto a un alma para repararla y ayudarle toma su parte junto a ella de los preceptos que observa, por lo que resulta que esas seiscientas mil personas que eran chispas suyas fueron creadas para servirle, pues se esfuerzan y observan preceptos y él se lleva su parte junto a éstas sin realizar esfuerzo alguno.

Jutzpit

En lo que respecta a las raíces de las almas, mencionamos arriba una raíz de Hevel cuyo inicio es Labán ben Najor e incluye al traductor Jutzpit. Has de saber, que, dado que esa raíz es de Hevel, es del nivel de Aba, como es sabido. Y ya he explicado en lo referido a Balak y Bil'ám, cómo es que todas las luces que son del lado de Aba surgen y salen a través de los recipientes de Ima, estando Aba oculto en el interior de Ima, y de Ima salen a la parte posterior del Da'at de Zair Anpín en dirección a Lea, que allí se encuentra. Luego, en ella se revelan y salen. Forzosamente, al pasar las luces de Aba a través de Ima - se mezclan, y resulta que la raíz mencionada que incluye a Bil'ám -que es así llamada porque fue «tragada» (*nivle'á*) al interior de los talones de Lea que se ocultan o desaparecen dentro del Keter de Rajel- (las luces) pasan a través de la primera raíz de Caín que es aquella de la cual provienen Rabí Akiva y Rabí Yojanán ben Zakai, mezclándose allí. Y estos poseen algo de aferramiento y cercanía entre sí, por el motivo mencionado. Y se incluye la raíz mencionada de Hevel al interior de la primera raíz de Caín y recibe entonces el nombre de 'Cain', y pasa a ser considerado como suyo (de Caín). Éste es el motivo profundo por el cual Rabí Jutzpit el traductor posee ese nombre, pues es atrevido (*jatzuf*) y fuerte para salir de Aba, pasando y atravesando las luces de Biná que son Caín, como es sabido, y de allí sale.

Moshé e Hilel

La cuestión de Moshé y el anciano Hilel. Ambos dos equivalen en su rasgo de la humildad, vivieron un idéntico número de años, y son dos nombres cercanos el uno del otro provenientes del Nombre Divino de setenta y dos letras, y son «mem» – «heh» y «shin» (מה"ש) y «lamed» - «lamed» y «heh» (לל"ה). Este Nombre Divino de setenta y dos letras proviene de los tres versículos que comienzan con las palabras *«Y viajó»* (Éxodo 14:19), *«Y vino»* (ídem 20) *«Y extendió»* (ídem 21). Esto es lo que le insinuó HaShem, Bendito Sea, a Moshé cuando ascendió a las alturas, le dijo: «Tú debes ayudarme» (היה לך לעזרני) lo cual forma las iniciales del nombre Hilel, tal como se menciona en el capítulo Rabí Akiva en el Tratado de Shabat (89a), y tal como lo entendí de las palabras de mi maestro, de bendita memoria, a pesar de que no se dijo explícitamente, que Moshé e Hilel provienen de una misma raíz. Asimismo, Rabí Eliezer, por quien Moshé rezó, diciendo: «sea voluntad de HaShem que alguien así sea descendiente mío». Y otro tanto ocurrió con nuestro sagrado rabino (Rabenu Hakadosh - que provino de la raíz de Hevel). Y otro tanto ocurrió con Rabí Shim'ón bar Yojai. Y tal como se te ha hecho saber anteriormente en la disertación sobre las almas que provienen de los cinco niveles o tipos de cópulas superiores (*zivuguim elionim*), allí te he hecho saber que Rabí Shim'ón bar Yojai, la paz sea sobre él, y nuestro sagrado rabino (Rabenu Hakadosh) son aspectos o niveles de los yesodot en Zair (Anpín), o en (Partzuf) Ya'akov, y también Moshé proviene de Yesod Aba.

Hay almas que no son del nivel de la propia raíz de «Kedushat Shabat» (santidad sabática) sino de la generalidad de «Tosefet Shabat» (el tiempo adicionado o suplementario al Shabat), y no poseen sino ese nivel únicamente, y no pueden ascender más allá de éste, ya que su raíz no proviene sino de allí.

Eliezer, Calev y los espías

En lo que respecta a Calev ben Yefuné y a los espías, has de saber que Eliezer, el siervo de Abraham, fue incluido en la maldición de Cna'an y «entró» en la categoría de bendito cuando Labán le dijo: *«ven, bendito por Dios»* (Génesis 24:31), tal como dicen nuestros sabios, de bendita memoria (Bereshit Rabá 60:7). Y dado que Labán mereció este nivel, esto es, salir de la categoría de maldito, él también fue reparado, reencarnó en Naval HaCarmelí, y los dos fueron reencarnaciones de Bil'ám, tal como ya se ha explicado. Esto es lo que ellos, de bendita memoria, dijeron sobre el versículo que reza: *«para el director del coro, por la muerte de Labán»* (Salmos 9:1), que se trataba de Naval, y si en las alturas no se hubiese cumplido la bendición de Labán a Eliezer, no habría sido escrita en la Torá de HaShem que es verdad (*emet*), y es en virtud de este imperativo que nuestros rabinos, de bendita memoria, establecieron este midrash, que 'salió de la categoría de maldito, etc'. Dado que Labán hizo que Eliezer se reparase, se reencarnó en Calev, el hijo de Yefuné. Éste es el motivo por el cual es llamado «ben Yefuné», para indicar que Calev era «hijo» de Labán, tal como se dice sobre él: *«...ya que yo he despejado (piniti) la casa»* para Eliezer (Génesis 24:31), pues se lo considera como un hijo suyo, dado que lo hizo entrar en la categoría de bendito (*baruj*), siendo reparado y reencarnándose en la figura de Calev por medio de su bendición. En realidad, Calev era hijo de Jetzrón y no de Yefuné, pues a causa de esta pregunta (la del cambio del nombre) nuestros rabinos, de bendita memoria, habían sugerido otra respuesta, la que de que el nombre «Yefuné» obedecía a «cómo se había apartado (*paná*) del complot de los espías». Sin embargo, el nivel de Calev es del Nombre Divino «Havaiá (el Tetragrámaton) compuesto de letras heh», que suma 52 (hen o ב"ן (y tiene el valor numérico de Calev (2 = ב 30 = ל 20 = כ). Y ya te he hecho saber que ese Tetragrámaton se refiere al espíritu masculino que asciende a Nukva para despertar en ella el aspecto o nivel de maim nukvin (aguas femeninas). Ese Nombre Divino se refiere a la mujer (*nekevá*) cuando se encuentra espalda con espalda del varón, como es sabido.

Ahora la cuestión de los diez espías será explicada. Has de saber que esos diez espías, antes de ir a espiar la tierra, entraron en ellos por medio del formato de ibur las almas de las tribus, los diez hijos de Ya'akov propiamente. Y ésta es la explicación profunda de lo que les dijo Yosef a sus hermanos: «*espías sois*» (Génesis 42:9), a modo de insinuación de lo que habría de ocurrir en el futuro, cuando entrarían bajo el formato de ibur en las almas de los diez espías. Ésta también es la explicación profunda de lo que está escrito en el comienzo de la porción de *Shelaj Lejá: «todos ellos eran hombres, jefes de los hijos de Israel eran»* (Números 13:3), pues ellos eran realmente hijos del anciano Israel, por ello no está escrito «líderes de los millares de Israel» sino *«jefes de (todos) los hijos de Israel eran»*. Sin embargo, cuando se asesoraron entre sí y decidieron hablar negativamente del país, y desearon volver donde Moshé y hablar erróneamente, se apartaron de ellos las almas de las tribus que habían entrado en su interior bajo el formato de ibur. Tal como es sabido, alguien que está bajo la forma de ibur, puede abandonar a su huésped cuando así lo desee, a diferencia de lo que ocurre con un alma que se encuentra bajo el formato de reencarnación. Este es el motivo por el cual el versículo dice en el inicio que *«regresaron de explorar la tierra al cabo de cuarenta días»* (ídem 13:25), y tras ello se menciona nuevamente que se fueron, diciendo: *«fueron y vinieron hacia Moshé y hacia Aharón»* (ídem 26). En realidad, debería decirse 'vinieron' y no 'fueron'. Nuestros rabinos, de bendita memoria, explicaron esta doble mención (fueron y vinieron) por medio de una explicación sencilla vinculada al sentido literal: «para conectar su ida con su regreso» etc.

(Tratado de Sotá 35a). La explicación esotérica, es que «fueron» se refiere a las almas de las tribus que se habían retirado de ellos cuando los espías regresaron del país trayendo un mal consejo. En la palabra «fueron» volvemos a los espías solos, que se allegaron a Moshé sin contar con el ibur de las almas de los padres fundadores de las tribus. Sin embargo, Calev y Yehoshúa siguieron contando con las almas bajo la forma de ibur, ya que Efraím el hijo de Yosef entró en Yehoshúa y Yehudá en Calev, (y permanecieron) ya que no habían pecado. Por ello es por lo que el versículo dice (14:38): «*mas Yehoshúa bin Nun y Calev ben Yefuné sobrevivieron a aquellos hombres, que habían ido (a explorar la tierra)*». La explicación es que ellos se quedaron con la vida adicional del nivel de las almas de las tribus que eran sus ancestros y habían entrado en ellos bajo la forma de ibur, y tras haber entrado no habían salido. Así como estaban con ellos cuando fueron, siguieron allí cuando regresaron, y por eso el versículo dice: «… *(Yehoshúa bin Nun y Calev ben Yefuné) sobrevivieron a aquellos hombres que habían ido…*» etc. Cuando el versículo dice «*aquellos hombres*» se refiere a las almas de Efraim y Yehudá que estaban en su interior al ir. Por ello está escrito: «*(sobrevivieron a aquellos hombres) que habían ido*» para insinuar que solamente Calev y Yehoshúa «*sobrevivieron (con la vida extra de los iburim de) aquellos hombres*» que fueron, y no de aquellos espías que regresaron con otras almas diferentes a las que habían ido. Dado que Calev poseía un ibur de Yehudá en su interior, respecto de él se dice, a modo de insinuación: «*puesto que él ha ido en pos de HaShem*» (Deuteronomio 1:36). Esto es así ya que el nombre Yehudá está conformado por el Tetragrámaton más la letra «*dalet*» (ה-ד-ו-ה-י) lo cual insinúa que es de la parte posterior (*ajoraim*) que se ve reparada por la letra «dalet» de Yehudá en aras de la unificación con el Nombre Havayá (el Tetragramaton, ה-ו-ה-י) que se encuentra en su interior. Dado que el ibur de Yehudá permaneció en Calev, tal como dice: «*puesto que ha ido en pos de HaShem*», reparó así la parte posterior del Nombre Havayá, como se ha mencionado. Además, Calev es del nivel o aspecto de Eliezer, el siervo de Abraham, por eso está escrito: «*Y vino hasta Jevrón*» (Números 13:22). Nuestros rabinos, de bendita memoria, dicen que fue a prosternarse ante las tumbas de los patriarcas (Tratado de Sotá 34b), ya que Abraham es su cabeza o amo, y él su siervo, por eso fue allí. Además, Calev y Eliezer son del nivel del Tetragrámaton de Ban (ר"ו) como se ha mencionado. No obstante, Eliezer es así llamado porque es del nivel del despertar del novio, atendiendo y sirviendo al Jesed que es Abraham, y por ello se le llama Eliezer el siervo de Abraham, esto es, «Ayuda de Dios» (עזר א"ל) porque ayuda al Nombre Divino E-l (א-ל) que es el Jesed de Dios (חסד א"ל), y es Abraham, y por eso (Calev) fue a prosternarse donde él.

Reencarnaciones de Calev

Ahora explicaremos las demás reencarnaciones de Calev. Has de saber, que se reencarnó en Benaiahu ben Yehoiadá bajo el formato de «cara a cara». Mira en el libro del Zohar en la porción de *Bereshit* en la introducción, y entiéndelo. Y también en él se insinúa Ban (בן) que es el valor numérico del nombre Calev, y sobre él fue dicho: *«ve y hiere a Yoav ben Tzruiá»* (I Reyes 2:29). Y luego, Benaiahu se reencarnó en Zejariahu ben Yehoiadá, y Yoav se reencarnó en el rey Yoash, intercambiándose la «bet» por la «shin» por medio del mecanismo de «atbash» (א"ת - ב"ש). Entonces, Yoash mató a Zejariahu ordenando: *«y os abandonará»* (II Crónicas 24) para desquitar el haber sido muerto por él anteriormente. Otras reencarnaciones de Calev fueron Nevuzaradán y Kalba Sabúa. Shmaiá poseía el Ruaj de Zejariá que se reencarnó en él, Avtalión poseía el Nefesh de Zejariá que se reencarnó en él. Esto ya lo he explicado en alguna parte. Kilav ben David fue el Havayá (Tetragrámaton) de Ban (בן) que se deletrea «yud», «vav», «dalet»; «heh – heh»; «vav», «alef», «vav»; «heh», «heh». Yefuné en guematria asciende al valor del Nombre «alef», «heh», «yud», «heh» (א-י-ה-ה) con el relleno de letras «heh», el cual alcanza el valor de 151 (קנ"א).

Hilel y Shamai

En lo que respecta a Hilel y a Shamai, Hilel es del nivel del semblante o lado anterior de Maljut, que recibe el nombre de Rajel, y por ello la guematria de Hilel equivale a la del vocablo del Nombre Divino Ad-onai (א-ד-נ-י) que es su interior. Por ello es Jesed (benevolencia) y no Din (rigor). En cambio, Shamai es del nivel de la parte posterior de Lea, pues el valor numérico del nombre Shamai es 184 (קפ"ד) y 166 (קס"ו) que son la parte posterior de los Nombres Havayá que ascienden a 72 y 63 (ע"ב - ס"ג) (dependiendo de cómo se complete el Tetragrámaton, con qué letras. *N. del T.*) que salen de Zair Anpín y vienen a Lea. Dado que era del nivel de la parte posterior (*ajoraim*) es Din (rigor) y Guevurá.

Por ello, Hilel y Shamai son Jesed y Guevurá, y dado que Lea fue anterior a Rajel, de igual manera las palabras de Beit Shamai (la Casa de Shamai) anteceden a las de Beit Hilel (la Casa de Hilel) en todo el Talmud. He aquí que Ben Azai proviene de la raíz de Shamai, tal como lo hemos explicado, pero (no se encuentra donde Lea como Shamai sino que) se encuentra abajo donde Rajel.

Por ello, las letras «ain» (ע) y «zain» (ז) del nombre Azai (עזאי) suman el valor numérico del Nombre Ad-onai, esto es, 65, y a ello se le suma las doce letras correspondientes a su relleno o expansión. Y las dos letras «alef» y «yud» del nombre Azai son las mismas dos del nombre Shamai (שמאי). Asimismo, son la alef y la yud del Nombre Ad-onai (א-ד-נ-י) su primera y última letra, y estas están vinculadas a lo que está escrito: «*Dónde* (אי) *está tu hermano Hevel*» (Génesis 4:9) para enseñarnos que tanto Shamai como Azai eran del nivel de las Guevurot que se encontraban en Hevel, y que es a las cuales dañó Hevel con su pecado, y recuerda esto. Y posteriormente, estas guevurot fueron corregidas en Shamai y Azai, que eran las letras «alef» y «yud» del Nombre Divino Ad-onai.

Dijo Shmuel: para que en este libro no falte nada, he escrito también cosas provenientes de colecciones de escritos que encontré de puño y letra de mi maestro, sea recordado para la vida en el Mundo

Venidero, a pesar de que en su mayoría fueron escritos anteriormente en su sitio. Y ésta es la explicación de las raíces - Respecto de lo que está escrito: «*Él hace subir las nubes de los confines de la tierra; hace los relámpagos para la lluvia; saca los vientos de sus depósitos*» (Salmos 135:7) (מעלה נשיאים מקצה הארץ ברקים למטר עשה מוצא רוח מאוצרותיו) forma las iniciales Hevel Amram, ya que Amram es quien sacó el espíritu o «viento» (Ruaj) de Hevel y se lo entregó a Moshé. Asimismo, las palabras «*hace los relámpagos para la lluvia, saca...*» forma las iniciales del nombre Bil'ám (ברקים למטר עשה מוצא) porque alude al nivel del mal de Bil'ám que se encontraba en Hevel.

Shet

Y has de saber que también Shet es Hevel, y así como Javá (Eva) lo dio a luz a la edad de ciento treinta años, de igual manera Yojeved hizo otro tanto a la misma edad dando a luz a Moshé, ya que al alcanzar Yojeved la edad de ciento treinta años, el Ruaj de Javá entró en ella bajo la forma de ibur, haciéndola regresar a sus años mozos, por lo que tuvo a Moshé. Ytró es Caín, por eso recibe el nombre de Hakeiní, el cineo (הקיני). Y También es llamado Ytró, que se puede dividir en Yeter «vav», o 'adicional' y «vav», de acuerdo con el versículo que reza: «*y Dios dio una señal adicional (yeterá) a Caín*» (Génesis 4:15), que es la letra «vav», tal como se menciona en el *Sefer HaTikunim* (118a). He aquí que Caín está mezclado de bien y mal, y el mal vino en el egipcio que fuera muerto a manos de Moshé que es Hevel, por el episodio de Shlomit bat Divrí, de manera retributiva proporcional (*midá kenegued midá*), pues Caín le mató a Hevel su gemela adicional. Y el bien de Caín vino en Ytró, quien diera su hija a Moshé para reparar la cuestión mencionada de la gemela. Y cuando Moshé mató al egipcio (Éxodo 2:12), ello fue reparado.

De ese modo, salió su Nefesh y se apegó al de Ytró, y éste se convirtió. Asimismo, el Nefesh de Koraj es el de Caín, y de esa manera, resulta que Caín se reencarnó tres veces. Y allí también se explica cómo se aferraron las Nefashot de Shaúl y Shmuel.

En cuanto a la cuestión de Ya'akov, es la luz que sale de las paredes del Yesod de Aba y se inviste en el interior de Zair Anpín. Su luminosidad sale del Zair Anpín, pero la luz del Yesod de Aba que permanece en el interior del cuerpo y el estómago de Zair Anpín es llamada Moshé. Ésta posee cinco niveles, uno por encima del Da'at de Zair Anpín, pues también allí se reviste el Yesod de Aba. El segundo, en el tercio superior de Tiferet de Zair Anpín, sitio que está oculto dentro del Yesod de Ima, y sobre él se dice: «*y Moshé ocultó su rostro*» (Éxodo 3:6). El tercero son los dos tercios inferiores de Tiferet, el sitio donde se revela y desde le cual se reveló la profecía de Moshé. El cuarto es en el Yesod de Zair Anpín, pues allí es donde «la Corona del Yesod» de Aba se inviste. Este el nivel de Shet, el hijo del primer Adam, y ésta es la explicación de lo que dice el versículo: «*...con las nalgas al descubierto* (חשופי שת)» (Isaías 20:4). El quinto es el hálito o vapor (*hevel*) que sale de la boca del Yesod de Zair Anpín rumbo al exterior, y ese es el nivel de Hevel, el hijo del primer Adam. Pues todos ellos son una única raíz. Y la generación del desierto son las luces que salen del Da'at de Ya'akov, tal como se ha mencionado, de la parte posterior del Da'at que se encuentra en él, y recibe el nombre de Lea, esposa de Ya'akov, y por ello a esa generación se la denomina «generación de elevada conciencia» (*dor de'á*). Allí (en el libro *Etz Jaím*), se explica de un modo diferente la impresión que realizan las luces mencionadas entre el cuerpo de Zair y el cuerpo de Ya'akov, mencionado, que es llamado «dor de'á». Nadav y Avihú son el Ruaj y el Nefesh de Zihara Yla'á de Atzilut, que en un inicio se hallaban incluidos en el primer Adam, y éste se los heredó a su hijo Caín. Rabí Shim'ón bar Yojai, la paz sea sobre él, poseía un alma del nivel de la luz envolvente (*makif*). Nadav y Avihú que eran del nivel de Netzaj y Hod se reencarnaron en Shmuel. La Zihara Yla'á de Atzilut fue tomada por Janoj.

Moshé y Rabí Yehudá HaNasí

Respecto de la cuestión de Moshé Rabenu, la paz sea sobre él, y Rabí Yehudá HaNasí (*Rabenu Hakadosh* o «nuestro sagrado rabí»), Rabí Sim'ón bar Yojai, la paz sea sobre él, y los diez mártires asesinados por el reino (*Aseret Haruguei Maljut*) todos son del nivel del Yesod de Zair Anpín. No obstante, se trata de yesodot divididas, o de Aba o de Ima o de Zair Anpín o de Ya'akov. Sin embargo, Moshé Rabenu ascendió por el camino de la «línea media» (*kav emtzaí*) hasta alcanzar el Da'at de Zair Anpín. Las segundas Tablas de la Ley fueron inferiores ya que se perdieron mil partes de luz que sí estaban en las primeras, quedando una sola parte de esas mil en las segundas. Y Rabí Shim'ón bar Yojai, la paz sea sobre él, en un inicio se encontraba abajo en el Yesod que le correspondía, tal como ya se mencionara, y durante la Ydra Raba o «gran reunión» (que es cuando reveló los secretos del Zohar antes de fallecer, *N. del T.*) ascendió a ese nivel inferior en el cual se encontraba Moshé Rabenu, la paz sea sobre él, durante el episodio de las segundas Tablas de la Ley. El anciano Rav Hamnuna, era una de las chispas de Moshé Rabenu, la paz sea sobre él, una de las que se reencarna generación tras generación hasta alcanzar las seiscientas mil. Bil'ám es la reencarnación de Labán, y cuando fue muerto a manos de Pinjás fue parcialmente reparado, y se reencarnó una tercera vez en Naval (נבל) HaCarmelí, cuyo nombre posee las mismas letras que su primera encarnación, Labán (לבן).

El nivel a la hora de reencarnarse

De acuerdo con el segundo nivel en el cual se encontraba el individuo al momento de pecar, en ese mismo nivel habrá de reencarnarse. ¿Cómo? Si cuando el individuo en cuestión, a la hora de incurrir en el pecado, poseía Nefesh, Ruaj y Neshamá de Briá, Yetzirá y Asiá, y además poseía un Nefesh de Atzilut, y se reencarna, si bien completó ya la reparación del Nefesh, Ruaj y Neshamá de Briá, Yetzirá y Asiá aun se lo considera afectado y desviado o deforme (*pagum umeuvat*), hasta que repare también el Nefesh de Atzilut. Ésta es la explicación profunda de la expresión: «un justo al cual le ocurren cosas malas» (*tzadik verá lo*). El individuo en cuestión es completamente justo respecto de su actual posición, pero le ocurren cosas malas porque precisa aun completar su primer nivel, a pesar de haber observado numerosos e importantes preceptos. Están aquellos individuos que en un inicio solamente poseían Nefesh de Asiá y pecaron. Tras reencarnarse y reparar el Nefesh de Asiá, si bien realizó únicamente unos pocos preceptos es llamado «un justo reparado al cual le ocurren cosas buenas» (*tzadik metukan vetov lo*).

Respecto de la cuestión de los dos espíritus (*rujin*) que se menciona en el libro del Zohar, he aquí que el alma de una persona que proviene de Ima por medio de su investimento en Zair Anpín posee dos niveles: uno es desde el inicio o parte superior («*rosh*» lit. «cabeza») de Zair Anpín hasta su pecho, pues tal como es sabido es un alma cubierta y en el individuo se transforma en el aspecto de la imagen (*tzelem*) de luz envolvente por sobre su cabeza. El segundo, es el aspecto de las luces de Ima que se revelan desde el pecho y hacia abajo y se transforman en el alma interior del hombre. Este segundo aspecto se inviste en el interior del Ruaj que le viene al individuo proveniente del propio Zair Anpín. Allí se explica que es posible que por medio de un pecado el alma interior desciende a través de los pies hasta las klipot, y entonces el alma que funge como imagen (*tzelem*), entra a modo de alma interior. Y has de saber, que también puede ocurrir que, si el individuo incurre en más pecados, la propia imagen vaya descendiendo hasta ser eliminada (o quemada, «*kalá*») en el Guehinom. A propósito de esto fue dicho: «*será truncada (o «cortada») esa alma*» (Génesis 17:14), ya que no le quedará ninguna raíz arriba en la santidad.

Respecto del nivel de las dos almas mencionadas que toda persona justa posee siempre, el nombre del individuo es pronunciado dos veces, como en el caso de «*Noaj, Noaj*» (Génesis 6:9) y «*Moshé, Moshé*» (Éxodo 3:4), ya te he hecho saber que cada una de las raíces de las almas puede dividirse en hasta seiscientas mil chispas de almas. Hay algunas raíces que están completamente separadas de las klipot, y la totalidad de sus seiscientas mil chispas de almas están reparadas (por todas las reencarnaciones) y hay otras raíces de las cuales una pequeña chispa quedará hasta el final (del período de reparación) y no será capaz de ser reparada ni siquiera en el futuro, en virtud de la poca santidad que contiene y de la abundancia final de sus klipot, y de ello fue dicho: «*y saldrán y verán los cadáveres de los hombres (que se rebelaron contra Mí; pues su gusano no morirá y su fuego no se apagará y serán oprobio para toda criatura)*» (Isaías 66:24).

Hilel fue una de las seiscientas mil chispas cuya raíz es el alma de Moshé Rabenu, quien se reencarna en cada generación, y por ello ambos dos eran personas humildes y vivieron ciento veinte años.

Respecto del versículo que dice: «*pues si siete veces Caín será vengado*» (כי שבעתיים יקם קין) (Génesis 4:24) las letras «yud», «kuf» y «mem» son las iniciales de Ytró, Caín, Koraj y Mitzrí (el egipcio). Dado que al Nefesh de Caín se ha aferrado en gran manera la ponzoña de la serpiente, el mal que contiene superó a su bien y se reencarnó en el egipcio que era un gentil. Y Moshé, que proviene de Hevel, lo quiso reparar matándolo por medio del uso del «Nombre Explícito de Dios» (*Shem Hameforash*) de cuarenta y dos letras, y de ese modo fue separado de éste el mal y su parte buena se elevó a la santidad entrando en Ytró que en ese entonces era un gentil, y de esa manera él también se convirtió, en el día en que Moshé mató al egipcio. Dado que este Nefesh era del nivel o aspecto del mal del Nefesh de Caín, en el libro del Zohar dijeron que el inicio de la reparación de Caín fue a través de Ytró, tal como se explicara respecto del versículo que dice: «*he adquirido de Dios un hombre*» (Génesis 4:1). Sin embargo, su primer aspecto bueno ya se había reencarnado en Keinán y en Mahalalel, tal como lo mencionamos aquí anteriormente.

Sin embargo, el Ruaj no entró en un gentil, ya que era de un nivel superior al del Nefesh, sin embargo, aún estaba mezclado con el mal y este mal entró en Koraj, bajo el formato de: «*Y tomó Koraj*» (Números 16:1), esto es, «tomó» para sí una mala posesión. El poder de este mal le llevó a polemizar con Moshé que provenía de su hermano Hevel, con el cual había luchado. La parte buena de este Ruaj se reencarnó en el profeta Shmuel que descendió de su simiente.

La Neshamá de Caín entró en Ytró una vez que éste se convirtiera, por efecto del Nefesh del egipcio que fuera corregido, como se mencionó, y de esa manera se completó la reparación del pecado de Caín que asesinó a Hevel y tomó a su gemela, y ahora sustentaba a Moshé, le mantenía con vida y le regresó su gemela que era Tzipora. Así se ha explicado que Caín no se reparó del pecado sobre Hevel sino por medio de Ytró, a través de Moshé, como se mencionó primeramente, matando al egipcio y luego terminando en Ytró, como se mencionó.

El bien de Hevel se reencarnó en Shet, y el mal en su hijo Enosh, y por este motivo fue idólatra. Harán se reencarnó en Aharón, y su hijo Lot, y ambos dos provenían de la raíz de Hevel. Raba el compañero de Abaié proviene de la raíz de Lot. Lot entregó una parte de su alma a su hija menor, y de allí nació Na'amá la amonita, y allí también fue incluido Raba. Teraj, el padre de Abraham se reencarnó y fue reparado en Job. Las dos hijas de Lot son Rut y Na'amá.

INTRODUCCIÓN 37

Las tumbas de los justos

Dijo Shmuel: he visto y he aceptado, tras todo esto, escribir el sitio (tziún makom, la señalación de su sitio) de las tumbas de los justos, algunas de las cuales son sumamente conocidas, otras nunca fueron vistas por ojo alguno y otras que están a la vista de todos.

Ahora, escribiré sobre las localizaciones de las tumbas de los justos, tal como las he recibido de mi maestro, sea recordado para el Mundo Venidero. Ya te he hecho saber que él veía y miraba las almas de los justos, en cada lugar y a todo momento, y más aún cuando se encontraba junto a la tumba de uno de estos, pues como es sabido allí se encuentran sus almas. Él podía divisar desde lejos el alma de un justo que se encontraba junto a su tumba, y de esa manera sabía cuál era el sepulcro de cada uno de los justos, hablaba con ellos, y aprendía de estos algunos secretos de la Torá. Yo ya he realizado varias pruebas, he investigado la cuestión concienzudamente y he hallado que sus palabras eran acertadas y verdaderas, mas no he de extenderme en ello ahora ya que se trata de cuestiones terribles y maravillosas y un libro no podría contenerlas.

En la ciudad de Tzfat (Safed), sea reconstruida y reestablecida, al oeste, hay un cementerio para los judíos y en su interior una casa, y un edificio con una cúpula circular y elevada en el medio de su techo, semejante a una suerte de habitación. Del lado norte del edificio hay un pequeño orificio abierto que da a una cueva y en esta dice la gente que está enterrado Hoshea ben Beerí, mas no es así, sino que allí está enterrado el tanaíta Rabí Yehoshúa, y la gente se equivocó y lo llamó Hoshea (Oseas).

Al salir de Tzfat, por el lado occidental, donde se encuentra el cementerio mencionado, hay allí un aljibe llamado «el pozo de Gvizo», allí, un poco más hacia el oeste está enterrado Rabí Shim'ón ben Jalafta, mas no hay señal alguna de ello. Al salir de la aldea llamada 'Baja Daharía', al oeste de Tzfat, sea reconstruida y reestablecida, al descender hacia el rio donde se muele la harina, continúa por ese camino y llegarás a un sitio desde el cual las aguas del rio son ya apenas visibles. Desde allí, comienza a descender hacia el rio mencionado y a la izquierda del camino hay un pequeño camino entre las rocas, y al sur de esta senda hay una roca alta que se ve como un muro. Allí, está enterrado Rabí Jía, quien ya fuera mencionado en la *Ydra Raba* en la porción de *Nasó*.

Al llegar abajo, si desciendes un poco más por esa senda, encontrarás del lado este del camino una roca alta y erguida, bajo ésta está enterrado Rabí Nejuniá ben Hokaná. Frente a esta roca, en línea recta hacia el norte, en medio de la montaña hay una roca grande, que tiene una gran grieta que la parte en dos. Allí está enterrado Rabí Ytzjak Nafja, quien fuera mencionado en la *Ydra Raba* en la porción de *Nasó*.

Al llegar al pie de la montaña, hay allí un sitio en el cual se lavan y reparan vestimentas, y es el más grande de ese rio. En la montaña que se encuentra al este de este sitio, en su cúspide, frente al sitio de las ropas hay una gran excavación que entra en la montaña, allí está enterrado Rabí Aba, quien fuera mencionado en la *Ydra Raba* de la porción de *Nasó*.

Al salir de la ya mencionada aldea de Daharía que se encuentra al oeste de la ciudad de Tzfat, vas por el camino que sale de ella, pasa por debajo del cementerio, sigue hacia el norte y continua hasta un arroyo llamado Karel, tal como se explicará más adelante. En ese camino hay numerosos olivos, y al llegar allí comenzarás a descender por esa montaña hasta el comienzo del rio que ya mencionáramos y en el cual se muelen las espigas de trigo. Allí hay una excavación, por tratarse de una cantera, y allí está enterrado Adino Haetzní. Un poco después hay otra cantera, allí está enterrado Rabí Jutzpit el traductor.

Desde allí, desciende un poco más hasta la mitad de la ladera y verás una gran roca, de una longitud de unos diez codos y un ancho similar. Se trata de una roca separada y está recostada sobre el suelo. Debajo de ésta, hay un hueco separado del suelo, del lado norte, allí abajo está enterrado Yehoiadá HaCohen.

De este camino mencionado, que va desde la aldea de Daharía hasta Karel, hay un camino por el cual se desciende desde Tzfat hacia el inicio del río para moler las espigas de trigo. Si desciendes un poco por ese camino, aproximadamente una tercera parte del declive de la montaña de esta senda, hay allí un árbol de algarrobos. Allí está enterrado el hijo de Rav Safra, mencionado en el Zohar en la porción de *Terumá*.

Más abajo por este camino, hacia el oriente, hay una entrada a una cueva, la entrada es en un jardín que está encima. Tras entrar, del lado oeste de la caverna hay una suerte de tres grietas, allí adentro están enterrados Yosi ben Yoezer, Yosi ben Meshulam y Yosi ben Yoajanán, frente a las tres grietas.

Al este de Tzfat, sea reconstruida y reestablecida pronto en nuestros días, al ir de Tzfat a la aldea de Avnit hay dos grandes montañas. La senda que pasa entre ellas es llamada «Bein Giblain» («Entre las Montañas») y a mitad de camino, entre ambas montañas, en el lado sur hay un camino en la cúspide de la montaña, allí está enterrado Rabí Kruspedai el de corazón dulce, que es mencionado en el final del libro de los Tikunim, en el tikún 70, y en el Zohar en la porción de *Shelaj Lejá*.

Además, caminando desde Tzfat por la senda de «Bein Giblain» arriba mencionada, en la misma montaña del lado derecho, que está por encima de Haret el Karat de los árabes, debes ascender desde allí y atravesar toda la cúspide de la montaña de noreste a sur y encontrarás una suerte de excavación bajo una roca que estará a tu derecha. Allí está enterrado Antignos Ish Sojó (Antignos, el hombre de la localidad de Sojó). Si caminas un poco hacia el sur, encontrarás también una excavación bajo una roca a tu lado derecho. Allí está enterrado Natán de Tzutzita.

Al sur de Tzfat, sea reconstruida y reestablecida pronto en nuestros días, hay un manantial llamado «El Nuevo Manantial» y a su lado hay una cueva, llamada «Olad Ya'akov» y literalmente frente al manantial, a su lado derecho, hay un hermoso edificio con bonitas casas. Todos dicen que Rabí Dosa ben Harkinas está enterrado allí. Eso es cierto, y no hay allí ningún otro justo enterrado salvo él.

De allí ve por el camino que conduce hacia el sur, allí hay una calle que recibe el nombre de «Al Midán». Ahí hay una casa de oración árabe. Debajo de esta casa de oración hay un valle al este de una fisura, y esa calle es un gran valle cavado entre las rocas. Allí está enterrado Rabí Biniamín bar Yefet.

De allí continúa hacia el sur, tras el final del barrio de las casas de los árabes hay un sitio muy grande, lleno de piedras pequeñas y altas. Hay allí un montículo de piedras más alto que los demás. Allí se erigía una sinagoga sagrada muy antigua, y en el sitio del Arca Sagrada está enterrado el taná Biniamín HaTzadik.

Cerca de allí, hay un pequeño valle. Ahí está enterrado Najum Ish Gamzu (Najum el hombre de Gamzu). Y has de saber, que todo ese sitio de montículos de piedras fue una vez una ciudad grande y sagrada.

Al caminar hacia el norte de Tzfat, sea reconstruida y reestablecida pronto en nuestros días, pasarás por la aldea Ein Zaitún, al pasar por un árbol de algarrobo, allí está enterrado Yeshu HaNotzrí (Jesús de Nazareth). Hay allí dos caminos, uno por la derecha que va a la aldea mencionada de Ein Zeitún, y otro hacia la izquierda que va hacia el sitio ya mencionado de Karel. En medio de los dos caminos hay un gran valle de con olivos y en su extremo norte hay un arroyo por el cual fluye agua que desciende desde un pozo llamado «Guefar» y está entre Tzfat y Ein Zeitún. Allí hay un puente, bajo el cual pasan las aguas de ese arroyo, y ese arroyo desciende hacia el lado norte del valle mencionado, y en el último olivo está enterrada la madre de Rabí Krospedai, el de corazón dulce, que es mencionado en el Zohar e la porción de *Shelaj Lejá*.

Al salir de Tzfat en dirección norte rumbo a Gush Jalav hay allí un arroyo por el cual fluye agua (en la tierra de Israel pocos son los arroyos por los que corre agua todo el año, *N. del T.*) llamado Karel, y creo que las aguas de Biria y de Ein Zeitún descienden por éste. En el camino que va a Gush Jalav, al alejarte del arroyo Karel cuatrocientos codos, del lado norte, en este mismo camino, hay una piedra grande y larga inclinada sobre el camino en el lado izquierdo, bajo ella está enterrado Rabí Natán HaBavlí.

De allí, si vas hacia el oeste, hay una montaña llena de excavaciones, parece una cantera entre las rocas, y allí está enterrado Rabí Shim'ón ben Menasia.

De allí, si vas hacia el norte, y te desvías en diagonal un poco hacia el oeste llegarás a un arroyo muy profundo entre dos montañas muy altas, al principio del arroyo comienza un valle que se extiende entre las dos montañas, cerca de la aldea de Kismya. En ese valle hay un pozo llamado Bir Alsheij, y en ese valle hay una bifurcación de caminos, hacia (el Monte) Merón, hacia Gush Jalav (Giscala) y a Beerita. Al sur del mencionado pozo está el comienzo de un arroyo seco que va entre dos montañas altas y prolongadas. Al final de este arroyo está el arroyo de Tzfat que es aquel en el cual se muele la harina, tal como se mencionó.

He aquí que al ir desde la tumba de Rabí Shim'ón ben Menasia hacia el norte, dobla un tanto en diagonal hacia el oeste hasta que llegues al extremo final de aquella montaña, bajo la cual se encuentra el arroyo profundo, y allí arriba en la cima de la montaña hay una roca y algo de suelo plano, y es allí donde está enterrado el anciano Rabí Yeivo (Saba), que es mencionado en el libro del Zohar en la porción de *Mishpatim*.

A unos doscientos codos de allí en dirección al este está enterrado Uriá HaCohen. He aquí que en la cima de esa montaña hay una suerte de círculo de rocas, en el medio de éstas Rabí Shim'ón bar Yojai, la paz sea sobre él, y sus discípulos se reunían a estudiar el libro sagrado de *Sifra Ditzniuta* sobre la porción de *Terumá*. En ese mismo lugar, está enterrado Rabí Yosi de Peki'ín, que es mencionado en el libro del

Zohar en la porción de *Balak*. En el camino a Tzfat, por el cual se va a Gush Jalav, a mitad de camino entre Karel y Bir Alsheij, del lado oriental, a una distancia de unos diez codos o quizás menos, hay una roca muy pequeña y baja - allí está enterrado Ben Hei Hei.

En este camino mencionado, una vez que pases el Karel, hay una montaña alta hacia el oriente que está a tu derecha, y a través de esa montaña se asciende y va a Ein Zeitún. Sube por allí por ese camino hasta la cima y allí está enterrado Rabí Yojanán ben Broka.

Por ese camino mencionado, al llegar a Bir Alsheij, párate mirando hacia el norte, entonces, verás a tu izquierda una tumba. Allí está enterrado Rabí Yosi de Yukrat.

Por el camino por el cual se asciende a la aldea de Kiumía, que es como la llaman las personas, a tu derecha hay una montaña alta. Asciende por ella unos cincuenta codos o más y allí encontrarás una cueva que está frente a la tumba de Rabí Yosi de Yukrat. Esta cueva posee dos entradas, una pequeña al occidente y otra encima. Entra en la cueva a través de la entrada del techo y allí está enterrado el amoraíta Rabí Krospedai. Me dijo mi maestro, de bendita memoria, que su nivel era encumbrado como el de los tanaítas. Con él están enterradas otras dos personas justas, pero no sé sus nombres.

Por este camino mencionado, en el valle en el cual se encuentra el pozo de Alsheij, hay una bifurcación de caminos que se dirigen al norte. El de la derecha está enfrentado al lado oriental de la montaña y allí está la aldea de Birita. El camino de la izquierda asciende a Gush Jalav.

Por el camino de la derecha, cuando llegues a un sitio que incursiona entre dos montañas, una está a la derecha, y la otra a la izquierda donde está la aldea de Birita, cuenta una distancia de cien codos y hallarás una planicie pequeña con árboles de olivo, unos veinte. Allí hay una excavación profunda a lo largo del camino, producto de las aguas de lluvia que allí caen durante el invierno. Al inicio, el camino pasa por el lado derecho de la excavación y luego dobla y va por el medio de ella y pasa a hallarse de su lado izquierdo. Allí donde el camino dobla hay un olivo y en sus raíces una suerte de repisa de piedra. Frente al árbol, en dirección al este hay una roca en la cual hay dos excavaciones y también fisuras. En la fisura que se encuentra hacia el norte de la roca está enterrado Rabí Yosi bar Ya'akov, quien falleció durante la Ydra Raba (gran reunión) mencionada en la porción de *Nasó*.

En ese campo hay un sitio en el cual se reunían para llevar a cabo la Ydra (reunión), y Rabí Shim'ón bar Yojai, la paz sea sobre él, se sentaba en la excavación norteña, donde está enterrado el ya mencionado Rabí Yosi, y en la excavación sureña se sentaba Rabí Aba, y en el sitio del árbol mencionado se sentaba Rabí El'azar.

Por el camino mencionado que lleva a Bir Alsheij, del lado norte hay una montaña muy alta que interrumpe entre los dos caminos mencionados. He aquí que si asciendes desde el camino hacia la cima, hasta la cúspide de la montaña, hay allí numerosas rocas. Entre las rocas hay una suerte de depresión y algo que se asemeja a la entrada a una cueva. Desciende allí y encontrarás un sitio amplio que se asemeja a una caverna. Allí está enterrado Elkaná, el padre del profeta Shmuel, la paz sea sobre él, sí como también el amoraíta Rabí Benaá.

En la aldea de Biria hay una cueva donde la gente dice que está enterrado Aba Shaúl. Mi maestro, de bendita memoria, no concuerda con ello y dice que se trata de cierta persona justa, mas no me dijo su nombre.

Al salir de la aldea de Biria rumbo al norte hacia la aldea de Avnit, hay un lugar en el cual se plantan numerosos rosales y recibe el nombre de «Al Raiash».

Al comienzo de este camino, tras dejar el manantial de Biria a una distancia de unos cuatrocientos codos a la izquierda del camino encontrarás una pendiente profunda y escarpada entre esas dos montañas. Allí está enterrado Benaiahu ben Yehoiadá.

En la aldea de Avnit hay una cueva en la cual están enterrados Abaié y Raba. La entrada a la cueva es por el oeste, y en su interior encontrarás numerosos nichos. En el nicho que se encuentra en el rincón sureste está enterrado Abaié. En el nicho contiguo hacia el lado sur está enterrado Rav Dimi de Nehardea. En el nicho contiguo a éste también hacia el sur, esto es, en el nicho central del lado sur -que es más amplio que el de Rav Dimi- está enterrado Raba. Y (mi maestro) no me dijo a quienes corresponden los demás nichos.

Hacia el oeste de la ciudad de Tzfat, sea reconstruida y reestablecida, en la aldea de Cansfardi hay una cueva. Dicen que allí está enterrado Najum Ish Gamzu, mas no es así, sino que se trata de Nejemia Haamsoní. Y el pueblo se ha equivocado.

En la aldea de Merón están enterrados Rabí Shim'ón bar Yojai y su hijo Rabí El'azar, tal como todos dicen.

Al norte de Tzfat, sea reconstruida y reestablecida, en la aldea de Ein Zaitún, hay allí una marca que indica la existencia de una sepultura (*tziún kever*) en la que está enterrado Rabí Yehudá bar Ylai, tal como dice la gente, y su tumba se encuentra en la esquina noroeste de este monumento. Abajo, en la cueva que se encuentra debajo de la marca, al norte de la misma, en su inicio hay una cueva donde según la gente está enterrado Rabí Ylai, el padre del Rabí Yehudá mencionado, y ello es correcto. Él esta enterrado en el segundo nicho del lado este, junto a la esquina sureste.

Al salir de la aldea Ein Zaitún hacia la aldea de Alma, cerca de la cueva de Rabí Ylai, hasta un manantial que allí se encuentra y recibe el nombre de Ein Al Tini, a la derecha de ese camino hay una montaña muy alta y en medio de la pendiente que sube a la montaña hay una roca. Allí está enterrado Rabí Nehorai Saba (el anciano) que es mencionado en el libro del Zohar en la porción de Tetzavé.

Al salir de Ein Zaitún hacia la aldea de Gabraitín hay una gran montaña. Al descenderla en dirección de esta aldea, en medio del camino de esta montaña están enterrados juntos en una sola tumba Yonatán ben Harkinas y Rabí Ytzjak ben Eliashiv.

Al salir de la aldea de Gush Jalav hacia el norte hay allí un valle, si caminas por él quinientos codos, está allí enterrado el profeta Yoel ben Petuel.

Hacia el sur de Tzfat, sea reconstruida y reestablecida, en la aldea de Ájbara, hay allí una cueva entre los huertos de cuya entrada brota un manantial con el cual son regados los árboles frutales. Su entrada es sumamente estrecha. Entra en ella y del lado este está enterrado solamente Rabí Yanai, y no como está escrito en *Sefer Haiejús* (lit. Libro del Linaje), donde dice que allí yacen también Rabí Dostai y Rabí Nehorai.

Al sur de la aldea de Jukav se encuentra una gran montaña empinada cual gran muro, hay allí una especie de cueva excavada en la roca frente a la aldea, de allí se asciende a otras excavaciones realizadas en esa roca, y muy cerca de esta cueva, quiero decir, contiguo a la cueva y a las excavaciones están enterrados Rabí Zrika, Rav Sama y Hoshaiá, «el más joven del grupo» de compañeros allí enterrados. Mar Ukva está enterrado solo en un sitio, y Rabí Levitas Ish Yavne está allí solo en un sitio.

Y en la cima de la gran montaña mencionada hay un camino que conduce a la aldea de Ukvi. Allí, al final del área de la montaña, arriba, del lado oeste hay una suerte de cavidad y una excavación entre las rocas formando una especie de valle y allí está enterrado Admón del capítulo del Tratado de Ketuvot que se refiere a «Jueces que promulgan decretos». Allí también, muy cerca del segundo valle está enterrado Akaviá ben Mehalalel.

Dentro de la propia ciudad de Tveria (Tiberias), al final de ésta, en el sur, junto a la orilla del mar (de Galilea) los judíos tienen una gran sinagoga y hay allí una gran santidad desde tiempos pretéritos, pero no en el sitio del muro sur en el cual está situado actualmente este santuario. En el medio de la longitud de la sinagoga, en el segundo arco, en la esquina oeste es donde mi maestro, de bendita memoria, fijó su sitio de oración cuando estaba allí ya que posee una santidad increíble.

Fuera de Tveria, frente al muro norte de la muralla, cerca de éste, hay unos dos o tres nichos, dicen que se trata de tumbas de justos, y no recuerdo qué es lo que dice la gente. En mi humilde opinión creo que dicen que uno de los que está allí es Rabí Ytzjak Nafja, y mi maestro me confirmó que son tumbas de justos. En mi humilde opinión, creo que me dijo que es tal como dicen las personas.

Desde allí continúa hacia el campo que se encuentra al oeste de la muralla, un tanto en diagonal hacia el sur hay un patio rodeado de muros y en su interior numerosos marcas de sepulturas monumentos (mortuorios) amén de ataúdes, y en el nicho contiguo a la entrada al patio está enterrado Rabí Yojanán ben Zakai.

De allí, ve hacia el lado oeste del patio, allí hay un monumento y allí están enterrados el Rambám y su padre, de bendita memoria, tal como lo dice la gente. De allí un poco más hacia el oeste hay una especie de patio sumamente pequeño donde dicen que están enterrados Rabí Yojanán el amoraíta y otro cuyo nombre he olvidado. Y mi maestro, de bendita memoria, me dijo que uno es Rav Jananel, el alumno de Rav, y el segundo me dijo se trata de un justo y me olvidé, y creo haber escuchado de él que se trata de Rav Kahana.

Luego, ve un poco hacia el norte y dobla un tanto hacia el oeste, y allí en esa montaña que es donde se entierran los muertos de Tveria hay un patio construido con tres muros al que las personas la llaman la cueva de Rabí Jía e hijos. Y has de saber, que en las ventanas del muro norte están enterrados Rabí Jía y sus hijos Yehudá y Jizkiá, y el anciano Rav Hamnuna que siempre es mencionado en el libro del Zohar, y el exilarca Rav Huna que vivió en los tiempos de nuestro sagrado Rabí (Yehudá HaNasí), y trajeron su ataúd a la cueva de Rabí Jía, tal como se menciona en el Talmud (Tratado de Mo'ed Katán 25a). De allí asciende por aquella montaña por el lado oeste y un tanto hacia el sur se encuentra la cueva de Rabí Akiva. Ya mencionaron nuestros sabios, de bendita memoria, que cuando el profeta Eliahu, recordado para bien y Yehoshúa HaGarsí entraron, se abrió ante ellos una cueva interior y en ella lo enterraron, y cuando salieron quedó sellada y no quedó sino esta cueva exterior que es a la que todos entran. He aquí que el verdadero sitio está alineado frente a su tumba en el interior de la cueva cuya entrada quedó sellada, al estar la entrada a esta cueva en el lado este, es en la esquina suroeste. Ésta es la esquina que se alinea y corresponde a la tumba que se encuentra en la cueva interior cuya apertura quedó sellada.

Al sur de Tveria, al ir hacia los baños de aguas termales, hay allí tumbas de justos que se encuentran distantes las unas de otras y no están en un mismo sitio, y sus nombres ya fueron mencionados en el *Sefer Haiejús* y son: Rabí Meir, y Rabí Yrmiahu a quien se expulsó de la Casa de Estudio por formular aquella pregunta extraña, tal como se ha mencionado anteriormente (introducción 36), es aquel al que se refieren en el Talmud cuando figura: «Rabí Yrmiahu preguntó». Hay otros tres justos cuyos nombres no recuerdo. Esto es tal como se menciona en el *Sefer Haiejús* y tal como dice la gente.

Considero, en mi humilde opinión, que mi maestro, de bendita memoria, admitió que Rabí Meir está enterrado de pie tal como dicen las personas.

Al ir de Tveria hacia sus aguas termales, a mitad de camino, a orillas del mar (de Galilea), en un sitio en el cual abundan las palmeras y frente a una torre que se encuentra en la cima de la montaña - se encuentra el aljibe de Miriam (*Beerá shel Miriam*).[18]

Al oriente de Tveria hay una aldea llamada Kfar Tanjum y se dice que allí está enterrado Najum HaAlkoshí. Humildemente, considero que mi maestro, de bendita memoria, lo admitió.

Hasta aquí los sitios de las tumbas de los justos, que su mérito nos proteja, Amén, sea esta Su voluntad.

---

18. Según la tradición se trata de la fuente de agua que acompañó durante cuarenta años a los hijos de Israel en su travesía por el desierto y les proveía de agua, *(N. del T.)*

INTRODUCCIÓN 38

El alma de Rabí Jaím Vital

Esto es lo que me dijo mi maestro, de bendita memoria, en lo que refiere a la raíz de mi alma:

En el día de Rosh Jodesh (novilunio de) Adar del año 5331 desde la creación del mundo (1531), me dijo que estando en Egipto comenzó a captar sus percepciones y le fue dicho que fuera a la ciudad de Tzfat, sea reconstruida y restablecida, pues allí vivía yo, Jaím, para que me enseñase. Y me dijo que no venía a vivir a Tzfat, sea reconstruida y reestablecida, sino por mí, e incluso que el motivo principal de su actual encarnación no era sino para ayudarme a alcanzar la compleción y no para sí, pues él no precisaba venir.

También me dijo que no tenía el deber de enseñarle a nadie salvo a mí, y que una vez que yo aprendiera lo que debía aprender él ya no precisaría quedarse en este mundo.

También me dijo que mi alma era más elevada que varios de los ángeles celestiales, grande y virtuosa, y que gracias a ella y por medio de mis acciones era capaz de ascender más allá de un nivel celestial llamado «Aravot». Le pedí que me revelara quién había sido mi alma, pero no quiso explicármelo en detalle. Sin embargo, me dijo en términos generales que en un principio había sido el Rabino Vidal de Tolosa, autor del libro Maguid Mishné, y su nombre era idéntico al mío en la actualidad. Tras él, me reencarné en Rabí Yehoshúa Soriano, quien fuera un hombre rico y sabio que daba mucho dinero para la caridad amén de que comenzaba y terminaba sus días en sinagogas y casas de estudio. Tras él me reencarné en un muchacho cuyo nombre era Abraham, tenía trece años y falleció a los catorce. Tras él regresé en esta reencarnación, en la que me llamo Jaím, a nombre del primero, Don Vidal el autor del libro Maguid Mishné. Me dijo que el motivo por el cual había tenido que reencarnarme esta vez era porque en alguna vida anterior no había creído de gran manera en la sabiduría del libro del Zohar, y de sus palabras entendí que ello fue en la reencarnación en la que escribí el libro Maguid Mishné, no me quiso revelar la cuestión y me dijo que debía repararlo en la presente reencarnación dedicándome al estudio de la sabiduría del Zohar. Y me dijo que dado que era la reencarnación del autor del libro Maguid Mishné había sido un gran manantial, sumamente agudo en el estudio analítico, por ello en la presente vida no sentía inclinación por ese tipo de estudio. Me dijo que estas reencarnaciones mencionadas habían sido únicamente del nivel de mi Nefesh, y que en los niveles de Ruaj y Neshamá tenía cosas para reparar de reencarnaciones pasadas.

También me dijo que cuando tenía trece años entró en mí el Nefesh de Rabí Elazar ben Araj -el discípulo de Rabán Yojanán ben Zakai-por medio del formato de ibur, y luego cuando tenía veinte entró en mí el Nefesh de Rabí Elazar ben Shamoa -el discípulo de Rabí Akiva-por medio del ibur, pues al ser uno de los diez sabios asesinados por los romanos (aseret haruguei maljut) su nivel era superior al de Rabí Elazar ben Araj, y que ahora, en el año 5331 desde la creación del mundo, a veintinueve años de haber yo nacido, el Ruaj de Rabí Akiva, la paz sea sobre él, flotaba sobre mí (desde encima) para entrar en mi interior bajo el formato de ibur, con la ayuda de Dios. De ello me parece que su Nefesh se reencarnó en mí junto al mío.

Luego, en el primer día de Jol HaMo'ed Pesaj (primer día de los días intermedios semifestivos de esa festividad) fui con él a una aldea llamada Ájbara. Allí entramos a la cueva de Rabí Yanai que está dentro del huerto y de cuya entrada (de la cueva) brota un manantial. Esta entrada es sumamente estrecha, y me dijo que allí estaba enterrado solamente Rabí Yanai, y que tanto Rabí Dostai como Rabí Nehorai -mencionados en el Sefer Haiejús (lit. libro del linaje) de los justos- no estaban. Luego, apegó su alma al Nefesh de Rabí Yanai. Entre otras cosas, Rabi Yanai le dijo: «soy Rabí Yanai aquel a quien pertenece esta tumba. Y ahora que Dios, Bendito Sea, te ha dicho: «ve y habla con este individuo Jaím Vital que ha venido contigo, que debe cuidarse de las habladurías (rejilut), del mal hablar sobre otras personas (lashón hará), de las conversaciones vacuas (sijá betelá), que sea sumamente humilde y Yo estaré con él en todas partes.

Mi maestro, sea recordado para la vida en el Mundo Venidero, me dijo también en ese día que mi Nefesh tiene pertenencia y conexión con el de Moshé Rabenu, la paz sea sobre él, pues todas las almas están incluidas en él, y especialmente las de los justos. Me dijo que poseía una porción del nivel de mi Nefesh que provenía específicamente de él, pero de la cuestión de los niveles del Ruaj y la Neshamá no me habló. Y que ese Nefesh pasó luego varias reencarnaciones hasta encarnarse en Rabán Yojanán ben Zakai, luego en Rabí Akiva, luego pasó varias reencarnaciones hasta encarnarse en Abaié, aquel que es llamado Najmani, el amigo de Raba. Me dijo que ésta es la explicación profunda de lo que dijeran en la Guemará nuestros rabinos, de bendita memoria (Rosh HaShaná 31b, Sanhedrín 41a): «hubo tres individuos que vivieron ciento veinte años y estos son: Moshé, Rabán Yojanán ben Zakai y Rabí Akiva. Moshé pasó cuarenta años en la casa del Faraón, cuarenta años en Midián y cuarenta años condujo al pueblo de Israel. Asimismo, Rabán Yojanán ben Zakai se dedicó a los negocios cuarenta años, estudió cuarenta años y enseñó cuarenta años. Otro tanto Rabí Akiva, fue una persona lega en cuestiones religiosas durante cuarenta años, estudió cuarenta años y enseñó cuarenta años». Lo mismo ocurrió en su reencarnación posterior en Abaié, lo cual está insinuado en lo que dijeron nuestros sabios, de bendita memoria, en cuanto a que Rabán Yojanán ben Zakai no dejó de estudiar la Torá, la Mishná ni las discusiones de Abaié y Raba, y entiende esta cuestión. Luego, este Nefesh se invistió en el de uno de los rabinos saboraítas llamado Rabí Ajai, y sobre él está escrito en el Talmud: «y Rav Ajai preguntó». Me dijo que Rav Ajai era el Rav Aja de Shabja, el autor de las Sheiltot. Luego, ese Nefesh se reencarnó en Rav Dostai Gaón, luego, pasó varias reencarnaciones hasta encarnarse en Rabí Aharón

HaLeví, el autor del libro HaMaor. Luego se reencarnó en el autor del libro Maguid Mishné. Luego se reencarnó en Rabí Yehoshua Soriano y luego en el joven muchacho Abraham, ya mencionado. Luego, se reencarnó en mí, el joven Jaím.

Y me dijo que tengo conexión con el Rambám, de bendita memoria, motivo por el cual escribí el comentario Maguid Mishné a su libro «HaYad» (el libro Mishné Torá, apodado «la mano fuerte», Hayad HaJazaká, ya que el vocablo mano tiene el valor de catorce que es el número de los tomos de la compilación halájica del Rambám, *N. del T.*). Me dijo que, dado que Rabí Elazar ben Araj había sido discípulo de Rabán Yojanán ben Zakai quien proviene de la raíz de mi Nefesh, como se mencionó, por eso entró a mi interior bajo el formato de ibur cuando tuve trece años, para completar lo que le faltó a su maestro Rabán Yojanán ben Zakai. Él es quien me guía y ayuda actualmente, porque un alumno debe honrar a su maestro.

También Rabí Elazar ben Shamoa entró en mí por medio del ibur cuando tuve veinte años, para completar la parte de su maestro Rabí Akiva, por el motivo mencionado de que era su discípulo. Y me dijo que ésta era la señal de que yo era la reencarnación de Rabí Akiva: cada vez que veo a un grupo de personas reunirse para dar muerte a alguien - me desmayo, ya que mi Nefesh recuerda el dolor experimentado cuando mataron a Rabí Akiva, la paz sea sobre él, y ello es cierto. Además, me dio otra señal, que cuando era un muchacho joven tenía un gran deseo por estudiar el libro Pirkei Rabí de Eliezer, ya que él había sido el maestro de Rabí Akiva.

Me dijo que. dado que Rabí Yojanán ben Zakai y Rabí Akiva fueron personas comunes durante sus primeros cuarenta años, y particularmente Rabí Akiva, quien solía decir: «¡Si alguien me trajese un estudioso de la Torá lo mordería como un burro!» (Tratado de Pesajim 49b), y de ello podrás entender el resto de las cosas que les ocurrieron durante esos cuarenta años y que forzosamente incurrieron en pecados juveniles, la paz sea sobre ellos. Y me dijo que por ese motivo, dado que su Nefesh era una gota seminal de aquellas diez que salieron de Yosef entre sus diez dedos, tal como lo indica lo dicho por nuestros rabinos, de bendita memoria, por ese motivo fueron legos en cuestiones religiosas durante los primeros cuarenta años de su vida, y en ese tiempo se aferraron a ellos en cierta medida las fuerzas exteriores, y por ello, posteriormente precisaron reencarnarse en todas las reencarnaciones mencionadas. Y por ese motivo entró un alma tan grande en Rabí Akiva que era hijo de prosélitos y no de linaje israelita. Esto se debe a la gota seminal de Yosef que salió de entre sus uñas mientras pensó en la esposa de su patrón. Es sabido, de lo que está escrito en el libro del Zohar en la porción de Vaikrá (14b) en cuanto a que a un converso le cuesta librarse de la impureza incluso durante tres generaciones. Tras ello, dado que Rabí Akiva era hijo de conversos, inevitablemente las fuerzas exteriores se aferraron a él durante el tiempo en el cual fue una persona común. Y me dijo que como yo era la reencarnación de ellos me ocurrió ese pecado, que en el día de mi casamiento fui «amarrado» (por medio del uso de un encanto) durante nueve meses (no pudo mantener relaciones sexuales, *N. del T.*). Inevitablemente, durante ese período experimenté poluciones y ello me ocurrió ya que yo provenía de la gota seminal de Yosef el justo, la paz sea sobre él, tal como se mencionó anteriormente. Y por ese motivo Rabí Akiva fue hijo de conversos, como se dijera, ya que a estos les resulta difícil librarse de la impureza durante tres generaciones. Y había otro motivo para ello, y era mi gran arrogancia en mis tiempos mozos, y si bien no la manifestaba ante los demás, manteniéndola oculta, de todas maneras, ello me condujo al pecado en cuestión, pues tal como es sabido una transgresión induce a incurrir en otra.

Y me dijo que estas dos cuestiones mencionadas que son la eyaculación en vano durante el tiempo en que «estuve amarrado» y mi soberbia juvenil son los mayores pecados que he cometido en toda mi vida, y que por ello ahora precisaba repararlos. Para corregir la soberbia debía ahora comportarme con la más extrema modestia. Y en cuanto a la eyaculación en vano, debo tener el recaudo de no mantener relaciones sexuales hasta pasada la medianoche, que permanezca sobre mi vientre hasta que hayan terminado de salir todas las gotas seminales y ya ninguna lo haga, que no hable en exceso con mi mujer durante el coito, y que ayune ochenta y cuatro días seguidos, tal como lo menciono en Tikún Avonot («La reparación de los pecados»), véase allí. Estos ochenta y cuatro días de ayuno se corresponden con los ochenta y cuatro años que nuestro patriarca Ya'akov se abstuvo de incurrir en poluciones hasta que se casó con Lea y tuvo a Reubén.

Me dijo también que, dado que en una de mis reencarnaciones anteriores fui un tanto incrédulo respecto de la sabiduría del Zohar, ahora debía dedicarme a ella siempre y con todas mis fuerzas, y que eso es lo principal que debía hacer en la presente encarnación. También me dijo que por ese motivo no debía formular demasiadas preguntas sobre el Zohar hasta estudiar con él un tiempo por él sabido, y que luego tendría permiso para formular preguntas sobre cuestiones difíciles de la obra y sobre todo aquello que quiera investigar o saber sobre ese libro. También me dijo que en esta presente reencarnación detento también el pecado de bromear de más (leitzanut).

Luego, un día me dijo que las tres reencarnaciones mencionadas que me antecedieron se debieron a un castigo por pecados que mencionaremos, pues en el caso del rabino autor del libro Maguid Mishné, el principal motivo por el cual precisó reencarnarse fue el haber pecado inintencionalmente teniendo contacto con una mujer en estado de impureza (nidá), y por ese motivo se reencarnó en mí, para reparar la transgresión mencionada. Por ese motivo, al entrar en el palio nupcial, en la primera noche, no me aparté de mi mujer al ver ella sangre tras el primer coito, y de no haber incurrido en este pecado habría completado los años del rabino autor del Maguid Mishné, que no alcanzó a completar sus días y falleció antes de tiempo. Y lo que le faltó vivir a este rabino fueron cuarenta y cuatro años, y podría sumarle a esto otros años más. Pero dado que incurrí en esta transgresión -si bien se trata de la sangre resultante de la desfloración y ello no resulta ser tan pecaminoso, especialmente por haber sido inintencionalmente- de todas maneras, dado que el motivo de mi venida al mundo era corregir eso y no lo hice, no dispongo de más que esos cuarenta y cuatro años para vivir. Éste es el significado profundo del versículo que dice: «(En el campo labrado hay mucho pan) mas este se pierde por falta de juicio» (Proverbios 13:23), Dios no lo permita, y si bien mi pecado no era motivo suficiente para fallecer joven, era suficiente para definir en mi contra en el pecado anterior del contacto con una mujer en estado de impureza ya que se trataba del motivo principal por el cual vine al mundo, aunque mi actual pecado no alcanzaba a ser tal. Me dijo que era posible reparar los pecados a lo largo del tiempo por medio del retorno en arrepentimiento (teshuvá). Luego, ayuné tres días seguidos, tal como escribiremos posteriormente, y entonces me dijo que el decreto ya había sido anulado, loas a Dios, Bendito Sea.

Además, al rabino autor del libro Maguid Mishné le ocurrió otra cuestión que motivó su reencarnación, y si bien el motivo principal de esta había sido el contacto con una mujer en estado de impureza, tal como ya mencionamos, además, una vez se le presentó el caso de una mujer casada y él la autorizó casarse, y se equivocó en su sentencia. El rabino me dijo que yo me equivoqué de igual manera, ya que una vez, cuando era joven, a mi maestro, nuestro maestro el Rabino Moshé Alsheij, Dios lo proteja y lo cuide, se le presentó un caso de una mujer casada y debatimos juntos cuál debería ser la sentencia. Le dije que yo tendía a permitirle casarse y él también me dijo que su opinión tendía a ello. Y dado que no analicé detenidamente el caso, me equivoqué en su resolución, y me dijo que éste se presentó ante mí para que yo pudiera reparar aquel pecado (de la vida anterior) y si lo hubiese analizado detenidamente no me habría equivocado y habría reparado el evento pasado. Por ello, se me presentó un caso similar cuando un estudioso me pidió que le dijera mi razonamiento en un juicio. Le respondí correctamente, y así reparé el pecado mencionado, ya que el pecado inicial no había implicado una acción sino solamente la palabra, y ahora este caso sólo implicaba al habla para reparar el defecto en el habla.

El motivo por el cual debió reencarnarse Rabí Yehoshúa Soriano fue que una vez ingirió sebo intencionalmente y no se cuidó de abstenerse, y me dijo que por ese motivo yo ahora reparo en gran manera el pecado mencionado, y me dio una señal de ello: yo me siento dos horas al día para separar sebo de la carne y descarto casi dos veces más carne con sebo que él, y de ahora en adelante me cuido de que no entre en mi boca carne de cortes traseros que haya debido ser separada del sebo o del nervio ciático (nakur), a menos que el procedimiento haya sido realizado por un experto piadoso. Me dijo también que antes de la reencarnación en Rabí Yehoshúa Soriano, hubo otra anterior en un hombre llamado Rabí Shaúl Trishti, el cual incurrió en el siguiente pecado: él era un circuncidador, y en sus inicios no era experto y circuncidó a un bebé que murió a causa del corte, y se trató de un caso de pecado inintencional rayano en lo intencional. El pecado del contacto con una mujer en estado de impureza del rabino autor del libro Maguid Mishné en una encarnación anterior causó el derrame de sangre en el que incurrió Rabí Shaúl Trishti, y estos dos pecados sumados causaron el de la ingestión intencional del sebo de Rabí Yehoshúa Soriano en quien se reencarnó Rabí Shaúl inmediatamente después de su deceso. De todo esto resulta que el pecado del rabino autor del libro Maguid Mishné fue inintencional, luego el pecado de Rabí Shaúl fue inintencional rayano en lo intencional, y el de Rabí Yehoshúa que vino posteriormente fue completamente intencional, ya que una transgresión lleva a incurrir en otra, y me dio una señal de ello: en la presente encarnación, yo me alejo en gran medida de las funciones de circuncidar o faenar, más aún, no puedo mirar cuando se lleva a cabo una circuncisión o una faena, y a veces hasta me cuido de no matar pulgas. Rabí Yehoshúa se reencarnó en un muchacho joven llamado Abraham, el cual falleció a la edad de trece años y fue castigado con muerte antes de tiempo (caret) a causa de haber ingerido sebo en la encarnación anterior, en la que había sido Rabí Yehoshúa, tal como se mencionó.

Luego, en el día de Pesaj Shení (el segundo Pesaj, esto es, un mes después de la fecha original de la Pascua, *N. del T.*), un catorce de Yiar, me dijo cosas más detalladas. Me dijo: has de saber, que a pesar de lo que se ha dicho en los libros sagrados respecto de que Caín es la ponzoña de la serpiente y Hevel proviene del lado de Adam, la explicación de estas cuestiones es la que sigue. Por medio del pecado del primer Adam se mezclaron el bien y el mal y salieron Caín y Hevel, ambos dos compuestos de bien y mal, con la diferencia que Caín es mayoritariamente mal a causa de la ponzoña de la serpiente y Hevel es mayoritariamente bueno por el lado de Adam y minoritariamente malo por la serpiente. Pero la parte buena de Caín es algo muy grande, ya que él era el primogénito y se llevó la primogenitura de la parte buena tal como se menciona en el libro del Zohar en la porción de Bereshit (36b) al comentar el pasaje que dice: «...y tú morderás su talón» (Génesis 3:15). Luego, comenzó la reparación de Caín por medio de Keinán y Mahalalel tal como se menciona en el libro del Zohar en la porción de Terumá. Luego, cuando salieron Ya'akov y Esav ellos siguieron el formato de Hevel y Caín. Cuando nació Ya'akov se aferró al talón de Esav que es la parte buena de la primogenitura que tomó Esav que era el bien de Caín mezclado con el mal, como se mencionó, bajo el formato de «y tú morderás su talón». Nuestro patriarca Ya'akov recibió ese nombre en virtud del talón (akev) al cual se aferró. Luego, cuando nació Isajar le transfirió la parte buena que había tomado de Esav que provenía del bien de Caín. Ésta es la explicación profunda de lo que está escrito: «y él se acostó con ella aquella noche» (Génesis 30:16). Porque Ya'akov como tal recibió su nombre por el talón mencionado, el cual entregara a Lea por medio de las relaciones maritales y de allí salió Isajar. A esto es a lo que se refiere el Midrash Ne'elam sobre Rut, que Isajar proviene de Rabí Akiva (Akiva – akev) que es el talón mencionado. Luego, esta parte buena se reencarnó en Nadav y Avihú pues ellos son dos partes de un mismo cuerpo, tal como se menciona en el libro del Zohar en la porción de Ajarei Mot. Luego, estos entraron bajo el formato de ibur en Pinjás que es el profeta Eliahu, recordado para bien en el Mundo Venidero, hasta que se fue a la cueva. Él los perdió a consecuencia del incidente de la hija de Yftaj, motivo por el cual la profecía le fue retirada. Tras ello, le fue devuelta y volvió a recibirlos en la cueva del Monte Jorev, tal como se menciona en el libro del Zohar. Durante el lapso en el cual abandonaron al profeta Eliahu, recordado para bien, se reencarnaron por medio del nacimiento en el profeta Shmuel, la paz sea sobre él. Mi maestro, de bendita memoria, me dijo que ese era el motivo por el cual le habían mostrado en sueños que mi lugar era en el talón del profeta Shmuel, la paz sea sobre él. Posteriormente, Nadav y Avihú volvieron a entrar a Eliahu, recordado para bien, mediante ibur. Luego entraron mediante ibur en el profeta Elishá, de bendita memoria. Luego se reencarnaron en Jizkiahu, rey de Yehudá, de bendita memoria. Luego se reencarnaron en Matitiahu ben Jashmonaí, el sumo sacerdote. Luego se reencarnaron en Akaviá ben Mehalalel. Luego en Rabán Yojanán ben Zakai. Y luego, en Rabí Akiva ben Yosef, de bendita memoria. Luego, en Rabí Yeivo Saba (el anciano) que figura en la porción de Mishpatim del Zohar. Luego se reencarnaron en Abaié, luego en el padre de Rabí Ajai, aquel que es mencionado en la Guemará cuando dice: «Rabí Ajai, de bendita memoria, preguntó», y en Rav Aja de Shabja, el Gaón autor del libro de las Sheiltot. Luego se reencarnaron en Rav Dostai Gaón, luego en Rabí Aharón HaLeví el nieto de Rabí Zerajiá HaLeví, el autor del libro HaMaor, luego en Don Vidal de Tolosa, el autor del libro Maguid Mishné. Luego en Rabí Shaúl Trishti y luego en Rabí Yehoshúa Soriano. Y luego en un muchacho llamado Abraham, y luego en mí, el joven Jaím.

La raíz de Rabí Jaím Vital

Luego me dijo extendidamente, que hay muchos individuos que provienen de la raíz de mi alma y todos son del nivel de mi Nefesh. Hay otros, también del nivel de mi Nefesh y son los mencionados en versículos: Caín, Keinán, Yuval, Mehalalel, Isajar, Shelaj el hijo de Yehudá, Nadav y Avihú, Yaval, su padre Lemej, Najshón ben Aminadav, Netanel ben Tzuar, Koraj, Datán y Aviram, Ytró, Pinjás. Otniel ben Kenaz, Carmí el padre de Aján, Shamgar ben Anat, Shimshón, Elkaná, el profeta Shmuel, su hijo Aviá, Jever HaKeiní (el cineo), su esposa Yael y la prostituta Rajav. También estaban Elí HaCohen, Apelal, Sismí, Jever el padre de Sojó, Yshbaj el padre de Eshtamoa, Yashuvi Lejem, Yshai el padre de David, Avishai ben Tzruiá, Shimá el hermano de David, Doeg y Ajitofel, Aviá ben Rejavam, el profeta Eliahu, el profeta Elishá, Yoná ben Amitai, Jiel bet HaElí, Navot Haizreelí, Mijá HaMorashtí, Najum HaElkoshí, el rey Jizkiahu, Menashé ben Jizkiahu, Uriá HaCohen, Zejariá ben Yevarjiahu, Yejezkel, Elihú ben Berajel HaBuzí, Jananiá el amigo de Daniel, Nedaviá el hijo del rey Yejoniá, Ananí ben Elyoaní.

Estos son del grupo de los tanaítas: Matitiahu ben Jashmonaí el sumo sacerdote, Yosi ben Yojanán de Jerusalém, Nitai HaArbelí, Rabán Yojanán ben Zakai, Rabí Akiva ben Yosef, Rabí Yosei HaGlilí, Rabí Nehorai – el anciano que figura en el Zohar al final de la porción de Tetzavé, Rabí Yeivo – el anciano de la porción de Mishpatim, Yonatán ben Harkinas, Janina ben Jizkiahu el hijo de Ben Gurión, Aba Shaúl, Rabí Yshma'el el sumo sacerdote, Rabí Jutzpit el traductor, Rabí Yosi ben Meshulam (a estos siete últimos mencionados se les denomina Kahala Kadisha - la «Asamblea Sagrada»), Rabí Yehudá bar Ylai, Rabí Aja bar Yoshiahu y Rabán Gamliel.

Y me dijo mi maestro, de bendita memoria, que uno de los compañeros de Rabí Shimón bar Yojai que se encontraba en la Ydra Raba y proviene de la raíz de mi Nefesh, y no quiso develarlo entonces, ni explicarme el motivo. Y hay también algunos otros de entre los sabios tanaítas con los que tengo algo de conexión y no se el motivo. Ellos son: Rav Shmaia Jasida, el rabino del niño pequeño (yanuka) de la porción de Balak (del Zohar), Rabí Tzadok HaCohen, Rabí Kisma el padre de Yosi ben Kisma y Rabí Krospedai – «aquel cuyo corazón era dulce» y es mencionado en el libro del Zohar en la porción de Shelaj Lejá.

Estos son los sabios amoraítas: Rav Huna que fuera el exilarca en Babilonia en los días de nuestro sagrado rabino (Rabí Yehudá HaNasí) y cuyo ataúd fuera traído a la tierra de Israel en los días de Rabí Jía. Yehudá y Jizkiahu los hijos de Rabí Jía, Leví bar Sisi, Rabí Shim'ón ben Yehotzadak, Rav Yeivo Saba Amora -discípulo de Rav, padre de Rav Jana y suegro de Asián ben Nidbaj-, Pinjás el hermano de Shmuel, Rabí Miasha quien viviera en el tiempo de Rabí Yojanán, Rav Shiló que figura en el Tratado de Berajot y es aquel al que le ocurriera un milagro, Rav Ysa el amoraíta que es Rav Así HaCohen, Rabí Tzadok el discípulo de nuestro sagrado rabino (Rabí Yehudá HaNasí), Rav Yrmiahu ben Aba que vivió en los días de Rav, Rav Jilkía ben Aba, Rav Shemen ben Aba, ben KoshevMar Ukva, Rav Zrika, Rabí Sjora, el amoraíta Rabí Akiva, Ula bar Koshev que vivió en los días de Rabí Yehoshúa ben Leví, Abaié que era llamado Najmani, Rami bar Jama, Rav Bibi bar Abaié, Rav Dimi de Nehardea, Rav Najumí, Rav Mesharshia, Rami bar Yejezkel, Rav Yeimar, Rav Shmuel bar Shilat, Rav Avin el carpintero, Natán de Tzutzita el exilarca, Rav Tanjum de Noi, Rav Yeivo el padre de Rav Sama, Rav Safra que vivió en los días de Ravina, Rami ben Tamari, Rafram ben Papa, Rabí Zeíra bar Hilel, Rabí Zeiri de Dahabat, Rabin y Rav Dimi que se fueron de Babilonia a la tierra de Israel, Rav Jana de Bagdad, Shovjat el hijo de Ravina, Rav Jama bar Buzí, Rav Shisha el hijo de Rav Ydi, Rav Jía de Difti, Yehoshúa bar Zarnuki que en la Guemará es llamado Jía bar Zarnuki y se trata de una alteración, Ayo, Avdimi, Bali, Rav Yehudá de la India, Rav Teviumi y Rav Maljío.

Estos son los rabinos saboraítas: Rav Aja, Raba de Pumbedita.

Estos son los gaonitas: Rav Aja de Shavja, Rav Dostai Gaón, Rav Tzemaj Gaón primero el hijo de Rav Paltoi Gaón y Rav Nehilai Gaón primero.

Estos son los jurisprudentes (poskim): Rashbá -de bendita memoria-, Rabenu Aharón el nieto de Rabí Zerajiá HaLeví, Don Vidal Tolosa el autor del libro Maguid Mishné. El Rav Yosef Caro, autor del libro Beit Yosef sobre el libro de Turim, mi hermano el honorable Moshé Vital -D's lo proteja y lo cuide-, y yo, el joven Jaím. Y has de saber que todos ellos provienen únicamente del nivel de Nefesh, pero muchos de poseen Ruaj de otra raíz, e incluso Rabí Akiva poseía un Ruaj de otra raíz. La excepción a esto era Abaié que poseía tanto Nefesh como Ruaj y Neshamá de mi propia raíz. De esto resulta, que todas las reencarnaciones mencionadas que recordé desde Caín hasta mi persona, Jaím, son todas únicamente del nivel de Nefesh. Shabtai, que era llamado «el tesorero de frutas» es una de las klipot de la raíz de mi Nefesh.

Nivel de comprensión

Respecto de mi nivel de comprensión, él preguntó a mi Neshamá y ésta le respondió que debo ayunar cuarenta días consecutivos vistiendo harapos y con cenizas sobre mi cabeza y luego debía ayunar siempre los lunes, jueves y lunes durante dos años y medio. Entonces, podré comprender literalmente como él, sin inclusión alguna del Sitra Ájara (el lado de la impureza, lit. «el otro lado», *N. del T.*) como les ocurriera a otros.

Un día volvió a preguntar y le respondió que debía pasarme un mes entero vistiendo harapos, llevando cenizas en mi cabeza y ayunando, y que debía conducirme con humildad, sin bromear con ninguna persona. Y me dijo que mi comprensión depende principalmente de estas dos cuestiones mencionadas en detalle, y son la humildad y no bromear.

Un día volvió a preguntar y le respondieron que alcanzar su misma comprensión no resultaría posible antes de que pasaran dos años y medio. No obstante, si dentro de ese lapso me habría de comportan cual penitente (biteshuvá) y particularmente si habría de ayunar vestido en harapos durante cuarenta días consecutivos durmiendo todas las noches con este atuendo, entonces, pasados tres meses experimentaría un despertar del espíritu de santidad (Ruaj HaKodesh, el nivel anterior al de la profecía, *N. del T.*) y pasados dos años y medio alcanzaría una comprensión semejante a la suya. El motivo de la espera de dos años y medio es que durante mi adolescencia pasé un idéntico lapso sin estudiar Torá y mis acciones entonces no fueron bien aceptadas, motivo por el cual debía retornar en arrepentimiento durante otros dos años y medio, idénticos a aquellos días pasados.

Otro día volvió a consultar y le respondieron que yo debía ayunar cuarenta días consecutivos vistiendo harapos, llevando cenizas sobre mi cabeza, llorando y especialmente que me acostara a dormir por la noche sobre el suelo, vistiendo los harapos y con una piedra bajo mi cabeza, meditando en el Nombre Havayá (Tetragrámaton) cuya composición asciende al valor numérico de «piedra» (53 = אבן) y se escribe de la siguiente manera: «yud-vav-dalet», «heh-heh», «vav-alef-vav», «heh-heh» (יו"ד-ה"ה-וא"ו-ה"ה). Luego, debía ayunar los lunes, jueves y lunes con todas las prácticas detalladas hasta completar dos años y medio, debía comportarme todo el tiempo con extrema humildad y modestia, y debía cuidarme también de no enojarme ni ser estricto con los demás.

Otro día volvió y me dijo que tuviera sumo cuidado pues según lo que le habían dicho, durante el lapso mencionado, mi inclinación al mal interferiría con mis pensamientos y no desearé sufrir tanto el yugo del retorno en arrepentimiento, por lo que la elección estaba en mis manos, que me cuidara y reforzara mucho en esa cuestión.

Un día me dijo que en esa semana veía un espíritu de santidad alrededor mío lo cual indicaba a las claras que yo debía alcanzar una comprensión completa, y si bien yo habría de rechazarla, desde el cielo me obligarían hasta obtenerla con la ayuda de Dios, Bendito Sea, y que podría alcanzar una comprensión similar a la suya.

Un día me dijo que todo lo que habría de comprender o alcanzar a comprender en ese momento se debe a mi deseo por lograrlo, y que su alma me ayudaba en gran manera, y que casi entra en mí bajo la forma de ibur. Me dijo que era cercano a él y en particular, en otra ocasión, en otra reencarnación fui también su alumno, como en la actualidad, y que siempre me apegara a él con mi pensamiento, que ello me sería de gran ayuda.

Un día me dijo que tenga sumo recaudo en recitar «Aleluy-á, alabaré al Eterno con todo el corazón» (Salmos 111:1) y luego medite en el Nombre (conformado por las letras) «mem-nun-tzadik-pé-jaf» – מ-נ-צ-פ-ך. Esto debería hacerlo cada noche al levantarme pasada la medianoche porque me ayudará enormemente a comprender.

También me dijo que tenga sumo cuidado en colocarme las filacterias de acuerdo con la opinión de Rabenu Tam que son el secreto de la combinación del Nombre «yud-heh-heh-vav» (י-ה-ה-ו) que surge de las iniciales de «...sino con esto, que se alabe quien se alabare: discernir y conocerme a Mí» (יתהלל המתהלל השכל וידוע אותי) (Jeremías

9:23). Por ello la colocación de esas filacterias es de gran ayuda para la comprensión, el discernimiento y el conocimiento.

También me dijo que la comprensión depende principalmente de la intención del individuo y de su cuidado al recitar las bendiciones por el disfrute (de los alimentos y aromas, *N. del T.*) ya que por su intermedio queda sin efecto la fuerza de las klipot que se encuentran en los alimentos y en lo físico, aquellas que se apegan al individuo cuando este come y por medio de estas bendiciones recitadas con suma intención las klipot se eliminan y tanto su corporalidad como su mente se ven refinadas. Y que me cuide mucho de esto.

También me ordenó que de modo fijo lea todos los días Biblia (mikrá), Mishná, Talmud y Cabalá con las intenciones meditativas que él me entregó tal como están escritas en mi libro. Debo ser sumamente cuidadoso en esta cuestión.

Fue también muy estricto conmigo en la cuestión del Shabat, instándome a observarlo y honrarlo más que a todos los demás preceptos.

Un día me encontraba ante él y ello fue en un momento en el cual durante un mes entero no realicé ejercicios meditativos o «unificaciones» (del Nombre Divino – yijudím) y lo notó en mi semblante y me dijo: «si me has de abandonar durante un día, te abandonaré durante dos» (Talmud Jerosolimitano Tratado de Berajot 9:5), y con esto generas un gran daño pues harás que se aparten almas que desean apegarse a ti. Me excusé diciéndole que en ese lapso quise dedicarme únicamente al estudio de la Torá, y además, esas almas no llegaban a mí de manera revelada como corresponde, y me dijo que a pesar de ello que no me abstuviese de realizar estos ejercicios meditativos a diario pues ello es superior al estudio de la Torá pues unifica a los mundos superiores, y es estudio de Torá y unificación conjuntamente, y me advirtió que cuando realice los yijudim que mi intención no se limite únicamente atraer un alma sino reparar arriba.

Cuando fui con él a Tveria a la cueva de Rabí Akiva, me dijo también que Rabí Akiva le había dicho que yo mencionara su nombre diez veces consecutivas antes de cada uno de los tres rezos: por la noche, por la mañana y por la tarde. Por medio de ello él entraría en mi bajo la forma de ibur y me ayudaría de sobremanera. Me dijo que no precisaba decir «Rabí Akiva» sino simplemente «Akiva».

También me dijo que hasta la festividad de Sucot del año 5334 desde la Creación realmente requeriré de ayuda, y que me la dispensaría a la hora de realizar el yijud, pero que de ahí en adelante ya no la precisaría más pues entonces se habrían completado los dos años y medio durante los cuales pequé, absteniéndome se estudiar Torá. También me dijo que, hasta entonces, me ayudaba, pero ocasionalmente, ya que no era posible hacerlo de manera fija. Sin embargo, de ahí en adelante, ello ocurriría, con la ayuda de Dios, de manera regular.

También me ordenó que no me abstuviera de realizar los yijudim que me entregara y que en caso de que fuese a orar a tumbas justos que lo hiciera en la víspera del Rosh Jodesh (novilunio) o en el día quince del mes pues entonces resultaba más favorable que en los demás días. Que no fuera en Shabat, Yom Tov ni Rosh Jodesh pues entonces las almas ascienden y no se encuentran en sus tumbas. Una vez me envió a tumbas de justos para que orase por ellos mas no me prosterné. Me dijo que en lo que respecta al yijud (en el cual el nombre de Dios es conformado) de letras «yud» (yudin) y de letras «vav» (vavin) de las 13 «Jivratei DeReisha» debería realizarlo más a menudo que el resto de los yijudim. Que debería efectuarlo en las noches de los días de semana pasada la medianoche por ser ese el momento más propicio para ello, así como también en Shabat por la noche incluso antes de la medianoche, después de la cena sabática. Me dijo que en Rosh Jodesh realizase el yijud basado en el Nombre S-h-a-d-a-i (שׁ-ד-י) pues encierra el secreto del novilunio, ya que el Nombre Divino S-h-a-d-a-i en su forma completa se corresponde con Rosh Jodesh, y este yijud en cuestión sirve para prosternarse ante las tumbas de los justos en el día del novilunio. El yijud que se basa en el versículo que dice: «cada mañana se renueva» (Lamentaciones 3:23) es bueno para realizarlo en un día de la semana pasada la medianoche o en la noche de Shabat antes de esa hora. En ambos tiempos, el Partzuf de Lea se expande todo a lo largo del Zair Anpín.

También me dijo que en las noches de Shabat antes de la medianoche debía realizar el yijud de los diez Nombres Havayá (Tetragrámaton) de Da'at. También me ordenó que cada noche de Shabat, después de cenar y haber recitado la plegaría por los alimentos (birkat hamazón) y antes de la medianoche lea las mishnaiot del Tratado de Eruvín y medite en el secreto del eruv que está conformado por «ayin – bet» y «reish – yud- vav». Y has de saber que lo principal de todos estos yijudim se logra alcanzar o en las tumbas de los justos, o cada noche pasada la medianoche. Éste tiene efecto, aunque no se realice en tumbas de justos ya que pasada la medianoche el tiempo resulta más favorable y dilecto (para esta acción) que cualquier otro.

También me dijo que vio escrito en mi frente el versículo que dice: «para crear diseños: para labrar el oro, la plata y el cobre» (Éxodo 31:4) que alude al pecado de la pérdida de tiempo ya que desperdicié dos años y medio estudiando la sabiduría de la alquimia.

También me ordenó que retirara el cuchillo de la mesa, que tenga el cuidado de retirarlo por completo y no me contente con cubrirlo, especialmente en mi caso al provenir de la raíz de Caín, que encierra el secreto de las armas (klei zayin).

También me dijo que en la presente encarnación estoy reparando a Yuval, quien proviene de la raíz de mi Nefesh, y éste fue llamado por la Torá «pulidor y forjador de todo cobre y hierro» (Génesis 4:22) que es del lado de las guevurot, y que no lo estaba reparando adecuadamente por lo que a veces, cuando sostengo el cuchillo me corto la mano y los dedos involuntariamente, o con cualquier otro instrumento de hierro. Y me dijo que el nivel o aspecto de Yuval es el de Caín que se encuentra en el partzuf de Ya'akov, ya que él también incluye a Caín, a Hevel y a todas las raíces, como el Zair Anpín que es llamado Israel, el cual incluye a los primeros Caín y Hevel, que fueron los primeros hijos de Adam, y que debía reparar a este Yuval antes de que llegara el Mashíaj, de acuerdo con el principio de «traerán (yovilu – Yuval) presentes a Aquel que merece ser temido» (Salmos 76:12). Esto se refiere a Yuval que estaba en el interior de Moshé Rabenu, la paz sea sobre él, bajo el formato de Ibur, para ser reparado en él, ya que Moshé Rabenu posee también algunas chispas provenientes de Caín. Esto está insinuado por las iniciales del versículo que dice: «...y se enfureció HaShem conmigo por causa vuestra» (Deuteronomio 3:26), cuyas iniciales conforman el nombre Yuval (למעּנכם בי ויתעבר י-ה-ו-ה). Y a esto se refiere el versículo cuando dice «y hacia el afluente (o hilo de agua - yuval) echará sus raíces» (Jeremías 17:8), ya que en él se encuentran todas las raíces de Caín tal como están en el Zair Anpín mencionado, y Yuval es el nivel o aspecto de Caín en el partzuf superior llamado Ya'akov, como se mencionó, y resulta que este Yuval comenzó a ser reparado por Moshé Rabenu, la paz sea sobre él, y por ello su nombre está insinuado en el pasaje mencionado que dice «...y se enfureció HaShem conmigo por causa vuestra».

Una vez fui con mi maestro, de bendita memoria, al sitio en el cual se reunieron en su momento los compañeros de Rabí Shim'ón bar Yojai, la paz sea sobre él, para efectuar la Ydra Raba (gran reunión) mencionada en el libro del Zohar en la porción de Nasó. Y allí, al este del camino hay una roca con dos grandes grietas, en la del lado norte solía sentarse Rabí Shim'ón bar Yojai, la paz sea sobre él, durante la Ydra (reunión). Y en la grieta del lado se sentó Rabí Aba durante la Ydra. Bajo el árbol que se encuentra frente a las dos grietas de su lado oeste se sentaba Rabí El'azar, y mi maestro, de bendita memoria, se sentó en la grieta norte, en lugar de Rabí Shim'ón, y yo me senté en la sur en lugar de Rabí Aba, sin (yo) saberlo. Y luego mi maestro, de bendita memoria, me lo dijo, y yo no sabía si lo antedicho, que uno de los participantes de la Ydra pertenecía a mi raíz, y era Rabí Aba, por lo tanto, me senté en su lugar sin saberlo. A propósito de la cuestión de que nos sentamos en las dos grietas mencionadas dudo si lo ocurrido fue al revés de como lo mencioné.

Me dijo que cuando era pequeño una vez maldije a mi madre, la paz sea sobre ella, y me ordenó ayunar tres días continuados noche y día, y pensar que se trata de setenta y dos horas que se corresponden con las dos coronas de Jesed y Guevurá de Aba e Ima que están ocultas en los tres patriarcas Jesed, Guevurá y Tiferet, y tal como es sabido son setenta y dos, pues la forma del Nombre Divino que tiene un valor de setenta y dos se encuentra en Jesed, Guevurá y Tiferet. Y dado que causé que se retiraran esas dos coronas del hijo superior, debía tener la intención de devolverlas a él por medio de las setenta y dos horas de ayuno. Me dijo que ayunara esos tres días antes de la festividad de Shavuot y que meditara intencionalmente sobre el versículo que dice: «estén prestos para el día tercero» (Éxodo 19:11), pues fue entonces que la impureza cesó en el seno del pueblo de Israel, y por medio de este ayuno la impureza de la materia cesaría también en mí, para poder recibir la capacidad de conocer los secretos de la Torá en la noche de Shavu'ot junto a él. Y durante la noche de Shavuot estudié con él secretos de la Torá durante toda la noche, y no dormí durante toda aquella noche. Y también me dijo que esos tres ayunos servirán para dejar sin efecto el decreto de los cuarenta y cuatro años que le faltaron vivir al rabino autor del libro Maguid Mishné, tal como lo mencionamos anteriormente, véase allí.

Un día durante la sexta semana de la cuenta del Omer me dijo que durante esa semana tuviera la intención de reparar el daño que causé al verme «amarrado» (imposibilitado de mantener relaciones sexuales, *N. del T.*) en mi casamiento, como ya dije anteriormente.

Una vez me encontraba en mi ayuno, lloré mucho, y hablé mucho ante HaShem, bendito sea, preguntándole por qué se me impedía acceder a la senda del retorno en arrepentimiento, y por qué no se había dispuesto en el corazón de mi maestro, de bendita memoria, el enseñármela, para instruirme en ella tal como yo lo deseaba y dije también otras muchas cosas semejantes. Fui a su casa y él vio esta cuestión en mi semblante. Me dijo que en aquel momento deseaba castigarme en el tribunal celestial por el pecado de lo que dije arriba, si no fuera porque surgió un defensor que dijo que mi intención era buena. Me dijo que me cuidara de volver a hablar nuevamente cosas por el estilo pues más que lo que el ternero quiere tomar leche la vaca desea amamantar, pero que hay un tiempo establecido para cada cosa, como se menciona en el versículo del Eclesiastés (3:1): «para todo hay un tiempo, y una hora para todo designio». ¿Cómo podía haber dicho que el Santo Bendito Sea me impedía acceder a la senda del retorno en arrepentimiento, más aún, quién si no Él pudo haber puesto en mi corazón todo este despertar por el retorno sino HaShem, bendito sea, en Su compasión cercana a Sus criaturas? Y me dijo que lo que me impidió (el retorno en arrepentimiento) hasta ese momento era el tiempo prefijado, y justo en ese día se había completado el lapso, y de ahí en adelante no habría de ocultarme nada de lo que le preguntase y así lo hizo de ahí en adelante.

También me dijo que en la anterior reencarnación cumplí con el precepto de la faena ritual, y ahora, en la presente encarnación me advirtió en gran manera que no faenara en absoluto. Esto y más, me advirtió que no matara ser vivo alguno, ni siquiera pulgas o insectos.

Mi maestro, de bendita memoria, no mataba pulgas, piojos ni insecto alguno, y me dijo que, dado que mi Nefesh proviene de Caín que mató a Hevel, y dado también que Rabí Shaúl Trishti se reencarnó en mí por el pecado de haber derramado sangre al circuncidar al bebé que murió por la acción de su mano, como se mencionó, es preciso que tenga el cuidado de no matar jamás a ser vivo alguno y que tampoco faenara. Y me dijo que, dado que soy una chispa nueva, debo forzosamente cumplir el precepto de procrear pues aún no lo he observado. Y me dijo que los preceptos que me falta por cumplir son únicamente once, a pesar de que soy nuevo. Y una vez que los complete es preciso que cumpla el precepto de ahuyentar a la madre del nido para poder tomar los huevos a pesar de que ya lo cumplí en una encarnación anterior. Y este precepto es la última reparación de todas las que preciso realizar, y su sentido es indicar que se debe ahuyentar o enviar al Nefesh pues ya culminó su reparación por medio de los once preceptos mencionados. Entonces vendrá únicamente el Ruaj, y será también reparado. Luego de que haya sido reparado vendrá el Nefesh ya corregido y será asiento del Ruaj ya reparado. Entiende muy bien esta cuestión y recuérdala, pes se trata de un gran fundamento, no lo olvides. Y me dijo que esos once preceptos son de aquellos que raramente suelen cumplirse. Me dijo que uno de ellos es el precepto de entregar el brazo, la quijada y el cuajar (de un animal al cohen, *N. del T.*).

Preceptos positivos y restrictivos

En otra ocasión me explicó el tema extensamente y me dijo que hay preceptos positivos y restrictivos masculinos, y preceptos positivos y restrictivos femeninos. Y he aquí que no hay órgano de todos los doscientos cuarenta y ocho que están en el primer Adam que no esté compuesto de carne, tendones y huesos. La carne y los huesos son preceptos positivos al tiempo que los tendones son los preceptos restrictivos. Y he aquí que la raíz de mi Nefesh es el hombro derecho del primer Adam en el nivel del partzuf Lea que se encuentra tras éste. Y los preceptos positivos que se encuentran en ese órgano son once, un valor numérico que equivale al de «vav-heh» (ו-ה), las dos últimas letras del Nombre Havayá (Tetragrámaton) y suman el valor de «hombro» (20+400+80 = כתף) de la siguiente manera: «vav-yud-vav» veces «heh-yud» suma un total de trescientos treinta. «Vav-vav» veces «heh-yud» suma ciento ochenta, todo lo cual combinado da quinientos diez, menos once que es el valor de «vav-heh» nos quedan quinientos que es la guematria de «hombro» más el valor uno que se agrega y es el de la palabra misma (kolel).

Los preceptos restrictivos (en el hombro de la raíz de mi Nefesh) son quince, equivalentes al valor de las primeras dos letras del Nombre Havayá (י-ה). Tal como dicen nuestros sabios: «yud-heh» sumado a «Mi Nombre» (Éxodo 3:15) (300+40+10 = שמי) da trescientos sesenta y cinco, «vav-heh» (11) sumado a mi recuerdo (20+200+10 = זכרי) suma doscientos cuarenta y ocho. Estos son también el valor de «hombro» de la siguiente manera: «yud-vav-dalet» (20) veces «heh-yud» (15) equivale a trescientos. «Yud-vav-dalet» (20) veces «heh-heh» (10) equivale a doscientos. Sumados dan quinientos que es la guematria de «hombro». El diez que está insinuado en la letra «yud» son los diez preceptos restrictivos masculinos. El cinco, insinuado en la primera letra «heh» del Tetragrámaton son los cinco preceptos restrictivos femeninos. El seis insinuando en la letra «vav» (6 = ו) del Tetragrámaton son los seis preceptos positivos masculinos. Y el cinco insinuado por la segunda «heh» del Tetragrámaton son los cinco preceptos femeninos.

En la piel que recubre al hombro se insinúan todas las iluminaciones que se encuentran en este órgano.

Mi maestro, de bendita memoria, me dijo que debido al pecado de Cain mi alma había descendido al talón. Cuando mi padre y maestro me tuvo, lo elevó hasta el sitio del ombligo y ahora yo debo repararlo y elevarlo por completo. Sin embargo, en lo que respecta a los diez preceptos restrictivos masculinos, no los recibí de mi maestro, de bendita memoria. Respecto de los cinco preceptos restrictivos femeninos uno es no asesinar, el cual incluye no avergonzar a un semejante en público, el segundo es no robar dinero, el tercero es no cocer al cabrito en la leche de su madre, el quinto es no ingerir sebo y el quinto no ingerir sangre. Los seis preceptos positivos masculinos son: «y vivirá tu hermano junto a ti» que es muy cercano al precepto de la caridad (tzedaká) y es asegurar que el prójimo tenga sustento de modo tal que pueda vivir junto a ti, como es sabido. El segundo es ingerir el segundo diezmo en Jerusalém, el tercero es hacerle una baranda al techo de uno, el cuarto es el precepto de procrear, el quinto es circuncidar al varón, específicamente al propio hijo, el sexto es amar al prójimo como a uno mismo.

Respecto de los cinco preceptos positivos femeninos, el primero es prestarle al necesitado, y tu recordatorio es: «Si (Im) plata prestares a Mi pueblo» (Éxodo 22:24). No leas «si» con la puntuación de jirik que hace que se lea «Im» sino con la puntuación de tzeire para que se lea «Em» que significa madre. El segundo es el precepto del tzitzit que incluye el deber de colocarlos sobre el hombro ya que allí es su raíz. El tercero es ahuyentar a la madre del nido para tomar los huevos, y tu recordatorio es: «liberar habrás de liberar a la madre» (Deuteronomio 22:7). El cuarto es el año sabático (shmitá) y el quinto es recordar el éxodo de Egipto.

Mi maestro, de bendita memoria, también me advirtió a mí y a todos los compañeros que formábamos parte del grupo que antes del al rezo de la mañana (shajarit) aceptemos sobre nosotros el precepto positivo se amar al prójimo como a uno mismo con la intención de amar a cada judío como á la propia alma pues por medio de ello la plegaria ascenderá incluida en la totalidad de Israel y podrá elevarse y efectuar reparaciones arriba. Y especialmente, es preciso amar a nuestros compañeros, es preciso que cada uno de nosotros se incluya como si fuese uno de ellos. Y mi maestro, de bendita memoria, me advirtió sobremanera sobre esta cuestión, y que si alguno de los compañeros se encontrase en una dificultad o si hubiese algún enfermo en su hogar, o entre sus hijos, que comparta su pesar y ore por él, y asimismo en todas las cuestiones participe con él junto a todos los demás compañeros.

He realizado la reparación del ayuno tal como me lo indicó mi maestro, de bendita memoria, por el pecado en el que incurrí al casarme, cuando quedé «amarrado» derramando mi esperma en vano, y por la transgresión del precepto de honrar al padre y a la madre. Además, ayuné durante tres días consecutivos por haber bebido un vino que se impurificó junto a un judío que abjuró de su fe y me engañó, y me dijo entonces que había llegado a la ciudad de Tzfat, sea construida y establecida, para regresar a la religión judía y ello no era verdadero, y posteriormente regresó a su mala conducta. Además, por el pecado de la soberbia, el de hacer bromas, el de haber derramado sangre como se ha mencionado anteriormente, y por no haber recitado el Shemá y no haberme colocado las filacterias.

Mi maestro, de bendita memoria, me dijo también que dado que provengo de la raíz de Caín que se corresponde con las guevurot y es llamada fuego, me asombro y asusto en gran manera al contemplar agua, pues en contacto con el agua el fuego se extingue y elimina, y que, además, como los duendes malvados (mezikín) provienen de Caín yo les temo en gran manera.

También me dijo que Caín se corresponde con la forma y la acción, y Hevel es el hálito superior de la boca, que es el habla. Por eso, los disertantes y las personas locuaces provienen de la raíz de Hevel. Pero dado que yo provengo de la raíz de Caín, no soy una persona conversadora o locuaz, y no poseo un gran poder del habla, pero si poseo la capacidad de diseñar o idear (tziur) labores prácticas. También en lo relativo a las mishnaiot que debo recitar de memoria, mi maestro de bendita memoria me dijo que deben ser del orden de «Mujeres» (Nashim) y que no estaban en el deber de recitar de memoria las mishnaiot de los demás órdenes.

También me dijo que los mejores días para realizar ayunos de dos días consecutivos, basándose en la raíz de mi alma, son el tercer y cuarto día de la semana.

También me dijo que no hay persona que no posea un día fijo en la semana, y un día fijo al mes que son buenos para todo propósito. El día depende de su estrella (mazal) y es la raíz de su alma. En ese mismo día no teme de ninguna cosa mala o daño, y no habrá de fallecer. Ésta es la explicación profunda del consejo de nuestros sabios «retorna en arrepentimiento un día antes de tu muerte» (Pirkei Avot 2:15), ya que en ese día no cabe temer fallecer, pero sí se teme fallecer en cualquier otro día, motivo por el cual es preciso arrepentirse en ese preciso día. De ese día en adelante, cabe temer fallecer en todos los demás. Y me dijo que mi día apropiado en la semana de acuerdo con la raíz de mi alma es el segundo (lunes), y mi día apropiado en el mes de acuerdo con la raíz de mi alma es el 13 del mes.

También me dijo otra intención meditativa o kavaná para la kedushá (momento más elevado de la repetición de la plegaria por parte del oficiante, *N. del T.*) y me dijo que a pesar de que todo ser humano debe realizarla yo precisaba hacerlo en mayor medida que los demás ya que hay tres kedushot (recitados del pasaje de la kedushá) y son: la de la Amidá (sección en la que se ora de pie, 'beamidá') del rezo matutino o Shajarit y comienza con las palabras «Nakdishaj Venaaritzaj» (lit. 'Te consagraremos y exaltaremos'), la segunda la kedushá de la Amidá del rezo vespertino o Minjá y la tercera que es la kedushá que se recita en el pasaje de Ubá Letzión ('y llegará un redentor a Sion') por la noche al concluir el Shabat después de la Amidá. Ya sabes que la intención de la kedushá es la elevación de Maljut por encima de su sitio para que reciba Da'at, pues su Da'at es 'liviano' Y ésta es la explicación profunda de los pequeños saltos que realizamos cuando recitamos «kadosh, kadosh, kadosh» ('santo, santo, santo) tal como se menciona en el libro Pirkei Heijalot. Y ya sabes que todo ascenso es por medio del Nombre Divino de cuarenta y dos letras, y por ello es preciso que realices la intención meditativa durante la kedushá de Minjá de días de la semana con las dos primeras letras del primer renglón de la plegaria «Ana Bekoaj»: «alef», «bet», «guimel», «yud», «tav» y «tzadi». Durante la kedushá de la Amidá del rezo matutino de los días de semana la intención meditativa debe emplear las letras interiores del primer renglón: «guimel» y «yud». Durante la kedushá de Ubá Letzión que se recita al salir el Shabat después de la Amidá se debe emplear para la intención meditativa las últimas dos letras de este primer renglón de la plegaria mencionada «tav» y «tzadi». Pues este Nombre incluye a la totalidad del que posee cuarenta y dos letras, ya que está vinculado a la sefirá del Jesed que se expande en todos, tal como es sabido, y por ello todas las intenciones meditativas se realizan solamente con este Nombre.

Una vez le pregunté a mi maestro, de bendita memoria, en la víspera del Shabat sobre los logros (comprensión) de mi alma, y me dijo el siguiente versículo: «y en quien está todo el deseo de Israel, acaso no está en ti y en la casa de tu padre» (I Samuel 9:20). Le rogué que me explicase sus palabras y no quiso explicar más que esto, y le pregunté si acaso el sentido de sus palabras era que yo provenía del rey Shaúl respecto de quien fue dicho el versículo citado. Me respondió que no deseaba explicar el sentido de sus palabras.

Otra vez, volví a preguntarle respecto de mi alma y me dijo que podría lograr más que los ángeles en virtud de la dimensión de la grandeza de mi alma, y que la llegada de mi alma al mundo era para traer un gran beneficio al mismo y que no tenía permiso de explicar más que eso pues no había sido autorizado para ello. Y me dijo que, si me revelase la cuestión, yo simplemente volaría por los aires de alegría. De todas maneras, aun no se le había otorgado el permiso de decírmelo.

También mi maestro el Rabino Yosef Arazin, de bendita memoria, me dijo que en una noche de Shabat fue a casa de mi maestro, de bendita memoria, a medianoche, a raíz de los celos que sentía. Fue a preguntarle por qué alguien que era mayor que yo en años estaba sujeto a mí y debía escuchar enseñanzas de mí. En aquella oportunidad fue a llorarle a mi maestro, de bendita memoria, por esta cuestión.

Él, bendito sea, le respondió que había venido al mundo a enseñarme a mí exclusivamente y que el resto del grupo no tenían permiso de aprender ni una palabra suya, sino que precisaban estudiar conmigo. Esto yo también lo oí de mi maestro, de bendita memoria. Él también le preguntó que cómo era posible que él estuviese sometido a mí siendo que había personalidades tan encumbradas en la raíz de su Nefesh, a lo que le respondió que no depende de ello sino del propio Nefesh del individuo, que provenga de un sitial elevado.

Asimismo, Rabí Y. Baguiler, Dios lo cuide y proteja, me dijo que mi maestro, de bendita memoria, le habló sobre su cercanía conmigo y le explicó que el motivo obedecía a las tres letras «alef», «bet» y «yud» están insinuadas en el nombre Akiva (עקיבא) y son de abajo hacia arriba. Él no quiso explicarme más que esto, y también me dijo que respecto de mí el versículo reza: «lo que ha sido es lo que será» (Eclesiastés 1:9) que forma las iniciales del nombre 'Moshé' (מה שהיה הוא שיהיה). La cuestión es que, así como Rabí Akiva enseñó Torá a sus 24.000 alumnos y a todo el mundo, lo mismo ocurrirá conmigo, con la ayuda de HaShem, Bendito Sea.

INTRODUCCIÓN 38 B

Sobre la raíz y el nivel de comprensión del alma de Rabí Jaim Vital

Una vez estaba sentado ante mi maestro, de bendita memoria, tras la comida de la tarde de Shabat y le supliqué que me aclarase el nivel de comprensión de mi alma y la cuestión de la raíz de mi alma. Entre otras cosas, me dijo que estaba vinculado al versículo: «de los que se burlan Él se mofa, pero a los humildes les concede Su gracia» (אם ללצים הוא יליץ ולענוים יתן חן) (Proverbios 3:34), le rogué que me lo explicara y me respondió que las iniciales de este versículo conforman la expresión Eliahu Jai (vive). He aquí que tal como está escrito en Raia Mehemna que nuestro maestro Moshé poseía un traductor, Aharón HaCohen, tal como está escrito: «...él habrá de ser para ti por boca» (Éxodo 4:16) ya que Moshé era de «boca pesada» y «hablar pesado (o 'lengua pesada')». En un futuro, en la generación del Mashíaj, Moshé vendrá reencarnado y enseñará la Torá a todo el pueblo de Israel y aún será poseedor de «labios incircuncisos», pero su intérprete será Eliahu, recordado para bien, que vive y existe. Él es Pinjás, hijo de El'azar, el hijo de Aharón HaCohen, la paz sea sobre él. Esto es lo que dice el versículo: «de los que se burlan (o 'traducen' ya que 'melitz', traductor, es un vocablo cercano a 'ialitz' que es quien se burla) Él se mofa, pero a los humildes Él les concede Su gracia», se refiere a que cuando Moshé Rabenu requiera de un intérprete y traductor (melitz) Eliahu, recordado para bien, que está vivo, traducirá (ialitz) y será su intérprete, y no quiso explicarme más, cómo conectar esta cuestión con la primera discusión que debatíamos juntos.

Un día me dijo que mientras rezaba le habían dicho que en el futuro yo vería un ángel cara a cara y que éste me hablaría. Le supliqué que me dijera su nombre y me dijo que se trataba de Eliahu, recordado para bien.

Un día me dijo que entonces estaba comenzando a chispear mi porción de Ruaj en mi interior, tal como suele hacerlo el alma suplementaria cada viernes por la tarde, hasta que pasen los dos años y medio antes mencionados, que comienzan desde el novilunio (Rosh Jodesh) de Yiar del 5331 y culminan en el novilunio de Tishrei del 5334, que luego habría de adquirir esa parte del Ruaj en toda su completitud, y entonces alcanzaría una comprensión completa, con la ayuda de Dios, tal como se mencionó anteriormente. Esto se debe a que el Nefesh no tiene sino la capacidad de comprender nada salvo lo necesario para el cumplimiento de los preceptos en la práctica. Sin embargo, para completar la porción de comprensión del conocimiento de la Torá y alcanzar el «espíritu de santidad» (ruaj hakodesh), se requiere de la porción del Ruaj, por lo cual resulta que mi comprensión depende de que adquiera mi porción de Ruaj de manera completa y permanente, con la ayuda de HaShem, Bendito Sea. Y me dijo, que esa chispa de mi porción de Ruaj que viene juntamente con la chispa del Ruaj de Rabí Akiva y se inviste en él. Esto se debe a que, así como mi Nefesh es común o compartido con el de Rabí Akiva por medio de la reencarnación efectiva, tal como se explicará más adelante, lo mismo ocurre con mi porción de Ruaj, que es común o compartida con la de Rabí Akiva. Y cuando adquiera Ruaj en completitud, el Ruaj de Rabí Akiva será común o compartido conmigo. De esto resulta que primero debo completar mi Nefesh en estos dos años y medio mencionados, y luego, alcanzaré mi Ruaj, y éste vendrá en común con el Ruaj de Rabí Akiva, ya que el Ruaj no puede entrar en el individuo hasta que éste haya completado la reparación total del Nefesh, a menos que se trate de algo ocasional, como el alma suplementaria que ingresa el viernes por la tarde, mas también para ello son necesarios el retorno en arrepentimiento y las buenas acciones. Y me dijo, que ninguno de los que pertenecen a mi raíz estarán conmigo bajo la forma de reencarnación salvo Rabí Akiva. Él está literalmente conmigo bajo la forma de reencarnación. Si otros de la raíz de mi alma han de aferrarse a mí, lo harán únicamente bajo el formato de ibur y no bajo el de reencarnación.

Y otra vez me dijo que todas aquellas chispas de las almas de aquellos individuos que son del inicio del nivel del Nefesh de Rabí Akiva hasta mí, el joven Jaím, todos ellos reencarnaron conmigo en una completa encarnación en conjunto con mi Nefesh en la presente reencarnación. Es probable que, si he de tener mayor mérito, también aquellos que precedieron a Rabí Akiva se me sumarán, por ejemplo, Rabán Yojanán ben Zakai y similares, pero solamente bajo el formato de ibur. Esto se debe a que ninguna de las chispas de esta raíz es tan cercana a la chispa de mi alma como la chispa del Nefesh de Rabí Akiva. La chispa de mi Nefesh es más cercana y contigua a esta que todas ellas, y por ello él se reencarna conmigo más que todas las demás chispas. Así como la chispa del Nefesh de Rabí Akiva ascendió a un nivel llamado 'pensamiento' (majshavá), también yo, dependiendo de mis acciones, podré ascender a un nivel sumamente excelso, superior al de varias de las chispas que me antecedieron. Y me dijo que mi Nefesh y el de Rabí Akiva son cercanos en la raíz de los Nefashot. Sin embargo, Rabí Akiva no tuvo sino raíz por la parte de Caín únicamente en el nivel de Nefesh ya que su Ruaj del nivel de Caín era apropiado para su Nefesh, no lo tomó en aquel entonces, sino que tomó otro Ruaj de la raíz de Hevel o de la raíz de Adam. Asimismo, yo también tengo destinados para mí dos niveles de Ruaj, uno es el nivel de Ruaj que se corresponde a mi Nefesh que es de la raíz de Caín y el segundo que es de otra raíz. Tal como ya explicamos, por medio del pecado del primer Adam las almas se mezclaron, un Ruaj de la raíz de Hevel con un Nefesh de la raíz de Caín y viceversa. Un Ruaj de la raíz de Adam con un Ruaj de Caín o Hevel, y viceversa. He aquí que mi Ruaj del lado de Caín es de un nivel muy superior que mi Ruaj del lado mencionado de la mezcla, y si he de lograrlo, tomaré el Ruaj que está vinculado a mí del lado de Caín. Y lo mismo ocurre con la Neshamá. Y me dijo que después de la chispa de Rabí Akiva no hay ninguna otra cercana a mí como la de Abaié, ya que Abaié logró tomar la totalidad de Nefesh, Ruaj y Neshamá de mi raíz, que son del nivel de Caín, lo cual no ha ocurrido con el resto, tal como lo mencionamos anteriormente. Me dijo que Abaié era el anciano Rabí Yeivo (Saba) que es mencionado en el libro del Zohar en la porción de Mishpatim, y Abaié está insinuado en las iniciales del versículo: «vuelve (o da vuelta) su mano repetidamente contra mí» (אך בי ישוב יהפוך) (Lamentaciones 3:3). Y el vocablo «vuelve» o «da vuelta» (iahafoj) se refiere a que Yeivo (ייבא) al invertirse el orden de las letras de su nombre se vuelve Abaié (אביי) y a eso se refiere el versículo con «vuelve» o «da vuelta». Y le pregunté a mi maestro, de bendita memoria, que me explicara el significado de esa inversión, pero no quiso hacerlo.

Un día me dijo que la raíz de mi alma es la gota seminal de Yosef que salió entre sus uñas, una de las diez gotas, tal como es sabido.

También me dijo que el alma suplementaria que llegó a mí bajo la forma de aditivo de Shabat es muy elevada, como si fuera proveniente del mundo de Atzilut. Ese día me dijo que aun no merecía recibir más que una o dos veces esa alma suplementaria mencionada.

El Nefesh de Rabí Jaím Vital

En lo que respecta a mi Nefesh, me dijo que cuando Caín pecó, todas las chispas de esa raíz estaban incluidas en él, todas provenían de él, hasta las chispas que habrán de estar cuando llegue el Mashíaj, y también estaba incluida en él la chispa de mi Nefesh. Como resultado del pecado, todas las chispas se mezclaron con las klipot, por lo que todas las chispas excelsas e importantes descendieron más bajo que las demás a las profundidades de las klipot, ya que el pecado de Caín fue en el pensamiento superior, tal como se menciona en Sefer HaTikunim. He aquí que el lugar de Rabí Akiva es en los brazos, bajo el formato «...y su mano así el talón Esav» (Génesis 25:26), tal como se explicó anteriormente, porque él es el talón de la mano izquierda del Zair Anpín. A veces, el individuo hace descender su mano hasta su talón, y otras puede alzarla hasta su cabeza. Por este motivo, los brazos descendieron hasta el talón, y luego, al ser asesinado Rabí Akiva, volvieron a elevarse hasta el pensamiento superior (majshavá elioná). Tal como le dijera el Santo Bendito Sea a Moshé: «así es como lo pensé» (en el modismo hebreo: 'así ascendió a mi pensamiento') (Tratado de Menajot 29b), esto fue para reparar lo que Caín había dañado. Y me dijo que también que yo y mis similares, por medio de nuestras acciones, podremos elevarnos, ya que somos como los brazos, podemos elevarnos a un nivel infinitamente encumbrado, más que varios individuos que nos antecedieron en los tiempos pretéritos. Sin embargo, el sitio de la chispa de mi Nefesh es en los hombros de los brazos, y me dio una señal de ello, el hecho de que en ese sitio tengo el vello largo. Y resulta que estoy compuesto de Jesed y Guevurá, por ser del aspecto de los hombros. Y he aquí que la chispa particular de mi Nefesh aún no se ha reencarnado y aun no ha venido al mundo salvo ahora, por lo que, hablando en términos relativos, soy nuevo. Sin embargo, dado que estoy incluido en el Nefesh de Caín, como se ha mencionado, preciso completar mi Nefesh, Ruaj y Neshamá que fueron dañados a causa del pecado de Caín, y debo completar mi porción allí, y he aquí que la chispa de mi Nefesh es vecina y cercana a la chispa del Nefesh de Rabí Akiva más que a todas las demás, por eso se reencarna conmigo más que con los demás.

Tres se equivocaron respecto del final de los días

Mi maestro, sea recordado para la vida del Mundo Venidero, me dijo que son tres los que se equivocaron respecto del final de los días. Ya'akov se equivocó cuando llamó a sus hijos para revelárselos, pero éste se volvió oculto para él. En el caso de Rabí Akiva, su nombre contiene las letras del nombre Ya'akov (יעקב - עקיבא) para insinuarnos que se equivocó igual que él al pensar que Bar Koziba (Bar Kojba) podía ser el Mashíaj. De igual manera, Shmuel erró en lo que respecta a Eliav, pensando que él podría ser el Mashíaj (ungido) tal como está escrito: «…ciertamente el ungido de Dios está ante él» (I Samuel 16:6). Por lo tanto, los tres debieron reencarnarse para reparar su error.

El Nefesh de Rabí Akiva y tres maestros que vivieron ciento veinte años

Mi maestro, de bendita memoria, me dijo que el Nefesh de Rabí Akiva no se asemeja a las almas del resto de los prosélitos que son el producto de la cópula realizada por las almas de los justos en el jardín del Edén terrenal, tal como se menciona en el libro del Zohar, en la porción de Shelaj Lejá. Se trata de un Nefesh sumamente elevado, pero durante los pecados de Adam y Caín salió hacia las fuerzas exteriores (jitzonim) y debió entrar al cuerpo de un converso. Vino investido en otro Nefesh llamado «Nefesh del converso», tal como se menciona en Saba DeMishpatim. Este Nefesh del converso causó que fuera una persona lega en cuestiones religiosas o del vulgo (am haaretz) durante cuarenta años, bajo el formato de: «los conversos son difíciles para el pueblo de Israel como la psoriasis» (Tratado de Yevamot 47a), y entiéndelo. Otro tanto ocurrió con Rabán Yojanán ben Zakai que fue una persona lega en cuestiones religiosas durante cuarenta años. Esto se debió a que la raíz de su Nefesh provenía de la gota seminal de Yosef, como se mencionó, por eso yo también incurrí en el pecado arriba mencionado, al encontrarme «amarrado» (imposibilitado de mantener relaciones sexuales *N. del T.*) durante nueve meses, como se mencionó anteriormente.

También me dijo que Rabán Yojanán ben Zakai y Rabí Akiva eran los brazos derecho e izquierdo de Moshé Rabenu, la paz sea sobre él, mezclados con Caín. Por lo tanto, los tres vivieron ciento veinte años. Así, Moshé Rabenu, la paz sea sobre él, quiso que la Torá fuese entregada a través de Rabí Akiva, tal como se menciona en el libro Otiot DeRabí Akiva ('las letras de Rabí Akiva'). Además, me dijo que Moshé había golpeado a Og rey del Bashán en quien se encontraba mezclada la chispa de Rabí Shim'ón ben Netanel (שב"ן), cuyas iniciales forman la palabra 'Bashán' (בש"ן), este es Og el rey del Bashán. Por ello

Moshé Rabenu, la paz sea sobre él, temía matarlo, pues esa chispa de santidad de temor al pecado que se encontraba en su seno fue luego el discípulo de Rabán Yojanán ben Zakai.

Un mensaje sobre la frente de Rabí Jaím Vital

Un viernes por la tarde, a la hora de Minjá, vio escrito en mi frente lo siguiente: «preparad un trono para Jizkiahu rey de Yehudá». Ello revela que su Nefesh se encontraba en mi interior bajo el formato de suplemento sabático. Luego, en ese mismo día, estando en mi casa me enojé, por lo que se retiró de mí. Luego, en esa misma semana retorné en arrepentimiento y en la segunda víspera de Shabat mi maestro, de bendita memoria, vio que el Ruaj de Jizkiahu y el Ruaj de Rabí Akiva se apegaban a mí bajo el formato de suplemento sabático (tosefet Shabat), y ese mismo día volví a enojarme en mi hogar y (mi maestro) me dijo que se retiraron. Luego, ese mismo día retorné en arrepentimiento por todo aquel enojo y (mi maestro) me dijo que vino a mí únicamente el Ruaj de Ben Azai. Y a pesar de que él no proviene de mi raíz, lo hizo dado que fue el yerno de Rabí Akiva. Él me dijo que aquel viernes de mañana, antes de que yo me enojara, vio escrito en mi frente el nombre «Akiva» finalizado con la letra «heh» (עקיבה).

Un Shabat, contemplaba (estudiaba) dos versículos de acuerdo con la verdad. Mi maestro, de bendita memoria, me dijo en la mañana del Shabat que vio a Ben Azai traerme dos buenos presentes y me preguntó qué dos innovaciones en el área de la Torá (jidushim) había generado yo en esa mañana de Shabat, y se lo conté. Me dijo que el motivo por el cual lo había logrado era que en esa noche de Shabat se me había ocurrido repentinamente leer una mishná de Ben Azai tres o cuatro veces, y que por ello me había traído esos dos buenos presentes. Durante los días hábiles de esa semana me dijo que veía que había en mí un Ruaj suplementario por parte del Ruaj de Abaié, tal como se menciona en el libro del Zohar en la porción de Tzav que los estudiosos de la Torá poseen Ruaj suplementario en los días de la semana tal como les sucede a los legos en cuestiones religiosas (o personas simples, amei haaratzot) en Shabat.

Otro Shabat, me dijo que vio escrito en mi frente un Tetragrámaton sumamente luminoso lo cual indica que el Nombre de Dios estaba sobre mí. Me dijo también que todas las chispas que se encuentran en la raíz de mi Nefesh, desde Jizkiahu (Ezequías) hasta mi Nefesh, se encontraban en mí bajo el formato de suplemento sabático. Incluso la interioridad del Ruaj de Jizkiahu, la paz sea sobre él, vino entonces a mí.

La visita del Nefesh de Rav Dimi

En el novilunio (Rosh Jodesh) de Tamuz me dijo que vio el Nefesh de Rav Dimi de Nehardea que estaba pronto para entrar en mi interior bajo el formato de ibur ya que era de la raíz de mi Nefesh. También porque en ese día había acompañado a su último descanso a un fallecido que no había quien se ocupara de él (met mitzvá, lit. difunto preceptivo), y Rav Dimi solía observar este precepto a menudo, acompañando tanto a los invitados a la hora de regresar a sus casas como a los difuntos en su último camino, por lo que deseaba entrar en mi interior bajo el formato de ibur. Me dijo que el rey Jizkiahu no había completado sus años de vida, y si bien le habían agregado quince, el suplemento provino de los suyos propios por lo que aun le faltaban otros, y el resto de sus años los completó el ya mencionado Rav Dimi, pues era la reencarnación del propio rey Jizkiahu, sin mezcla alguna de cualquier otra chispa sino únicamente él. Por eso dijo Jizkiahu: «dije, en la flor (בדמ"י) de mis días he de irme…me fueron quitados el resto de mis años» (Isaías 38:10), pues en Rav Dimi se cumplió el resto de sus años y días. Y yo Jaím he visto que el amoraíta Raba, la paz sea sobre él, me ha saludado dos veces diciéndome «Shalom», una vez durante mi rezo y otra en sueños. Mi maestro, sea recordado para la vida en el Mundo Venidero, me dijo que Raba, la paz sea sobre él, quiso hacer las paces con Rav Dimi -que me estaba acompañando- ya que se habían peleado por lo que le había hecho su alumno Rav Ada bar Ahavá en la cuestión de los higos secos que Rav Dimi había traído en un barco, tal como se menciona en el Talmud (Tratado de Baba Batra 22a).

La revelación de Rav Mesharshia

Un día de Shabat se me reveló Rav Mesharshia, y me dijo mi maestro, de bendita memoria, que se trataba por completo de un suplemento sabático proveniente de la raíz de mi Nefesh. He aquí que ese nombre es del nivel de Aba e Ima que son denominados Y-A (י"ה), y es sabido que de ahí proviene el suplemento sabático, y el resto de las letras de su nombre son «mem» – «shin»- «reish» – «shin» (משר"ש): las dos letras «shin» son dos nombres «mem» – «tzadi» - «pe» – «tzadi» (מצפ"ץ), cada uno de las cuales asciende en guematria al valor de trescientos (shin) y son las dos letras del suplemento sabático mencionadas en Raia Meheimna a la porción de Ytró, de los siete nombres allí escritos. Ahora queda las dos letras «mem» y «reish» (מ"ר) y en guematria ascienden al valor de los restantes dos Nombres mencionados, que son: HaShem, HaShem, Eloh-im, E-l, Ad-onai (ה', ה', אלה-ים, א-ל, אדנ-י) allí mencionados, que en guematria ascienden al valor de 234, y los siete Nombres ascienden a 241. De ello resulta que ese Nombre es suplemento sabático de la raíz de mi Nefesh, e incluye los siete nombres del Shabat, que tienen origen en el Nombre Y-A (י-ה).

Me dijo mi maestro, de bendita memoria, que el rey Jizkiahu es del nivel de la cabeza de la raíz de Caín, y dado que el juicio de Caín pendió en el aire durante el diluvio, tal como dicen nuestros sabios, de bendita memoria, que fuera reparado y reforzado por Jizkiahu (Bereshit Rabá 20:12). A partir de allí comenzó a fortificarse en el nivel de cabeza (rosh). Por eso se llama Jizkiahu, Jazak (fuerte) Y-A (חזק י"ה), y por ello el versículo dice: «dije, no he de ver a Dios (Y-A) en la tierra de los vivientes, no contemplaré más al hombre (Adam) junto a los habitantes del mundo» (Isaías 38:11), porque había venido a reforzar la cabeza de esta raíz que es «yud» – «heh», y tal como es sabido ese es el sitio de la cabeza. En un principio, pensó que el nivel de cabeza de

Caín no se había reparado y completado aun como para ser completado por Rav Mesharshia, ya que en su nombre contiene las letras «shin» – «reish» – «shin» – «yud» –«heh». La raíz de todas las sefirot inferiores está en al cabeza y allí también se encuentra el Nombre Y-A. Resulta que el Rey Jizkiahu y Rav Mesharshia provienen ambos de la cabeza de Caín. Si bien en el profeta Yejezkel Caín se había reforzado en el nivel de piernas, y esa es la explicación profunda de lo que está escrito: «hijo del hombre, ponte en pie sobre tus piernas» (Ezequiel 2:1), porque era del nivel del hijo del primer Adam, y le dijo que se pusiera en pie sobre sus piernas, las fortaleciese y reparase pues de allí proviene, y por eso fue llamado Yejezkel (יחזקאל), haciendo referencia a la fortaleza. He aquí que Shim'ón ben Azai y Shim'ón ben Zoma son las dos letras «shin» del nombre Mesharshia, por eso ben Azai desposó a la hija de Rabí Akiva, ya que, si bien ambos dos no son de la misma raíz, de todas maneras, son muy cercanos a la mía. Lo mismo ocurrió con el profeta Eliahu, recordado para bien, en quien se encontraban las almas de Nadav y Avihú bajo el formato de ibur, y provenían de Caín, ya que provenía de las hijas de Putiel que es Ytró y este a su vez proviene de Caín, tal como dijeron nuestros rabinos, de bendita memoria (Tratado de Baba Batra 43a). Lo mismo ocurrió en el caso de Elishá (Eliseo) y Yoná (Jonás) que poseen una gran cercanía con la raíz de mi Nefesh, y no me quiso revelar más que esto.

La revelación de Rami bar Yejezkel y Rav Bibi bar Abaié

Un día de Shabat se me revelaron Rami bar Yejezkel y Rav Bibi bar Abaié. Me dijo mi maestro, de bendita memoria, que esa noche le habían dicho en sueños que Rav Bibi está insinuado en el siguiente versículo (en su segunda parte) por medio de iniciales: «contempla a Sion, la ciudad de nuestras festividades...una tienda que no será desmontada ni sus postes extraídos» (בל יצען בל אהל...מועדנו קרית ציון חזה ("בל) (Isaías 33:20). Las iniciales de la segunda parte forman también del nombre de Abaié, al tiempo que mi maestro está insinuado en este versículo por medio de las iniciales de la primera parte. En esta primera parte, si por medio del mecanismo de «Atbash» (שׁ"ב – ת"א) se sustituye la letra «mem» (מ) por la «yud» (י) aparece el nombre de mi maestro, de bendita memoria, Ytzjak. Me dijo también en sueños que las iniciales de la primera parte del versículo en guematria tienen el valor numérico del nombre Rajel, que es el nombre que recibe la Nukva de Zair Anpín. Ella también es denominada «Sion la ciudad de nuestras festividades», y sale del 'pecho' (jazé) de Zair Anpín, por eso está escrito 'jazé' que significa mirar en el lenguaje del Targum (arameo) y no dice dijo 'reé' que sería el vocablo en la lengua sagrada (hebreo), para insinuar lo mencionado. Y Abaié, el padre de Rav Bibi, está también insinuado en las iniciales de la segunda mitad del versículo. Y mi maestro no quiso revelarme el objetivo de estas cuestiones ni su significado.

La esposa de Rav Jaím Vital

En lo que respecta a mi mujer, me dijo que no hay una chispa de entre todas las chispas de la raíz de mi alma tan cercana como la de Rabí Akiva. Él es el más cercano a mí de entre todas, y todo lo que le ocurrió a él me ocurrió a mí. Me dijo que mi esposa, Jana, era en realidad la reencarnación de Calba Savúa, el suegro de Rabí Akiva, quien dado que una encarnación anterior (como el rey Tzidkiahu - Sedecías) fue copulado (Tratado de Shabat 149b) como mujer (por Nabucodonosor) se reencarnó como tal, y fue la madre adoptiva de Abaié. Dado que Abaié es de la raíz de Rabí Akiva, como es sabido, el Talmud dice en referencia a ella: «dijo Abaié, me dijo mamá» (Tratado de Shabat 134a). Luego ella se reencarnó en mi esposa, Jana, y dado que ella es la reencarnación de un hombre no puedo tener de ella hijos varones sino únicamente mujeres, y por ser varón no va a tener hijas a menos que ello sea por medio de la participación de un alma femenina que entre en ella por medio del formato de ibur. Y me dijo que había entrado en ella como ibur el alma de la esposa del malvado Turnus Rufus, quien posteriormente se casaría con Rabí Akiva, y ese es el motivo de la cercanía entre Rabí Akiva y mi mujer, que es reencarnación de su suegro, tal como se mencionó. Entonces, quedó embarazada de mi hija Ángela, y cuando ésta nació se reencarnó en mi hija y se separó de mi mujer. Después de que falleciera mi hija Ángela, fue necesario que regresara bajo el formato de ibur a mi mujer por segunda vez. Entonces, cuando vuelva a nacer una niña, ésta será la reencarnación de la mujer del malvado Turnus Rufus, y si ha de vivir (para que mi mujer vuelva a dar a luz) resultará necesario que el Nefesh de otra mujer entre en ella bajo el formato de ibur y de a luz otra hija. El alma que ha de entrar como ibur en mi mujer se reencarnará en esa niña. En caso de que el Nefesh (que ha de entrar en mi mujer bajo el formato de ibur no precisase reencarnarse por haberse sido ya reparado) pueda quedarse junto a mi mujer bajo el formato de ibur sin separarse de ella al momento del nacimiento, entonces, en virtud de ello, será posible que dé a luz un varón (ya que entonces un varón podrá entrar en el feto). Me dijo que mi mujer moriría y tras ello desposaría a otra mujer sumamente rica, tal como le ocurriera a Rabí Akiva con la esposa de Turnus Rufus, y así me llegarían riqueza a través de mi esposa como en su caso. Otra vez me dijo que una vez que tenga el mérito de completar mi Nefesh tomaré mi Ruaj, y tal como mi Nefesh que es común con el de Rabí Akiva, mi Ruaj también llegará asociado al Ruaj de Rabí Akiva y entonces tendré el mérito de poder desposar a mi verdadera pareja. Y así como mi Nefesh y mi Ruaj están asociados con el Nefesh y el Ruaj de Rabí Akiva, llegará mi pareja verdadera que tendrá un Nefesh asociado o en común con el Nefesh de la esposa verdadera de Rabí Akiva, que es la hija de Calba Savúa. Dado que la hija de Calba Savúa posee un nivel especial de virtud ya que esperó a su marido durante veinticuatro años para que éste estudiara Torá, por ello también mi mujer que está asociada a ella posee un gran nivel de virtuosidad y no puedo recibirla hasta no haber reparado mi Nefesh y me llegue mi Ruaj. Dijo Shmuel: me dijo mi maestro, de bendita memoria, que su pareja verdadera era mi señora madre, tal como aquella a la que se refiere el versículo: «... de las mujeres que están en la tienda, sea bendecida ella» (Jueces 5:24).

Meditación en la tumba de Abaié

En víspera del novilunio de Elul del año 5331 (1571) mi maestro, de bendita memoria, me envió a la cueva de Abaié y Raba, donde me prosterné ante la tumba de Abaié, sea recordado para la vida en el Mundo Venidero, y allí realicé en primer lugar una unificación meditativa (ijud) de la boca (pe) y la nariz (jotem) de Atika Kadisha y me quedé dormido, me desperté y no vi nada. Luego, volví a prosternarme ante la tumba del propio Abaié, llevé a cabo un ijud que estaba escrito del puño y letra de mi maestro. Cuando uní y acoplé las letras de los Nombres Havayá y Ad-onai (י-נ-ד-א — ה-ו-ה-י) como es sabido, mi pensamiento se confundió y no pude unirlos, dejé de pensar en esa unión, y entonces me pareció escuchar en mi pensamiento como si una voz me dijera: «retírate, retírate» («jazor bejá» – también retrocede o retráctate) numerosas veces. Se me ocurrió que he aquí éstas son las palabras que le dijo Akaviá ben Mehalalel a su hijo, como es sabido (Tratado de Eduiot 5:7), y entonces volví a pensar en esa unión y pude completarla. (Tras completar el segundo ijud) me pareció como si me dijeran: «Dios, Él proveerá el cordero para el holocausto, hijo mío» (Génesis 22:8). Ésta es la manera como me lo explicaron: yo me había preocupado pensando que el primer ijud no había surtido efecto, pero ello no había sido así, sino que había funcionado, y yo había logrado estar ante HaShem, Bendito Sea, y a esto se refieren las palabras: «Dios, Él proveerá el cordero» etc. En mi pensamiento me pareció como si me estuvieran explicando que en ese versículo estaba insinuado la totalidad del primer ijud que había realizado, pues las iniciales de «Dios, Él proveerá el cordero» (השה לו יראה אלהים) suman 46 lo cual equivale al valor numérico del ijud de los Nombres Divinos Havayá y E-heie (ה-י-ה-א — ה-ו-ה-י), y las iniciales de «el cordero para el holocausto, hijo mío» (בני לעולה השה) es Hevel y está vinculado al hálito o aliento (hevel) superior hacia el cual dirigí mi intención en ese ijud. Me pareció como si me dijeran que las iniciales de: «...Él proveerá el cordero para el holocausto» (לעולה השה לו) forman el nombre del anciano Hilel (הלל). Mas no comprendo esta cuestión.

He aquí que una vez que todo ello se representara en mi mente me invadió un gran miedo y fui presa de un temblor que sacudió todos mis órganos, mis manos temblaban una junto a la otra, también mis labios temblaban exageradamente agitándose rápida y repetidamente, y es como si una voz se posara sobre mi lengua entre mis labios y pronunciaba a gran velocidad más de cien veces «¿qué he de decir?», «¿qué he de decir». Yo me contenía y esforzaba mis labios para no moverlos mas no pude en lo más mínimo. Luego pensé preguntarle a la sabiduría (hajojmá), y entonces una voz prorrumpió en mi boca y en mi lengua y dijo: «la sabiduría», «la sabiduría» más de veinte veces. Luego volvió a decir «la sabiduría y el conocimiento» (hajojmá vehamadá), «la sabiduría y el conocimiento» un par de veces más. Luego volvió a decir «la sabiduría y el conocimiento te son dados». Luego volvió a decir «la sabiduría y el conocimiento te son dados desde el Cielo, tal como los de Rabí Akiva». Luego volvió a decir: «incluso más que a Rabí Akiva». Luego dijo: «y como el anciano Rav Yeivo», y luego dijo: «la paz sea sobre ti», y luego dijo: «del Cielo te envían paz», todo ello ocurrió a gran velocidad, varias veces, estando yo despierto, luego me prosterné en el nicho de Abaié.

Luego fui donde mi maestro, de bendita memoria, y me dijo que los dos ijudim que había realizado había surtido gran efecto, que los había efectuado en el orden adecuado, y el hecho de que no hubiera recibido respuesta en el primero obedecía a que esperaban hasta que realizara los dos. Y me dijo mi maestro, sea recordado para la vida en el Mundo Venidero, que al regresar de allí e entrar en su hogar, vio al Nefesh de Benaiahu ben Yehoiadá ir conmigo. Me dijo que no era de mi raíz, y que el motivo por el cual me acompañó obedecía a que él se revelaba ante todo aquel que realizase un ijud superior, pues él solía hacerlo así durante toda su vida, tal como lo mencionamos en otro lugar.

Y me dijo mi maestro, de bendita memoria, que le dijeron entonces en Minjá, que si en el próximo Shabat he de merecer el ibur del alma del anciano Rav Yeivo se quedaría conmigo siempre y no se retiraría de mí en el resto de mis reencarnaciones, y que por su intermedio recibiría grandes iluminaciones, especialmente en el rezo de la Amidá durante la «bendición de los años», en la de «el florecimiento de Tu siervo David» y en la de «escucha la plegaria». Esto se debe a que Rav Yeivo se revela ante los justos como Benayahu ben Yehoiadá, como se explicara aquí y, además, como es de mi raíz, si he de tener el mérito de que se presente ante mí, me revelará grandes maravillas, con la ayuda de Dios.

Tras la medianoche de la salida del Shabat (sábado por la noche), realicé un ijud, y al levantarme de mi cama me ocurrió lo mismo que está descrito anteriormente, y el anciano Rav Yeivo me advirtió que por medio del ijud escrito de puño y letra de mi maestro, de bendita memoria, alcanzaré toda la sabiduría que desee, y que lo realizara tres veces por día de la siguiente manera: durante la inclinación sobre el rostro (nefilat apaim), durante el rezo de Shajarit (matinal), durante la inclinación sobre el rostro del rezo de Minjá (vespertino) y durante el recitado del Shemá durante en el rezo de Arvit (nocturno). De ese modo lograré todo cuanto desee. En la noche del lunes volví a realizar el ijud (la unificación meditativa) pasada la medianoche y el anciano Rav Yeivo me dijo: «¿Por qué no realizaste aquel ijud tal como te lo indiqué tres veces al día todos los días? Por su intermedio alcanzarás una comprensión ilimitadamente completa. Vé donde tu maestro Ytzjak Ashkenazi y dile que te enseñe cómo hacer el ijud en los tres momentos mencionados, y dile que hable conmigo y yo se lo enseñaré y él te lo enseñará a ti. Tú no tienes idea cuán grande eres ante HaShem, Bendito Sea, pues eres un gran hombre, como Rabí Akiva y sus compañeros, y lograrás alcanzar (comprender) lo que nadie logrará en esta generación, incluido tu maestro el Arí (Rabí Ytzjak Luria Ashkenazi), y en el futuro te hablará el ángel Eliahu, recordado para bien, cara a cara (en hebreo 'boca a boca', tal como Dios hablara con Moshé, *N. del T.*) estando tú despierto. Por ello cuando realices este ijud, elévalo cual maim nukvin (aguas femeninas), cual Eliahu, que es el Nombre Divino (Tetragrámaton cuya forma de compleción asciende en guematria a 52, en hebreo, al igual que el nombre Eliahu) Ban (ב״ן), que es el maim nukvin (de Maljut), y elévalo cual Nadav y Avihú, que son del nivel de Nefesh, y elévame a mí también junto a ellos, y de ese modo lograrás que el profeta Eliahu, recordado para bien, hable contigo, y también los demás ángeles. Y no sabes cuán superior es tu nivel respecto del de las demás personas de esta generación, y HaShem, Bendito sea, te concederá hijos, y riqueza, y no precisarás de la ayuda de ningún ser humano». Entonces, por la mañana fui donde mi maestro, de bendita memoria, y le conté todo lo arriba mencionado. Luego me enseñó cómo realizar el ijud mencionado durante los tres rezos: en la inclinación sobre el rostro de Shajarit y Minjá y en el recitado del Shemá de Arvit. Y ya te lo he explicado al final del ijud de puño y letra de mi maestro, de bendita memoria, y velo allí. Asimismo, la cuestión del ijud de Nadav y Avihú y Eliahu, recordado para bien, ya lo he escrito tras el primer ijud de pe y jotem, boca y nariz de Atika Kadisha.

El maestro le habla en sueños en el Shabat anterior al 9 de Av

En el Shabat de Eijá (es Shabat Jazón, el anterior al 9 de Av, *N. del T.*) soñé que mi maestro, de bendita memoria, me hablaba sobre la cuestión de una pareja entre los amoraítas y recitaba, respecto de ella, el versículo que dice: «cuán grande es Tu bien que has ocultado para quienes te temen» (Salmos 31:20). Por la mañana, fui donde mi maestro, y le dije lo que había ocurrido y me explicó la cuestión. Me dijo que se trataba de un gran secreto, y me dijo que se debía a que el viernes por la tarde vio escrito en mi frente: «Rami bar Jama» y las letras «nun» y «reish» (נ״ר). Él no entendió de qué se trataba hasta que le fuera revelado tras investigar el tema. Esta es la cuestión: ya hemos explicado que hay 613 chispas de estudiosos de la Torá en la raíz de cada Nefesh. La hija de Rav Jisda, mencionada en el Talmud, era del nivel de Maljut, hija de alguien sobre quien está escrito: «de abundante generosidad», Y ésta es también la explicación profunda del versículo: «cuán grande es Tu bondad». He aquí que la cópula o conexión (zivug) superior es el secreto del Da'at, unión de los Nombres Havayá y Eh-ie

(י-ה-ו-ה – א-ה-י-ה), cuya guematria asciende a 47. El nombre en Da'at es Rami bar Jama, tal como se explicará. Y por ello, Rami bar Jama se casó primeramente con ella y luego lo hizo Raba, cuyo nombre contiene las letras de aljibe, 'beer' (ב=2, א=1, ר=200 רב"א – בא"ר) y es la conexión (zivug) inferior del Yesod. Esto es así ya que el nombre Raba (רבא) tiene el valor numérico de los dos Nombres Divinos Havayá y Elokim (י-ה-ו-ה – א-ל-ה-י-ם) y Havayá – Ad-onai (י-ה-ו-ה – א-ד-נ-י), que son las dos conexiones inferiores y ascienden a 203 que es la guematria de 'aljibe', 'beer', que es Maljut y sus siete recintos (heijalot) junto al Tiferet, tal como es sabido. Y sobre esto dijo Raba: «Yo soy último». Sin embargo, Rami bar Jama es el superior, pues si sumas las dos conexiones inferiores que ascienden a 'beer' y 'Raba' a la conexión superior que asciende a 47 como se mencionó, en guematria los tres ascienden a 250 que equivale a Rami (רמי=200+40+10). He aquí que Rami es del nivel superior de Da'at, tal como es sabido, y es el pórtico cincuenta, «senda que el águila no ha conocido» (Job 28:7), y es Rami bar Jama, pues Jama en guematria asciende a 49 (חמא=8+40+1) y Rami es el pórtico 50 de la raíz de mi Nefesh, es el Da'at superior de la raíz de mi Nefesh. A esto se refiere el versículo que dice: «cuán grande es Tu bien» que había soñado. La palabra cuán, en hebreo 'ma', tal como es sabido, es Maljut, es la hija de «grande es Tu bien» que es Rav Jisda. Ésta es la que está oculta para «quienes Te temen», que fueron Rami y Raba, como Da'at y Yesod. Además, las iniciales de: «Cuán grande es Tu bien que» (מה רב טובך אשר) en guematria asciende al valor de Rami, y recuerda esta cuestión, que Rami es el pórtico cincuenta de la raíz de mi Nefesh.

Ya hemos explicado en otro sitio la cuestión de dónde se encuentran las almas de los tanaítas y los amoraítas. Y ahora, explicaremos en detalle algunas de las chispas de la raíz de mi Nefesh. Ya sabes que en el Zair Anpín hay cinco jasadim que se expanden y cinco guevurot.

Dijo el autor: me parece que todo ello se encuentra en el Partzuf del órgano del talón que se encuentra en el partzuf general de Caín, que es completamente un partzuf de guevurot del Moaj de Da'at de Zair Anpín. He aquí que el nivel de guevurot de la gadlut (grandeza) que asciende desde el Yesod del Zair Anpín hacia Netzaj de Zair Anpín es la raíz del Nefesh del rey Jizkiahu. La Guevurá que asciende a Jesed es el profeta Yejezkel. La Guevurá de gadlut que asciende del Yesod hacia Hod es Rabí Akiva. Aquel que asciende a Guevurá es Akaviá ben Mehalalel. La Guevurá que asciende a los dos tercios inferiores revelados del Tiferet es Rabán Yojanán ben Zakai. De lo que queda del tercio del Jesed tras la división es la raíz de «mem» – «reish» que es Menashé el hijo del rey Jizkiahu. El tercio superior es Eliahu ben Berajel HaBuzí de la familia Ram, Ram es «mem» – «reish», y luego asciende a Da'at y es el profeta Shmuel de Ramataim, y la katnut (pequeñez) del Nombre Eloh-im, tal como es sabido.

Moaj, jasadim y guevurot

Explicaremos ahora tres niveles que son Moaj (cerebro), Jasadim y Guevurot. El moaj que asciende a Netzaj es Abaié. La Guevurá su hijo Rav Bibi. Luego asciende el Jesed que es el brazo derecho y el Moaj y es Rav Sejora. La Guevurá es Rav Shmuel bar Shilat, y el Jesed es Pinjás el hermano de Mar Shmuel, y él fue hecho por medio del nivel de Guevurá de gadlut (grandeza), que golpea dentro de la katnut (pequeñez). Y el Hod y el moaj es Rav Mesharshia, el discípulo de Abaié. Y la Guevurá es Rami bar Tamari. Y el Jesed es Rafram bar Papa. Luego asciende por Guevurá, el moaj, Rav Zerika, y la Guevurá es Rabí Ze'ira de Dahabat. El Jesed es Rabí Ze'ira bar Hilel. El Tiferet en los dos tercios inferiores descubiertos o revelados, el moaj es Ula bar Koshev, y la Guevurá es Rabin quien salió de la tierra de Israel y fue a Babel, el Jesed es Rav Jana de Bagdad. El Tiferet, en el tercio superior recubierto, el moaj es Rabí Miashia que vivió en el tiempo de Rabí Yojanán. La Guevurá es Rav Shilo, aquel que es mencionado en el Tratado de Berajot (58a) como alguien a quien le ocurrían milagros, el Jesed es Shabjat hijo de Ravina.

Intenciones meditativas

Mi maestro, de bendita memoria, me ordenó que siempre tuviera estas intenciones meditativas mencionadas, cada semana, divididas según los días. Que medite sobre las que están en Netzaj Hod y Yesod los días domingo, lunes y martes, sobre las de Jesed, Guevurá y Tiferet los miércoles, jueves y viernes. En las de Da'at, los viernes, pasada la quinta hora, que entonces ya comienza algo del suplemento sabático. Y has de saber que todo ello lo tenía escrito en los días de mi maestro, de bendita memoria, en un pequeño papel. Al final de éste venía escrito el nombre de Rav Jama ben Buzí sin explicación alguna. No sé si debo tener intención meditativa en él los sábados, y he olvidado la cuestión.

En otra ocasión, un domingo, me ordenó también que todos los días de la semana en cada rezo orientar mi intención meditativa hacia los justos tanaítas y amoraítas que he de mencionar a continuación, y éste es su orden: Domingo, en el rezo de Shajarit, el anciano Rav Yeivo. En Minjá – Abaié. En Arvit – su hijo Rav Bibi. El lunes, en Shajarit – el amoraíta Rav Yeivo, en Minjá y Arvit - Aviá ben Rejavám. El martes, en Shajarit – Rav Dimi de Nehardea, en Minjá Rav Dimi que se fuera a la tierra de Israel, en Arvit – el amoraíta Yaisa. El miércoles, en Shajarit – Rav Ajarai ben Yoshiá, en Minjá – Rav Shisha el hijo de Rav Idi, en Arvit – Rav Jía de Difti. El jueves, en Shajarit – Yehoshúa bar Zarnuki, en Minjá – Rav Ayio, en Arvit – Avdimi. Todo el viernes corresponde a Najum de Alkosh. Todo el Shabat – Mija de Morash. Has de saber que de esto también encontré un pequeño papel y tras estos, ya mencionados, encontré estos otros nombres, y no he de explicar sus cuestiones, y ellos son: Rav Bibi, Rav Zrika, Rav Taviumi, Rav Krospedai, aquel cuyo corazón era dulce, Rav Tzadok HaCohen, Rav Kisma y Rav Shmaia el piadoso. Considero, humildemente, que me ordenó dirigir mi intención meditativa a ellos, cada uno en otro de los siete días de la semana, según el orden de 1 a 7.

En otra ocasión me dijo que Eliahu ben Berajel HaBuzí de la familia Ram es del tercio superior cubierto del Tiferet, y por ello está escrito: «de la familia Ram (elevado, en hebreo, lo cual alude al tercio superior)». Elkaná y su hijo el profeta Shmuel son de Ramataim (lit. dos colinas, mesetas o elevaciones) que es en el Da'at propiamente dicho, que es el nivel superior que los incluye a ambos. En cuanto a mí, el joven, me dijo en otra oportunidad que soy la Guevurá superior de Hod que se encuentra en el Da'at. Y Rabí Yosei HaGlilí proviene del borde izquierdo de la cabeza, del nivel de E-l Shad-ai que está en el partzuf del hombro izquierdo del partzuf de la raíz de mi Nefesh. Y Yonatán ben Harkinas es de la Guevurá de la (segunda) Guevurá de las cinco Guevurot que están en Da'at. Rabí Akiva es de la Guevurá de Hod (la quinta). Yo soy de las Guevurot de Hod que están en Da'at exterior de Lea. Y el profeta Yejezkel es de una gota seminal del primer Adam, anterior al nacimiento de Caín. Tal como te lo hice saber en el caso de Mijá de Morash y Najum de Alkosh. Y Rabí Jutzpit el intérprete proviene de las Guevurá de Hod de Da'at del lado de Aba, y su luz irrumpe y pasa hasta el Da'at exterior de Lea, y la raíz de mi Nefesh es de lo que allí queda. Creo humildemente, que mi maestro, de bendita memoria, me dijo que forzosamente, al pasar a través del Da'at de Ima pasé por Guevurá de Hod de Da'at de Zair Anpín de lado de Ima, ya que Aba se encuentra oculto en el interior de Ima. Y lo que resta de Da'at de Hod de Zair Anpín del lado de Ima, es mi sitio de gran cercanía (con Rabí Jutzpit). Asimismo, todas las demás raíces de mi maestro, el Rabino Moshé Alshej, de bendita memoria, pasan y atraviesan por la senda mencionada y tengo vinculación con ellas. También me dijo, mi maestro, se recordado para la vida en el Mundo Venidero, que dado que Yonatán ben Harkinas, de bendita memoria, es de la Guevurá de la Guevurá de Da'at y Rabí Akiva de la Guevurá de Hod de Da'at, Yonatán ben Harkinas era más inteligente, tal como se menciona en el Talmud Jerosolimitano en el Tratado de Yevamot (1:1).

Las raíces de las almas

Ésta es la explicación de la cuestión de las raíces de las almas. Has de saber, que todas las almas dependen del primer Adam, pues él incluye a las cinco raíces de las almas que son Arij, Aba e Ima, Zair Anpín y Nukva. He aquí que los 248 órganos y los 365 tendones están en Adam, y son 613 raíces, quiero decir, que en cada órgano de estos 248 y en cada tendón de estos 365, en cada uno de los 613 órganos y tendones hay un partzuf, y es considerado una sola raíz.

He aquí que cada órgano está compuesto de carne, tendones y huesos, tal como ellos, de bendita memoria, dicen respecto de la impureza espiritual, y la cuestión de la ingesta de un órgano de un animal aun viviente (Tratado de Ohalot 1:8). Sin embargo, estos tendones no son de los 365 porque estos 365 son tendones en sí mismos, además de los 248 órganos. Pero los tendones incluidos en los órganos son las pequeñas arterias que se expanden al interior de la carne y el órgano y no son parte de los 365 tendones.

Resulta entonces que las 613 se encuentran en el primer Adam, y cada una de ellas posee 613 chispas de almas y cada chispa es considerada como un alma. Todo ello es en la exterioridad del Nefesh, tal como se explicará más adelante, Y ésta es la verdad fundamental de la cuestión. Sin embargo, a raíz de los pecados y los daños que han afectado a los niveles inferiores, los dos niveles o aspectos antemencionados se dividen en varias partes, esto es, que las 613 raíces grandes pueden subdividirse y separarse en hasta 600.000 raíces pequeñas. Asimismo, las 613 chispas grandes que se encuentran en cada una de las 613 raíces pueden subdividirse en hasta 600.000 chispas pequeñas. Mas has de saber, que no es necesario que las 613 raíces mayores se subdividan en 600.000 más pequeñas, sino que la intención es que las grandes raíces no pueden ser menos de 613 o las grandes chispas en cada raíz ser menos de 613. Asimismo, no pueden haber más de 600.000 pequeñas raíces o más de 600.000 pequeñas chispas en cada una de las 613 raíces. Es posible que haya un número intermedio, pues puede subdividirse entre mil, o miles, o decenas de mil (tanto raíces como chispas) o similar a esto dependiendo del nivel del pecado. El motivo mencionado en el tikún 69 de Sefer HaTikunim es que una raíz no puede reencarnarse más de 600.000 veces, pero menos de este número puede hacerlo hasta 613 veces, dependiendo de lo pequeño que haya sido el pecado y de su nivel.

He aquí que Caín y Hevel, son dos órganos del hombro del primer Adam, Hevel en el hombro derecho y Caín en el izquierdo. Se trata del nivel del hombro que conecta al brazo con el cuerpo. A raíz del pecado que ambos dos realizaron, tal como se menciona en Sefer HaTikunim, en el tikún 69, causaron daño arriba, y todas las raíces de los dos se dividieron, 613 grandes almas se dividieron en 600.000 chispas, cada una de las cuales es un alma. Esto es lo que está escrito allí en Sefer HaTikunim, que de Moshé se expandieron hasta 600.000 etc., ya que el es de la raíz de Hevel. He aquí que la raíz de Da'at desciende a través de la columna vertebral, al comienzo desciende hacia estos dos hombros, y luego desciende hasta el Yesod para generar la gota seminal. Al provenir la gota seminal del hombro hasta el Yesod, el Yesod adquiere el nombre de «hojas de palma» (kapot tmarim) ya que las iniciales de kapot tmarim (כפ״ת) y las letras del vocablo 'hombro' (כת״ף) son idénticas. Cuando (la gota) desciende de los dos hombros conjuntamente hasta el Yesod, entonces, sobre eso se dice: «dos cintas por sobre los hombros prendidas tendrá en sus dos extremos y habrá de ser unido» (Éxodo 28:7), ya que luego se unen en el Yesod, y entonces está escrito: «los mil, para ti Shlomó» (Cantar de los Cantares 8:12) ya que el Yesod es denominado 'Shlomó'. Y por eso está escrito: «Mi pacto de paz» (Números 25:12), que es el secreto del mil, ya que el valor numérico de la palabra hombro (katef) multiplicado por dos da 1000 (20 = כ 80 = פ 400 = ת). Sin embargo, un solo hombro tiene una guematria de solamente 500, que es el total de las letras de la compleción oculta del Nombre Shad-ai de Yesod, y al sumarse dan 1000.

Ahora pasaré a explicar la cuestión de las raíces mencionadas. En virtud del pecado del primer Adam se mezclaron las chispas de sus demás órganos con la klipá del mal de las raíces de Caín y Hevel, y a la hora de reencarnarse (Cain y Hevel) se revelan juntamente y así regresará cada cosa a su raíz.

Ahora pasaré a explicar únicamente la raíz de Caín, del cual depende la chispa de mi Nefesh, el de Jaim. La raíz de Caín es la sección del hombro izquierdo que une el brazo al cuerpo, y posee carne, tendones y huesos, pues tal como ya es sabido no se lo denomina 'órgano' a menos que contenga carne, tendones y huesos. Ya hemos explicado anteriormente que esos tendones son pequeñas arterias y no son parte de los 365 tendones arriba mencionados. Las tres partes de este órgano se dividen en 600.000 pequeñas chispas, y cada órgano de este hombro es un partzuf completo. Sin embargo, la raíz de la chispa de mi alma es el sitio de la unión del talón izquierdo en este partzuf, que es el hombro izquierdo del primer Adam del segundo nivel. Y en este talón izquierdo del partzuf de Caín hay más de 613 chispas pequeñas, y son las almas arriba mencionadas, todas las cuales provienen de la raíz de mi alma y he detallado arriba, desde Caín hasta el Nefesh mío, de Jaím. Hay otros, amén de los señalados anteriormente, y mi maestro, sea recordado para la vida del Mundo Venidero, no me ha explicado todas las chispas que se encuentran en ese talón.

Ahora, pasaré a explicar la cuestión del talón izquierdo del partzuf de Caín, que es la totalidad del órgano del hombro izquierdo del primer Adam, como ya se mencionó. Has de saber, que la gota seminal que fluye desde el talón izquierdo hasta el Yesod de Zair Anpín se transforma a veces en Ya'akov, a veces en Rabí Akiva, a veces en Akaviá y en nombres similares. No resulta necesario que me extienda en estos detalles. Y has de saber que el talón es siempre Maljut por ello, en todas las chispas de este talón hay una fuerza para ascender hasta el pensamiento, de acuerdo con el versículo que dice «la mujer cortejará al hombre» (Jeremías 31:12) Rabí Akiva mereció ascender al pensamiento. Y entiéndelo. Y he aquí que el Nefesh mío, del joven Jaím, es del talón izquierdo del hombro izquierdo del partzuf del primer Adam, arriba mencionado. Por lo tanto, poseo largos cabellos en mi hombro, tal como se ha mencionado anteriormente, y mi maestro, de bendita memoria, me lo indicó como señal de que mi Nefesh se aferra al hombro izquierdo del primer Adam. Si bien poseo cabellos largos en mi hombro derecho, lo son más en el izquierdo. Esto se debe a que cuando el lado derecho se viera dañado o afectado, por medio del pecado de Hevel que afectó al lado derecho, la señal no fue reconocible salvo únicamente en el lado derecho. Pero cuando a raíz del daño que afectara también el lado izquierdo, como es el caso del pecado de Caín que dañó el hombro izquierdo, entonces el daño alcanza también al hombro derecho, y por ello tengo largos cabellos en el hombro derecho, pero los del izquierdo son más abundantes ya que allí es su sitio principal. Sin embargo, cuando el daño ocurre únicamente del lado derecho entonces la señal resulta perceptible únicamente del lado derecho. Y entiéndelo.

Y has de saber, que un individuo no precisa reparar todos los defectos que posee en toda su raíz. Por ejemplo, quien es del hombro izquierdo del primer Adam que es denominada raíz de Caín, si bien pertenece a un órgano particular que se encuentra en ese partzuf, como del talón mencionado, ninguna de las chispas que allí se encuentran tendrán que completar y reparar la totalidad del daño de todo el partzuf sino solamente en el talón. De esto resulta, que todas las chispas de este talón izquierdo de este partzuf del lado izquierdo del primer Adam, todas son garantes o responsables unas por otras, para que cada una de ellas repare en aras de la totalidad de estas, y a su vez todas ellas lo hagan en aras de una de éstas, y cuando se complete la reparación de este talón, éste ya no precisará volver a reencarnar, a pesar de que el resto del hombro no esté aun completamente reparado.

Y has de saber, que cuando alguna de las chispas de este talón peca e incurre en una transgresión y necesita reencarnarse para repararse, se reencarna junto a una de las chispas de este talón y se repara junto a esta. No obstante, en caso de que el pecado sea grave, al grado de que el cuerpo se destruye y no resucita, Dios no lo permita, entonces se reencarnará sola, y el primer cuerpo será completamente destruido.

Asimismo, si se reencarna para completar algún precepto que aún no fue observado, y no para reparar una transgresión cometida o un pecado, se reencarnará sola muchas veces, de ser necesario, hasta completar el precepto faltante. Luego, durante la resurrección de los muertos, cada cuerpo recibirá la porción del alma que se reparó por su intermedio. Y has de saber, que cuando falta de alguna chispa (creo humildemente, dice Rabí Shmuel Vital, que en vez de 'falta' debería decir 'cuando fue dañada') un precepto, la chispa no vuelve a reencarnarse junto a una chispa adicional, aunque sea de su raíz sino únicamente junto a una chispa similar, y no con las demás chispas, aunque sean de su raíz.

Y has de saber, que, si un individuo hace pecar a su semejante, aunque ambos no sean de la misma raíz, deben reencarnarse juntos y aquel que hizo pecar entrará en el otro bajo el formato de ibur para ayudarle a observar preceptos y de esa manera reparar le haberle hecho transgredir. Y has de saber que, si un individuo se repara y completa su Nefesh totalmente, entonces se revelarán ante él chispas de este talón, e iluminarán su cuerpo. Para que esté reparado es preciso que (las chispas) se revelen en su frente y sean reconocibles para quien ha sido agraciado por Dios con la capacidad de leer el rostro. Es preciso que se revelen en su frente todas las 613 chispas que están en esa raíz del Nefesh, o del Ruaj, o de la Neshamá. Ya que esos 613 son los estudiosos de la Torá que se encuentran en cada una de las raíces, algunos de los cuales no son explícitamente reconocibles, de todas maneras, están incluidos junto a los otros que son mayores que ellos. La cuestión radica en que hay varias chispas grandes que son las principales de entre las 613 chispas pequeñas, y cuando éstas se revelan, ciertamente que las demás se revelan junto a ellas, pero dada la envergadura de la luz que emiten las chispas principales, las demás no resultan distinguibles. Mi maestro, de bendita memoria, no me explicó cuántas son las chispas principales. Y en caso de que el Nefesh, el Ruaj o la Neshamá del individuo no estén completamente reparadas, en la medida que cumpla preceptos se revelarán en él chispas de las 613 del Nefesh, o de las 613 del Ruaj, o de las 613 de la Neshamá. Y hay chispas que están muy distantes de él, y otras muy cercanas, otras lo rodean desde lejos y otras lo rodean desde cerca. Todo es proporcional a la acción del hombre, y cuando éste peca, las chispas se retiran de él, Dios no lo quiera, y el número de chispas que se habrán de retirar será proporcional a la envergadura del pecado.

Además, en lo concerniente a la cuestión de las raíces de las almas, has de saber que todas las almas estuvieron alguna vez incluidas en el primer Adam. He aquí que todas las raíces de las almas del primer Adam son los tres patriarcas. Estos, se dividen luego en doce tribus. Luego se dividen en setenta almas (que descendieron a Egipto, *N. del T.*). Y cada uno de estos setenta se dividieron en varias partes hasta que resultó que todas las raíces contenidas en el alma del primer Adam son 600.000 raíces pequeñas.

He aquí que, si lo analizas detenidamente, verás que las 613 son la generalidad de las 600.000, ya que los 600.000 son los hombres de a pie, y son las dos primeras letras que conforman el vocablo Taryag (תרי״ג) (forma hebrea de escribir 613, *N. del T.*). La letra «guimel» (3 = ג) de Taryag son los tres patriarcas, y la «yud» (י) son las setenta almas. Los «seis extremos» son 600.000, tal como es sabido, y la letra «yud» completa las setenta almas, como es sabido. Además, las dos letras «yud» y «guimel» son las doce tribus, y una extra. Así es como (las raíces) son 613 e incluyen a toda la realidad arriba mencionada.

He aquí que Caín, que es una de las raíces que se encuentran en el alma de Adam es el hombro izquierdo de Adam, y se divide del modo mencionado, que son los tres patriarcas, las doce tribus y las setenta almas, y no se divide más que hasta setenta almas que son setenta raíces, y no más. Ya que no se asemeja al primer Adam que posee 600.000 raíces. Sin embargo, dado que Caín es una de las raíces del primer Adam, posee también la realidad de Adam, y está dividido como él en tres patriarcas, doce tribus y setenta almas que son setenta raíces y no más. Pero no se parece del todo a Adam que se divide en 600.000 raíces. Sin embargo, las setenta raíces de Caín se dividen en 600.000 chispas, no más, y sin embargo, las raíces son solamente setenta. Otro tanto ocurre con el hombro derecho del primer Adam, que es la raíz de Hevel, y también posee tres patriarcas, y luego se dividen en doce tribus y luego se subdividen en setenta almas que son setenta raíces y no más, y todas juntas son las 600.000 chispas de almas y no más.

Y has de saber, que cada una de las raíces de las setenta raíces que se encuentran en Caín o Hevel, poseen un partzuf completo que es denominado 'una raíz', ya que no posees raíz de entre todas las raíces que no sea un partzuf entero.

Y he aquí que la raíz del Nefesh de mi persona, Jaím, es una de las setenta raíces de Caín, y posee un partzuf entero y contiene más de 613 chispas de almas, y Rabí Akiva, y Rabí Akaviá ben Mehalalel y yo Jaim somos del talón de ese partzuf. Y el rey Jizkiahu está en la cabeza de este partzuf. Y has de saber que los dos hombros mencionados del primer Adam, que son Caín y Hevel. Ello significa que son Aba e Ima son Adam y Javá (Eva), y las dos coronas ocultas en su interior que son Jesed y Guevurá, Hevel es el Jesed y Caín la Guevurá.

Dijo Shmuel, encontré una anotación (de mi padre) y dice así: me parece, en mi humilde opinión, que este talón no es uno de la totalidad del partzuf de Caín sino que se trata de un talón particular, de una de las setenta raíces de Caín, ya que en cada raíz hay un talón. Sin embargo, en lo que respecta a la raíz completa de Rabí Akiva, no se si está en la parte superior o inferior o una de las otras setenta raíces, y no resulta claro que toda esa raíz sea el único talón en todo el partzuf de Caín que incluye setenta raíces. Y ello requiere de un posterior estudio.

INTRODUCCIÓN 38 C

Más explicaciones referentes a la raíz del alma de Rabí Jaím Vital

También en lo referente a de la raíz mi alma, mi maestro, de bendita memoria, en otro momento me explicó lo siguiente: has de saber, que Netzaj y Hod de Atik Yomín se invisten en los dos brazos de Arij Anpín. Y he aquí que de las dos manos de los dos brazos de Arij Anpín se hicieron Jojmá y Biná para Aba e Ima. Y de los dos hombros, que son 'las dos coronas' y son llamadas Jesed y Guevurá y fueron entregadas al hijo sagrado, el Zair Anpín. He aquí que estos cuatro mojín que son los dos de Aba e Ima y las dos coronas - son la luz envolvente (*or makif*) del Zair Anpín, y luego, de esos cuatro mojín salieron tres chispas, dos son de los Mojin de Aba e Ima y una de la conjunción de las dos coronas arriba mencionadas. Esas tres chispas del lado de la luz envolvente se invisten en Netzaj, Hod y Yesod de la Biná que son los tres mojín interiores del Zair Anpín. Así, vemos que Netzaj, Hod y Yesod de Biná revisten a los tres mojín interiores de Zair Anpín, e investidas en su interior se encuentran las tres chispas de los cuatro mojín de luz envolvente. Los cuatro primeros mojín son su luz envolvente, y como los mojín interiores no son sin tres, que son Netzaj, Hod y Yesod de Aba, como ya se mencionara, por ello de estos cuatro mojín exteriores no surgieron sino tres chispas, y la tercera proviene de las dos coronas conjuntamente, y entra a Yesod de Biná, que se hace Da'at de Zair Anpín.

De esta manera, descendió un nivel que es al pasar de cuatro a tres, y luego en Maljut descendió un segundo nivel. Esto se debe a que de tres (*mojín*) bajó a dos, ya que Netzaj y Hod de Zair Anpín se hicieron mojín interiores para ella (Maljut) pero no para el Yesod. Estos tres (mojín) interiores de Zair Anpín -que son Netzaj, Hod y Yesod de Biná- son luz envolvente para Maljut y de ellos surgen únicamente dos chispas, una que incluye a Netzaj y a Hod que en su interior contienen dos mojín de Aba e Ima y una segunda, que es una corona del Zair Anpín, y es corona únicamente de la Guevurá. Así, en un inicio había cuatro (mojín) envolventes, luego tres y posteriormente dos.

Ahora explicaré la raíz de mi Nefesh. No hay mención de la existencia de Maljut en Atik Yomín porque no posee sino nueve recintos o santuarios (*heijalín*), tal como se menciona al principio de *Ydrat Haazinu*. Por lo tanto, la raíz de Maljut que se encuentra en su interior (de Atik Yomín) no fue insinuada solamente en el Hod contenido en él, porque tal como ya sabes Maljut siempre está en Hod. He aquí que este Hod se inviste en una corona llamada Guevurá de Arij Anpín que es el hombro izquierdo (de Arij Anpín) y allí está insinuada Maljut. Y de este hombro izquierdo se expande una chispa que hace de luz envolvente (*or makif*) a Maljut. He aquí que Caín que proviene de la realidad de Maljut está insinuado en el hombro izquierdo del primer Adam, pues allí se encuentra su primera raíz. Por la otra parte (*kenegdó*), está Netzaj de Atik Yomín en el hombro derecho de Arij Anpín, y en él está el sod o secreto del Tiferet. Por ello Hevel está insinuado aquí, y aquí está su raíz, y así entenderás el valor de estos hombros, especialmente del izquierdo, pues ya sabes que Maljut -y especialmente su luz envolvente- no pueden ascender más allá del varón (Zair Anpín). Entonces el Hod de Atik es Maljut, y está investido en la corona de Guevurá del hombro de Zair Anpín que es Maljut. Y el talón del hombro es del nivel de Maljut que en él está. De este talón que también está en Maljut, de allí provienen Rabí Akiva y Akaviá.

En lo que respecta a la raíz de mi Nefesh. Es sabido que existen dos mojín en Zair Anpín, Jojmá y Biná, y que entre los dos hay un tercero llamado Da'at compuesto de Jesed y Guevurá. Cuando el primer Adam pecó, el Da'at descendió entre los dos hombros de Zair Anpín, en el tercio superior del cuerpo. Desde allí el Jesed descendió al hombro derecho y la Guevurá al izquierdo. He aquí que Caín y Hevel nacieron después de que el primer Adam pecara, y la raíz de Caín es de una de las guevurot que descendieron al hombro izquierdo, y una vez que descienden allí ya no iluminan tanto como cuando se encuentran arriba en el moaj (cerebro) propiamente dicho. He aquí que la raíz de mi Nefesh es de Caín. Y toda mi raíz, por ejemplo, Rabí Akiva etc., y como él todos, son de las guevurot de Hod que es la quinta de las guevurot. Y he aquí que tenemos una mezcla, pues cuando un alma se va de aquí, forzosamente posee interioridad y exterioridad, pues posee un nivel o aspecto del moaj que es la Guevurá de Hod que allí se encuentra, y también del hombro izquierdo. Si el Da'at se encontrase arriba en el sitio de la cabeza, la exterioridad del Nefesh sería del hueso y la carne de su propio cráneo (*galgalta*). Sin embargo, ahora la exterioridad es del hombro, y la exterioridad e interioridad no se relacionan. De esto resulta que la interioridad de mi Nefesh es del moaj superior llamado Da'at, y su exterioridad y su revestimiento es del hombro izquierdo. Resulta que tiene una carencia en su interioridad, pues ahora no alumbra como lo haría si estuviese arriba en su lugar. Una segunda carencia es en su exterioridad, que es del hombro y no del cráneo. Y estos dos niveles están en el cuerpo, esto es, son un receptáculo y un revestimiento para el Nefesh. Y, por otra parte, hay dos aspectos de interioridad y exterioridad en el Nefesh propiamente dicho, que se denominan orot (luces). Mira arriba en las disertaciones sobre los revestimientos de las propias almas.

He aquí que por medio de la reparación del ser humano a través de sus acciones en este mundo podrá corregir esta carencia, entonces, mas no ahora, solamente después, en los días del Mashíaj, pues entonces, por efecto de las buenas acciones previamente realizadas en este mundo, la carencia se verá reparada. Entonces, el Da'at ascenderá y el aspecto interior de mi Nefesh alumbrará como en un inicio. Y también la exterioridad de mi Nefesh estará entonces más arriba que el cráneo (galgalta). Pero en lo que refiere a la exterioridad del Nefesh que poseo ahora, que es del hombro izquierdo, estoy en la duda si mi maestro, de bendita memoria, me dijo que se quedaría siempre conmigo, ya que ahora está unida a mi Nefesh, o todo lo contrario.

He aquí que, como se ha explicado, cuando el Da'at descendió con el pecado del primer Adam descendió igualmente el nivel o aspecto de Lea de detrás del Da'at de Zair Anpín -que era su sitio inicial- junto al Da'at hasta detrás de los hombros. Pues como es sabido Lea salió de Maljut de Biná y el Da'at está en Yesod de Biná. He aquí que de la parte principal de Guevurá de Hod que se encuentra en Da'at de Zair Anpín es (la raíz de) Rabí Akiva. Mi Nefesh, yo soy Jaim, es de la misma luz que sale de Guevurá de Hod que es Rabí Akiva hacia el Hod que es está en el Da'at de Lea. Resulta entonces que yo no estoy en Hod de Da'at de Zair Anpín, ni en Hod de Da'at de Lea, sino que provengo de la iluminación media que sale de Hod de Da'at de Zair Anpín para alumbrar al Hod de Da'at de Lea. Puede ser que a eso se refería mi maestro, de bendita memoria, cuando me decía que yo soy del Hod de Da'at de Zair Anpín, y a veces me que soy del Hod de Da'at de Lea. Y a veces me decía que soy del ala del hombro izquierdo, y Rabí Akiva es el eje central que soporta, y yo la pluma y el cabello que salen del eje central que soporta, como se explicará abajo con la ayuda de Dios, Bendito Sea.

Mi maestro, de bendita memoria, también me dijo que la interioridad de mi Nefesh es de la Guevurá de Hod que está arriba en el moaj, sólo que descendió tal como se mencionó, y la exterioridad de mi Nefesh es del Jesed del hombro izquierdo.

Has de saber también que, como ya explicamos, el primer Adam se divide en 613 raíces grandes y 600.000 raíces pequeñas. De igual manera, cada raíz de las 613 se divide a su vez en hasta 600.000 chispas pequeñas, y todo ello es en el nivel de Nefesh. Esta misma cuenta sucede con el nivel de Ruaj, y en el de Neshamá etc. Y no cabe extendernos en esto pues se trata de algo sencillo.

Dijo Shmuel: dado que ha llegado a nosotros, he de expresar mi opinión sobre lo que mi padre y maestro (Rabí Jaím Vital), de bendita memoria, me dijo. La raíz de mi alma, yo Shmuel, es una chispa de Rabí Meir, la paz sea sobre él. Además, en un sueño me lo comunicó personalmente, diciéndome: «tú eres una chispa de mi Nefesh». Le dije esas palabras a mi maestro, sea recordado para la vida en el Mundo Venidero, y me dijo que eso era verdad. Y además me dijo algo novedoso, que Rabí Meir, la paz sea sobre él, se había reencarnado en mi abuelo cuyo nombre era Rabí Yosef Vital, de bendita memoria. Rabí Yosef fue un escriba de filacterias (*tefilín*) ya que Rabí Meir había sido un importante escriba en su generación, tal como lo sabemos de la Mishná. Por lo tanto, Rabí Yosef fue un escriba destacado, un artesano experto que no volvió a haber otro como él. El gran rabino, el Arí (Rabí Ytzjak Luria), sea recordado para la vida del Mundo Venidero, dijo que medio mundo se alimenta de los méritos de mi abuelo, la paz sea sobre él, por medio de las filacterias '*kasher*' (ritualmente aptas) que elaboró. Tras ello, mi abuelo, sea recordado para la vida del Mundo Venidero, se reencarnó en mí, el joven Shmuel Vital. Por ello tengo algo de capacidad para ser escriba, y alcanza con ello. Pues mi maestro, sea recordado para la vida del Mundo Venidero, un día me dijo: «¿Por qué callo ante lo que dices, escuchándote sin hablarte fuerte como un padre lo hace con su hijo, incluso cuando a veces me enfadas? Además, hay un gran amor entre nosotros, más de lo necesario. Ello obedece a que tú eres la reencarnación de mi padre». Esto es suficiente.

El legado de Rabí Ytzjak Luria a Rabí Jaím Vital, poco antes de su fallecimiento

Ahora escribiré, lo que me dijo mi maestro, de bendita memoria, siete días antes de partir hacia la vida del Mundo Venidero. Has de saber, que desde la primera vez que habló conmigo me dijo que me cuidara de sobremanera de no revelar a los seres humanos la dimensión de su alcance y comprensión puesto que él no había venido sino a repararme a mí únicamente, y luego por mi intermedio se repararían otros, y me advirtió que si he de revelar quién realmente es, ello causaría un gran daño para él, para mí y para el mundo entero. Y las cosas se dieron de tal manera que mi maestro, Rabí Moshé Alshej, sea protegido, supo de esta cuestión y me obligó a decírselo, y en virtud de que me lo ordenó, tuve que hacerlo, y de allí muchos fueron los que llegaron a la casa de mi maestro, de bendita memoria. Yo pensaba que había realizado una gran acción preceptiva por el mérito de todos aquellos que retornaron en arrepentimiento, pero en reiteradas oportunidades mi maestro, de bendita memoria, me rezongaba por ello, ya que no tenía tiempo disponible para estudiar conmigo en virtud de la multitud de personas que visitaban su casa, y me decía: «tú causaste que todas estas personas entren a mi casa, y yo soy una persona humilde, y aunque ello me cause daño no puedo rechazarlos». Y días después quiso sacárselos de encima y no se querían ir, y le suplicaron exageradamente, hasta que les dijo: «¿Acaso ustedes quieren dañarme al grado de que deba regresar bajo el formato de ibur por culpa vuestra?» Ellos eran personas grandes (estudiadas) y él les pidió encarecidamente (que se fueran) mas no pudo sacarlos. No pasaron tres meses hasta que un día me llamó en privado y me dijo: «ya sabes cuánto te he advertido por esta cuestión y cuánto daño esto te causa, y si no fuera por esto te elevaría más arriba del nivel de las Aravot. Ahora debes saber que la revelación del secreto a ellos me ha causado a mí un gran daño pues ellos aún no están preparados para ello, y yo debo contestarte todo cuanto me preguntas, tal como te dije en numerosas oportunidades, y por culpa tuya ellos también escuchan cosas que aún no merecen oír, y ello me causa un gran daño. Por ello, escucha mi consejo, no me preguntes nada delante de ellos y se apartarán, y yo te he de elevar por encima del nivel de las Aravot». Y no quise escuchar su voz, y le dije si no se me computaría como transgresión rechazar todas las respuestas a todos esos individuos para mi propio beneficio, y me dijo que yo no sabía si era o no un pecado, pero al final de cuentas no quise cumplir su voluntad en esta cuestión. Al escuchar mi respuesta comenzó a explicarme cuestiones relativas a mi Nefesh, como las que he de escribir ahora, con la ayuda de Dios, y pensó que quizás así habría de tentarme con sus palabras y yo aceptaría que sea de mi exclusivo provecho, y aun así no accedí. Entonces, nos demoramos juntos todo el día hasta la puesta del Sol, y no pudo convencerme. Y me dijo: «has de saber que ya no queda más tiempo salvo el día de hoy, y si no has de aceptar lo que te digo, ya no hay reparación posible para el daño que me ocasiona a mí, te ocasiona a ti y le ocasiona al mundo todo por medio de la revelación de estos secretos a ellos, pues todavía no hay permiso superior para ello». Y yo, en mi actuar pecaminoso, quise ser un devoto necio (*jasid shoté*) y le dije que lo que habría de ocurrirle a todos que me ocurra también a mí, y si ellos no habrían de estudiar yo tampoco lo haría, y que no se diga en el Cielo que en mi beneficio pasé por alto el provecho de estos justos que vienen a estudiar, especialmente porque no pensé ni estimé la consecuencia que tendrían mis pecados. Pasados tres días, el viernes por la tarde de la semana de la lectura de las porciones de *Matot-Masei*, el día de Rosh Jodesh Av del 5332, (mi maestro) fue afectado por una epidemia. Al tercer día de la semana (martes), el día cinco del mes de Av dejó este mundo por la vida del Mundo Venidero, nos dejó la vida a nosotros, sea recordado para el Mundo Venidero.

Ahora explicaré lo que me dijo entonces, en el día de la advertencia, respecto de la cuestión de la raíz de mi Nefesh. Me dijo: has de saber que aún no tengo permiso para decirte para qué viniste al mundo, ni quién eres, y si te transmitiera ese detalle saltarías por los aires de alegría, pero te diré ahora un poco de lo que tengo permitido decirte. Y has de saber que todo el mundo depende de que en primer lugar tú te repares, y por ello escucha por favor mi consejo, en primer lugar, cuida de ti únicamente. Y me dijo: has de saber que la raíz de la exterioridad del revestimiento de tu Nefesh es del órgano del hombro izquierdo del primer Adam, y es del nivel del Nefesh de Caín de su lado bueno. Y has de saber que en cada órgano hay carne, tendones y huesos, y los huesos son los de nivel más elevado en virtud de la médula ósea que contienen y no por el nivel del hueso en sí. Luego, en cuanto a nivel, vienen los tendones (guidín - también venas o arterias) ya que la vida de la persona pasa y fluye a través suyo bajo la forma de la sangre que se esparce a través de las arterias de su cuerpo. Además, éstas conectan a todos los órganos y le dan la capacidad de subsistir. El último de los tres en cuanto a nivel es la carne. La raíz de mi Nefesh proviene del área de los tendones o venas pequeños que se expanden por la carne del órgano y no son parte de los 365 tendones grandes. El número de los estudiosos de la Torá de esos tres niveles de cada raíz de las 600.000 pequeñas raíces todas juntas conforman los 613 estudiosos. En los tres niveles hay raíces, y son los estudiosos de la Torá que se encuentran en cada raíz, esto es, en cada órgano. A su alrededor se desprenden las ramas que son los dueños de casas (*baalei batim*, dueños de casas y jefes de familias que se dedican mayormente a trabajar y no a estudiar), las personas poseedoras de buenas acciones o de acción (*anshei ma'asé*) y los legos en cuestiones de judaísmo (*amei haaretz*), en cada nivel del órgano. Mi Nefesh es uno de los 613 estudiosos de la Torá que están en la raíz de mi Nefesh. Hay una gran división o diferencia entre la raíz de mi Nefesh y las demás raíces. Por ejemplo, quien es del órgano del brazo, o de la pierna, ambas almas están bastante distantes la una de la otra. Sin embargo, en el caso de la raíz del hombro, todos los estudiosos de la Torá están unidos en su interior y se encuentran muy cercanos entre sí.

El orden de la raíz del Nefesh de Rabí Jaím Vital

He aquí el orden de la raíz de mi Nefesh: el profeta Shmuel, tras él el rey Jizkiahu, tras él Rabán Yojanán ben Zakai, tras él Rabí Akiva ben Yosef, tras él Rav Yeivo *Saba DeMishpatim*, tras él el amoraíta Abaié que es llamado Najmani, tras él yo, Jaim Vital. Éste es el motivo por el cual, Rabán Yojanán ben Zakai dijo en el día de su deceso: «preparad un trono para Jizkiahu, rey de Yehudá, que ha venido» (Tratado de Berajot 28b). Y a pesar de que hay numerosas almas en una sola raíz, no pienses que su orden es el de su nacimiento en el mundo, pues a veces las almas y las raíces que son más elevadas y grandes se encuentran en las profundidades de las klipot y no pueden ascender durante un largo período. Y otras almas son de inferior nivel que las primeras, pero sí pueden venir al mundo antes que las otras. Además, has de saber que a veces se reencarnan tres o cuatro almas juntas en un mismo cuerpo, pero más de cuatro resulta imposible. Sobre eso está escrito: «*hago re-*

cordar la iniquidad de los padres sobre los hijos, sobre la tercera y la cuarta generación» (Éxodo 20:5).

Explicaré la cuestión de mi Nefesh, de la cual podrás aprender sobre otras raíces. Has de saber, que el rabino autor del libro *Maguid Mishné* incurrió involuntariamente en el pecado de tener cercanía con una mujer en situación de impureza (*nidá*) y a raíz de ello debió reencarnarse. Además, un hombre llamado Shaúl Trishti debió reencarnarse por haber derramado sangre, ya que quiso circuncidar a un bebé, mas no era idóneo, por lo que éste murió en sus manos, y se trató de un pecado involuntario rayano en la premeditación. Poco después, hubo un individuo llamado Rabí Yehoshúa Soriano quien debió reencarnarse por un pecado, el haber comido sebo (*jelev*), como se ha mencionado anteriormente. He aquí que estas tres almas mencionadas son ramificaciones de mi Nefesh, por eso se reencarnaron efectivamente en mi Nefesh. De ello resulta que yo estoy compuesto de cuatro almas que se reencarnaron juntas, ya que todas precisan limpiar un pecado. Y a pesar de que yo no he pecado en esto, debo limpiar la suciedad producida por los pecados mencionados, dado que yo soy del nivel de tendones, debo limpiar la suciedad producida por los pecados mencionados para que se extienda la vitalidad sobre la totalidad de la raíz. De esto resulta que las tres almas mencionadas son viejas y ya se encarnaron anteriormente, pero la mera chispa de mi Nefesh es nueva, pues desde el día en que Caín pecó y las chispas se hundieron en las klipot la chispa de mi Nefesh no ha salido sino en esta vez. Y has de saber, que no se la llama 'realmente nueva', por cuanto que ya vino al mundo incluida en el Nefesh del propio Caín, y tal como se explicará en otra parte, con la ayuda de Dios, la disertación sobre las almas nuevas y viejas. Y has de saber que tres almas ya reencarnadas y una nueva no resulta posible, tal como se mencionó anteriormente en el versículo que habla sobre «la tercera y la cuarta generación». Ésta es la explicación profunda del versículo que dice «*esto hace Dios con el hombre dos y tres veces*» (Job 33:29). Pues tres almas reencarnadas pueden reencarnarse con un hombre, y no más que ello, pero puede ser menos que eso, por ejemplo, un alma puede reencarnarse sola, o una reencarnada con otra nueva, o dos reencarnadas solas, o tres reencarnadas con una nueva, pero más que eso no puede entrar al cuerpo de un solo hombre. Has de saber también que la cuestión del ibur, estando en vida, se asemeja un poco a la reencarnación, y tal como se habrá de explicar en su lugar, con la ayuda de Dios, y tal como se explicó la cuestión de la reencarnación, lo mismo ocurre con el ibur, pues pueden revelarse por medio del ibur únicamente tres almas que vienen a ayudar a la del individuo, junto con la cual son cuatro, y no más que eso. Y existe una división y una diferencia entre reencarnación (*guilgul*) e ibur. Pues la reencarnación implica que se reencarnan y vienen juntas desde el momento del nacimiento y no se separan hasta el fallecimiento. Y todas se vuelven una sola alma y juntas sufren el dolor del cuerpo. Sin embargo, el ibur tiene dos aspectos. Uno es cuando éste tiene lugar por el bien de quien ha llegado como ibur, como se explicará en su momento, con la ayuda de Dios. El segundo es cuando viene por el bien de la persona que lo recibe. Cuando viene para su propio bien, no llega hasta que el receptor haya cumplido trece años y un día, entonces se expande en el cuerpo de este hombre, como si fuese su propio Nefesh y sufrirá junto al receptor el dolor del cuerpo, como el propio Nefesh de la persona, y se quedará hasta que se haya cumplido el tiempo asignado para reparar lo necesario. Tras ello, saldrá de allí y regresará a su sitio arriba. Sin embargo, cuando el ibur llega por el bien del receptor para ayudarle a generar méritos, viene también cuando el anfitrión cumple trece años y un día, pero lo hace por su propia elección. No se ve forzado en absoluto a sufrir el dolor del cuerpo, no siente ninguna de las penas del cuerpo. Si tiene satisfacción del receptor, se queda allí con él, y si no sale y dice: «*apartaos ahora de las tiendas de estos hombres malvados*» (Números 16:26).

Y explicaré la cuestión de la raíz de mi Nefesh, y de ella aprende para otros. Me dijo mi maestro, de bendita memoria que si llego a tener el mérito entrará en mí Abaié bajo el formato de ibur, si he de merecer aún más entrará también en mí Rav Yeivo Saba bajo el formato de ibur, si he de merecer más, entrará también en mí el ibur de Rabí Akiva. A veces habrán de entrar en mí como ibur uno o dos de ellos, o los tres. Pero más de tres resulta imposible. Pero si he de merecer más, entonces entrará en mí bajo el formato de ibur Rabán Yojanán ben Zakai, junto a Rabí Akiva y a Rav Yeivo Saba. Sin embargo, la luz del ibur de Abaié se anulará entre ellos. De igual manera, hasta los tres originales de entre ellos, el profeta Shmuel, el rey Jizkiahu y Rabán Yojanán ben Zakai entrarán en mí como ibur, al tiempo que la luz del ibur de los demás se anulará entre ellos.

Luego, me dijo una explicación más detallada sobre la raíz de mi Nefesh. Has de saber que Caín y Hevel tomaron también Nefesh de Atzilut del primer Adam. He aquí que es sabido que todos los mundos están conectados entre sí, y después de que un individuo culmina la corrección de una porción del mundo de Asiá puede ascender hasta Yetzirá, y así sucesivamente hasta Atzilut, tal como se menciona en el comienzo de la porción de *Mishpatim* (del libro del Zohar). Sin embargo, todo ello es así cuando se trata de un alma nueva, tal como ya se ha explicado en otro sitio. Y vemos que todos los mundos están conectados entre sí y hacen de trono o asiento uno al otro. He aquí que hay tipos de almas que jamás alcanzaron más que reparar únicamente el Nefesh de Asiá. Hay quienes lograron hacerlo hasta Yetzirá, hay quienes hasta Briá y quienes hasta Atzilut. Y entre todas las raíces son pocos los que lograron reparar hasta Atzilut, y ello no es posible salvo para en el caso de las raíces de Caín y Hevel, ya que se les considera en cierta forma como almas nuevas, tal como ya hemos explicado. Por lo tanto, merecieron tomar hasta el Nefesh de Atzilut, pero no más. Sin embargo, el resto de las raíces son almas «viejas» tal como lo hemos explicado, y no han merecido alcanzar el nivel de Atzilut, sino que, con suerte, pueden merecer alcanzar Briá. Has de saber que Caín y Hevel poseen también estos dos niveles mencionados. Uno es el de Nefesh de Caín y Hevel solamente, que es de Briá y más abajo como el resto de las raíces. Y hay un segundo nivel superior que es la porción del primer Adam que le heredó a Caín y Hevel cuando nacieron, para que no descendiesen a las klipot en el pecado del primer Adam. Y humildemente, considero que es una chispa del Nefesh paterno, que se lo entrega a su hijo para guiarlo, como es sabido, y es una chispa de las coronas llamadas la «jalá (porción sagrada de la masa de pan) del mundo» que se ha quedado en Adam mismo. La chispa que Adam le heredó a Caín fue mayor que la de Hevel porque era el primogénito y el hermano mayor.

Este segundo nivel hace descender de todos los mundos, desde el Nefesh de Asiá hasta el Nefesh de Atzilut, tal como son en el primer Adam, como ya se ha mencionado. Todo aquel que es de este segundo nivel, su virtud es encumbrada, pues en una sola vez que venga al mundo puede reparar hasta Nefesh de Atzilut, pero no más que eso, ya que no son almas completamente nuevas. Toda la raíz de mi Nefesh es de este segundo nivel. Y ya te he explicado en otro lugar que en este segundo nivel hay a su vez dos aspectos o grados, luz interior (or pnimí) y luz envolvente (or makif). Y toda mi raíz proviene de la luz interior, y otro tanto ocurre con el profeta Eliahu, recordado para bien, quien es de la luz interior de este nivel mencionado. Y todo este nivel posee luz interior del Nefesh de Atzilut, hasta Briá, Yetzirá y Asiá. Peor Nadav y Avihú eran de la luz envolvente del Nefesh de Atzilut de este segundo nivel.

Y has de saber, que Caín está en el hombro del brazo izquierdo de todos los mundos, tanto sea Arij, Aba, Ima, Zair Anpín, Nukva, tanto sea de Asiá, Yetzirá o Briá. Por su parte, Hevel es del hombro del brazo derecho. Y he aquí que en los tres mundos Briá, Yetzirá y Asiá se les llama brazos. Pero en el mundo de Atzilut no se les llama brazos sino alas. Y Hevel es llamado 'ala derecha' y Caín 'ala izquierda'. Y este tipo o nivel de brazos y alas poseen luz interior y luz envolvente, como se ha mencionado.

Y he aquí que Caín y Hevel del segundo nivel no tuvieron el mérito de tomar sino hasta las alas de Maljut de Atzilut. Y todas esas raíces pueden alcanzar a tomar en la primera vez que viene al mundo hasta allí. Pero de ahí para arriba no pueden alcanzar, hasta una segunda encarnación.

Y has de saber, que todos aquellos que son del segundo nivel tienen la capacidad de llegar en la primer vez hasta el Nefesh de Atzilut y por eso son llamados ángeles. Y en cada lugar en el que veas que se denomina ángel a algún justo no proviene sino de esta raíz. Y por ello sobre Pinjás fue dicho «*empero había tomado la mujer a los dos hombres y lo había escondido*» (Josué 2:4), «lo» y no «los» porque ella no precisaba esconder a Pinjás ya que él era un ángel dado que pertenece a esta raíz. De igual manera, el profeta Eliahu, era un ángel. También Yehudá y Jizkiahu, los hijos de Rabí Jía fueron llamados ángeles, tal como dijeran nuestros sabios, de bendita memoria en el Talmud (Tratado de Baba Batra 75a) «hay una disputa entre dos amoraítas en la tierra, Yehudá y Jizkiahu, y frente a ellos hay dos ángeles celestiales, etc.». Yehudá y Jizkiahu fueron llamados ángeles dado que provenían de la raíz del segundo nivel de Caín.

También Rabí Yehudá bar Ylai era de esta raíz de Caín del segundo nivel, y en el Talmud dijeron sobre él que cuando lavaba su rostro, sus manos y sus pies y recibía el Shabat «se asemejaba a un ángel de HaShem de las Huestes Celestiales», y entiéndelo (Tratado de Shabat 25b). Sin embargo, Janoj (Enoc), quien tomó también la Zihara Yl'aá del primer Adam que es también hasta la Neshamá de Atzilut, era un ángel, dado que una parte de su raíz (era de Neshamá de Atzilut). Por lo tanto, era mayor que Eliahu, recordado para bien. Cualquiera que sea del nivel de Atzilut es denominado 'ángel' y es capaz de ascender hasta el nivel de un ángel. Recuérdalo.

Explicaremos ahora la cuestión del ala. Has de saber, que Caín es el órgano del hombro izquierdo del primer Adam, tal como lo hemos mencionado, y posee tres niveles que son carne, tendones y huesos, como ya se ha mencionado. Y en Briá, Yetzirá y Asiá, en cada uno de los cinco partzufim de cada uno de estos mundos hay una raíz de Caín en el brazo izquierdo en cada uno de ellos, en el órgano del hombro. Sin embargo, allí no hay nivel de ala, sino que en el mundo de Atzilut la hay, amén de la carne, los tendones y los huesos que se encuentran en el hombro que allí se encuentra. Pues esa es la raíz del segundo nivel de Caín, posee en Atzilut un nivel de hombro que es carne, tendones y huesos, y se aferra al ala que de allí sale, que son las plumas que salen del hombro mencionado en Atzilut, pues de allí hacia abajo no hay nivel de ala, solamente hombro, como se ha mencionado anteriormente.

Explicaré la cuestión del órgano del ala, pues el órgano del hombro en sí ya lo explicamos anteriormente. Has de saber, que el ala izquierda es de Caín contiene 3000 plumas, de mojín de gadlut (grandeza), de yeniká y de ibur, mil grandes, mil medianas y mil pequeñas. Y en cada una de las plumas hay 150 chispas de almas, y en cada pluma hay una especie de poro desde el cual crece la pluma, y tiene una suerte de sangre que se absorbe al interior de la pluma, y la pluma en sí, en su inicio, en su punto de conexión (al cuerpo) posee un raquis de cuyos costados no salen barbas. De allí hacia arriba continua el raquis central y dos barbas a ambos lados. Y así de esa manera ocurre hasta el final de la pluma. Entre las barbas las hay grandes y largas y pequeñas y cortas. Y has de saber, que las barbas pequeñas son chispas almas que fallecen pequeñas. Y has de saber, que la pluma es de nivel más elevado que el poro y la sangre. Y el raquis de la pluma es mayor que las barbas, y que las barbas largas son mayores que las cortas. Y cada pluma posee 150 chispas almas, que es el valor numérico de la palabra «ala» o «kanaf» (80 = פ 50 = נ 20 = כ). Y ésta cuenta de 150 (ק"נ) chispas en cada pluma se corresponde con el nombre de Caín (קין), ya que su nombre contiene las dos letras «kuf» (ק) y «nun» (ן). Y ésta es el ala izquierda, que es suya, pero el ala derecha que es de Hevel, la pluma se divide de otra manera, según el nombre de Hevel. Cada pluma se divide en cinco partes, y cada una de estas contiene 32 (plumas) lo cual en guematria suma el valor del nombre Hevel (30 = ל 2 = ב 5 = ה). Cinco veces 32, lo cual totaliza también 150 tal como las chispas de Caín, empero las 150 chispas de Caín que se encuentran en cada pluma, cada chispa se divide en sí y es denominada kan (ק"ן). Pero en el caso de Hevel, se dividen en cinco partes y cada una en 32 chispas, y ésta es la única diferencia entre ellas (las alas).

Explicaré ahora la cuestión del ala izquierda, pues hete aquí que la totalidad del hombro y la totalidad del ala están incluidas en la raíz de Caín, en el novel de exterioridad, como ya se mencionó anteriormente. Pero mi verdadera raíz particular, que es del segundo nivel de Caín y es del nivel de los tendones que se encuentran en el órgano del hombro izquierdo, como se ha mencionado anteriormente, que se encuentra en los cuatro mundos Atzilut, Briá, Yetzirá y Asiá. Además de ello, mi raíz posee también el nivel del ala izquierda que está en Maljut de Atzilut, hay allí también un ala, y está en la pluma número 277 de las 1000 grandes, y en ella hay 150 chispas almas, y estas 150 chispas de esta pluma son almas verdaderas que son mi raíz del nivel de ala, además del nivel de tendones del hombro, tal como se ha mencionado anteriormente. Y he aquí que el poro de esta pluma es Abaié. Y la sangre que fluye por este poro es Rami bar Jama. La extremidad del raquis conectada al poro se divide en dos de acuerdo con el flujo de la sangre por el interior del raquis que divide en dos niveles. Esto no es así una vez que el raquis asciende o sale del poro. El lado izquierdo es el profeta Shmuel y el derecho, mi maestro, de bendita memoria, no me dijo quién era. El resto del raquis sin barbas es Jizkiahu, rey de Yehudá. Y luego de ahí en más se prolonga el raquis entre las barbas, y en cada nivel del propio raquis, salen barbas. Resulta que cada dos barbas, una derecha y otra izquierda hay entre estas una base. Y yo, el joven Jaim, soy de la barba izquierda de esta pluma, y mi base es Rabí Akiva ben Yosef. Y Yehudá y Jizkiahu, los hijos de Rabí Jía no son de mi pluma que es la número 277 sino de otra, más grande. Y la chispa del alma de mi hermano, el honorable Rabino Moshé Vital, Dios lo proteja, es de la pluma de Yehudá y Jizkiahu, ya mencionados. Y Rabí Yehudá bar Ylai, de bendita memoria, es de otra pluma, más pequeña que la 277, por eso fue alumno de Rabí Akiva. Y la chispa del alma de Rashbá (Rabí Shlomó ben Abraham ibn Aderet 1235-1310), de bendita memoria, y la chispa de Rabí Yosef Karo, de bendita memoria, el autor del libro Beit Yosef, es de la pluma de Rabí Yehudá bar Ylai.

Ventajas de Caín sobre Hevel

Y has de saber que Caín tiene una gran ventaja sobre Hevel, pues ya te he hecho saber que las guevurot de Atik Yomín que se encuentran en interior de Arij Anpín y de las cuales sale Ima Ylá'á, se revelan mucho antes que los jasadim, y además, las Guevurot siempre están reveladas o descubiertas, y por ello quien es de este segundo nivel de la raíz de Caín puede ascender de escalón en escalón y de Guevurá en Guevurá hasta la Guevurá de Atik Yomín y atraer (luz) desde allí. Por su parte, en el nivel de Hevel, es de los jasadim que se encuentran siempre cerrados y no tienen tanta revelación. Éste es el motivo por el cual nuestros sabios, de bendita memoria, dijeron en el Midrash Rabá a la porción de *Jukat*: «dijo Rabí Joniá: *'su ojo vio cosas preciosas'* (Job 28:10) se refiere a Rabí Akiva y sus compañeros a quienes les fueron reveladas cosas que no lo fueron para Moshé Rabenu, la paz sea sobre él. Esto es lo que está escrito en el libro *Otiot DeRabí Akiva* y en el Tratado de Shabat (89a) en el capítulo 'Rabí Akiva'. Moshé Rabenu, la paz sea sobre él, le dijo a Dios, Bendito Sea: «¿Tienes a alguien como él (Rabí Akiva) y deseas entregar la Torá por mi intermedio?» ya que Rabí Akiva era capaz de comprender más cosas que él por el motivo arriba mencionado. Y por eso nuestros rabinos, de bendita memoria, dijeron allí en el Tratado de Shabat, que cuando Moshé ascendió a las alturas encontró al Santo Bendito Sea trazando coronas sobre las letras, y le dijo: «¿Quién te demora?» Y le respondió: «hay un hombre llamado Akiva ben Yosef etc.». Y la cuestión es que quien pertenece a la raíz de Hevel no logra captar sino hasta las coronas (*ketarim*) de las letras, que son los apóstrofes (*taguín*), empero la raíz de Caín del segundo nivel, antes mencionada, tiene la posibilidad de comprender hasta las señales de lectura (*te'amím*) e incluso más. Sin embargo, Moshé logró alcanzar todo esto por medio de sus (buenas) acciones formidables.

Existe también otro motivo para la ventaja de quien es de la raíz de Caín, que es del lado de Ima por sobre quien es del lado de Aba de los jasadim y guevurot de Aba. La cuestión es que Netzaj, Hod y Yesod de Ima están investidos dentro del Zair Anpín hasta el pecho de Zair Anpín, y no hay allí salvo un recubrimiento y un revestimiento solamente, y la luz que de allí sale es abundante y grande, y el alma que de allí sale posee una luz grande y descubierta o revelada, al tiempo que la que viene del lado de Aba posee escasa luz ya que Aba está cubierto con una doble cobertura hasta el pecho de Zair Anpín, uno el propio y el otro de Ima. Asimismo, del pecho hacia abajo Ima está completamente descubierta y Aba está cubierto por una cobertura, y por ello las alas que provienen de los jasadim descubiertos o de las guevurot descubiertas son más útiles que las que provienen de un sitio cubierto, a pesar de que desde el punto de vista del sitio son más elevadas. Y por ello la Guemará dice: «un mundo al revés he visto, los superiores están abajo y los inferiores arriba» (Tratado de Baba Batra 10b) etc.

Hay además otro motivo y es que Aba no ilumina en absoluto, solamente por medio de jasadim y guevurot de Ima que por allí pasan y por eso son mayores que ellos. Hay también otro argumento y es que las guevurot son las primeras en salir vía el Yesod, como se mencionó anteriormente. Por lo tanto, Caín fue el primogénito, de acuerdo con el versículo que dice: *«una mujer virtuosa es la diadema de su marido»* (Proverbios 12:4). Y has de saber, que en el futuro todas las raíces de Caín serán cohanim (sacerdotes) y la raíz de Hevel que fueron cohanim hasta ahora serán leviím (levitas). Todo lo que está ahora en el nivel de leviím es del lado de la Guevurá, por ejemplo, Koraj que era de la raíz de Caín. Todos ellos tomarán entonces el sacerdocio, su porción de primogenitura. Y ésta es la explicación profunda del versículo que dice: *«y los cohanim y los leviím de los hijos de Tzadok»* (Ezequiel 44:15). No encuentras esta cuestión mencionada salvo en el libro de Ezequiel quien también era de la raíz de Caín. Por ello tuvo esas profecías para el futuro por venir cuando aquellos que fueron leviím hasta ese momento se vuelvan cohanim hijos de Tzadok. Y la raíz de Hevel que han sido los cohanim, se volverán leviím.

Y has de saber que, si en una generación se han de encontrar dos almas de una misma raíz en dos hermanos, o en dos amigos, naturalmente se odiarán y acusarán mutuamente pues éste desea aferrarse y atraer para sí más luz (o «mamar», *linok*) y se celan naturalmente sin saberlo. Sin embargo, si han de saber que son de una misma raíz entonces con certeza que no se acusarán uno al otro. Has de saber también, que ello habrá de ocurrir estando ambos con vida, mas las almas de los justos fallecidos desean intensamente completar los Nefashot y las Neshamot de aquellos que están con vida y son de su raíz, pues en ese momento ya no tiene acciones como para que puedan estar celosos o envidiar y digan que desean alcanzar más de ello, *«pues en el ultramundo (sheol) al cual tú vas no hay acciones»* (Eclesiastés 9:10) y más aún, tiene un gran beneficio de las acciones que realizan quienes están con vida.

Más sobre la raíz del Nefesh del autor y sus llegadas a este mundo

Ahora explicaré la cuestión de la raíz de mi Nefesh. Es preciso que sepas que no hay individuo que no posea luz interior y luz envolvente, como el tzelem (imagen) que se encuentra sobre la cabeza de Zair Anpín. Cuando Nadav y Avihú vinieron al mundo, ese fue el inicio de la reparación de la raíz de Caín. Todas las almas de esta raíz estaban incluidas en su tzelem cual luz envolvente sobre ellas. Pero no se quedaron entonces sino las chispas de Nadav y Avihú únicamente, y todas las demás almas de esta raíz estaban incluidas en el tzelem de su luz envolvente, y todas estaban mezcladas dentro de su klipá. Luego, cuando otra alma de esa raíz salió al mundo, solamente ésta se purificó y se volvió revelada, y todas las demás almas de esa raíz vinieron incluidas en el tzelem, bajo la forma de su luz envolvente, pero cada una de ellas aún permanecía en su klipá. Así continuó esto hasta que el rabino autor del libro *Maguid Mishné* llegó al mundo. Él se involucró en el estudio de la filosofía en los días de Bedershi también llamado Rabí Yedaiá HaPeniní, de bendita memoria, tal como es sabido. Él está mencionado en el libro de responsa del Rashbá, de bendita memoria, y el rabino autor del libro *Maguid Mishné* fue tras él y no creía en la sabiduría de la Cabalá. Por lo tanto, los jitzonim o fuerzas exteriores quisieron inducirlo al error en virtud de su pecado y sacaron mi chispa de las profundidades de las klipot junto a muchos otros jitzonim para hacerle pecar a través mío. Ellos pensaron que yo ya estaba perdido entre ellos por un largo tiempo y que, Dios no lo permita, estaba en su nivel al igual que ellos. Y luego, dado que la chispa de mi Nefesh proviene de un sitio elevado, y especialmente, dado que era de la raíz del propio rabino autor del libro *Maguid Mishné*, la santidad de mi Nefesh doblegó a las klipot, las sometí, y más aún, lo reforcé y le ayudé, de acuerdo con lo que dice el versículo: «...*el tiempo en el cual el hombre gobierna al hombre y lo trata injustamente*» (Eclesiastés 8:9), tal como fue mencionado en *Saba DeMishpatim*. Entonces, me quedé siempre bajo el formato de tzelem, sobre la cabeza del rabino autor del libro *Maguid Mishné*, a pesar de que él no era de mi nivel y yo había comenzado a salir de las profundidades de las klipot.

Y has de saber, que todas las almas que se encuentran en las profundidades de las klipot no pueden salir de allí, reencarnarse de inmediato y venir al mundo, sino que es necesario que primero vengan tres veces bajo la forma de tzelem de luz envolvente sobre tres individuos que sean de su raíz para luego venir sola al mundo como alma interior propiamente dicha. Entonces, se le considerará como la primera vez, pues anteriormente había venido incluida con otras chispas, y de ahí en más a su formato de arriba se le llamará «reencarnaciones». En mi caso, la chispa de mi Nefesh había sido el tzelem de la cabeza del Rav HaMaguid, luego en una segunda vez fui el tzelem en la cabeza de Rabí Shaúl, y luego una tercera vez en Rabí Yehoshúa, arriba mencionado, y ahora en esta oportunidad, he venido como alma interior propiamente dicha, y es la primera vez que vengo al mundo. Ahora, junto conmigo, se reencarnaron estos tres individuos mencionados, vinieron conmigo y se unieron conmigo por el motivo mencionado para ser reparados. Dado que es la primera vez que salgo de la profundidad de las klipot me resulta dificultoso doblegar a mi instinto. Y éste es el motivo de la tristeza y la preocupación que permanentemente me embargan. Y me dijo, que mis pecados no son tan tomados en cuenta ante Dios, Bendito Sea, como los pecados de otros, ya que yo aún estoy en medio de las klipot, y hace falta un esfuerzo muy grande para salir de su interior, y si no fuera por ello, de acuerdo con la dimensión de mi alma podría ser un gran piadoso con suma facilidad, pero como es la primera vez que salí de entre las klipot ello se me dificulta. Y esto le aconteció al rey David, la paz sea sobre él, tal como he explicado en otra parte.

Hay además otro motivo para ello. Alguien que es de la raíz de Caín, el bien que anida en su interior es muy grande, pero se encuentra mezclado con las klipot que son abundantes, sucias y malas, y así en ese individuo el mal sobrepasa el bien. El motivo de ello es que el individuo es de a la raíz de las guevurot y en ellas se aferran los rigores (*dinim*) y las klipot. Y me dijo mi maestro, sea recordado para bien para el Mundo Venidero, que, así como yo vine tres veces bajo el formato de tzelem, como ya se ha mencionado, y ahora por primera vez vine como alma interior realmente encarnada, y que la chispa que ha comenzado a repararse en mí, bajo el formato de tzelem por sobre mi cabeza, tal como ya se ha explicado, es Yuval, el mencionado en la porción de Bereshit, tal como dice el versículo: «*y el nombre de su hermano es Yuval etc.*» (Génesis 4:21), y ello se debe a que también él es de la raíz de Caín. Y todos los golpes y heridas que tengo siempre en mis manos, a raíz de golpes con cuchillos y objetos metálicos que me autoinflijo obedecen a que no me reparo como debería, y tengo aun klipot, y ya he explicado parcialmente esta cuestión de Yuval en las primeras disertaciones, véase allí.

Mi maestro, de bendita memoria, también me dijo que ahora en el día mencionado, el 28 de Tamuz del 5332 (1572), que yo ya estaba reparado en el nivel de Nefesh de Asiá, hasta el nivel de brazo izquierdo de Nukva de Asiá únicamente.

Mi maestro, de bendita memoria, me dijo también que tendría hijos de mi raíz, que tendría dos esposas (después de Janá). Entre un año y año y medio me casaría con una mujer cuyo nombre sería Ora Buena, y luego de ello me casaría con otra mujer cuyo nombre sería Yamila, y ésta sería mi verdadera pareja. El pasado Pesaj me dijo que mi pareja no salió al mundo y puede ser que haya salido bajo el formato de ibur, mas yo no lo sé.

El principio que emerge de todo esto que ha sido dicho es que en el primer Adam no se incluyeron las almas de Aba e Ima de Briá, solamente de Zair Anpín, Nukva y debajo. He aquí que los partzufim son diez: Zair Anpín y Nukva de Briá, Aba e Ima y Zair Anpín y Nukva de Yetzirá, y Aba e Ima, Zair Anpín y Nukva de Asiá. Cada uno de los partzufim posee diez sefirot y estas diez a su vez poseen otras diez. Así, estos diez partzufim incluyen o comprenden 1000 sefirot, cada partzuf posee 100, diez de las cuales son del nivel de Keter. Por lo tanto, vemos que en los 10 partzufim tenemos cien sefirot de Keter y solamente estas quedaron luego del pecado del primer Adam. Se las llama las cien concubinas que se redujeron, y las otras 900 sefirot cayeron donde las klipot. Y en esas cien sefirot de Keter hay también un defecto, ya que las nueve sefirot de encima de cada sefirá de Keter salieron de ella, y se las llama Zihara Yla'á (luminosidad superior). Y las diez sefirot de cada Keter tienen únicamente luz de Nefesh, que son Maljut inferior en cada Keter de estos. Es así como entre las almas que estaban incluidas en el primer Adam antes de que pecara, en los diez partzufim que hay en Zair Anpín de Briá hasta el final de Nukva de Asiá hay tres tipos. El primero es el nivel de luces llamadas Yejidá, Jaiá. Neshamá y Ruaj de los cien ketarim (plural de Keter), y aquellas que se alejaron de él al pecar y ascendieron se denominan Zihara Yla'á de Janoj. El segundo tipo, de inferior nivel respecto al primero, son las sefirot que quedaron en el primer Adam tras el pecado y no se retiraron ni descendieron a las klipot y es el nivel de luz denominado «Nefesh de los cien ketarim», y se encuentra en cada una de las diez sefirot de cada partzuf de los diez partzufim mencionados. El tercer nivel es el más bajo de los tres y son todas las almas, las luces de la totalidad de los nueve niveles inferiores de cada sefirá de las diez sefirot que se encuentran en cada partzuf de los diez mencionados. Éstas son las almas que descendieron a la profundidad de las klipot y cada día ascienden un poco y se reparan.

He aquí que las sefirot que son Zihara Yla'á se dividen en dos niveles, uno está en el mundo de Atzilut y son: Yejidá, Jaiá, Neshamá y Ruaj de Atzilut. El segundo nivel es la Zihara de los tres mundos Briá, Yetzirá y Asiá que son Yejidá, Jaiá, Neshamá y Ruaj de los cien ketarim que se encuentran en los diez partzufim que hay entre Zair Anpín de Briá hasta el final de Nukva de Asiá y se retiraron por completo de Adam. Hay un segundo tipo de Zihara inferior, la cual a su vez también se divide en dos niveles, uno es el Nefesh de Atzilut y el segundo es el Nefesh que se encuentra en los cien Ketarim que se encuentran en los diez partzufim de Briá, Yetzirá y Asiá, como se ha mencionado. Estos permanecieron en el primer Adam, algunos se los quedó él y otros se los heredó a Caín y a Hevel cuando nacieron. Además, hay un tercer nivel y son las novecientas sefirot que se encuentran en los diez partzufim mencionados, con la excepción de sus cien ketarim, y estas cayeron y se investieron en las klipot.

También me dijo, que en el pecado de Caín se dañaron su Nefesh, Ruaj y Neshamá y se mezclaron con las klipot. Esto es lo que se explicó anteriormente en cuanto a que Caín era mayoritariamente malo. Sin embargo, Hevel sólo dañó su Nefesh y su Ruaj y es lo que se explicó anteriormente en cuanto a que Hevel era mayoritariamente bueno. La parte buena del Nefesh (de Caín) fue separada y entregada a Keinán. De ahí en adelante se corrigió en él. Y la parte mala le fue entregada al egipcio (que mató Moshé) y también en ella había algo de chispas buenas que aún no habían sido discernidas, y la parte mala del Ruaj que también incluía una parte buena mezclada, la tomó Koraj bajo el formato de ibur, cuando polemizó con Moshé. Y el Ruaj bueno se encarnó en el profeta Shmuel y allí fue reparado. Después de que el egipcio fuera muerto, Ytró tomó su Nefesh malo que ya había sido reparado mediante su muerte, y así es como se convirtió en prosélito. Luego, tomó parte de la Neshamá y la parte mala de la Neshamá que tiene mezclada algo de buena. Y la Neshamá mala que tiene mezclada algo de bueno le fue entregada a Amalek ben Elifaz, y he aquí que Shmuel reparó más del Ruaj que Ytró de la Neshamá, y ya te he hecho saber cuántas otras reencarnaciones (de Caín) tuvieron lugar antes y después de ello.

Tal como se mencionó anteriormente, el nivel de la raíz de Caín está realmente en el brazo izquierdo, pero luego, a raíz de la cuestión de la señal de vello que tengo, parece que se está en el hombro izquierdo. Escribí, además, que comienza en el brazo y termina en el hombro. Y en especial, se ve a las claras que está en el hombro que une el brazo al cuerpo. He aquí que escribí que todo brazo está conectado con tres conexiones y componentes, los dos terceros componentes de los dos brazos de Arij Anpín, son los superiores y están conectados a los dos hombros de Arij, de ellos se conforma el Da'at de Zair Anpín compuesto de jasadim y guevurot, y es sabido que en este Da'at se enraizaron Caín y Hevel, los hijos de Adam, y esto requiere ulterior estudio. Y has de saber que Caín es de las tres guevurot Tiferet, Netzaj y Hod, menos el tercio superior de las guevurot de Tiferet ya que están cubiertas por el Keter de Yesod de Ima, como es sabido. Tanto Nadav como Avihú son las dos guevurot de Netzaj y Hod de los ketarim que están en su interior, pero tienen únicamente su nivel de Nefesh. Además, son solamente del nivel de luz envolvente que se encuentra en ellos. Eliahu, recordado para bien, es de la luz interior que se encuentra en ellos. Toda la raíz del Nefesh de Rabí Akiva es de las guevurot de Hod del nivel de Keter que se encuentra en él, en el nivel de su Nefesh. Y resulta que es Nefesh de Ruaj, pues el Hod es denominado Ruaj, y es una de las seis extremidades. Y no se si la raíz de Rabí Akiva es de luz interior o envolvente. Has de saber también, que su raíz es del talón de su Hod, que es Maljut de las cinco guevurot de Da'at.

INTRODUCCIÓN 38 D

Una conversación con el maestro

Una vez le pregunté a mi maestro, de bendita memoria, cómo podía decirme que mi Nefesh era tan elevado, como ya lo comentamos, siendo que el más pequeño de las primeras generaciones era un justo y un piadoso a cuyos talones no alcanzo a llegar. Y me dijo: has de saber, que la grandeza del alma no depende de la acción del hombre, sino de la época y la generación. Pues una pequeña acción en esta generación equivale a varios preceptos grandes en las otras, ya que en éstas la klipá se ha intensificado ilimitadamente en gran manera. Y me dijo que, si yo hubiese vivido en las primeras generaciones, mis acciones y mi sabiduría serían más maravillosas que las de los primeros justos. Y lo que dijeron nuestros sabios, de bendita memoria (Tratado de Sanhedrín 108a), respecto del versículo que dice: *«Noaj era justo en su generación»* (Génesis 6:9), que si hubiese vivido en una generación de justos él mismo habría sido mejor, (esto aplica a mí) por lo que no debo lamentarme en lo más mínimo, pues sin duda mi Nefesh posee una virtud superior a la de muchos de los justos de las primeras generaciones, del tiempo de los tanaítas y amoraítas.

En otra ocasión le dije que yo no era necio como para creer que en toda esta generación no había encontrado a alguien digno de estudiar esta sabiduría salvo a mí, que no reconozco a mi ser ni a mis acciones, y que hay mayores y más justos y poseedores de más acciones que yo en esta generación. Agregué: ¿En qué me ayuda que me alabes si yo sé que no soy digno? (Hay sabios destacados en esta generación, como el caso de) nuestro maestro el Rabino Yosef Caro, de bendita memoria, tu maestro Rabí David ben Zimrá, de bendita memoria, mi maestro Rabí Moshé Alsheij, el Rabino Abraham HaLeví, y Rabí Yaakov Gueviuzo, y Rabí Elazar Azkari, de bendita memoria, etc. Entonces me dijo: ¿Qué cercanía has tenido tú conmigo alguna vez? ¿Qué placer obtengo yo de ti? ¡Todo lo contrario! Tú eres el más joven y el más pequeño de todos ellos, y no hay motivo alguno que me acerque a ti. Más bien (sería más lógico que me acercase) a ellos, que son los líderes de la generación, lo cual sería un gran honor para mí. Ello demuestra que yo no te escogí sino por una buena razón, por tu nivel superior al de todos ellos. No pienses en tu corazón que el nivel de los seres humanos se mide tal como lo piensan las criaturas, y si supieras cuántos defectos ocultos hay en las personas te sorprenderías, empero no deseo revelar los secretos de los seres humanos, y has de saber, que ya revisé y pesé a todos en la balanza y no encontré un receptáculo fino y límpido como tú, y esto te es suficiente, ya que no tengo permiso de hablar explícitamente sobre todos los temas, y sobre esto fue dicho: «*el ser humano ve los ojos pero HaShem ve el corazón*» (I Samuel 16:7), y por ello, fortalece y anima tu corazón, alégrate con la porción de tu alma y su virtud, y esto es suficiente.

Además, me contó la Sra. Rajel -«*de entre las mujeres en la tienda sea bendita*» (Jueces 5:24)- esposa del Rabino Yehudá Avirlin, que Dios lo proteja y lo cuide, que cuando mi maestro Rabí Moshé Alshej, de bendita memoria, estudiaba en la casa de estudio sita en su patio, una vez lo vio sentado y triste y le preguntó por qué, y él le dijo: ¿Acaso no he de entristecerme por Rabí Jaim Vital que es mi discípulo y ahora no quiere enseñarme como alumno en la cuestión de la sabiduría de la Cabalá? Entonces ella le dijo: él es superior a ti en esa sabiduría. Y él le contó cómo cuando mi maestro Ashkenazi (el Arí), de bendita memoria, estaba con vida, se presentó un día ante él, le lloró y le rogó que él mismo le enseñara esa sabiduría y no por mi intermedio, y le respondió que no vino a este mundo sino para enseñarme a mí solamente y que esta sabiduría no podía revelarse sino a través mío. Esto y más, le dijo que, si no hubiesen dicho nuestros sabios, de bendita memoria, que una persona jamás tiene envidia ni de su hijo ni de su alumno (Tratado de Sanhedrín 105b), estaría celoso de él (de mí) por cuán elevada es su alma y por el hecho de que en un futuro habrá de alcanzar logros ilimitados. Su hijo, Rabí Jaím Alshej, me dijo también algo similar en nombre de su padre, mi maestro, Rabí Moshé Alshej, de bendita memoria.

También mi maestro Ashkenazí, de bendita memoria, me dijo que me fuera a vivir a la ciudad sagrada de Jerusalém, sea reconstruida y reestablecida pronto en nuestros días, pues ese es mi verdadero sitio de residencia, allí está lo principal de mi comprensión y todo mi bien.

Somero resumen de la cuestión de la raíz del Nefesh de Rabí Jaím Vital

Resumen abreviado de la raíz de mi Nefesh. Caín es uno de los 248 órganos que incluyen la totalidad de la estatura del primer Adam. Este órgano es del nivel de las cinco guevurot del Da'at y es del nivel de la interioridad de este órgano. Dado que en el pecado del primer Adam descendieron al hombro izquierdo, todo éste es del nivel de exterioridad de la raíz de Caín, pues es una raíz grande, de las 613 raíces grandes, que incluyen toda la estatura del primer Adam. Y esta raíz de Caín se divide en 613 chispas grandes de almas. Sin embargo, esta gran raíz se divide en setenta raíces menores, cada una de las cuales contiene no menos de 613 chispas pequeñas de almas, y la totalidad de estas setenta raíces pequeñas son 600.000 chispas pequeñas de almas. He aquí que la generalidad de Caín es denominada una raíz grande, y es un partzuf grande denominado Caín, dividido en setenta raíces pequeñas que son setenta partzufim pequeños. Y uno de los setenta partzufim pequeños es el talón izquierdo del partzuf grande llamado Caín. Este partzuf pequeño que es el talón izquierdo de Caín es el que se considera como la verdadera raíz de mi Nefesh. Y todos somos cercanos los unos a los otros, y en este partzuf, hay más de 613 chispas pequeñas, y todos son estudiosos de la Torá salvo otras ramas que son padres de familia (*baalei batim*, dueños de casas, personas que no se dedican al estudio, *N. del T.*). De modo tal que la raíz de mi Nefesh es el talón izquierdo del hombro izquierdo del primer Adam. Y ésta es la exterioridad de la raíz de mi Nefesh.

Sin embargo, la interioridad de la raíz de mi Nefesh es Maljut que es Guevurá, llamada el Hod que se encuentra en Da'at. Esta Maljut es del nivel de Lea cuya ubicación se encuentra detrás del Da'at pero aún se encuentra dentro del nivel de varón (*zajar*) de toda la generalidad de Caín. Y el Nefesh de Rabi Akiva es el talón izquierdo del partzuf de toda la generalidad de Caín, en el talón de Hod de Maljut de Keter del Da'at (de Zair Anpín). Es en el nivel de guevurot de la pequeña gadlut (grandeza) ya mencionado, de modo tal que es Maljut de Lea antes mencionada. Sin embargo, mi Nefesh, yo Jaim es la luz que sale de esta Maljut de Lea e ilumina a Maljut que está fuera de Lea y se encuentra por detrás del Da'at y el cual es completamente femenino. Queda aun por saber, que todo ello es del nivel de Keter de Hod, del nivel de Maljut de Keter mencionado, pues todo Caín no está conformado sino del nivel de ketarim que es denominado la jalá (hogaza de pan, porción, parte) del mundo, como es sabido. Y si has de analizar más detalladamente, verás que la raíz de mi Nefesh está en Maljut de Hod de Keter de la generalidad de la corona de guevurot, e ilumina en Maljut de Maljut de Hod de Keter de la Lea exterior, la mujer de Ya'akov llamado Zair Anpín.

Una nueva unificación meditativa (ijudy su práctica)

En Tamuz del año 5331 (1571) le dije a mi maestro, de bendita memoria, que me enseñara un ijud para alcanzar un logro (o comprensión) y me dijo que aún no podría, le insistí y me dio un ijud breve, y me levanté a medianoche y lo efectué. Sentí un temblor en mi cuerpo, la cabeza se me volvió pesada, comencé a perder la razón, mi boca se torció hacia un lado y dejé de realizar el ijud. Por la mañana, me dijo mi maestro, de bendita memoria: ¿Acaso no te dije que te habría de ocurrir lo mismo que a Ben Zoma que resultó afectado, y si no fuera porque eres Rabí Akiva no tendrías remedio? Entonces, tocó mis labios con una intención meditativa por él sabida, tres veces cada mañana y me curé. Y en la víspera de Rosh Jodesh (novilunio de) Elul me dijo ya eres digno (de realizar el ijud) y me envió a la cueva de Abaié, como se ha mencionado anteriormente.

La tumba de un gentil y la resurrección de Rabí Jaím Vital

En el año 5332 (1572) salimos al campo y pasamos junto a la tumba de un gentil que tenía más de mil años y vio mi Nefesh sobre su tumba, y procuró matarme y dañarme. Y había allí numerosos ángeles e incalculables almas de justos a mi derecha y a mi izquierda y no pudo conmigo. Entonces mi maestro, de bendita memoria, me ordenó que al regresar no volviera a pasar por allí, tras lo cual, el alma del gentil fue conmigo durante un trecho.

En ese campo me enojé con Rabí Yehudá Mishán y el Nefesh del gentil comenzó a conectarse conmigo, haciéndome pecar más, y no quise escuchar la disertación de mi maestro, de bendita memoria, y éste comenzó a llorar y me dijo que todas las almas de los justos y los ángeles se han apartado en virtud de tu enojo y a raíz de ello el alma del gentil tenía poder sobre él. ¿Qué puedo hacer (para repararlo)? ¡Solamente cabría que lo dañen, pero lo mantengan con vida! Puedo curarlo, pero temo que lo maten y toda la reparación que pensé que vendría al mundo a través suyo no tendría lugar. No puedo decirlo porque no tengo permiso de decirlo, para que resulte mi esfuerzo no haya sido en vano y el mundo no se destruya.

El Arizal (אריז"ל) no comió en toda la noche a causa de su pesar y su preocupación, por lo que regresé solo por ese camino, y al llegar a la tumba, un espíritu me elevó realmente y me vi a mí mismo corriendo por el aire a una altura de veinte pisos (o veinte veces la estatura de una persona) sobre el suelo hasta que llegué a la ciudad (Tzfat – Safed) al anochecer. Y allí fui dejado, y me fui a dormir sano hasta el amanecer, y quise levantarme, pero cada uno de mis órganos adolecía de una gran debilidad y lo sentía, de modo tal que fui lentamente hasta la puerta de mi maestro, de bendita memoria, y al llegar allí no quedó alma en mi interior, como lo que había ocurrido con Yoná (Jonás). Mi maestro, de bendita memoria, me hizo recostar sobre su cama, cerró la puerta, y oró. Luego, entró solo a la habitación, caminaba por ella y regresaba a la cama y se prostraba encima mío repetidamente hasta el mediodía cuando yo ya estaba completamente muerto. A mediodía vi por mí mismo que mi alma había regresado a mí poco a poco hasta que pude abrir mis ojos. Me puse de pie y recité la bendición por la resurrección de los muertos (*mejaié hametim*) y todo esto es firme verdad, sin duda alguna.

Dijo Shmuel: más adelante escribiré otros cuadernos. Me parece, en mi humilde opinión y sin duda alguna, que Atzilut continúa hasta el final de Asiá, pero se inviste en el interior de Briá. Briá se extiende también hasta el final de Asiá y está investido en el interior de Yetzirá, que a su vez está investido en el interior de Asiá hasta allí. De esto resulta que en Asiá se invisten los cuatro mundos Atzilut, Briá, Yetzirá y Asiá, uno dentro del otro, y en Yetzirá solamente tres que son Atzilut, Briá y Yetzirá. Y en Briá son dos: Atzilut y Briá. En Atzilut hay solamente uno.

He aquí que el nivel de Caín y Hevel incorporó todos los niveles de Atzilut que existen, desde el inicio del Nefesh de Atzilut que llega hasta el final de Asiá. Esto es lo que les heredó su padre Adam, pero ellos mismos son del nivel de Briá, Yetzirá y Asiá que revisten a todas las partes del Nefesh de Atzilut mencionado y se expanden hasta el final del Asiá, y son el Nefesh de los ktarim que se encuentran en Briá, Yetzirá y Asiá, o sea, Maljut de los ketarim. Hay otro nivel superior a estos que son las nueve sefirot superior de cada uno de estos ketarim y son denominados Zihara de Yejidá, Jaiá, Neshamá y Ruaj. Todos los demás niveles además de los ketarim son el resto de las almas que se encuentran por debajo del nivel de la herencia mencionada de Adam a Caín y Hevel.

Conductas que llevan a la obtención de niveles más elevados

Éste es el orden abreviado que me ordenó mi maestro, de bendita memoria, en lo que respecta a alcanzar los logros (o comprensión) que mi alma requiere. En primer lugar, que me comporte siempre de esta manera, cuidándome en extremo del enojo y la recriminación, la tristeza (o depresión), el orgullo, las habladurías, la burla, el mal hablar, las conversaciones vanas, la polución, mantener distancia de la mujer cuando se encuentra en estado de impureza (*nidá*), (alejarme de) el sebo, (cuidarme de no) avergonzar al prójimo, (siendo cuidadoso en lo que respecta a) la faena ritual y que no matara seres vivos, ni siquiera insectos. Me dijo que debía comportarme siempre con humildad, alegría, silencio y temor al pecado. Debo fijar a diario el estudio del texto de la Torá Escrita (*mikrá*), Mishná, Talmud y Cabalá con sus intenciones meditativas correspondientes, y que mi principal ocupación sea el estudio del libro del Zohar. Me dijo: cada día debes contemplar el Nombre Havaiá (Tetragrámaton) con la compleción del tipo Ban (ב"ן) (que suma cincuenta y dos) frente a tus ojos permanentemente. Me dijo que debía pensar siempre en apegarme al alma de mi maestro, de bendita memoria, antes de cualquier rezo, y apegarme a Rabí Akiva, de bendita memoria, mencionando su nombre diez veces ininterrumpidamente, y recitando el pasaje que dice: «*plegaria para David. Inclina Tu oído a mí*» (Salmos 86:1) con gran intención meditativa. Me dijo que me levantara cada noche tras la medianoche y llorara por el exilio de la Divina Presencia (*Shejiná*) (que es el partzuf) Rajel tras la medianoche en el mundo de Briá, por la destrucción del Sagrado Templo y el exilio de Israel y llorara por las transgresiones. Me dijo que persistiera en los ijudim, especialmente en las noches de los días de semana pasada la medianoche. Que efectuara el ijud de las letras «yud» y las letras «vav» y el ijud empleando el versículo que dice: «*cada mañana se renueva*» (Lamentaciones 3:23). Me dijo que en la noche de Rosh Jodesh (novilunio) pasada la medianoche debía realizar el ijud con el Nombre Shad-ai. Que en las noches de Shabat -antes de la medianoche y después de la cena- debía realizar los dos ijudim arriba mencionados correspondientes a los días de la semana, y además el ijud de los diez Nombres Havaiá que están en Da'at.

También me advirtió que fuera cuidadoso en la observancia y la honra del Shabat, en todos sus detalles, en la acción, el habla, más que todos los demás preceptos, asimismo, que recitara las bendiciones por el disfrute con su intención meditativa, y que a diario me pusiera las filacterias de Rabenu Tam. Me dijo que me esforzara sin cejar por entender cada pasaje del libro del Zohar hasta comprenderlo. Que debía regocijarme de gran manera al estudiar Torá, cumplir preceptos y rezar. Que mi ocupación o involucramiento en la Torá debía ser de la siguiente manera: estudio fijo de la Torá Escrita (*mikrá*), de la Mishná, del Talmud y de la Cabalá con sus intenciones meditativas correspondientes. Me dijo: intenta dirigir tu intención a apegar tu Nefesh a su raíz superior por medio de la Torá y de esta manera reparar al «Adam superior». Levántate tras la medianoche y dirige tu intención al salmo que dice: «*Aleluya*» (Salmos 111) y tras completarlo dirige tu intención al Nombre Mantzapaj (מנצפ"ך).

Una segunda usanza (a aplicar) es que durante cuarenta días seguidos, sin sus noches, ayune, vista harapos, coloque cenizas en el sitio de las filacterias de la cabeza y llore por las transgresiones, y por la noche, que me recueste sobre el suelo vestido con los harapos, coloque una piedra bajo mi cabeza y dirija mi intención a los Nombres Havaiá con la compleción de Ban (que suma cincuenta y dos) con letras «heh», agregando una letra «alef» entre las letras «vav», cuyo valor numérico asciende a «alef – bet- nun» ('*even*' - piedra) (53 = א-ב-ן). Tras completar los cuarenta días seguidos mencionados, me comportaré con esta usanza que es de ayuno, harapos, ceniza y llanto durante el día y harapos sobre el suelo y una gran piedra con gran intención por la noche y me comporte así todos los lunes, jueves y lunes, cada semana, y así con la ayuda de Dios hasta completar dos años y medio. Y has de saber que estos cuarenta días, amén de los lunes, jueves y lunes, no se procede así salvo en aquellos en los que corresponde ayunar y en ninguno de los días en los cuales se prohíbe ayunar, como Shabat, Rosh Jodesh, Yom Tov, el 15 de Shvat y el 15 de Av, etc.

Otro resumen referente a la raíz del Nefesh de Rabí Jaím Vital

Resumen de la cuestión de la raíz de mi Nefesh. Caín es la totalidad del hombro izquierdo y es una raíz y un órgano de las 613 raíces que se encuentran en el primer Adam. Se divide en setenta raíces menores, y la raíz de mi Nefesh es una de estas setenta y no sé si es la más grande de todas ellas o la más pequeña etc. Me resulta simple que mi propio Nefesh es del nivel de talón que es denominado Maljut. Y también que es del nivel de la Lea superior, pero respecto de ello tengo dos tipos de duda. Una posibilidad es que la raíz de mi Nefesh sea la última de las setenta (raíces menores) que es el talón de la generalidad del hombre todo que es Maljut inferior, y no sólo ello, sino que la chispa de mi Nefesh se encuentra en el talón de ese talón. La segunda posibilidad es que mi raíz se encuentre en la raíz superior de las setenta raíces menores y la chispa particular de mi Nefesh se encuentra solamente en el talón de esta raíz. Ésta es la exterioridad, o sea, en el revestimiento exterior de mi Nefesh. Además de la luz de mi Nefesh que se encuentra en este revestimiento exterior, existe un revestimiento interior para mi Nefesh en la Guevurá de Hod de Maljut que se encuentra en el moaj de Da'at. Además de la luz del Nefesh que se encuentra en este revestimiento interior, hay dos receptáculos y dos luces, todos los cuales son considerados como un solo Nefesh.

El principio general es que mi Nefesh proviene del nivel de gadlut (grandeza) que es la Neshamá del lado de Ima. De las guevurot que hay en ella, en la sefirá de Da'at de Zair Anpín, en Hod de Da'at del Maljut del Keter de Da'at, y esto es así en cada uno de los cinco partzufim, y ello ocurre en cada uno de los cuatro mundos Atzilut, Briá, Yetzirá y Asiá. (Las almas que quedaron en) el propio Adam son del nivel de Caín y arriba. (El alma del primer Adam) es de las primeras tres (sefirot) de Keter, Jojmá y Biná en cada Maljut (de las diez) en todos los Ketarim que se encuentran en las diez sefirot de Zair Anpín. Lo que Adam le heredó a Caín es todas las guevurot de Da'at y las siete (sefirot) inferiores de Maljut de Keter. (Las partes de alma destinadas a) el propio Caín eran de las nueve sefirot inferiores de Da'at y sus descendientes (son) de las siete sefirot inferiores que se encuentran en cada una de las diez sefirot del Zair Anpín.

He aquí que ya hemos explicado que hay dos tipos de nivel o aspecto, el de Caín y el del Nefesh de Adam que le heredó a Caín. El segundo nivel o aspecto se divide en dos, en el órgano del brazo y su hombro y en las plumas y las alas. Hay otros niveles, ya que cada uno se divide en dos, luz interior y luz envolvente. Tú ya sabes que la luz interior es menor que la envolvente por lo que será menor y podrá investirse, entrar y verse limitada por un receptáculo. Y todo el nivel de la raíz de mi alma o todas las plumas de esta ala son del nivel de luz interior, tanto sea en Maljut de Atzilut que son alas y brazos o como brazos en Briá, Yetzirá y Asiá. De igual manera, nuestro maestro Rabí Yosef Caro, el autor del libro (comentario) *Beit Yosef* sobre la obra *Arba'á Turim* (lit. cuatro columnas), proviene de la pluma de Rabí Yehudá bar Ylai, arriba mencionado.

Y así entenderás lo que se me dijo en el sueño en cuanto a que mi lugar en el Mundo Venidero se encuentra junto a Rabí Yosef Caro, de bendita memoria. Tras ello, ascendí al sitio del profeta Shmuel porque todas (esas almas) se aferran a esa ala. Y has de saber que también el profeta Eliahu, recordado para bien, es de mi raíz, también de la luz interior. No obstante, Nadav y Avihú, los hijos de Aharón HaCohen, son de la luz envolvente de la raíz de mi alma y por ello precisaron entrar en Eliahu, recordado para bien, bajo el formato de ibur, que es una luz interior de inferior nivel que ellos. Por intermedio de ellos alcanzó todo lo que alcanzó, y entiéndelo. Y has de saber que todo aquel que proviene del nivel del Nefesh de Adam que le fue entregado a Caín, dado que es del nivel de Nefesh de Atzilut, como se había mencionado, y todas las almas que son de esa raíz pueden ascender y reparar hasta el Nefesh de Atzilut incluido. Por ello, todo aquel que reparó hasta allí es denominado ángel, y por ello ves que Eliahu, recordado para bien, es llamado ángel. Otro tanto ocurre con Yehudá y Jizkiahu, de ellos dice la Guemará (Tratado de Baba Batra 75a) que son dos amoraítas sobre la Tierra… que se corresponden con dos ángeles celestiales, etc, porque son de esta raíz. Otro tanto se dijo de Rabí Yehudá bar Ylai que en la noche de Shabat solía envolverse en sábanas que tenían tzitzit y se asemejaba a un ángel de HaShem Tzeva-ot (Señor de las Huestes Celestiales), y ello obedece al motivo ya expuesto. Asimismo, Pinjás, que era Eliahu, sobre él se dijo: «*empero había tomado la mujer a los dos hombres y lo había escondido*» (Josué 2:4), dice «lo había escondido» en singular y no «y los había escondido» en plural, ya que Pinjás era un ángel y no precisaba ser escondido. Y él también es llamado ángel por provenir de esta raíz. Y, asimismo, en todo lugar en el cual veas a un sabio, tanaíta o profeta que es llamado ángel, todos ellos son de este nivel, y recuerda este principio general.

Sin embargo, Janoj que es Metatrón, tomó consigo la Zihara Yla'á de Adam que es Neshamá de Atzilut y es superior a Eliahu. Eliahu solamente puede alcanzar hasta Nefesh de Atzilut. Ésta es la explicación profunda de lo que está escrito en el libro del Zohar: Eliahu es más bajo que este aljibe, y es sabido (Vaietzé 151b). Tal como es sabido, el origen del agua del aljibe es su fondo, y de allí emanan o fluyen maim nukvin, y es el Nombre Havaiá (Tetragrámaton) completado con letras «heh» que en guematria asciende a 52 (ban (ב"ן) y por ello Eliahu en guematria asciende a 52 (6 = ו 5 = ה 10 = י 30 = ל 1 = א) pues es la fuente inferior del aljibe del cual fluyen almas de maim nukvin. Por ello Eliahu, recordado para bien, reparará todas las almas cuando venga el Mashíaj y entonces «*devolverá los corazones de los padres a los hijos*» (Malaquías 3:24) con la ayuda de Dios, bendito sea, y el entendido habrá de entender.

El alma de Rabí Jaím Vital

Ahora explicaré la realidad de mi alma. Has de saber que no hay ser humano que no posea un alma del tipo de luz interior y del tipo de luz envolvente. La luz envolvente, se asemeja a la imagen (de imagen y semejanza, *tzelem*) que se encuentra por sobre la cabeza del Zair Anpín, tal como ya fue explicado, y esta luz envolvente es la explicación profunda del versículo que dice: «*el hombre camina como una mera imagen (tzelem)*» (Salmos 39:7). Y has de saber que este nivel de Caín, que es la raíz de mi alma, no comenzó a repararse hasta que llegaron Nadav y Avihú. Y ésta es la explicación profunda del versículo que dice: «*pero hubo hombres que estaban impuros por cadáver (Nefesh) de persona (Adam)*» (Números 9:6), impuros por el Nefesh de Adam, literalmente el Nefesh de Adam que fuera heredado a su hijo Caín y era el Nefesh de Atzilut. Sin embargo, has de saber que en todas las almas se mezclaron el bien y el mal a partir del momento del pecado de Adam y de los pecados de Caín y Hevel, tal como se menciona en *Sefer HaTikunim*. Y he aquí que el alma de Nadav y Avihú comenzó a ser reparada y fueron separados el bien del mal que contenía. Sin embargo, el resto de las almas con raíz en este nivel aun no fueron discernidas y todas vinieron bajo la forma de imagen (*tzelem*) de luz envolvente, cada una en el tiempo que le fue decretado para abandonar las klipot, y vinieron sobre la cabeza de Nadav y Avihú, y aun entonces en cada una de ellas el bien y el mal seguían mezclados. Luego, cuando otra alma de esta raíz volvió para ser reparada en otro individuo, se reveló sola, mas todas las demás de esta raíz vinieron como una imagen de luz envolvente sobre la cabeza de este individuo.

Y así continuó siempre hasta que llegó al mundo el alma del rabino autor del libro *Maguid Mishné* y entonces todas las almas de esta raíz que aun precisaban ser purificadas de sus klipot vinieron sobre él bajo el formato de tzelem envolvente, tal como se mencionó. He aquí que el rabino autor del libro *Maguid Mishné*, tal como ya sabes, vivió en los días de «Bedershi», y ellos se dedicaban a la filosofía y no escogieron la sabiduría de la Cabalá, tal como se menciona en la responsa del Rashbá, sea recordado para la vida en el Mundo Venidero, y por ello las fuerzas exteriores (*jitzonim*) procuraron hacer incurrir en el error al rabino autor del libro *Maguid Mishné*, a raíz del pecado mencionado, por no creer en la sabiduría de la Cabalá. Entonces, retiraron almas que se encontraban en las profundidades de las klipot durante un largo tiempo, desde los días de Caín, y perdieron las esperanzas respecto a mí, pensando que ya se había convertido en uno de ellos, por lo que me sacaron junto a muchos otros jitzonim para entrar bajo el formato de ibur en el Rabino Maguid Mishné y hacerle errar y que se pierda del mundo. Como mi alma era de un sitio elevado, como ya se mencionó, del lugar de Rabí Akiva, de bendita memoria, y en particular que entré bajo la forma de ibur en el Rabino Maguid Mishné, que también pertenece a la raíz de mi alma, entonces nos conectamos, y por el contrario, mi fuerza superó a la de los jitzonim, lo reforcé y le ayudé, pues ellos pensaron que ya estaba perdido entre ellos hace tiempo, y que Dios no lo permita, me encontraba ya en su nivel. Y la santidad que anidaba en mí se sobrepuso y los doblegué y los sometí y entonces permanecí bajo la forma de tzelem envolvente sobre la cabeza del Rabino Maguid Mishné, a pesar de que él no es de mi nivel ya que yo soy muy encumbrado, de todas maneras, dado que pertenece a mi raíz, me quedé bajo la forma de tzelem (imagen) envolvente (*tzelem makif*) y así es como comencé a salir de la profundidad de las klipot.

Y para que lo entiendas, te haré saber (la explicación) del versículo que dice: «*...el tiempo en el cual el hombre gobierna al hombre y lo trata injustamente*» (Eclesiastés 8:9). El hombre es el hombre de beli'al (*adam habeli'al*, sinónimo de hombre malvado, literalmente aquel que no tiene a nadie por sobre sí, 'belí al' *N. del T.*) y son los jitzonim y dominan al hombre sagrado (*adam kadosh*), y a las almas sagradas en virtud del pecado de Adam y sus hijos Caín y Hevel que mezclaron el bien con el mal. Y en la medida de la grandeza del alma sagrada su mal es proporcionalmente grande, pues tal como es el órgano que se aferra a la santidad, se mezclará en el órgano impureza en una medida proporcional. Y ésta es la explicación profunda de lo que dice el Talmud (Tratado de Sucá 52a) «cuando alguien es mayor que su compañero, posee una inclinación mayor al mal». Y ésta también era la cuestión del Rey David, la paz sea sobre él, que era una gran alma, y en el defecto de Adam se mezcló con un mal muy grande en las profundidades de las klipot, y por eso salió pelirrojo y participó de los eventos de Batsheva y Abigail y no se le consideran de importancia, y ello obedece a que dado que esa era la primer aves que salía de las profundidades de las klipot y vino junto con un gran mal, por lo que no es de sorprender que hiciera lo que hizo y en especial porque el Santo Bendito Sea lo dejó en manos de su instinto para incrementar su recompensa. Ésta es la explicación profunda de lo que dijeran nuestros sabios: «si tú hubieses sido Shaúl y él David, habría destruido a varios David antes que a Shaúl» (Tratado de Mo'ed Katán 16b). Y ello resulta sorprendente porque está escrito: *«las acciones de la Roca (Dios) son perfectas»* (Deuteronomio 32:4). En efecto, la cuestión es, tal como ya se ha mencionado, si el alma es muy grande, y especialmente si entonces sale de la profundidad de las klipot, el Santo Bendito Sea lo deja en manos de su inclinación o instinto (*itzró*) para incrementar su recompensa, para demostrarle que su alma es grande y el mal no es capaz de superarlo. Por lo tanto, incluso cuando hubiere hecho que no es bueno, no es culpable de ello. Ello no es así si el Santo Bendito Él ve que un individuo es débil y su alma baja, lo trae en una encarnación inocente en la que, aunque desee hacer el mal, carece de la fuerza para hacerlo. Por ello, que no te sorprenda que individuos muy grandes incurran en alguna transgresión que otros en un nivel muy inferior no cometen. Ésta es la explicación profunda del versículo que dice: *«el hombre mira (lo que ve ante) a los ojos, al tiempo que Dios mira al corazón»* (I Samuel 16:7). Hay dos corazones, bueno y malo, y su mal es muy grande, y el bien que hace, aunque sea escaso es mayor que el de otro hombre, por ello es por lo que David dijo respecto de sí: *«Él me elevó de un pozo tumultuoso, del lodo de la ciénaga… y puso una nueva canción en mi boca»* (Salmos 40:3-4). Y esto es suficiente para un entendido.

Y me dijo mi maestro, de bendita memoria, que, dado que mi alma es sumamente grande y sagrada, el Santo Bendito Sea me puso en manos de mi inclinación al mal (*ietzer hará*), y que de no ser por la envergadura de mi alma, mi inclinación al mal, Dios no lo quiera, podría eliminarme del mundo, y por ello mis transgresiones no se cuentan una en mil, como en el caso de otros individuos, ya que a estos se les retiró su elección en virtud de la debilidad de sus almas. Sin embargo, yo, que me encuentro ahora en el inicio de la limpieza, mis transgresiones no cuentan en absoluto como las de los demás ya que esta es la primera vez que abandono las klipot y vengo al mundo.

De no ser por ello, me resultaría sencillo ser un individuo sumamente piadoso en concomitancia con la grandeza de mi alma.

Y hay otro motivo más, pues el bueno de Caín, al ser primogénito -tal como explicaremos más adelante, con la ayuda de Dios, Bendito Sea- su parte buena es grande y sumamente elevada, más que en el caso de todas las demás almas. No obstante, dado que su raíz está en el hombro de la Guevurá, que es donde los rigores (*dinim*) se incrementan, el bien de Caín, si bien es grande, viene mezclado con una gran impureza y grandes klipot, y el mal de Caín es mayor que su bien, a pesar de ser éste muy grande.

Rescate de las fuerzas exteriores por medio de artimañas

Y has de saber, que cuando el alma es muy grande, nunca se la puede sacar de las klipot a menos que ello sea por medio del engaño y la artimaña, tal como ocurrió en mi caso, pues dado que las fuerzas exteriores (*jitzonim*) creyeron que ya estaba perdido entre ellas, Dios no lo permita, y por ello no temieron, y el Santo Bendito Sea me sacó de entre ellos, en el *tzelem* que envuelve al rabino autor del libro Maguid Mishné, y ellos pensaron que ello les resultaría beneficioso, y me volví su enemigo. Es así como verás que numerosas grandes almas acuden a los hijos de las personas legas en cuestiones religiosas (*amei haaretz*, lit. pueblos de la tierra) y a veces a los hijos de los malvados, por ejemplo, Abraham que proviene de Teraj. Este último no sólo elaboraba y adoraba ídolos, sino que nuestros sabios, de bendita memoria, y el libro del Zohar, mencionan que Teraj enfureció a su Señor teniendo intimidad con su mujer durante su menstruación, unión de la cual nació nuestro patriarca Abraham, la paz sea sobre él. De ese modo Dios, Bendito Sea, engañó a las fuerzas exteriores, atrayendo a esa gota de semen el alma de nuestro patriarca Abraham, la paz sea sobre él, sin que las fuerzas exteriores se percatasen de que ello era para su reparación. Éste es el motivo por el cual Teraj se reencarnó en Iyov (Job), y por ello fue condenado a padecer de úlceras en la piel, pues el que copula con una mujer durante su período de impureza (*nidá*) es castigado con *tzaraat* (enfermedad bíblica de la piel mal traducida como lepra, *N. del T.*). En efecto, por este motivo, Abraham fue arrojado al horno ardiente para ser purificado, y entiéndelo.

Otro tanto ocurrió con el rey David, la paz sea sobre él, que no salió de las fuerzas exteriores sino por medio de aquel episodio mencionado por nuestros rabinos, de bendita memoria, al comentar el versículo que dice: «*...fui formado en la iniquidad*» (Salmos 51:7). Yshai, el padre de David pensó que había tenido intimidad con una concubina cuando en realidad lo había hecho con su esposa. Asimismo, su esposa, vio una gota de sangre al concluir la copulación, y es por ello por lo que el versículo dice: «*mi madre me ha concebido en pecado*» (Salmos 51:7). De no haber sido de esta manera, las fuerzas exteriores no le habrían permitido salir al mundo. Y ésta es también la razón por la cual Tamar, Rut y la prostituta Rajav y todas las almas de los conversos, y todos los reyes de la casa de David, y el Mashíaj, provienen de Rut la moabita, y de la cópula de Yehudá con Tamar, y otro tanto ocurre con Rabí Akiva el hijo de los extranjeros (*ben guerim*) que es un descendiente de Sisrá, pues ese es el engaño y la artimaña que el Santo Bendito Sea opera sobre la klipá, engañándola para sacar un alma oprimida de su interior, y entiéndelo.

Rabí Jaím Vital y su ascenso desde las klipot

Regresemos a nuestra cuestión, dado que es la primera vez que salgo de la klipá me resulta dificultoso doblegar a mi inclinación y esa es la causa de la tristeza que anida siempre en mi corazón, pues toda tristeza tiene su origen en las fuerzas exteriores. Y ya te he dicho mi alma vino bajo el formato de tzelem (imagen) sobre la cabeza del rabino autor del libro *Maguid Mishné*, a pesar de que él es de un nivel inferior al mío. Y has de saber, que todas las almas que se encuentran en las profundidades de las klipot no pueden salir y encarnarse de inmediato y venir al mundo hasta que vengan tres veces en el formato de tzelem envolvente de tres individuos que sean de su raíz, y luego puedan encarnarse y venir al mundo bajo el formato de alma realmente interior, y entonces se dirá que esa es la primera encarnación (*guilgul*). Y eso es lo que le ocurrió a mi alma, pues inicialmente vine bajo el formato de tzelem envolvente (*makif*) a tres individuos de la raíz de mi alma, a pesar de que no eran de mi nivel. El primero fue el rabino autor del libro *Maguid Mishné*, de bendita memoria, luego en un hombre llamado Rabí Yehoshúa Soriano. Luego en un hombre llamado Rabí Shaúl Trishti, y luego en mí, yo, el joven Jaim, bajo el formato de alma realmente interior. Y has de saber, que yo soy un alma nueva, como se mencionó anteriormente, y ésta es la primera vez que vine al mundo y si bien se reencarnaron conmigo los tres individuos mencionados, de modo tal que ahora hay en mí cuatro almas, la mía es la nueva, y las otras tres son reencarnadas viejas. Y has de saber que estos tres individuos, a pesar de que dos de ellos no son sabios, de todas maneras, ya escribí anteriormente que no hay alma de estudioso de la Torá que no posea ramificaciones en dueños de casas o familias (*ba'alei batim*) y personas legas en cuestiones religiosas (*amei haaretz*) y personas de acción (lo que tienen en común los tres grupos es que no se dedican permanente o principalmente al estudio *N. del T.*) por ser de mi raíz, y dado que yo vine bajo el formato de tzelem sobre sus cabezas ahora ellos se reencarnaron en mí para su beneficio. El defecto del rabino autor del libro *Maguid Mishné* es haber tenido relaciones involuntariamente con una mujer en su período de impureza, luego de él vino Rabí Shaúl Trishti cuya transgresión fue derramar sangre involuntariamente, ya que quiso circuncidar a un niño y no era experto, y el bebé murió bajo su mano, por lo que resulta que pecó involuntariamente rayano en la premeditación. Y Rabí Yehoshua Soriano vino después de él y pecó por comer sebo voluntariamente. Por ello, los tres debieron reencarnarse junto a mi alma, para reparar sus pecados, y dado que yo soy del nivel de tendones, y preciso limpiar la suciedad que hay en su interior en virtud de sus transgresiones, para reparar toda la raíz y atraer el nivel o aspecto de sangre y vitalidad a la totalidad del órgano, si bien no pequé junto a ellos, dado que son ramificaciones mías debo repararlos.

Del primer Adam a Nadav y Avihú

Y me dijo también mi maestro, de bendita memoria, en la cuestión de la disertación o estudio sobre las almas. Has de saber, que el primer Adam incluía a todas las almas del mundo, y al pecar se empequeñeció, tal como dicen nuestros sabios, de bendita memoria, sobre el versículo que dice: «*tú has colocado Tu mano sobre mí*» (Salmos 139:5) 'y no quedó en mí salvo la porción de la ofrenda (*terumá*)'. Éste es el motivo por el cual el primer Adam es llamado «la jalá (porción) del mundo», y la explicación de terumá es el dos por ciento de todos sus niveles (anteriores al pecado). Sin embargo, del lado del Nefesh de Adam de Asiá, quedaron en Adam el dos por ciento de las mejores, pues por ello es llamado terumá, tal como fue dicho, tal como fue dicho sobre ella: «*y cuando separéis (haremotem) lo mejor de ello*» (Números 18:30), que es la mejor parte de todas. Ésta es la terumá que le heredó Adam a su hijo Caín, ya que era el primogénito, y nació con posterioridad al pecado de Adam, y este Nefesh se reencarnó en Nadav y Avihú, y son dos de cien. Y ésta es la explicación profunda de lo que está escrito «*nosotros estamos impuros por el alma (Nefesh) de un hombre*» (Números 9:7). Debería decir «las almas de un hombre» en plural, pero ello se explica porque los dos compartían el nivel del Nefesh de Adam, tal como fuera mencionado. Las 98 porciones restantes del Nefesh de Adam se fueron volando de él y se retiraron en el momento en que se generó el defecto cuando pecó. Esto también explica el versículo que dice: «*y el primogénito Nadav y Avihú*» (Números 3:2) habiendo allí una señal de entonación equivalente a una pausa, esto es, el primer primogénito del mundo que había sido Caín, es Nadav, o sea, pues él es mi padre (Avi hú), que el Nefesh del primer Adam, el padre de todo el mundo.

El motivo por el cual Avihú fue más apodado que Nadav por el alma del primer Adam obedece a que su Nefesh y su Ruaj eran del nivel de Caín. Por lo tanto, fue llamado Avihú, que es él mismo tanto en Nefesh como en Ruaj. Sin embargo, Nadav no tenía del lado de Caín más que Ruaj únicamente, Y ésta es la explicación profunda de lo que está escrito «*me sostienes con Tu espíritu (Ruaj) bondadoso*» (Salmos

51:14). Sin embargo, el Nefesh de Nadav era de la raíz de Ami**nadav,** el padre de su madre. Por lo tanto, tomó de éste las letras del nombre **Nadav.** Por su parte Avihú es de la raíz de Najshón, el hermano de su madre, y es llamado Najshón (similar a najash, serpiente) ya que la impureza principal de la serpiente que afectó al primer Adam fue en el Nefesh de Asiá, y por ello, cuando Najshón se reencarnó en Yshai el padre de David, la hija de Yshai, Abigail. Fue llamada *«la hija de Najash»* (I Samuel 17:25). Y nuestros rabinos, de bendita memoria dijeron que Najash es Yshai, y es así llamado porque murió a causa de la serpiente, o sea, porque reparó la impureza de la serpiente que se mezcló en el Nefesh del primer Adam, pero, aun así, murió a causa de la picadura de una serpiente, y por medio de ello todo fue reparado.

He aquí que si el pueblo de Israel durante la entrega de la Torá no hubiese elaborado el becerro ya habría cesado esta impureza en ellos, y si bien Nadav y Avihú pecaron por su parte, tal como está escrito *«empero hacia los dignatarios de los hijos de Israel Él no tendió Su poder»* (Éxodo 24:11), de todas maneras, era suficiente con que ellos muriesen, pero no por medio de la quema. La impureza de la serpiente volvió a apegarse al Nefesh de Adam, que son Nadav y Avihú, y por ello debían ser incinerados. Éste es el motivo por el cual el versículo dice: *«pero vuestros hermanos -toda la casa de Israel- lloren por la quema que ha quemado HaShem»* (Levítico 10:6). Ellos lloraron porque causaron su quema, si bien no la muerte en sí. Por lo tanto, la totalidad de la casa de Israel lloró por ellos, porque eran el equivalente a todo el pueblo de Israel, ya que son el propio Nefesh de Adam. Y he aquí que quien elaboró el becerro fue su padre Aharón, y por su causa sus hijos resultaron incinerados. Y por eso está escrito *«y HaShem se enfureció con Aharón y quiso destruirlo»* (Deuteronomio 9:20); y destrucción siempre significa acabar con los hijos. Sin embargo, los únicos que resultaron incinerados fueron Nadav y Avihú que eran el Nefesh de Adam tal como se ha mencionado.

Y has de saber que Aharón HaCohen es de la raíz de Hevel, y primero se reencarnó en Harán, Aharón, Nadav, Jur, Yaavetz, Shmuel, Uriá HaCohen y Uriá HaJití, tal como se mencionó anteriormente en la cuestión de las raíces. Y allí lo encontrarás ampliamente explayado. Y Harán es la reencarnación de Hevel, y también Najor el hermano de Harán proviene de Hevel. Y he aquí que en el nombre Aharón están las letras del nombre Harán (אהרן - הרן). Y Jur, el hijo de Miriam posee tres de las letras del nombre Najor (נחור - חור). Harán vino a reparar el pecado de idolatría que había transgredido el primer Adam, tal como dice el versículo: «y HaShem ordenó» (Génesis 2:16) y la expresión ordenó (vaitzav) se aplica únicamente para idolatría. Y Harán no creyó plenamente en HaShem, Bendito Sea, sino que dudó. No se ha encontrado nada más respecto a esta disertación. Todo esto ha sido ya explicado arriba, véase allí.

INTRODUCCIÓN 39

El vínculo de Rabí Jaím Vital con sus compañeros

Almas completamente nuevas, nuevas y reencarnadas

Este capítulo se refiere a la relación de mi padre y maestro, sea recordado para la vida del Mundo Venidero, con todos los compañeros.

Ahora, aclararé el vínculo que tengo con mis compañeros. Me dijo mi maestro, de bendita memoria, que ya se explicó cómo es que en un inicio todas las almas estaban incluidas en el primer Adam, y luego, a raíz de que pecara, su estatura se vio reducida. Y ya explicamos que ello significa el descenso de las almas a las profundidades de las klipot, quedando sólo una pocas en su interior, que es la explicación profunda de los cien codos de los que hablaban nuestros sabios, de bendita memoria, respecto del versículo que dice: *«y sobre mí pusiste Tu mano»* (Salmos 139:5). He aquí que en el primer Adam había algunas almas nuevas que nunca habían venido al mundo y estaban incluidas en él desde antes que pecara, y se retiraron, y se denominan almas 'verdaderamente nuevas'. Luego, hay otro nivel y son las almas que permanecieron en el primer Adam y aún son llamadas nuevas, pero no al ser comparadas con el primer nivel. Cuando estas almas se encarnaron por primera vez, después de que el primer Adam falleciera y se separaran de él, entonces fueron llamadas 'nuevas'. Esto obedece a que cuando el primer Adam fue formado no se consideró que fuera su primera vez, ya que su formación fue del nivel de espalda con espalda (*ajor beajor*), tal como es sabido, y por ello no se la toma en cuenta, hasta que llegue bajo el formato de rostro con rostro (*panim bepanim*) y entonces se la considerará su primera vez. Y si después del fallecimiento de Adam un alma no tuviera el mérito de venir al mundo salvo bajo el formato de conexión o cópula (*zivug*) de espalda con espalda (*ajor beajor*), de todas maneras, se le considerará que es su 'primera vez' dado que ello ocurre con posterioridad al fallecimiento del primer Adam.

Tras ese nivel, viene el de Caín y Hevel, que es el de las mismas almas que permanecieron en el primer Adam y éste a su vez se las heredó en vida a Caín y Hevel. A este nivel no se le considera aun que viene por primera vez. Pero cuando estas almas vuelvan a venir al mundo tras el fallecimiento de Caín y Hevel, aunque vengan bajo el formato de espalda con espalda se considerará que esa es su 'primera vez', y se las denominará 'almas nuevas'. Y de ahí en adelante, en caso de que una de estas almas regrese, se la denominará 'reencarnada', pues, aunque hubiera sido entregada por Adam a Caín y a Hevel, dado que la transferencia a sus hijos no ocurrió tras su fallecimiento sino estando él con vida, no se la considera como una venida al mundo en sí. Pero, de todas maneras, son inferiores a aquellas que permanecieron realmente en el primer Adam y no se las denomina tan nuevas como a las otras.

Luego hay otro nivel, y son las almas que cayeron a la profundidad de las klipot en el pecado del primer Adam, y a éstas, la primera vez que llegan al mundo se las denomina 'reencarnadas'.

Y luego, otro nivel son las almas que vienen por medio de los prosélitos. He aquí que todas las partes o detalles de las almas descendieron a las klipot salvo las verdadera y completamente nuevas, que son el primer nivel, como se ha mencionado. Pero todas las demás descendieron a las klipot, pero no son de igual nivel, pues aquellas que permanecieron en el propio Adam poseen sólo un defecto proveniente de Adam, y aquellas que les entregara a sus hijos Caín y Hevel poseen dos tipos de defecto, uno proveniente de Adam y el otro proveniente de Caín y Hevel propiamente, pues ellos también pecaron, tal como se menciona en *Sefer HaTikunim*.

Y has de saber, que cuando las almas salen de la profundidad de las klipot para venir al mundo, primero deben hacerlo por medio del formato de ibur en Maljut para purificarse y limpiarse de las klipot y de la impureza en la que estuvieron inmersas anteriormente, y de acuerdo al tipo de alma, tendrán fuerza y mérito de detenerse allí, pues las del nivel de 'completamente nuevas' pueden quedarse en Maljut bajo el formato de ibur durante doce meses, y luego vienen al mundo, por ello existe el ibur durante doce meses, tal como se menciona en la Guemará en el relato de Raba Tosfaá (Tratado de Yevamot 80b). El segundo nivel es el de las almas que permanecieron en Adam, que son también 'nuevas', pero no como las primeras. Por lo tanto, se quedan en Maljut solamente bajo el formato de ibur durante nueve meses, y solamente después de ello vendrán al mundo. El tercer nivel son las almas de Caín y Hevel que son llamadas 'nuevas', pero no lo son respecto al primer y al segundo nivel, dado que poseen defectos, tal como se ha mencionado anteriormente. Todas esas almas solamente pueden permanecer en Maljut durante cuarenta días para formar el feto, tras lo cual deben venir al mundo. El quinto nivel está compuesto por las almas de los prosélitos. Ellos permanecen ahí durante tres días que es el tiempo necesario para la concepción (lit. «absorción del esperma») y luego vienen al mundo. Y has de saber que el tiempo que se demoran en Maljut es proporcional a la intensidad de su luminosidad y refinamiento de (de la impureza de) las klipot.

¿Cómo salen las almas de las klipot?

Has de conocer también otra introducción. He aquí que todas las almas que salen de las klipot no lo hacen sino por medio de las plegarias de Israel que ascienden bajo la forma de maim nukvin (aguas femeninas), tal como es sabido, o también a través algún ijud (unificación meditativa empleando los Nombres Divinos) que realiza algún hombre justo, o también por medio de algún precepto que algún individuo observa. Y he aquí que hay almas que a causa de algún defecto existente en los niveles inferiores, o a causa de un defecto que generaron la primera vez que vinieron a este mundo que causó que descendieran a las klipot, y si entonces ocurre que sale o asciende alguna alma de la klipá para entrar en Maljut bajo el formato de ibur y corregirse allí, como se ha mencionado, esa alma que se encuentra en Maljut puede asir a aquellas almas que fueron dañadas antes de que éstas desciendan a las klipot y pararlas en su sitio, devolverlas arriba con ellas al interior de Maljut bajo el formato de ibur. Allí se repararán todas conjuntamente, y luego vendrán al mundo. La cuestión radica en que, dado que el alma se encuentra en el interior de Maljut, desde allí siempre eleva maim nukvin, y por medio de estas aguas puede hacer ascender junto a ella a aquella alma dañada anteriormente mencionada. No obstante, ello resulta imposible a menos que ponga algo de su espíritu en su interior. Ello significa que la primera alma que está en Maljut concede una fuerza suya al alma dañada y ésta se inviste en este espíritu, y de ese modo es reparada, y el espíritu permanece siempre conectado a ella, hasta el tiempo de la resurrección de los muertos, y entonces se separan.

Y has de saber, que, si el alma que se encontraba alojada bajo el formato de ibur es del nivel de las que se mantienen en esa situación durante doce meses, tiene la capacidad y la fuerza de que aquella alma poseedora de un defecto que se detuvo con ella se quede también junto a ésta durante doce meses, aunque pertenezca al más bajo de los niveles que es de tres días únicamente, esto es, las almas de los prosélitos. Asimismo, si la primera alma es una que permanece (en Maljut) durante nueve o siete meses y la segunda es de un nivel inferior y permanece cuarenta o solamente tres días, la segunda permanecerá junto a primera durante los siete o los nueve meses. En caso contrario, si la primera que es la que retiene a la segunda es de un nivel de nueve meses y la segunda que está demorada por ella es de un nivel de doce, entonces ambas dos permanecen doce meses, de modo tal que siempre ocurrirá del modo que resulte más beneficioso y elevado.

El nivel del alma de los compañeros y su orden

Me dijo mi maestro, de bendita memoria, que todos estos compañeros que se encontraban conmigo eran todos reencarnaciones del tipo de cuarenta días solamente. Pero yo soy nuevo, del nivel de Caín, y vine al mundo una vez y el tiempo de mi ibur ha sido de siete meses. Entonces, resulta que yo los retuve a ellos, para que no cayesen en las klipot, y por mi intermedio tuvieron el mérito de demorarse como yo durante siete meses. Y yo tengo algo de mi espíritu colocado en cada uno de ellos, y todos se nutren a través mío, y por ello debo procurar repararlos, pues al hacerlo yo mismo me reparo, tal como explicaré abajo.

He aquí que a este respecto estoy en la duda de qué fue lo que me lo dijo mi maestro, de bendita memoria, si me dijo que también los reencarnados eran del nivel del propio (primer) Adam, pero ya vinieron al mundo dos veces y, entonces que sus raíces son de las que se les permite quedarse en Maljut durante nueve meses. Si es así, ahora que han sido retenidas y reparadas por esta alma (que es del nivel de siete meses), ésta se quedará junto con las del nivel de cuarenta días durante nueve meses. Si esto es lo que oí, entonces dudo respecto de mí, pues sé que algunos de mis compañeros son del nivel de Adam, y entonces, ellos y yo nos demoramos nueve meses.

Volvamos a la cuestión, he aquí que yo no he reparado solo todas las almas de los compañeros mencionados. Al principio sólo retuve un alma, luego por medio de una asociación con el alma que retuve retuvimos a otra y resulta que en esta última había dos espíritus (*rujín*), uno el mío y otro el de la primera alma que retuve. Así es como funcionó para todas ellas hasta el final. Resulta que la décima alma poseía un espíritu mío y uno de cada uno de los nueve compañeros que la antecedieron, y mi maestro, de bendita memoria, no me explicó su orden. Sin embargo, de acuerdo con el orden de mis compañeros que realizara mi maestro, de bendita memoria, y me dio para la revisión de las disertaciones, entendí que el orden es el siguiente: en un inicio vine yo, el joven Jaím Vital, luego Rabí Yonatán Saguis, de bendita memoria, luego nuestro maestro el Rabino Yosef Arzin, de bendita memoria, tras él nuestro maestro el Rabino Ytzjak HaCohen, de bendita memoria. No obstante, desconozco el orden de los demás. No cabe sorprenderse de que, si yo los antecedí y los retuve, cómo es posible que haya compañeros que son mayores que yo de edad y vinieron al mundo antes que yo lo hiciera. La cuestión es que a pesar de que yo los antecedí en la cuestión del ibur, de todas maneras, al momento de que las almas saliesen a este mundo, es posible que ellos me hubiesen antecedido.

El orden en el ibur no es necesariamente el orden de llegada al mundo

La explicación de esta cuestión es la siguiente. Has de saber que después de que el alma estuviese en Maljut bajo el formato de ibur, hay almas que en cuanto terminan su período de ibur descienden a este mundo y hay otras que descienden al Mundo de Briá permaneciendo allí, donde sirven ante HaShem, Bendito Sea, al igual que los demás ángeles que allí se encuentran. Después de un tiempo prefijado, o al tener lugar algún rezo, o algún mérito, o a raíz de algún precepto realizado por algún individuo en el mundo, el alma desciende y viene a este mundo. Ésta es la explicación profunda del versículo que dice: *«como que vive HaShem, Dios de Israel, ante quien estoy de pie…»* (I Reyes 17:1), mencionado respecto del profeta Eliahu, recordado para bien. Eliahu, sea recordado para bien, una vez que su alma abandonó el ibur en Maljut de Atzilut descendió al Mundo de Briá y allí se quedó sirviendo ante HaShem, Bendito Sea, al igual que los demás ángeles que allí se encontraban. Respecto de esto se insinuó en el libro del Zohar en la porción de *Ajarei Mot* hoja 68 a propósito del versículo que dice: *«como que vive HaShem… ante quien estoy de pie»*, véase allí. Hay almas que descienden hasta el Mundo de Yetzirá y se quedan allí del modo mencionado. Y hay almas que se quedan en el Mundo de Asiá, en este mundo. Pero todas salen de Maljut de Atzilut, sólo que unas se quedan en Briá, otra en Yetzirá y otra en Asiá del modo mencionado.

Todo esto depende de las acciones de los que se encuentran abajo en este mundo, pues hay un tipo de rezo que puede elevar a las almas para que se conviertan en un ibur en Maljut al tiempo que hay otro tipo de plegaria que es orada con mayor intención y es más aceptada ante HaShem, Bendito Sea, por lo que tiene la capacidad de traer al alma a este mundo. Algunas plegarias pueden hacer descender al alma únicamente hasta el mundo de Briá, y de igual manera ocurre con los demás mundos. Esto no depende de las limitaciones del alma en sí sino de las acciones realizadas abajo por aquellos individuos que están vinculados a esas almas. Asimismo, de acuerdo con las cualidades del individuo que realiza la acción, logrará proporcionalmente la capacidad de hacer descender un alma en su hijo, aquella que se encuentra más cercana a él de acuerdo con el nivel de la raíz de su alma, y otra alma ha de permanecer en espera hasta que tenga un redentor más cercano, y el hecho de que un alma se demore más que otra no obedece ni a su superioridad ni a su inferioridad respecto de la otra.

He aquí que en el caso de un alma que ni bien nace en Maljut de Atzilut desciende a este mundo sin interrupción, ciertamente cuenta con una ventaja, pues no se inviste en ningún mundo y solamente pasa por ellos. Pero aquella alma que se demora arriba se inviste en el mundo en cuestión, y luego viene investida. No es lo mismo detenerse en Briá a hacerlo en Yetzirá o en Asiá, pues los ropajes de Briá son mucho más diáfanos y finos que los de Yetzirá o los de Asiá. He aquí que a veces, el alma que se detiene en cierto mundo y se inviste en él es de un nivel más elevado que el de aquellas que descienden directamente a este mundo sin demora ni ropajes, dado que su nivel es superior al de la otra. No obstante, en cada alma hay un cambio, pues aquella que desciende de inmediato será más luminosa que aquella que se demora en algún mundo y recién después desciende. Y me dijo mi maestro, de bendita memoria, que la chispa de mi Nefesh no descendió inmediatamente a este mundo tras dejar su ibur sino que se detuvo arriba, pero no me dijo en qué mundo.

Las buenas acciones de los compañeros benefician a Rabí Jaím Vital

Y volvamos a la cuestión, pues mi maestro, de bendita memoria, me dijo que debo esforzarme para que estos compañeros míos reparen sus acciones, pues dado que tengo espíritu en ellos, sobrevendrá sobre mí una ganancia si ellos van a ser justos, pero ellos no poseen espíritu en mí, y no obtienen beneficios de mis acciones (buenas), de modo tal que de todos los preceptos que ellos observan llevo una parte por medio de ese espíritu mío que está en su seno. La explicación de esta cuestión es la siguiente. Has de saber que no hay justo (*tzadik*) que no posea dos almas, tal como se menciona en el libro del Zohar al inicio de la porción de *Noaj* en la Tosefta que habla respecto de la repetición de los nombres de personas que fueron llamadas, como en el caso de Noaj: *«éstas son las generaciones de Noaj, Noaj…»* (Génesis 6:9) y de igual manera en los casos de «Moshé Moshé» (Éxodo 3:4) y «Shmuel, Shmuel» (I Samuel 3:10) etc. Ésta es la explicación. Hay un nivel o aspecto del alma que es interior y viene al individuo, y otro que es el alma envolvente (*makefet*) que se encuentra por sobre su cabeza, arriba, en un mundo superior y es una forma de conducto por medio del cual el individuo puede ascender, o sea, a través de esa alma (envolvente). Cuando -Dios no lo permita- el alma interior del individuo peca, desciende a las klipot poco a poco hasta hacerlo íntegramente, y todo ello conforme el tenor de las transgresiones. Cuando el alma interior desciende completamente a las klipot, el alma envolvente desciende al interior del individuo y de ello resulta que ambas almas descienden de nivel. También resulta, que el individuo posee una sola alma, pues la otra descendió a las klipot. Ésta es la explicación profunda del versículo que dice: *«y esa alma será cortada de su pueblo»* (Génesis 17:14), ya que resulta cortada e ingresa a las klipot. No obstante, un justo posee siempre dos almas existentes, una envolvente y otra interior. Y es de esto de lo que se habla en la porción de Noaj respecto de la repetición del nombre *«Noaj, Noaj»* etc., ya que todo justo posee dos almas. He aquí que a través de esa alma envolvente que poseo viene toda la luz y la abundancia que le llegan a estos compañeros, debido a que mi espíritu está en ellos. Y de toda la luz que fluye hacia ellos, una parte de ésta, así como una parte de sus buenas acciones - vienen a mi alma interior. Por eso, preciso y debo esforzarme para que se reparen a través mío y aprendan a través mío. Empero en mi alma interior no tienen participación, por lo que ellos no absorben (lit. «maman») de mis preceptos.

Vínculos entre los discípulos y con el maestro

Ahora, hablemos del vínculo de los compañeros, y yo entre ellos, con nuestro maestro, de bendita memoria, así como también de la relación de los compañeros entre sí. Mira en nuestro libro (*Etz Jaím*) cómo en el Da'at hay siete extremidades de jasadim que se expenden por el cuerpo, y que, como contraparte, hay también siete guevurot. Y éstas son las raíces de los jasadim y las guevurot que se expanden abajo en el cuerpo. Estas catorce raíces que se encuentran en el Da'at son las almas de las doce tribus más Efraím y Menashé. Ya se te ha hecho saber, que las gotas seminales no provienen sino del Da'at de Zair Anpín, que incluye Jesed y Guevurá. Sin embargo, hay gotas seminales que provienen o son atraídas desde el moaj (cerebro) del propio Da'at, al estar en su lugar arriba en la cabeza. Y hay otras que provienen o son atraídas desde Jesed y Guevurá, entrando en el cuerpo y expandiéndose en él, y son las seis extremidades (*vav ketzavot*) del Zair Anpín.

He aquí que mi Nefesh proviene de la quinta Guevurá, que es llamada propiamente Hod de Da'at, ya que se encuentra en la cabeza bajo el formato de mojín de gadlut por el lado de Ima. Rabí Ytzjak HaCohen provenía de la Guevurá que fluía por el brazo derecho llamado Jesed. Rabí Yonatán Saguis era de la segunda Guevurá que fluye por el brazo izquierdo llamado Guevurá. Rabí Ya'akov Arzin era de la tercera Guevurá que fluye en el cuerpo y es llamado Tiferet. Rabí Yosef ibn Tevul era de la cuarta Guevurá que fluye en el muslo derecho y es llamado Netzaj. Resulta que estas cuatro Nefashot, de las cuatro guevurot de gadlut (grandeza) se expanden o fluyen por las cuatro extremidades llamadas Jesed, Guevurá, Tiferet y Netzaj (**Jagtán**) de Zair Anpín, y se nutren o «maman» de mi Nefesh, pues yo soy de la Guevurá superior de Hod que se encuentra en el Da'at de la cabeza de Zair Anpín. Rabí Yehudá Mish'án, Rabí Guedalia Haleví y Rabí Shabetai Menashé provienen de Jojmá-Biná y Da'at de Zair Anpín (**Jabad**), de mojín de katnut (pequeñez) de Zair Anpín y del lado de Aba. Rabí Shmuel Uzida, Rabí Abraham Gabriel y Rabí Elia Folcón provienen de Jojmá, Biná y Da'at de Zair Anpín, de los mojín de katnut de lado de Ima. Sin embargo, la expansión de las cinco guevurot de katnut no es perceptible, solamente en el caso del mojín de katnut.

La luz, el receptáculo y la cópula

También has de saber, que no hay luz de alma en el mundo que no posea un receptáculo (*klí*) y una vestidura (*levush*) en la que se inviste en este mundo. Y esta vestidura es mencionada en el libro del Zohar en la porción de *Mishpatim* en el pasaje del anciano Rabí Yeivo, de bendita memoria, sobre el versículo que dice: «*...su alimento, su vestimenta y su morada conyugal, él no negará*» (Éxodo 21:10) y sobre el versículo que dice: «*...cometer perfidia (bigdó) contra ella*» (ídem 8). Respecto de la cuestión de la vestimenta de estos compañeros: has de saber que lo que le ocurriera a Yosef el justo con su ama en Egipto, que salieron de él diez gotas seminales entre las uñas de los dedos de sus pies, tal como dice: «*...se afirmaron sus brazos, sus manos*» (Génesis 49:24) ocurrió igualmente en el mundo superior. Pues he aquí que Yosef el justo es la manifestación de la *sefirá* del Yesod, por lo tanto, cuando salieron las diez gotas, salieron desperdiciadas también diez chispas que son vestiduras de almas del Yesod superior del varón. Éstas no fueron donde la mujer, y por lo tanto las apresaron las klipot. Y en cada nivel de Yesod que existe arriba salieron chispas de almas en vano y fueron a las klipot pues todos las yesodot están insinuados en Yosef. He aquí que arriba hay cinco tipos de conexiones (cópulas), y en cada Yesod de estos salieron chispas de almas en vano, tal como se mencionó, y están ordenadas por nivel.

La primera copulación (*zivug*) es de Israel que es Zair Anpín con Rajel, y tiene lugar en Shabat durante el rezo de Musaf, pues entonces Rajel crece en toda la altura del Zair Anpín, y literalmente se vuelve como él en extensión. Entonces, copulan juntamente por medio del verdadero Yesod del Zair Anpín.

La segunda cópula, es el de Ya'akov con Rajel, tiene lugar durante el rezo de Shajarit de los días de semana y por medio de su Yesod verdadero.

La tercera cópula es de Ya'akov con Lea y tiene lugar pasada la medianoche, y ambos dos se extienden a lo largo de la totalidad del Zair Anpín y entonces la cópula es a través de su Yesod.

La cuarta cópula es de Israel con Lea, tiene lugar durante el rezo de Minjá de los días de la semana, y ésta no se extiende sino a lo largo de su mitad superior, lo cual es hasta el pecho de él, y entonces él se une con ella por medio de Yesod que poseía de Zair Anpín cuando se encontraba bajo la forma de seis extremidades, tal como ya se ha explicado aquí anteriormente, al referirnos a la cuestión de los rezos.

La quinta cópula es de Ya'akov con Lea, tiene lugar durante el rezo de Arvit de los días de la semana, ocurre en la mitad superior de Israel y se lleva a cabo por medio de su Yesod.

Estos son los cinco tipos de cópula y los cinco tipos de Yesod, y de todos estas Yesodot salieron gotas por polución. He aquí que las gotas son el secreto del revestimiento de algunas de las almas, y estas vestiduras permanecen con el alma y no la abandonan, incluso después de la resurrección. Lo mismo ocurre con los otros tipos de vestidura que reciben las demás almas. Ésta es la explicación profunda del versículo que dice: «*Dejó ella la ropa de él junto a ella*» (Génesis 39:16).

Y explicaremos estos cinco niveles. El primero, es la cópula más elevada de todas, el de Israel con Rajel. Este contiene cinco niveles, a diferencia de las demás cópulas. Ocurre que en el verdadero Yesod de Israel que se une con Rajel hay Jesed y Guevurá que provienen o fluyen desde mojín de Ima, y también de mojín de Aba, pues el Yesod de Aba que se encuentra en el interior del Zair Anpín llega y se extiende hasta el propio Yesod de Zair Anpín. Y he aquí que las diez guevurot que son cinco de Aba y cinco de Ima son del nivel de los diez asesinados por el reino (*haruguei maljut*) cuyas almas se invistieron en esas gotas. Las cinco gotas de Aba son: Rabí Akiva, Rabán Shimón ben Gamliel, Rabí Yesheivav el escriba, Rabí Yshmael ben Elishá Cohen Gadol (sumo sacerdote) y Rabí Yehudá ben Baba. Me parece, en mi humilde opinión, que su verdadero orden era: Rabí Akiva era el Jesed de la Guevurá, Rabán Shimón ben Gamliel era la Guevurá de la Guevurá etc. Y que no te sorprenda si Rabí Akiva es de la raíz de Caín, como ya se ha mencionado, que es de Ima y su vestidura es de Aba, y de igual manera los demás, cada cual según lo que es, pues no es algo tan estricto (que impida la combinación), tal como veremos más adelante. Además, todo se mezcla en el Yesod, y Yosef tiene cercanía con todas las demás tribus por cuanto que es del nivel de Yesod. Y el resto de los sabios asesinados por el reino (Roma) provienen de las guevurot de Ima.

He aquí que, dado que estos diez asesinados por el reino son todos del nivel de guevurot, fue necesario que los matasen pues las klipot se aferran muy fuertemente a las guevurot y especialmente a las gotas seminales producto de la polución de Yosef el justo, como estos grandes y gigantescos individuos.

Y diez jasadim de Aba e Ima son vestiduras de las almas de los diez alumnos de Rabí Shim'ón bar Yojai, la paz sea sobre él, que son su hijo Rabí El'azar, Rabí Aba, Rabí Yehudá y Rabí Ytzjak Nafja. Dado que son del nivel de jasadim no precisaron morir, pues las klipot no se aferran a ellos. Y estos tres, que son Rabí Yosei bar Ya'akov, Rabí Jizkiá y Rabí Yeisa que murieran en la Idra Raba, eran del nivel de los tres jasadim de Ima revelados en Tiferet, Netzaj y Hod de Zair Anpín. Estos ascendieron y se retiraron para iluminar arriba, y por ese motivo se retiraron entonces estos tres compañeros y ascendieron. Y he aquí que Rabí Shim'ón bar Yojai, la paz sea sobre él, es el Yesod mismo del cual salieron las gotas (seminales) y por ello vino a repararlos y enseñarles.

No obstante, en el caso de las guevurot, que son los diez asesinados por el reino, no vimos que tuvieran un rabino particular, y ello obedece a que ya se explicó en el versículo que dice: «*y aquel que confía en HaShem la gracia (jesed) lo rodeará*» (Salmos 32:10), respecto de la cuestión de las filacterias de Rabenu Tam. Si bien allí parece ser lo contrario (de lo que aquí se expresó) de todas maneras la cuestión es que los jasadim de Aba no están en el Yesod de Aba dado que es muy estrecho. Por lo tanto, salen y rodean al Yesod por afuera. Así, resulta que los jasadim de Aba e Ima están todos dentro de un Yesod de Ima, pero las guevurot están separadas, unas en el Yesod de Aba y otras en el Yesod de Ima. Por lo tanto, fue imposible nombrarles un maestro en particular y un Yesod particular. Vi en las palabras de mi maestro, sea recordado para la vida del Mundo Venidero, que no me dijo por qué ello fue así, sino por medio de la negativa, mas no me respondió suficientemente, pues luego le formulé preguntas sobre esta cuestión mencionada, y le dije que entonces, podían tener dos maestros que se correspondiesen con las dos yesodot, y lo rechazó, y no quiso responderme y no sé por qué. Y has de saber, que, dado que estos diez compañeros del nivel de jasadim provienen de la cópula más elevada de todas, que son Israel con Rajel, tal como se ha mencionado, a ellos les fueron explicados y revelados todos los secretos de la Torá sin que medie sufrimiento alguno, lo cual no habrá de ocurrir hasta la generación del rey Mashíaj, tal como se menciona en el Zohar en diferentes sitios.

La segunda cópula es de Ya'akov con Rajel, y es sabido que Rajel no tiene rigores tal como sí los posee Lea, y que Ya'akov proviene únicamente de la iluminación de Mojín de Aba, y por ello aquí sólo tenemos el Jesed y la Guevurá de Aba. He aquí que nuestro sagrado rabino (Rabenu HaKadosh, Rabí Yehudá HaNasí, el compilador de la Mishná, resumen de la Ley Oral) que ordenara las mishnaiot es el Yesod mismo, y los alumnos de su yeshivá son las gotas (seminales) que de él salieron, y son Rabí Jía, Rabí Hoshaiá, Bar Kapara, Leví bar Sisi, Rabí Janina bar Jama y Rav, y otros como ellos.

La tercera cópula, según el orden de importancia, es la de Ya'akov con Lea y tiene lugar pasada la medianoche. Pues a pesar de que Lea posee rigores (*dinim*) ella es del nivel de pasada la medianoche, que es cuando los rigores se ven atenuados (*nimtakim*), además ella se extiende en toda la longitud de la totalidad del Zair Anpín, lo cual no ocurre en la cópula anterior de Ya'akov con Rajel. Estos son los diez, que son cinco jasadim y cinco guevurot de Aba. Por ello, estas dos cópulas, la segunda de Ya'akov con Rajel y la tercera de Ya'akov con Lea no tienen muerte, por ser del nivel de Ya'akov que es del lado de Aba. Y es sabido que «la oscuridad de la mañana» (explicada en la introducción 26) posee más compasión porque en ese momento es casi de día. Entonces, ocurre la segunda cópula de Ya'akov con Lea, ya mencionada, que tiene lugar por segunda vez, tal como se menciona en (el libro del Zohar en) la porción de *Shemot* (10a), y salen dos gotas únicamente, una que incluye cinco jasadim y la segunda que incluye cinco guevurot. Estas dos gotas (seminales) son mejores que las diez, que salen tal como se mencionó de la cópula que tiene lugar pasada la medianoche, y estas doce gotas son mis compañeros, con los que estudiábamos junto a mi maestro, de bendita memoria, y él mismo, de bendita memoria, es el Yesod, del cual salieron estas doce gotas mencionadas.

Y has de saber que antes de medianoche Ya'akov y Lea llegaban hasta el pecho de Israel, como se explica en la quinta cópula, y pasada la medianoche se extienden hasta el final de éste, por ello la primera impresión del Yesod antes de la medianoche no se anula, ya que Ya'akov y Lea pasada la medianoche no vuelven a la situación de espalda con espalda (*ajor beajor*), pero al estar rostro con rostro (*panim bepanim*) se expandieron hasta abajo, por ello lo que tuvieron inicialmente no quedó sin efecto. Resulta que hay otras diez gotas que salen del Yesod del nivel anterior a la medianoche, pero no salen sino pasada la medianoche. Hay otras dos que son del momento de la «oscuridad de la mañana» (*kadaruta detzafra*), arriba mencionada, y son mejores que todas esas diez. Si bien las doce segundas son de inferior nivel que las doce primeras, y es posible que las dos gotas de la oscuridad de la mañana sean del segundo nivel, se las va a incluir en las primeras diez, ya que son superiores que las segundas diez, y por ellos estas doce segundas estudiaron antes o primero con nuestro maestro, sea recordado para la vida en el Mundo Venidero, en su yeshivá antes de que llegáramos nosotros que somos los doce primeros. Esto obedece a que ellos son del nivel anterior a la medianoche y carecen de Yesod y de rabí propio. Esto se debe a que las dos Yesodot, una anterior a la medianoche y otra posterior a la medianoche fueron incluidas una en otra en un solo Yesod. Has de saber y verás cómo se incluyeron las cuatro cópulas en esta tercera cópula, y las cuatro son denominadas primera cópula por los motivos mencionados, y luego al final de la disertación (*drush*) explicaremos quiénes son todos los compañeros.

La cuarta cópula es la última de todas, es Ya'akov y Lea antes de la medianoche, y estos son rigores completos o absolutos, y son los muertos de Beitar. Su Yesod es Rabí El'azar HaModaí, la paz sea sobre él, que muriera en Beitar, tal como es sabido. Y has de saber, que todas las luces de almas (*orot neshamot*) de los hijos de Israel poseen vestiduras interiores y exteriores, que son mojín (cerebro) y eivarim (órganos) que descienden y se vuelven gotas seminales, de los diferentes tipos de Yesod mencionados, pero no por medio de una polución.

He aquí una diferencia y una división entre las cincuenta gotas o más mencionadas de las cinco cópulas señaladas y el resto de las almas. Y poseen una ventaja enorme sobre todas las demás ya que las demás almas no viene por medio de una polución sino por medio de una cópula producida por el despertar de la Nukva (mujer), que se despierta a la cópula y la desea intensamente, y luego también él se despierta, y dado que el masculino no se despertó por propia voluntad sino por intermedio de la mujer, las gotas de Jesed y Guevurá que fluyen en esa cópula no provienen de su propio Da'at, solamente de los jasadim y las guevurot que se expandieron hacia abajo en las seis extremidades, tras haberse investido y demorado allí abajo. Pero las gotas arriba mencionadas, dado que provienen sin que medie un despertar por parte de la mujer ya que son gotas seminales pertenecientes a una polución, como se ha mencionado, con certeza que salieron únicamente a raíz del despertar masculino. El varón desea copular con la mujer, pero no puede encontrarla porque ésta se encuentra debajo en el mundo de Briá o similar. Por ello la gota se desperdicia. Y dado que proviene de un despertar masculino, sin duda estas gotas son muy grandes, y no provienen sino del propio moaj de Da'at de Jesed y Guevurá que se encuentran allí arriba, pues allí es el sitio del despertar y del deseo. Cuando salen del Yesod, en un inicio no descendieron y no se invistieron en las seis extremidades del masculino (*zajar*) y sólo pasaron por allí y salieron por el Yesod. Por ello, el nivel de estas almas es infinitamente mayor respecto del resto de las almas.

He aquí que todo esto que dijimos se refiere a las vestiduras y a los receptáculos de las almas mismas que son llamados «luces», y de ellos se hacen los 248 órganos en los cuales el alma se inviste. Los niveles de las luces de las almas de todas estas (vestiduras) arriba mencionadas vinieron del modo ya mencionado, del nivel de Da'at propiamente, y no de la expansión haca abajo. Por ello le fueron conferidas estas vestiduras, que son las gotas mencionadas, que también provienen del Da'at. He aquí que, si bien hemos explicado que existe un fuerte vínculo entre todas estas gotas mencionadas, ello se refiere las gotas y sus vestiduras. Cada una de las luces de las almas proviene de su propia raíz, y si bien todas ellas están en el nivel de Da'at, de todas maneras, no están vinculadas o no provienen de la misma raíz.

Has de saber también que en estas propias gotas que fungen como vestiduras, poseen interioridad y exterioridad, pues hay gotas que se provienen de la exterioridad que es la vestidura de Netzaj, Hod y Yesod de Aba o Netzaj, Hod, Yesod de Ima de Zair Anpín o de Ya'akov, y hay gotas que provienen de la interioridad, que son los propios mojín que se encuentran en el interior de Netzaj, Hod y Yesod de Aba o Ima etc. He aquí que todo lo que ha sido mencionado son gotas para las cuales fueron realizadas vestiduras de la interioridad, que son los mojín mismos. Hay otras gotas como todas las previamente mencionadas que son de tipo de la exterioridad de las vestiduras mencionadas. Pero estas también provienen del propio Da'at que se encuentra arriba, con la salvedad de que son del aspecto de la exterioridad, que es la vestidura de Netzaj, Hod y Yesod de Aba, etc., tal como se ha mencionado anteriormente. Mi maestro, sea recordado para la vida del Mundo Venidero, no me explicó quiénes son, sólo que son de la tercera cópula, como habremos de explicar, con la ayuda de Dios, Bendito Sea.

He aquí que todos los niveles de las gotas mencionadas son denominados en las palabras de los profetas «remanente», y aquellos que son del nivel de Israel son denominados «remanente de Israel», tal como fue dicho: «*el remanente de Israel no hará injusticia…*» (Sofonías 3:13). Aquellos que son del nivel de Ya'akov son llamados «remanente de Ya'akov», tal como fue dicho: «*el remanente de Ya'akov estará entre las naciones*» (Miqueas 5:7). Existen cinco niveles, tal como se ha mencionado, en las cinco cópulas, y por ello en referencia a estos en las palabras de los profetas se mencionan reiteradamente las expresiones «remanente de Israel» y «remanente de Ya'akov».

INTRODUCCIÓN 39 B

La cópula en diferentes momentos de la noche y su efecto

He de explicar la cuestión de estos los compañeros de mi maestro, de bendita memoria. Has de saber que a pesar de que el orden de elevación o importancia de las gotas (seminales) ya fue mencionado arriba, de todas maneras, has de saber que las gotas de la tercera cópula de Ya'akov y Lea pasada la medianoche son las últimas de todas en lo que respecta a la llegada a este mundo, a pesar de que no es éste el orden de importancia mencionado. Dado que estos vienen en este mundo al final de este exilio están insinuados en la profecía de Yeshaiahu, en el versículo que dice: «*profecía sobre Duma: Él me llama desde Seir. Guardián: ¿qué de la noche (laila)?, ¿qué de la noche (leil)? etc.*» (Isaías 21:11). Pues esta profecía se refiere a este, el último exilio, tal como se menciona en el libro del Zohar. Y ya has sabido, que «leil» es el nombre con el que se denomina a la noche antes de la medianoche y «laila» es el nombre que recibe la noche pasada la medianoche, tal como se menciona en el libro del Zohar en la porción de *Bo*. Y se trata de los dos grupos de compañeros de la yeshivá de mi maestro, sea recordado para la vida en el Mundo Venidero, y todos ellos provienen de la cópula posterior a la medianoche. Empero, algunos están incluidos en la cópula de la primera mitad de la noche (pero que concluyó pasada la medianoche). Respecto de estos, la Presencia Divina clama desde su exilio, desde su asiento en Seir, que es el exilio de Edom, y le dice a HaShem, Bendito Sea: «*guardián: ¿qué de la noche? (laila), ¿qué de la noche? (leil)*» y son el primer grupo que proviene de la cópula que tuvo lugar pasada la medianoche y se la denomina 'laila'. Asimismo, respecto al otro grupo del que se dice «*¿qué de la noche (leil)?*» la Divina Presencia le dice a HaShem: «qué habrás de hacer con los del segundo grupo que provienen de la cópula de la primera mitad de la noche llamada 'leil', pero que salieron durante la última mitad de la noche, como se ha mencionado?» El Santo Bendito Sea le responde (a la Presencia Divina): «*el guardián respondió: viene la mañana*» (ídem 12) refiriéndose a las cuatro vestiduras nacidas de la cópula de la «oscuridad de la mañana» (*kadruta detzafra*). Pero el guardia dice: «...y también noche» (ídem) que son los veinte que nacen de la cópula que tiene lugar después de la medianoche y es denominada 'laila'».

Luego en el versículo (ídem) está escrito: «*si lo pedís, pedidlo*», implicando que dado que estos grupos vienen en la generación final del Mashíaj precisan retornar en arrepentimiento en gran manera y abundar en pedidos, súplicas y plegarias. Asimismo, en el versículo que dice: «*un remanente volverá, el remanente de Ya'akov al Dios Todopoderoso*» (Isaías 10:21) el vocablo 'remanente' aparece dos veces, lo cual se corresponde con estos dos grupos. Y me dijo mi maestro, sea recordado para la vida del Mundo Venidero, que dado que yo y los compañeros provenimos de la cópula posterior a la medianoche, debemos tener sumo cuidado de levantarnos exactamente a la medianoche pues ello nos será de gran provecho, y nos advirtió mucho a este respecto.

Los diferentes compañeros y su pertenencia al grupo

He aquí que mi maestro, de bendita memoria, me ha dicho que no todos estos compañeros permanecerán en el grupo, pues aún precisan discernir y ser discernidos (o seleccionar y ser seleccionados), cambiar a algunos de ellos y poner a otros en su lugar, tal como lo habré de explicar con la ayuda de HaShem, Bendito Sea, y he de escribir ahora los nombres de los compañeros que entran con nosotros a estudiar, a pesar de que no sé si es que habrán de ser cambiados por otros en su lugar. Mi grupo, que es el de aquellos que provienen de la cópula que tuvo lugar pasada claramente la medianoche son: yo, el joven Jaím Vital, Rabí

Yonatán Saguis, de bendita memoria, nuestro maestro Rabí Yosef Arzin, de bendita memoria, nuestro maestro Rabí Ytzjak HaCohen, de bendita memoria, Rabí Guedalia HaLeví, de bendita memoria, Rabí Shmuel Uzida, Rabí Yehudá Mish'án, Rabí Abraham Gabriel, Rabí Shabetai Menashé, Rabí Yosef ibn Tevul, Rabí Eliá Folkón. Este grupo proviene del aspecto interior del mojín de Da'at, como se ha mencionado anteriormente.

Por otra parte, hay otro grupo, y son los que provienen de las vestiduras de Netzaj, Hod y Yesod etc., llamadas 'vestiduras exteriores', y son los siguientes: mi maestro Rabí Moshé Alsheij, Rabí Moshé Naghara, Rabí Ytzjak Arja, Rabí Shlomó Avsavón, Rabí Mordejai Galico, Rabí Ya'akov Mas'ud, de bendita memoria, Rabí Yosef Altón, de bendita memoria, Rabí Moshé Mintz, de bendita memoria, Rabí Moshé Yoná y Rabí Abraham Guakil, de bendita memoria.

El segundo grupo, que proviene también de la interioridad de los mojín de Da'at de la cópula posterior a la medianoche pero son del nivel de antes de la medianoche, como se ha mencionado anteriormente, son los siguientes: Rabí Yom Tov Tzahalón, Rabí Yosef HaCohen, Rabí Ya'akov Alteratz, Rabí David HaCohen, Rabí Ytzjak Crispi, Rabí Shim'ón Uri, de bendita memoria, Rabí Abraham Arowitz, Rabí Moshé Alsheij, de bendita memoria, Rabí Israel HaLeví, Rabí Yosef Kenpilish, Rabí Yehudá Ashkenazi, (estos dos últimos) son parientes de mi maestro, sea recordado para la vida del Mundo Venidero. Ya he dicho que no se expresamente si todos estos mencionados están incluidos (en las doce gotas previas a la medianoche). En términos generales, he escuchado de mi maestro, de bendita memoria, sobre estos tres grupos.

Hay un cuarto grupo que son las vestiduras de exterioridad y se corresponden con el segundo grupo que son de la interioridad, tal como se ha mencionado, y son los siguientes: Rabí Abraham HaLeví, Rabí Moshé Meshámesh, Rabí Yehudá Romano. Mas no he escuchado de mi maestro, de bendita memoria, salvo respecto de los compañeros de mi grupo, el primero. Humildemente considero que del segundo grupo de la interioridad los más destacados (verdaderos) son: Rabí

Yom Tov Tzahalón, Rabí Ya'akov Alteratz, Rabí Ytzjak Crispi, Rabí Israel HaLeví, Rabí Moshé Alsheij, Rabí David HaCohen, Rabí Yosef HaCohen, Rabí Abraham Arowitz y Rabí Yosef Kenpilish. También Rabí Elia el Meriri creo que estaba incluido, aunque no entró con ellos (a la yeshivá de mi maestro). Me parece claro que Rabí Shim'ón Uri no estaba incluido entre ellos.

Respecto del grupo de los ancianos que se corresponde con el nuestro con la salvedad de que proviene de la exterioridad, tal como se ha mencionado, me parece que mi maestro, nuestro maestro Rabí Moshé Alsheij, sea recordado para la vida del mundo Venidero, se correspondía con mi nivel. Mi maestro, de bendita memoria, quiso sumar a nuestro grupo a los siguientes: a nuestro maestro Rabí Moshé Alsheij, a Rabí Moshé Naghara, a Rabí Ya'akov Mas'ud y a Rabí Shabetai Meiujas. Y me dijo, que ellos provienen de las mismas dos gotas del despuntar del alba (*ashmoret haboker*), y si bien son del nivel de antes de la medianoche son del despuntar del alba y por ello se les permitió sumarse a nosotros. Respecto de detalles de nuestro grupo, no supe quiénes son aquellos que pertenecen al despuntar del alba de la cópula que tiene lugar pasada realmente la medianoche. Yo también estoy en la duda si entre esos cuatro mencionados hay dos que son realmente de nuestro grupo, ya que a éste entraron solamente diez cuando debían haber sido doce. Los otros dos son de la oscuridad de la mañana (*kadruta detzafra*) que son de antes de la medianoche, pero salieron pasada ésta. He aquí que dos días antes del fallecimiento de mi maestro, de bendita memoria, me dijo que incluso aquellos compañeros que se encontraban en el primer grupo junto a mí precisaban pasar por un discernimiento o selección (*berur*) más para que luego entraran en el grupo otros en lugar de algunos de ellos. El motivo profundo obedece a lo que hemos explicado del versículo que dice: *«si tu enemigo está hambriento dale de comer pan»* (Proverbios 25:21), pues he aquí que estos compañeros no están completos, quiero decir, que entre ellos hay quienes poseen poco del nivel de la vestidura del alma elevada anteriormente mencionada, que son las gotas posteriores a la medianoche ya mencionadas, y no todos son iguales, pues hay entre estos quienes son mayoritariamente buenos y minoritariamente malos, y hay otros que son mayoritariamente malos y minoritariamente buenos, y hay medianos y así diversos niveles. Y me dijo que aquellos que son mayoritariamente buenos, con certeza permanecerán, pues los demás que son mayoritariamente malos y minoritariamente buenos tomarán el mal de estos y les darán su bien y entonces estos quedarán completamente buenos y los otros completamente malos.

Y mi maestro de bendita memoria, me dijo que su intención era reunirlos, pues por medio de la socialización y el afecto que hay entre los compañeros se atraerían unos a otros, y así el bien irá con quien sea mayoritariamente bueno y así se completarán de estos. La minoría de mal se sumará a quien es mayoritariamente malo y de ese modo los que van a quedar completamente malos habrán de irse y quedarán los que estén completos en el aspecto del bien.

Y mi maestro, de bendita memoria, me dijo que por ese motivo es muy necesario para el individuo entablar contacto con malvados que son mayoritariamente malos y minoritariamente buenos, y hacerles retornar en arrepentimiento, pues de ese modo tomará todo el bien que anida en ellos. Muy especialmente si el individuo mayoritariamente bueno se encuentra con que posee la porción de bien de la propia raíz de su alma que le falta para tomarla de éste y así completarse. Por ello, mi maestro, de bendita memoria, me advirtió enfáticamente que amase a mis compañeros ya mencionados y les enseñase, pues por medio de ellos podré discernir y tomar para mí la parte buena mía que está mezclada en ellos y tomarla, y de ese modo me habré de completar. Sin embargo, quien es mediano o promedio, depende de cuáles sean sus acciones, si ha de desearlo será completamente bueno, o todo lo contrario.

Y entonces, mi maestro, de bendita memoria me dijo en el día mencionado que las acciones del Rabino Elia Folkón, de bendita memoria, eran del promedio. Y ésta es la explicación profunda de lo que dijeron nuestros sabios, de bendita memoria, sobre el versículo: *«y todas las huestes celestiales alrededor de Él, a Su derecha y a Su izquierda... quién persuadirá a Ajav...»* (I Reyes 22:19-20). Nuestros rabinos dijeron que

Ajav estaba equilibrado y por ello no pudieron castigarlo hasta que se inclinó al lado del mal. Sin embargo, mientras se mantuvo equilibrado no pudieron castigarlo (Tratado de Sanhedrín 102b). Además, todas las reencarnaciones desde Ajav hasta Rabí Elia Folkón que eran de la misma raíz, siempre se mantuvieron medianas y equilibradas. Este es el motivo por el cual mi maestro, de bendita memoria, quiso expulsarlo de nuestro grupo y no lo retiraba ya que estaba equilibrado hasta que aconteció aquel gran enojo en la víspera de Shabat con Rabí Yosef Arzín y entonces se inclinó al lado del mal. Pero, de todas maneras, su parte minoritaria seguía siendo buena, y entonces fue retirado de nuestro grupo. Y respecto de Rabí Yosef Arzin, me dijo que si su padre hubiese venido a Tzfat -sea construida y reestablecida pronto e nuestros días- en aquel año, también se habría perdido. Además de ello, el día en que rechazó a Rabí Elia Folkón, de bendita memoria, quiso rechazarlo a él también.

Respecto de Rabí Yonatán Saguis, de bendita memoria, era mayoritariamente bueno y no cabía dudar que pudiera inclinarse al lado del mal, Rabí Guedalia HaLeví era también mayoritariamente bueno y no cabía dudar de él. Rabí Yosef HaCohen, era mayoritariamente bueno, pero cabía dudar, no por una carencia en su fe en mi maestro, sea recordado para la vida en el Mundo Venidero, sino por otro motivo, y mi maestro, de bendita memoria, no quiso explicarla. Rabí Shmuel Uzida, de bendita memoria, era mayoritariamente bueno, pero cabía dudar que pudiera regresar al lado del mal. Rabí Abraham Gabriel, Rabí Shabetai Menashé, Rabí Yehudá Mish'án, Rabí Yosef ibn Tevul Mujarmi fueron completamente rechazados. Sin embargo, pende aun la duda respecto de Rabí Yehudá Mish'án (en caso de que se arrepienta se volverá mayoritariamente bueno). En mi caso, el joven Jaím, mi maestro, de bendita memoria, me dijo que en un futuro me enfrentaría a una gran prueba respecto de si se mantendría mi amor por mi maestro, de bendita memoria. Luego, mi maestro, de bendita memoria me dijo que tenía la intención de expulsar a todos los compañeros y no dejaría consigo sino solamente a tres o cuatro.

Y mi maestro, de bendita memoria, me dijo que debo dar méritos a los que están en deuda más que al resto de los hombres, ya que todos los malvados de esta generación son del nivel de la gran mescolanza (*erev rav*) la mayoría de los cuales son de la raíz de Caín, y sus chispas buenas se mezclaron con el mal y su mayoría es mala, y por ello debía repararlas pues son de mi raíz. Y con esto no basta, sino que incluso los malvados de las primeras generaciones que ya pasaron antaño y se encuentran en el Guehinom, los puedo reparar por medio de mis acciones, y elevarlos del Guehinom e entrarlos en cuerpos para que vuelvan a venir al mundo y poder repararse. El motivo de ello es que mi Nefesh es de los más importantes de la raíz de Caín, y además vine en esta generación final, tal como se ha mencionado. Además, dado que provengo del nivel de las gotas superiores que son realmente del Mojín de Da'at y no de las seis extremidades que se expanden en el cuerpo, tengo la capacidad de hacer lo ya mencionado si es que me esmero en mejorar más mis acciones, y me dijo que, por el motivo mencionado, si es que he de traer méritos a los que están en deuda o falta de esta generación, ellos me habrán de escuchar atentamente y mis palabras entrarán a sus oídos. La misma semana que falleció mi maestro, me enseñó un ijud para elevar las setenta chispas que quedaron aun en el Guehinom entre las klipot y son de la raíz de Caín y de la raíz de mi Nefesh. Y me advirtió también algunas cosas como las que he de escribir, y me enseñó a elevarlas por medio de sus raíces que están conectadas a ellas.

Intenciones meditativas para elevar las chispas

Ésta es su cuestión. He aquí que (en la raíz de Caín) hay siete niveles y en cada uno de ellos hay algunas chispas que se corresponden con las siete sefirot y éste es su orden. La raíz de Koraj se corresponde con Jesed e incluye trece de las chispas que permanecieron en el Guehinom. Ytró se corresponde con la Guevurá e incluye seis de estas chispas. Yuval se corresponde con Tiferet y nueve chispas de éstas están incluidas en él. Las raíces de Datán y Abiram se corresponden con Netzaj y Hod e incluyen doce de estas chispas. La raíz de Yaval se corresponde con Yesod e incluye ocho de estas chispas. La raíz de Lemej se corresponde con Maljut e incluye veintidós de estas chispas. Y (mi maestro) me ordenó elevarlas por medio de sus raíces y son las siguientes: Koraj con el profeta Elishá. Ytró con Rabán Yojanán ben Zakai, Yuval con Rabí Yehudá Hinduá, Datán y Abiram con Rabán Gamliel, Yaval con Bali, aquel que fue mencionado en el Talmud (Tratado de Berajot 25b) y Lemej con Rabí Malquio.

Y me ordenó elevarlas por medio de siete ángeles, que son: Uriel, Rafael, Gabriel, Mijael y Nuriel, los cuales forman las iniciales «Argamán» (אוריא-ל, רפא-ל, גבריא-ל, מכא-ל, נוריא-ל) Acatriel y Metatrón. Todos con su puntuación, o sea, con cada letra de cada uno de ellos, con dos tipos de puntuación (que forman vocales), *shvá* (:) y *kamatz* (ָ).

Y me ordenó que tuviera cuidado de varias cosas vinculadas a ellas, y son: mi ojo, mi oído, mi boca, no mirar mal y la nariz. Y (que me aleje) de las conversaciones vanas. Y que sepa de la sabiduría verdadera lo más que pueda. Y me ordenó elevarlas por medio de intenciones meditativas (*kavanot*) que contengan algunos nombres.

Mira y comprende que cada chispa es una letra «yud», pues cada alma está compuesta de diez sefirot y por ello las trece chispas se corresponden con el Nombre Havayá (Tetragrámaton) completado con letras «alef» y que suma 130, y las doce chispas se corresponden con las ciento veinte combinaciones del Nombre Eloh-im (א-ל-ה-ים) , y así todos hasta Maljut, donde hay veintidós chispas que se corresponden con las letras del alefato completadas con los Nombres sagrados Havayá y Adon-ai (י-ה-ו-ה א-ד-נ-י).

Y creo humildemente que la raíz de mi Nefesh está específicamente (conectada a) Rabán Yojanán ben Zakai en Guevurá. Por lo tanto, he de ordenarlos tal como lo hiciera brevemente mi maestro, de bendita memoria, cada uno en sí mismo, y ellos son: (La raíz de) Koraj (que se corresponde con) el Jesed, (de la cual quedaron en las klipot) trece chispas. (Éstas deben ser elevadas por el profeta) Elishá (que proviene de la misma raíz que Koraj por medio del uso del Nombre sagrado) «yud», «yud-heh», «yud-heh-vav», «yud-heh-vav-heh» (-ו-ה-י-ה-י-י ה-ו-ה-י). El total de las letras es de 130 que equivale al valor numérico de la palabra) «Ayin», ojo, (lo cual implica que la reparación sobrevendrá no mirando allende de) cuatro codos. (Los ángeles que ayudan a elevar estas chispas son) Mijael y Uriel (cuyas letras poseen la puntuación de shevá (:) y kamatz (ִ)). (La raíz de) Datán y Abirám (de la cual quedaron doce chispas en las klipot que requieren la elevación por parte de) Rabán Gamliel (que proviene de su raíz, por medio) de ciento veinte combinaciones de las letras del Nombre Eloh-im (-ל-א ם-י-ה) y la reparación requerida es no dirigir la mirada la mal. Se corresponden con Netzaj y Hod (y los ángeles que les ayudan son) Rafael y Gabriel. (La raíz de) Ytró (de la cual) seis chispas (permanecieron en las klipot, y requieren ser elevadas por medio de) Rabán Yojanán ben Zakai (a través del uso de los Nombres) «yud-heh» y «yud-vav-dalet», «heh-alef», «vav-alef-vav», «heh-alef» (י-ה, י-ו-ד, ה-א, ו-א-ו, ה-א) (cuyo valor numérico es de 60). (Reparar las chispas implica cuidar el) oído de no escuchar mal hablar (lashón hará) ni conversaciones vanas. (Esta raíz se encuentra en la sefirá de) Guevurá (y el ángel que ayuda a elevar estas chispas) es Mijael. (La raíz de) Yaval (de la cual) ocho chispas (quedaron en las klipot y deben ser elevadas por) Bali (por medio del uso de los Nombres) «Yud-Heh-Ad-onai» (י-ה א-ד-נ-י). La reparación implica que la nariz no huela olores de los orificios sucios ni el olor de las relaciones sexuales prohibidas. (Se corresponde con la sefirá de) Yesod y el ángel que ayuda a la elevación de las chispas es) Nuriel. (La raíz de) Yuval, (de la cual) quedaron nueve chispas (que deben ser elevadas por) Rabí Yehudá Hinduá (por medio de los Nombres) Havayá-Ad-onai (י-ה-ו-ה, א-ד-נ-י). La reparación requiere el cuidado de la boca, abstenerse de conversaciones vanas e irrespetuosas, se corresponde con las sefirá de Tiferet y el ángel que ayuda a la elevación de las chispas es Acatriel. (La raíz de) Lamej (de la cual) veintidós chispas (quedaron en las klipot y deben se relevadas por) Rabí Malquio (por medio del uso de los Nombres) «Yud-Vav-Dalet», «Heh-Alef», «Vav-Alef-Vav», «Heh-Alef», «Alef-Lamed-Peh», «Dalet-Lamed-Tav»,

«Nun-Vav-Nun», «Yud-Vav-Dalet», (y la reparación requiere) conocimiento y dedicación a la sabiduría verdadera, (se corresponde con la sefirá de) Maljut y (el ángel que ayuda a la elevación de las chispas es) Metatrón.

También me ordenó que me cuidara de algunas de estas cosas: no dar pasos muy largos (andar grosero), apartarme del orgullo, comer frugalmente, poner intención meditativa en la bendición de la Amidá en la que se pide: «haz regresar a nuestros jueces» (השיבה שופטנו) y en las bendiciones por el disfrute (antes de ingerir un alimento, una bebida u oler una fragancia, *N. del T.*), asegurar que siempre haya sal sobre la mesa, no beber agua tras haber comido y ser respetuoso con los compañeros.

También me advirtió que durante la plegaria que dice: «Te santificaremos» (נקדישך *Kedushá*), tenga las intenciones meditativas correctas, junte los pies, y medite sobre el Nombre «Alef-Bet-Guimel-Yud-Tav-Tzadi» (א-ב-ג-י-ת-ץ) que ya fuera mencionado y explicado oportunamente. Al momento de vestir las ropas sabáticas debo meditar intencionalmente (*kavaná*) sobre el Nombre «Zahariel», tal como ha sido explicado oportunamente, y que no debo tocar mi barba ni quitarle a ésta cabello alguno, ni siquiera inadvertidamente. Que debo meditar intencionalmente dos veces el vocablo «Zakán» (זקן barba) cuyo valor numérico equivale al del Nombre Shad-ai (ש-ד-י), como ya fuera oportunamente mencionado. Que no estreche ni intercale los diez dedos, los de la mano derecha con la izquierda unos con los otros. Que medite intencionalmente sobre el Nombre «Alef-Heh-Vav-Heh» (א-ה-ו-ה) cuyo valor numérico asciende al del vocablo «Etzba» (dedo) tal como fuera explicado oportunamente. Que me cuide que las cintas de mis filacterias no toquen el suelo y que medite intencionalmente sobre el hecho de que el vocablo «cinta» (*retzu'á*) tiene el valor numérico de 370 que es dos veces el Nombre E-l (א-ל) con su compleción (de las letras que conforman a cada letra) que da 185 tal como fuera mencionado oportunamente, y que contemple la copa (de vino) con la cual habrá de recitarse una bendición, y meditar intencionalmente sobre el agua que agregue al vino de la copa que en valor numérico asciende a noventa (40 = מ, 10 = י, 40 = מ) y equivale a las nueve letras «yud» (י = 10) que se encuentran en los Nombres Havayá con sus diferentes compleciones que suman 72, 63, 45 y 52 (ע"ב, ס"ג, מ"ה, ב"ן). Hasta aquí lo que me dijo en el día en cuestión anteriormente mencionado, tres días antes de que enfermara, bendita sea su memoria.

Mi maestro, de bendita memoria, me dijo también que tuviera gran cuidado de levantarme a la medianoche por el motivo anteriormente mencionado, pues yo causo la cópula de Ya'akov con Lea pasada la medianoche, y si en alguna oportunidad no pudiese estar despierto durante toda la segunda mitad de la noche, que me levante y lleve a cabo el orden conocido y me vuelva a dormir, y luego que de todas maneras me levante previo al despuntar del alba que es cuando tiene lugar la cópula de la oscuridad de la mañana (*kadruta detzafra*) antes mencionada.

Además, mi maestro, de bendita memoria, me dijo que ahora había comenzado a reparar el defecto del pecado de Caín y por ello, cuando contemple el orden que mi maestro -de bendita memoria- me ha organizado, cuando las profundidades del mar vengan a entristecerme y hacerme pecar - que dirija mi intención meditativa a las palabras: «*mantiene la benevolencia para miles*» (Éxodo 34:7) como es sabido, y en la expresión «*para miles*» debo meditar en los Nombres Ad-onai (א-ד-נ-י) y Eloh-im (א-ל-ה-י-ם) que son dos letras «alef». Y así son en valor numérico. Y me dijo que el Nombre Eloh-im mencionado sea completado con letras «alef» y que su valor numérico asciende a la palabra «tierra» (*aretz* = 291). Que medite sobre esto a diario y lo haga siempre, y lo visualice o contemple, y ello me ayudará en gran manera, y que debo ser en especial cuidadoso de ello especialmente en los días en los que me dedique al estudio de la Torá. La explicación profunda de la cuestión radica en que Caín trajo (como ofrenda) semillas de lino, y esto ya lo explicamos extensamente. Ello debilitó el vigor de la tierra, y dado que Maljut es denominada «tierra», se volvió seca (pasó a denominarse «iavashá»), y por ello Caín fue condenado a ser «*un vagabundo en la tierra*». El Nombre Eloh-im completado con letras «alef» tal como fue mencionado se encuentra en Maljut cuando esta es denominada «tierra» (*aretz*), que es la denominación del nombre mencionado. Y debes tener la intención de reparar el defecto causado por el lino que hizo a la «tierra seca» (*iavashá*), y por medio de esta compleción (del Nombre) tú volverás a repararla y volverla «tierra» (aretz). He aquí que todas las impurezas exteriores (*jitzonim*) se pegan a la klipá mala de Caín, y todas desean apegarse y obtener una letra «alef» de la compleción del Nombre Eloh-im con la letra «heh», y no pueden obtenerla.

Mi maestro, de bendita memoria, me dijo también que ahora mi mujer está encinta, y si naciese una niña, no habrá inteligente como ella en todo el mundo. En caso de nacer un varón no habrá como él en el mundo, y no se encontrará en ninguna parte un amor entre padre e hijo tan intenso como el que tendré con él, y que en un futuro él habrá de enseñarme la sabiduría de la Cabalá, que no será de mi raíz, que su nivel será tres mil grados por encima del mío y jamás se separará de mi raíz, ni siquiera después de la resurrección (de los muertos), tal como lo he explicado en otro lugar, pues cuando existe una diferencia de unos quinientos grados o más entre padre e hijo se convierten en una misma raíz. Especialmente en el caso de él y yo, en dos aspectos, en el de padre e hijo y en el de maestro (*rav*) y alumno, y tendrá un vínculo conmigo para ser mi maestro (*rav*).

Además, me ordenó que tuviera el recaudo que tras recitar las plegarias «*Aleinu Leshabeaj*» («es nuestro deber alabar») y «*Al Ken Nekavé*» («por ello esperemos») recite el versículo que dice: «*HaShem será el Rey sobre toda la Tierra, en ese día HaShem será Uno y Su Nombre Uno*» (אחד...ה' והיה ונאמר) (Zacarías 14:9). Entonces, debo tener la intención de que el versículo comienza con la letra «vav» (6 = ו) y termina con la letra «dalet» (4 = ד) y estas dos suman el valor numérico de diez. Y que dirija mi intención meditativa a lo que dice el versículo: «*¿Acaso no soy para ti mejor que diez hijos?*» (I Samuel 1:8). Debo dirigir mi intención a iluminar y a traer o hacer fluir esos diez hijos hacia Lea, tal como fue explicado en ese versículo.

Además me ordenó que lleve a cabo un ijud (unificación meditativa) en la noche de Shabat y creo que también resulta útil en las noches de los días de semana, y en resumen, su intención es que apegue y conecte mi Neshamá con la de Shim'ón HaPakulí y dirija mi intención a conectar el nivel de mi Neshamá con el de la suya en el Mundo de Briá, y ello a través del Nombre Acatriel (אכתריאל) con toda su puntuación de «kamatz» y dirija mi intención a conectar mi Neshamá con la suya en las diez sefirot del Mundo de Briá. Por ello, es preciso dirigir la intención al Nombre mencionado diez veces, en las diez sefirot de Briá. Y siempre he de conectar mi Neshamá con la suya por medio de este Nombre. Luego, he de dirigir mi intención a conectar mi Ruaj con el de Rabán Yojanán ben Zakai en el Mundo de Yetzirá, por medio del Nombre Jofniel con todas sus letras puntuadas con «pataj». He de meditar intencionalmente en este Nombre diez veces en las diez sefirot del Mundo de Yetzirá y luego he de dirigir mi intención a conectar tu Nefesh con el del anciano Rav Yeivo en el Mundo de Asiá usando el Nombre «Yud-Vav-Heh-Jaf» con todas sus letras puntuadas con «tzeirei» (..). Debo meditar intencionadamente sobre este Nombre diez veces en las diez sefirot del Mundo de Asiá del modo anteriormente mencionado. Y cuando medite sobre este Nombre (יְ-הֵ-וֹ-ךְ) debo dibujarlo con la forma de una persona que tiene un niño subido a su hombro y con el Nombre «Yud-Vav-Heh-Jaf» escrito en su corazón. Las iniciales de los tres Nombres son «Alef-Jet-Yud», su valor numérico es de diecinueve y se corresponde con las diecinueve bendiciones que Shim'on HaPakulí ordenó ante Rabán Gamliel. Y me dijo mi maestro, sea recordado para la vida del Mundo Venidero, que en aquel momento podía haber conectado mi Neshamá con la de Shim'ón HaPakulí incluso en el Mundo de Briá por medio de (la observancia de) algún precepto o alguna corrección que hay en mí, y que tengo la fuerza necesaria para apegarme a él incluso en el Mundo de Briá. Sin embargo, a Rabán Yojanán ben Zakai podía apegarme únicamente en el Mundo de Yetzirá en virtud de los preceptos que tengo en mi haber, por medio de los cuales puedo apegarme a él. No obstante, de momento, tenía la fuerza necesaria para apegarme al anciano Rav Yeivo solamente en el Mundo de Asiá. De ello se desprende que la cuestión no depende del nivel o el encumbramiento de los justos mencionados sino de los preceptos singulares que yo había realizado por efecto de las cuales podía apegarme más a uno que a otro, ya que hay un precepto que el anciano Rav Yeivo había cumplido y yo también, y por ello me conecté a él en el Mundo de Asiá. Y hay otro precepto que fue observado por Rabán Yojanán ben Zakai y yo también lo cumplí con gran entusiasmo y así por su intermedio puedo apegarme a él incluso en el Mundo de Yetzirá. Y otro tanto ocurrió con Shim'ón HaPakulí. Y él no es realmente de mi raíz, pero pertenece al grupo que entró y se conectó en el recinto del amor (*Heijal HaAhavá*), tal como Rabí Akiva, tal como se menciona en el libro del Zohar en la porción de Pekudei en lo referido al recinto en cuestión. Y Shim'ón HaPakulí es uno de ellos, y a ese respecto tienen conexión uno con el otro.

Mi maestro, de bendita memoria, me dijo también que al haber chispas de Caín en el interior de la klipá de Sisrá, tal como lo hemos explicamos ad loc., allí se encuentra el alma de Rabí Akiva, y por eso nació de un descendiente de Sisrá, como es sabido. Me dijo que mi Nefesh provenía de allí.

También me dijo que al acostarme, (al recitar la plegaria antes de dormir), al llegar al versículo que dice: «*en Tu mano deposito mi espíritu (rují) HaShem (Havayá) me has rescatado, Dios verdadero*» (Salmos 31:6) medite sobre el Nombre Havayá (ה-ו-ה-י) del versículo en cuestión completado con letras «heh» que es denominado «Ban» (ב-ן). Y muy especialmente en mi caso, que estoy doblemente reencarnado pues hay conmigo la parte de mi Nefesh y la parte del de Rabí Akiva. Y que tenga cuidado siempre, en todo momento, de ser temeroso de Dios, con lo cual se refería a que siempre medite sobre el Nombre completado con las letras «heh» ante mí. Y que no lo retire nunca de mi corazón, pues ese Nombre es denominado «la cueva de Majpelá» (la cueva donde están enterrados los patriarcas en Jevrón, en hebreo Majpelá significa literalmente «duplicación»), pues la letra «yud» es dos letras «yud» y la letra «heh» es dos letras «heh», la letra «vav» es dos letras «vav» y la letra «heh» es dos letras «heh».

Mi maestro, de bendita memoria, también me advirtió de gran manera en lo referente al rezo «*Tefilá LeDavid*» que se recita tras la Kedushá en la plegaria «*Ubá LeTzión*», que la recite con gran intención ya que mi iluminación proviene principalmente del Mundo de Yetzirá, y todos los salmos de alabanza son del Mundo de Yetzirá, y de allí son la raíz de mi alma y mi comprensión (logro o captación - היושגתי), pues todos los cánticos son del nivel de Guevurá, tal como es sabido, y he aquí que mi alma es de las guevurot, como es sabido.

Algo más sobre la intención meditativa en el rezo matinal (*Shajarit*), en la bendición «Padre compasivo, escucha nuestra voz» (Shemá Kolenu) expliqué allí una intención (*kavaná*) referente al Nombre Havayá (י-ה-ו-ה) que allí se encuentra. Véase allí. Has de saber, por favor, que me resulta esencial, e implica elevar a un individuo de nivel por medio de esta intención meditativa.

Allí también expliqué la intención que debe tener el individuo al levantarse por la medianoche a llorar por la destrucción (del Templo). El tema central es que el aspecto esencial y la raíz de Rajel comienza entonces exactamente en la medianoche y desciende al Mundo de Briá. El motivo por el cual desciende a ese exilio es recoger las chispas de las almas que se han dispersado allí entre las klipot. Por lo tanto, lloramos y nos sentimos afligidos por el exilio de la Presencia Divina, pues nosotros lo causamos por medio de nuestros pecados. Hemos combinado el bien con el mal y el mal con el bien, tal como es sabido. Mi maestro, de bendita memoria, me dijo que alguien que sabe que él mismo proviene de la raíz de Caín, en la cual abunda la ponzoña de la serpiente, ponzoña en la que están inmersas las almas puras, por ello incurre en pecados más que otros individuos. Por lo tanto, mi maestro, de bendita memoria, me advirtió en gran manera en lo concerniente a este llanto, en cuanto a que debo realizarlo más que el resto de los seres humanos.

Rabí Ytzjak HaCohen, de bendita memoria, me contó que en el momento del fallecimiento de mi maestro, de bendita memoria, al salir yo de donde se encontraba entró él, lloró delante suyo y le dijo: «ésta es la esperanza que todos detentábamos para tu vida, ver el bien, la Torá y una gran sabiduría en el mundo». Él le respondió: «si se hubiese encontrado, aunque tan sólo sea uno de entre vosotros completamente justo no me habrían sacado del mundo antes de mi tiempo». Y mientras hablaba con él me preguntó a dónde se fue Jaím, ¿acaso en un momento como este se fue (de mi presencia)? Y se lamentó mucho, y entendió de sus palabras que deseaba transmitirme algo secreto. Entonces le preguntó: «¿Qué habremos de hacer de ahora en adelante? Y le dijo: «diles a los compañeros en nombre mío que de hoy en adelante no se dediquen en absoluto al estudio de la sabiduría que os enseñé, pues no fue entendida como corresponde y Dios no lo permita, ello podría conducir a la herejía y al daño espiritual. No obstante, únicamente Rabí Jaím Vital podrá dedicarse a ella en soledad y murmurándola en secreto. El rabino HaCohen le dijo: «Dios no lo permita que ya no haya esperanza para nosotros». Le respondió: «si habréis de ser merecedores de ello, yo vendré a ustedes para enseñaros». Le preguntó: «¿Cómo habrás de venir tras retirarte de este mundo? Le respondió: «tú no tienes entendimiento en lo referente a misterios, respecto de cómo he de venir a vosotros, ya sea en sueño, en vigilia o en una visión». Inmediatamente después mi maestro, de bendita memoria le dijo: «levántate y sal de inmediato de esta casa ya que eres un cohen y mi momento ha llegado. No tengo tiempo disponible para explayarme en cuestión alguna». Entonces salió rápidamente y antes de atravesar la puerta de salida, (mi maestro) abrió la boca y su alma salió por medio de un beso, sea recordado para la vida en el Mundo Venidero.

INTRODUCCIÓN 40

Preguntas sobre el Zohar

Dijo Shmuel: encontré otro folleto (*kuntres*) pequeño entre mis pertenencias, con algunas expresiones del Libro de los Tikunim y el libro del Zohar que deben ser analizadas, y he aquí que no quise dejarlas sobre mi cabeza (libradas a mi entendimiento) ni editarlas en su lugar, no sea cosa que, Dios no lo permita, esta recopilación sea olvidada, por ello las he de poner en el presente libro y de esa manera grabarlas, y todo aquel que así lo desee verlas podrá venir aquí a solicitarlas. Es así como he de comenzar, con la ayuda del Eterno, mi redentor.

1) En *Sefer HaTikunim*, tikún 22, pág. 56 renglón 23 respecto del versículo: «*pues saldréis con alegría y seréis conducidos con paz*» (Isaías 55:12) dice que el valor numérico del vocablo «besimjá» (con alegría, בשמחה) asciende al mismo que el Nombre Divino Ad-onai (si se quita la letra «sin» (ש) de *simjá* que vale trecientos). Las letras de la palabra «*besimjá*» son las mismas que las de la palabra «*majshavá*» (plan, pensamiento - מחשבה). La letra sin (ש) alude a los tres patriarcas y las restantes ascienden al valor numérico de 65 que es el valor del Nombre Ad-onai (10 = י 50 = נ 4 = ד 1 = א, א-ד-נ-י) y es la Divina Presencia (*Shejiná*). Surge la interrogante en cuanto a que las letras mencionadas ascienden a 55 y no a 65 y ello requiere ulterior investigación. Dijo Shmuel: a la hora de imprimir, quien revisó el texto resultó sorprendido por esto, y yo innové (sugerí) que quizás la compleción de estas letras (*milui*) ascienda a su vez a diez de modo tal que este sería el cálculo: (bet-yud-tav, jet-yud-tet, mem-mem, heh-alef lo cual asciende a 55 y diez = 65).

2) En *Sefer HaTikunim*, en el tikún 47 en la hoja 86a renglón 21 dice que el versículo *«hagamos al hombre a nuestra imagen y semejanza»* (Génesis 1:26) se refiere al precepto de circuncidar al prosélito, y si éste cumple el precepto del levirato y de la jalitzá (ceremonia en la cual la viuda queda libre de la obligación del levirato), será *«a nuestra imagen y nuestra semejanza»*. Surge la pregunta: ¿cómo pueden estos preceptos ser relevantes para un converso en quien no se cumplen las condiciones para su observancia? Si ambos hermanos no fueron concebidos ni vinieron al mundo con pureza sabemos que uno no puede efectuar el levirato o la *jalitzá* respecto de la mujer de su hermano. Y si ambos vinieron al mundo con pureza, por ende, no son prosélitos, únicamente pueden ser hijos de un converso, y por ende (serían) completamente judíos, (por lo que) esto requiere una ulterior investigación.

3) En el libro del Zohar en la porción de *Vaierá* pág. 120a renglón 18, respecto del versículo: *«Y vio el sitio desde lejos»* (Génesis 22:4), dice que ese es Ya'akov, tal como dice *«desde lejos»* (en un futuro distante), que no tuvo el mérito de verlo (a Ya'akov) con sus propios ojos ya que cuando (Ya'akov) vino al mundo ya había fallecido y abandonado este mundo, etc. Esto resulta sorprendente, pues cuando comenzamos a revisar cuidadosamente las edades de ambos, encontramos que Ya'akov tenía trece años cuando Abraham falleció. En efecto, nuestros rabinos, de bendita memoria, respecto del pasaje: *«Ya'akov había cocido un guiso»* (Génesis 25:29) dijeron que se trataba de un plato de lentejas para su padre (Ytzjak) que estaba de duelo por el fallecimiento de Abraham, quien había dejado este mundo cinco años antes de lo que debiera para no ver a su nieto Esaú ir por el mal camino, al llegar a la edad de trece años. De acuerdo con lo mencionado puede decirse que cuando dice: *«y los jóvenes crecieron»* (25:27) se refiere a que habían alcanzado la edad de trece años enteros y completos (la mayoría de edad para el judaísmo, *N. del T.*), por aquel entonces la maldad de Esaú se había vuelto reconocible al tiempo que Ya'akov era *«un hombre íntegro que habitaba las tiendas»* (ídem). Antes de ese momento no era reconocible, Y ésta es la visión que Abraham no vio en toda su completitud tal como era necesario, pero una visión física sin duda que tuvo.

4) Allí, en el libro del Zohar en la porción de *Toldot* pág.135a renglón 32 dice: «Ahora que Abraham falleció, su semblante quedó en Ytzjak, y todo aquel que viera a Ytzjak diría que estaba viendo a Abraham, etc.». Surge un interrogante, pues nuestros rabinos, de bendita memoria, dijeron que esta similitud tuvo lugar **durante toda la vida de Ytzjak** en virtud de los que se mofaban diciendo que seguramente Sara se había embarazado de Avimelej. Por su parte aquí (el **Zohar**) dice que **esta similitud no se hizo evidente hasta el fallecimiento de Abraham,** y que esa es la explicación profunda del versículo que dice: *«y Dios bendijo a su hijo Ytzjak»* (Génesis 25:11), pues esta bendición consistía en que su semblante quedaría en su rostro para aseverar que era su hijo. Éste es el significado de que la palabra «hijo» aparezca en el texto, ya que de otra forma resultaría innecesaria. Y tras decir que *«Dios bendijo a su hijo…»* etc. inmediatamente después dice: *«éstas son las generaciones de Abraham, Abraham engendró a Ytzjak»* (25:19), para explicar la cuestión de la bendición antemencionada. Asimismo, surge el interrogante respecto de la palabra «si bien» empleada por el Zohar anteriormente. Esto es lo que allí dice: «dijo Rabí Yosei: ¿Por qué hasta ahora no se había escrito 'hijo de Abraham' y ahora sí? Si bien (tras la muerte de Abraham) está escrito: 'y *Dios bendijo a su hijo Ytzjak'*, ahora que Abraham había fallecido. Entonces, resulta difícil entender el significado de la expresión *«si bien»* pues lo contrario es lo cierto. Por lo tanto, debería decir *«porque»*, y esta cuestión requiere ulterior investigación.

5) Allí, en el libro del Zohar en la porción de *Vaietzé* pág. 151a renglón 27 dice: «Rabí Jía y Rabí Jizkiá estaban sentados bajo una palma en Ono … cuando el profeta Eliahu se acercó y dijo: 'he venido a deciros que Jerusalém pronto será destruida, etc.'» Surge una pregunta: Jerusalém fue destruida en los días de Rabán Yojanán ben Zakai, tras ello vino la generación de los alumnos de Rabí Eliezer, tras esta la de Rabí Akiva, la cual fue seguida por la de Rabí Shim'ón bar Yojai, y luego llegaron sus alumnos Rabí Jía y Rabí Jizkiá aquí mencionados. Cabe decir que Jerusalém fue reconstruida y nuevamente habitada bajo el reinado del malvado césar romano y que el profeta Eliahu vino a decirles que sería destruida nuevamente. Sin embargo, ello plantea dificultades, ya que está escrito que el Sanhedrín pasó por diez exilios y el último fue en la ciudad de Tiberias. Así, parecería que Jerusalém no fue habitada nuevamente tras la destrucción de Tito. Y cabe decir que Rabí Jía y Rabí Jizkiá eran sabios en el tiempo de Rabán Yojanán ben Zakai y no pertenecían a la generación de Rabí Shim'ón bar Yojai.

6) Allí, en el libro del Zohar, en la porción de *Vaietzé* pág. 153b renglón 25 dice: «*por lo tanto, Yosef y Biniamín era individuos justos,* etc. Nosotros estudiamos que cuando Yosef le preguntó a Biniamín: «¿Tienes hijos? etc.». El comienzo de la afirmación del Zohar debe ser modificada porque es errónea, y he de escribirla aquí tal como es posible encontrarlo en los libros más antiguos. Debería decir: «hemos visto que cuando Yosef le preguntó a Biniamín: '¿Tienes esposa?' Le respondió: 'sí'. Le preguntó: '¿Tienes hijos?'. Le respondió: 'no, pero hay hijos reservados a venir a mí'. Le dijo: ¿cómo se llamarán? Le dijo: 'recibirán los nombres de mi hermano: Aji, Rosh, Gaira, Na'amán, etc. Cabe preguntarse en este pasaje: ¿cómo es que Biniamín es considerado un hombre justo por no haber mantenido relaciones sexuales durante los años en los que Ya'akov se mantuvo en duelo por Yosef? Explicó y dijo que cuando descendió a Egipto Yosef le preguntó si tenía hijos a lo cual le respondió que aun no. Entonces Yosef le preguntó: Y si te nacieran, ¿cuáles serían sus nombres? A lo cual le respondió que serían llamados como Yosef: Ají y Rosh, tal como lo explica la Guemará en cuanto a que 'Ají' porque era su hermano («*ají*» lit. «mi hermano») etc. Y luego el texto pregunta cómo era ello posible ya que cuando descendieron a Egipto está escrito: «*...los hijos de Biniamín son Bela y Bejer*» (Génesis 46:21) y eran parte de las setenta almas que descendieron a Egipto. Ante ello responde que después de que Biniamín acompañara a sus hermanos rumbo a Egipto a encontrarse con Yosef y lo reconociera una vez que éste se reveló ante ellos diciendo: «*soy Yosef, vuestro hermano*» (Génesis 45:4), Biniamín regresó con sus hermanos a la tierra de Canaán, tuvo elaciones sexuales y se volvió padre de hijos. A esto es a lo que se refiere el Zohar cuando dice que Biniamín regresó a su casa y mantuvo relaciones sexuales, etc. Esto requiere ulterior investigación, pues tal como parece resultar de la cuestión de Yehudá, que sus huesos se revolvían en el ataúd en virtud de la promesa que asumió (cuando le dijo a su padre Ya'akov): «*si no te lo trajere hasta ti, habré pecado para con mi padre por todos los días*» (Génesis 44:32). De esto se desprende que Biniamín no volvió a la tierra de Canaán. Si dijésemos que Yehudá sí regresó a Biniamín a la tierra de Canaán, entonces sus huesos se revolvieron porque una promesa personal, y aunque se hubiese cumplido, posteriormente debe ser anulada. Aun así, resulta difícil decir que Biniamín tuvo hijos al regresar a Canaán ya que al volver con sus hermanos estos trajeron a su padre a Egipto con ellos. Por lo tanto, no habría tiempo suficiente para que Biniamín tuviese siquiera un hijo, ni que hablar de diez. Y aun teniendo diez esposas, todos descendieron a Egipto ya nacidos salvo Yojeved que nació «entre los muros» (ni bien entraron a la primera ciudad egipcia, según Rashi a Génesis 46:15), y además a todos los titulares de las tribus les nació una mujer gemela junto a ellos a la cual desposaron, y no resulta lógico que Biniamín haya sido calificado de «justo» si desposó a otras nueve mujeres cananeas (además de su gemela), tal como le preguntó Rabí Nejemia a Rabí Yehudá en el Midrash, véase allí. Si decimos que nacieron diez gemelas junto a él, se trataría de un formidable prodigio. Y aun así no hubo tiempo para que se embaracen, den a luz y desciendan a Egipto.

Dijo Shmuel: además, debería decir que todos murieron antes de descender a Egipto, tal como explica Rashi, de bendita memoria, en cuanto a que junto con los titulares de las tribus nacieron gemelas, hay que decir que todas murieron antes de descender a Egipto por cuanto que no entraron a la cuenta de las setenta almas salvo Seraj bat Asher o Yojeved, ya mencionada. Esto requiere ulterior investigación.

7) Allí en el libro del Zohar en la porción de *Vaietzé* en la página 161a en el quinto renglón dice: '*y separó en aquel día a los machos cabríos*' (Génesis 30:35). Rabí El'azar comenzó y dijo: '*¿Quién residirá en Tu tienda?*' (Salmos 15:1), Ya'akov revisó el tiempo de su estrella (o suerte, *mazal*) ya que un individuo tiene permitido revisar el tiempo de su estrella hasta que regresa a su tierra. Si su estrella lo sostiene en lo que hace, ello es bueno. Si no, no debe continuar avanzando hasta

que su estrella o suerte le sean favorables… etc.». Esto requiere de ulterior investigación ya que toda esa página resulta incomprensible, tanto cuando dice: «un individuo tiene permitido revisar el tiempo de su estrella hasta que regresa a su tierra. Si su estrella lo sostiene…» como cuando dice: «Cuando el Santo Bendito Sea quiso que Ya'akov reciba su paga, este no encontró diez animales de cada tipo» hasta: «dijo Rabí Elazar» etc., y ello requiere ulterior investigación.

8) Allí, en el libro del Zohar en la porción de *Tetzavé* página 115b renglón 27 dice: «ciertamente un juramento no recae sino sobre algo real, mientras que una promesa recae incluso sobre algo no real, y eso ya fue establecido en la Mishná». Surge la pregunta: en los tratados de Nedarim y Shevu'ot se enseña lo contrario, allí dice que «los juramentos son más estrictos (que las promesas) porque rigen también sobre algo que no es real tanto como sobre aquello que sí lo es, al tiempo que no ocurre lo mismo con las promesas». El Rambám (Maimónides), de bendita memoria, escribe algo similar en sus leyes relativas a las promesas (cap. 3). Y si quisiéramos modificar el texto del Zohar y cambiarlo por el de la Mishná, no podríamos hacerlo. Sus palabras implican que la gravedad de las promesas supera a la de los juramentos, tal como dice: «esto y más, las promesas están por sobre los juramentos: 'todo aquel que asume un juramento jura ante el propio Rey, pero quien pronuncia una promesa es como si lo hiciera por la vida del Rey'». Y ello indica que las promesas son más graves que los juramentos. Además, más adelante en el Zohar se explica claramente sobre lo que fuera dicho: «ciertamente el Mundo Venidero es Biná (que se corresponde con las promesas) y aplica inclusive sobre algo que no es real (no existe)». Dijo Shmuel: quizás podemos revisar y corregir en el Zohar y decir que las promesas son más graves que los juramentos en el sentido de que recaen tanto sobre algo preceptivo como sobre algo que no lo es, algo opcional *(reshut)*, lo cual no ocurre en el caso de los juramentos.

9) Allí, en el libro del Zohar, en la porción de *Tetzavé* en la página 180b segundo renglón dice: «en el salmo de David (145) hay una letra «vav» (ו) para cada letra (cada frase del salmo comienza con una de las letras de alfabeto y en medio de cada frase hay una letra «vav» que es el equivalente a la «y» como conjunción copulativa en el idioma español) salvo en dos casos, (y ello se debe a que la letra «vav» forma parte del Nombre del Santo Bendito Sea» (י ה ו ה). Sobre esto, el texto las explica y dice que se trata de las letras «reish» (ר) y «kuf» (ק) y estas letras van juntas en el vocablo «mentira» (sheker - שקר). Si bien la palabra contiene también la letra «sin» (ש) las klipot se aferran más claramente a estas dos. En base a esto, el salmo de David fue escrito tal como lo conocemos. Esta cuestión resulta difícil de comprender ya que según esto nuestros libros de Salmos están equivocados en lo referente al versículo que dice: «Él colmará el deseo de quienes lo reverencian, y escuchará su clamor y los redimirá» (145:19) ya que debería decir «escuchará su clamor» sin conjunción, según como lo plantea el Zohar. En el versículo que dice: «HaShem es compasivo y misericordioso, paciente y muy benevolente» (145:8) la expresión «y misericordioso» (ורחמיו) (que comienza con la letra «reish») es antecedida por la letra «vav», y la expresión «y muy benevolente» también viene antecedida por la letra «vav. Quizás esto pueda ser entendido sobre la base de lo que está mencionado en la porción de Pinjás de Ra'aia Meheimna página 254a respecto al versículo que dice: «y en el día en que Moshé culminó (כלות)» (Números 7:1) está escrito sin la letra «vav» (כלת) pero en la Torá está escrito con esta. La respuesta que se da es que en la Torá celestial está escrito sin «vav» pero ello no es así en la que nos fue entregada ya que «sus caminos se han alejado» (Proverbios 5:6). Quizás lo que se ha dicho respecto del versículo que reza: «Él colmará el deseo de quienes lo reverencian» e inicia con la letra «reish» y no con la letra «vav» (רצון יראיו יעשה) es así en el libro de los Salmos celestiales.

10) Allí, en el libro del Zohar, en la porción de Tetzavé página 183a renglón 11 dice: «cuánto más en el día de Shavu'ot que es cuando se encuentra el pan superior que es una cura para todo etc.». Esto es comprensible pues el pan de Pesaj -que es la matzá- es Maljut, pero el pan de Shavu'ot era leudado (jametz) y se corresponde con el pan superior que es Tiferet y es la Torá Oral, la cura para todo, tal como fuera dicho: «cura para toda su carne» (Proverbios 4:22). Sin embargo, lo que

está escrito inmediatamente después: «Por este motivo ofrendamos un sacrificio que ha leudado (jametz) para quemarlo en el altar» no resulta comprensible. Tal como es sabido, los dos panes de la festividad de Shavu'ot son leudados, pero no eran ofrendados sobre el altar ni eran quemados sino ingeridos por los sacerdotes (*cohanim*). Y tal como escribió el Rambám, de bendita memoria, en el capítulo duodécimo de sus *Leyes referentes a la ofrenda de sacrificios* y en el capítulo octavo de sus *Leyes referentes a las ofrendas permanentes y suplementarias* resulta que el texto tiene dos errores, pues dice que son quemados y dice que ello ocurre sobre el altar. Además, en el Zohar dice que «se ofrendaban los dos panes como uno». Esto es un error, ya que los dos panes eran leudados al tiempo que la ofrenda de harina que acompaña a las libaciones que venían a diario con el sacrificio permanente eran matzá (no leudada) tal como se menciona en el capítulo duodécimo de las *Leyes referentes a la ofrenda de sacrificios*. Entonces, ¿cómo puede decir «otros dos panes y jametz era quemados entre ellos», lo cual implicaría que los dos panes no eran leudados? Específicamente, cuando dice que eran quemados entre ellos, implica que eran tres (los que se quemaban juntos), uno que era leudado y dos que no lo eran y que los tres panes eran quemados, lo cual claramente no es correcto. Has de saber que hay otra versión en la que no está escrito «otros» sino «entre ellos». Según esta versión los panes son sólo dos, pero aun así resulta difícil de comprender, pues no son quemados sino ingeridos por los cohanim. Y si dijeras que se trata del «*kometz*» (la parte de la ofrenda de harina que era tomada por el cohen y ofrendada sobre el altar) ello no es posible ya que en la ofrenda de los dos panes no había *kometz*, tal como se menciona en el capítulo duodécimo de *Las leyes referentes a la ofrenda de sacrificios*. Y podríamos decir que se refiere a dos panes que no eran aptos y por ende fueron quemados, tal como se menciona en el capítulo octavo de *Las Leyes referentes a la ofrenda de sacrificios permanentes y suplementarios*, y de todas maneras, resulta improbable sostener las palabras del Zohar que las dos ovejas que vienen junto a los dos panes se pierdan, tal como se menciona en lo que dice respecto de lo que habla el versículo. Y ello requiere ulterior investigación.

11) Allí, en el libro del Zohar en la porción de *Vaikrá* página 2b renglón primero dice: «¿Cuál es el significado de lo que está escrito en Éxodo (40:35): *'Moshé no pudo entrar a la Tienda de Reunión porque la nube reposaba sobre ella'*?» Esto requiere de gran investigación. En primer lugar, si allí está escrito «*Moshé no pudo entrar a la Tienda de Reunión porque la nube reposaba sobre ella*», ¿cómo puede también estar escrito (ídem 24:15-18): «y las nubes cubrían la montaña... y Moshé entró en la nube y permaneció en la montaña durante cuarenta días y cuarenta noches»? El Zohar responde que ello fue necesario en ese momento para poder recibir la Torá otra vez etc. Y ello resulta difícil de comprender en virtud del versículo que está escrito al final de la porción de Mishpatim que habla de Moshé entrando en la nube, respecto de las primeras Tablas de la Ley, no está escrito que entró a la nube en los últimos cuarenta días. Además, posteriormente está escrito: «dijo Rabí Yosei, si esto es así, está escrito '*Y Moshé erigió el Mishkán* (Tabernáculo) etc.' (Éxodo 40:35) y a su vez está escrito: '*Moshé permaneció en la montaña durante cuarenta días, etc.*' (Éxodo 24:18), además, está escrito: '*Y Él llamó a Moshé*' (Éxodo 24:16), lo cual implica que Moshé se encontraba en la montaña cuando Dios lo llamó». De esto surge una gran interrogante (respecto del orden de los versículos en la pregunta de Rabí Yosei). El versículo «*y Moshé permaneció en la montaña*» ocurre al final de la porción de *Mishpatim*, ¿cómo es que detuvo el flujo de los versículos y lo colocó entre el del final de la porción de *Pekudei* después del que dice «y Moshé no pudo...» y el del inicio de la porción de Vaikrá? El versículo que dice: «*y Moshe permaneció en la montaña*» fue en la entrega de la Torá en el día de Shavu'ot mientras que el versículo que dice: «*y Moshé no pudo*» fue en el novilunio (Rosh Jodesh) de Nisán en el segundo año (del éxodo). Esto requiere de una gran investigación ulterior.

12) Allí, en el libro del Zohar, en la porción de *Bejukotai* página 113a renglón 21 dice: «'*si en Mis leyes os vais a encaminar, y Mis juicios* (מ שפטי) *vais a guardar*' (Éxodo 26:3), tal como dice: '*...juicio para el Dios de Ya'akov*'» (Salmos 81:3), y esto requiere investigación ya que en nuestro rollo de la Torá en ese versículo dice «*y Mis preceptos* (מצוותי)

vais a guardar». Quizás, cabe decir que se trata de otro versículo que se encuentra en la porción de Behar Sinai: *«y cumpliréis con Mis leyes, y Mis juicios habréis de observar y los cumpliréis»* (Levítico 25:18) y allí corresponde este comentario, empero los copistas se equivocaron y lo escribieron aquí en esta porción.

13) Allí, en el libro del Zohar en la porción de *Jukat* página 180a renglón 24 dice: «el zapato (empleado en la ceremonia de rechazo del levirato) precisa ser del fallecido pero que no lo haya calzado, etc.». Esto carece de toda base, y hay otra versión más correcta que dice: «en virtud del zapato (empleado en la ceremonia de rechazo del levirato) el fallecido ya no precisa rondar entre los vivos etc.». En otras palabras, por medio de la quita del zapato la mujer hace que el difunto no deambule más en este mundo entre los vivos en busca de descanso, por no poder ascender a su sitial como el resto de los difuntos, dado que por medio de este zapato que la mujer arroja «el cuerpo del fallecido alcanza el silencio».

14) Allí, en el libro del Zohar, en la porción de *Haazinu*, página 288a, renglón 8 dice: «mientras se sentaba, dijo: 'Rabí Pinjás ben Yair está aquí'». Parece que Rabí Shim'ón bar Yojai falleció después de Rabí Pinjás ben Yair, su suegro. No obstante, en nuestro Talmud hay un incidente en el cual nuestro 'sagrado rabino' (Rabí Yehudá HaNasí) invitó a comer a Rabí Pinjás, éste no accedió por lo que una montaña se erigió entre ellos, y en ese momento nuestro sagrado rabino ya era el Nasí (presidente del Sanhedrín). En el tiempo del fallecimiento de Rabí Shim'ón bar Yojai, nuestro sagrado rabino -de bendita memoria- ya no era presidente, ni era mayor, porque nuestro sagrado rabino tenía la misma edad que el hijo de Rabí Shim'ón, Rabí Elazar, tal como es sabido. Es probable que hubiera dos individuos llamados Rabí Pinjás y que el primero de estos, el suegro de Rabí Shim'ón, hubiera fallecido antes. El segundo, que sería el nieto del primero, habría vivido en los días de nuestro sagrado rabino.

INTRODUCCIÓN 41

Un relato sobre la posesión de un espíritu y su posterior liberación

Dijo el joven Shmuel Vital: hoy he de manifestar cuestiones ocultas respecto de lo que me ocurrió mientras me encontraba en Egipto. Se trata de algo que le aconteció a Ester, Dios la proteja, la hija de Rabí Yehudá Weiser, la Fortaleza lo proteja y lo sostenga, cuando fue poseída (por un espíritu) y se mantuvo en esa situación durante los dos meses inmediatamente posteriores a su casamiento. Me suplicaron que fuese a revisarla y la encontré poseída, pero no estaba seguro si se trataba de un espíritu maligno (*mezik*), un demonio (*shed*) o el espíritu malvado de un judío. Les aconsejé traer a un juez gentil para que la revisase y así lo hicieron. Y en medio de ello, el espíritu maligno que se encontraba en su interior pronunció en voz alta que era un gentil y había entrado (en la muchacha) porque la deseaba. Mientras hablaba, dijo que me había dado un golpe leve en mi muslo -motivo por el cual sentí allí un dolor- para que no pudiera acudir a curarla. Luego, el juez gentil trabajó con ella y dijo que ya había capturado al espíritu maligno en el interior de una pequeña botella, la cual procedió a enterrar tal como suele hacerlo en estos casos.

Luego, de repente, una voz prorrumpió del interior de la muchacha, y dijo: «solamente yo me he quedado en el cuerpo de esta muchacha, soy el espíritu de un judío, y por lo tanto llamen rápidamente al rabino Shmuel Vital, la Fortaleza lo proteja y lo sostenga, para que me cure y me quite de aquí». De inmediato me llamaron, y fui forzado a ir (de inmediato) donde la muchacha en virtud de la dignidad de quienes habían venido a llamarme. Cuando entré donde ella se encontraba, no me quedó aun del todo claro si se trataba del espíritu de un judío, de un demonio o de un espíritu maligno, por lo que me senté junto a la muchacha. Ella yacía cual piedra inerte, cubierta por una manta blanca, y por las dudas dije: «Shalom al Israel» ('la paz sea sobre Israel' - una forma común de saludar, *N. del T.*) a lo que sus labios balbucearon y me respondió: «bienvenido; sean sobre vosotros (forma hebrea de decir «usted» *N. del T.*) la paz, la bendición y el bien». Le dije: «¿Eres judío?» Me respondió que sí. Le dije: «si eres judío, recita el Shemá Israel» y acto seguido lo recitó. Entonces comencé a conversar con él y me respondía adecuadamente a todo lo que yo le interpelaba, hasta que le pregunté quién era, cuál era el nombre de su padre, de qué país provenía, cuándo había fallecido, dónde había sido enterrado, cuántos años había vivido, cuál había sido su castigo y cuál su pecado, quién se había reencarnado aquí, el Nefesh o el Ruaj, quién era su responsable o estaba a su cargo, si se encontraba solo (en el cuerpo de la muchacha) o si había junto a él alguien que lo vigilaba; y a todo ello me respondió correcta y adecuadamente. En sus palabras no había ni sinuosidad ni obstinación, y sin que yo tuviera que decretar sobre él cosa alguna tal como suele ocurrir con los demás espíritus y tal como es sabido para los entendidos en la materia.

Luego le pregunté: «y ahora, ¿qué es lo que quieres?, a lo cual me respondió que deseaba que yo lo reparara, y por medio de mi gran sabiduría, -la cual él conoce en virtud de lo que se declara en el cielo- lo extrajera de ese cuerpo. «Si es así», le dije, «¿cómo puedo ayudar a alguien que dijo 'yo soy el que hirió a Shmuel en su muslo para que no regresara nuevamente a mí?'» Me respondió que no se trataba de él -Dios no lo permita- sino del gentil que se encontraba junto a él en carácter de espíritu maligno, y dijo que era mentira que me había herido, y lo dijo solamente para vanagloriarse, pues carece de la capacidad -Dios no lo permita- de hacerme daño. Le dije: «entonces, ¿por qué acudiste a mí en sueños provocándome malestar en la noche del martes 17 del mes de Tamuz?» Me respondió: «es cierto, fui yo quien acudí, pero el que te provocó el malestar fue el espíritu maligno del gentil, yo no pequé contra ti en lo más mínimo». Le dije: «y tú, ¿por qué viniste con él?» A lo que me respondió: «para pedirte que me repares».

Finalmente le dije: «¿Qué es lo que quieres ahora?» Me respondió: «deseo que repares mi Nefesh y mi Ruaj y me saques de este cuerpo», y le dije que lo haría. Al día siguiente regresó a mí y me dijo: «¿Por qué habrías de retener a dos espíritus en semejante sufrimiento, el mío y el de la muchacha?» «Tú tienes la capacidad de hacerlo», me imploró. Al final le hice jurar un juramento solemne, que no habría de engañar saliendo de la muchacha para volver a entrar en ella, y que al salir no habría de provocar daño ni a la muchacha ni a su familia ni a quienes allí se encontraren durante el momento de su salida ni a ninguno de los hijos de Israel, y que no permaneciera más tiempo aquí en Egipto y que habría de irse directamente al Guehinom para allí curarse.

Además, decreté sobre él todo esto bajo el formato de excomulgación (*jerem venidui*), luego le dije que nos diera una señal fehaciente de que en efecto había salido, que debía decir tres veces: «la paz sea sobre vosotros» y así lo hizo. Luego llamé a diez estudiosos de la Torá para que se hicieran allí presentes y comencé a golpear con su puño derecho mientras meditaba intencionalmente sobre el versículo (Salmos 109:6) que dice: *«pon sobre él a un malvado y permite que Satán se pare a su derecha»*, tal como lo he escrito extensamente, y también en otras meditaciones intencionales que conozco, para reparar su Nefesh y su Ruaj. Luego, sus labios se movieron y comenzó a decir junto a nosotros en voz alta el salmo entero que comienza con las palabras: *«HaShem te responda en el día de tu angustia…»* (Salmos 20), y el salmo que comienza con las palabras: *«que el agrado de HaShem nuestro Señor sea sobre nosotros»* (90), *«El que habita en el refugio del Altísimo»* (91), y la plegaria: *«por favor, por el poder de Tu gran diestra»* entera. Y dirigí mi intención meditativa al Nombre «kuf-reish-ain» – «sin-tet-nun» (forma la expresión «destruye a Satán» ק-ר-ע-ש-ט-ן). Luego, el salmo 4 que dice: *«cuando te invoco, respóndeme oh, Dios de mi vindicación»*.

Y luego, recité la siguiente plegaria: «en el Nombre del Dios Único, Tú eres grande y grande es Tu poderoso Nombre, por favor HaShem, glorioso y reverenciado; enaltecido, espléndido y sagrado; supremo y bendito; que examina y discierne lo recto y lo sublime, lo oculto y lo cubierto; Aquel, el Uno, que por medio de 72 Nombres Sagrados obra con poder; puro y diáfano; que oye los clamores, acepta plegarias, responde a quienes se encuentran en desgracia; dirige tu oído a mi rezo, a mi súplica y a mi pedido que formulo ante Ti; y Tú desde el cielo, el asiento de Tu residencia – escucharás, y aceptarás con compasión y buena voluntad este espíritu que se encuentra ante nosotros, reencarnado en esta muchacha llamada fulana hija de mengano, cuyo nombre es mengano hijo de zutano y acepta las plegarias que elevamos en su favor para que sean reparados su Nefesh y su Ruaj y sea extraído de esta encarnación e entre de inmediato al Guehinom para salvar así su Nefesh y su Ruaj de la «honda» (*kaf hakela*) (tipo específico de castigo en el ultramundo en el cual el espíritu es reboleado cual piedra en una honda, *N. del T.*) de los espíritus malignos y del dolor en el cual está sumido, y que esta encarnación y la humillación por la que pasa sean considerados como expiación por todas sus transgresiones, pecados e iniquidades (*avonotav, jataav upshaav*) y estas palabras que pronunciamos que sirvan en su defensa ante Ti para este Nefesh y este Ruaj. Que Tu compasión por él supere a Tu estricta justicia, al recordar nosotros ante Ti los Trece Atributos de la Misericordia: «*Dios, Rey que se sienta sobre el Trono de la Compasión… etc.*». «*Y pasó HaShem ante él… etc.*». Y al decir estos trece *atributos* «*HaShem, HaShem, Dios compasivo y benevolente…etc.*» (Éxodo 34:6-7) fue tocado un shofar, tal como suele hacerse al recitarse las Selijot. Luego, recité los Trece Atributos de la Misericordia del profeta Miqueas (7:18) «*Quién como Tú…etc.*». Luego, el versículo que dice: «*los pecados me han superado*» (Salmos 65:4) y el que dice: «*feliz de aquel sea por Ti elegido y acercado para residir en Tus patios etc.*» (ídem 5); y el que dice: «*y todos estos Tus siervos descenderán a mí*» (Éxodo 11:8), el cual fue repetido tres veces. Luego, se dijo: «sal, sal, sal» y dirigí mi intención meditativa a este versículo tal como lo tengo anotado yo. Y ni bien terminamos de decir por tercera vez la palabra «sal», alzó la pierna izquierda de la muchacha delante de todos los presentes, salió a través del dedo meñique de su pie y dijo tres veces gritando estentóreamente: «sobre vosotros sea la paz». Acto seguido la muchacha se incorporó, se sentó, me miró, tuvo vergüenza de mí y preguntó: «¿Qué hacen aquí estos señores?», y nada supo de lo que habíamos hecho, besó mi mano, comió y bebió.

Y esto fue hecho por mí, el día 26 del mes de Tamuz del 5426 (1665) desde la creación del mundo, aquí en Egipto, Dios nos proteja. Y lo escribí en aras de que sea recordado por quienes vengan tras nosotros, para que sepan que hay Dios en Israel.

El joven Shmuel Vital, sefaradí puro (*sefaradí tahor*).

ÍNDICE